"十三五"国家重点图书出版规划项目
2017年主题出版重点出版物

复兴之路
中国改革开放40年回顾与展望丛书

先行者的探索

广东改革开放40年

王珺 赵祥 ◎ 主编

广东经济出版社
— 广州 —

图书在版编目（CIP）数据

先行者的探索：广东改革开放40年/王珺，赵祥主编. —广州：广东经济出版社，2018.2（2019.1 重印）

（复兴之路——中国改革开放40年回顾与展望丛书）
ISBN 978-7-5454-6132-9

Ⅰ. ①先… Ⅱ. ①王… ②赵… Ⅲ. ①改革开放-成就-广东 Ⅳ. ①D619.65

中国版本图书馆 CIP 数据核字（2018）第 049993 号

出 版 人：姚丹林
责任编辑：易伦
责任技编：许伟斌

Xianxing de Tansuo
Guangdong Gaige Kaifang 40 Nian

出版发行	广东经济出版社（广州市环市东路水荫路11号11~12楼）
经销	全国新华书店
印刷	中华商务联合印刷（广东）有限公司 （深圳市龙岗区平湖镇春湖工业区中商大厦）
开本	787毫米×1092毫米　1/16
印张	22　2插页
字数	338 000字
版次	2018年2月第1版
印次	2019年1月第5次
书号	ISBN 978-7-5454-6132-9
定价	58.00元

如发现印装质量问题，影响阅读，请与承印厂联系调换。
发行部地址：广州市环市东路水荫路11号11楼
电话：（020）37601950　邮政编码：510075
邮购地址：广州市环市东路水荫路11号11楼
电话：（020）37601980　营销网址：http://www.gebook.com
广东经济出版社新浪官方微博：http://e.weibo.com/gebook
广东经济出版社常年法律顾问：何剑桥律师
· 版权所有　翻印必究 ·

复兴之路——中国改革开放40年回顾与展望丛书

编委会
EDITORIAL BOARD

编委会主任

魏礼群

编委会副主任

张卓元　迟福林

编　委

（按姓氏汉语拼音排序）

蔡　武　曹远征　常修泽
迟福林　贾　康　李晓西
隆国强　宋洪远　宋晓梧
王　珺　魏礼群　张卓元
郑新立

总序
PREFACE

坚定不移推进改革开放
实现中华民族伟大复兴

实现中华民族伟大复兴，是中华民族近代以来最伟大的梦想。这个梦想，凝聚了几代中国人的夙愿，体现了中华民族和中国人民的整体利益，是每一个中华儿女的共同期盼。为了实现中华民族伟大复兴的中国梦，中国共产党人进行了长期不懈的奋斗和极为艰辛的探索。经过深刻总结历史经验，科学认识中国国情，顺应时代发展潮流，终于找到了一条正确道路。这条道路，就是中国特色社会主义道路，而改革开放则是中国特色社会主义道路最鲜明的特征。

1978年底，中国共产党召开具有重大历史意义的十一届三中全会，开启了改革开放的伟大征程。改革开放是我们党在新的时代条件下带领人民进行的新的伟大革命，目的就是要解放和发展生产力，加快推进国家现代化；就是要推动我国社会主义制度的自我完善和发展，赋予社会主义新的生机活力；就是要在坚持和发展中国特色社会主义的伟大事业中，实现国家富强、人民幸福、民族振兴。回顾改革开放的历史进程，我们党和人民锐意推进改革，从农村到城市、从经济领域到其他各个领域，成功实现了从高度集中的计划经济体制到充满活力的社会主义市场经济体制的伟大历史性转变；我们不断扩大对外开放，从建立经济特区到开放沿海、沿江、沿边、内陆地区，再到加入世界贸易组织、主动参与经济全球化和提出"一带一路"倡议，从大规模"引进来"到大踏步"走出去"，成功实现了从封闭半封闭到全方位开放的伟大历史性转变。我们在深化经济体制改革的同时，不断深化政治体制、行政体制、文化体制、社会体制、生态文明体制改革和党的建设制度改革，在推进国家治理体系和治理能力现代化方面不断迈出新的步伐。

改革开放以来，我国经济社会发展创造了人类史上的伟大奇迹，经济总量连续跃上几个大台阶，综合国力大幅提升，全国人民总体上过上小康生活，城乡面貌焕然一新。同时，我国政治建设、文化建设、社会建设、生态文明建设等各领域各方面都取得了举世公认的巨大成就，中国的国际地位越来越高，影响力越来越大。现在，我们比历史上任何时期都更接近中华民族伟大复兴的目标。实践充分证明，改革开放是当代中国一切发展进步的动力之源，是全国人民大踏步赶上时代潮流的重要法宝，是坚持和发展中国特色社会主义的必由之路，是实现国家现代化和中华民族伟大复兴中国梦的关键抉择。

习近平总书记指出："改革开放只有进行时，没有完成时。没有改革开放，就没有中国的今天，也就没有中国的明天。"这是对我国改革开放以来走过道路的深刻总结，也是实现未来更加美好目标的根本遵循。无论过去、现在和将来，坚持和发展中国特色社会主义都必须坚定不移地依靠改革开放。具有重大历史意义的中国共产党第十九次全国代表大会即将隆重召开，这是在全面建成小康社会决胜阶段召开的一次十分重要的大会。当前，我国不仅处于全面建成小康社会、实现第一个百年奋斗目标的决胜阶段，还处于为实现第二个百年奋斗目标，即建成社会主义现代化强国奠定基础的关键时期。我们必须按照习近平总书记治国理政新理念新思想新战略，在已经取得历史性成就的基础上，不忘初心，继往开来，坚定不移地推进改革开放的伟大事业，为我国未来发展开辟更为广阔的前景，继续沿着中华民族伟大复兴的康庄大道奋勇前进。

2018年，我国将迎来改革开放40周年。为此，广东经济出版社、中国（海南）改革发展研究院联袂策划并组织出版"复兴之路——中国改革开放40年回顾与展望丛书",献礼党的十九大,献礼我国改革开放40周年。这套丛书共13本,分别针对行政体制改革、计划投资体制改革、现代市场体系建设、所有制结构改革、农村改革、财税体制改革、金融体制改革、对外开放、社会体制改革、文化体制改革、环保体制改革等重点领域,从不同角度客观记录我国改革开放40年的历史进程,并展望改革开放的未来趋势。

这套丛书的主编和作者大多是相关领域知名的专家学者,也是我国改革开放的亲历者、见证者,这套丛书集结了他们长期亲历和研究我国改革开放的重要成果,凝聚了他们对改革开放伟大事业的一腔热情。广东经济出版社对这套丛书的出版给予了全力支持;作为以直谏中国改革为己任的改革智库,中国(海南)改革发展研究院为此书的策划、出版作出了重要贡献。作为编委会主任,我对为这套丛书付出艰辛努力的各位编委会成员、作者,对出版社的领导、编辑表示由衷的感谢!

这套丛书跨越多个领域,力图客观地反映改革开放伟大历程中的理论探索与实践经验,意义重大且任务艰巨,难免有不足之处,欢迎读者批评指正。

2017年7月

目 录

前言 /1

第一部分 率先探索,先行一步

第一章 真理标准大讨论在广东 /3
  第一节 全国真理标准大讨论热潮 /3
  第二节 真理标准大讨论的广东答卷 /8
  第三节 广东率先拉开改革开放序幕 /11

第二章 创办经济特区 /15
  第一节 对外出口加工区设想的提出 /15
  第二节 广东经济特区正式创立 /21
  第三节 广东经济特区的实验 /26

第三章 经济体制改革发轫 /33
  第一节 农村经济体制改革 /33
  第二节 价格改革 /45
  第三节 国有企业体制改革 /52

第二部分 总结经验,全面展开

第四章 鼓励非公有制经济发展 /67
  第一节 中央为非公有制经济扫除制度障碍 /67
  第二节 广东为非公有制经济保驾护航 /69

第三节 非公有制经济取得的显著成效 /70

第五章 财税、金融与投资体制改革 /73
第一节 改革和完善财政体制机制 /73
第二节 基础设施投资的市场化改革 /77
第三节 推进金融体制改革试点 /82
第四节 创新土地出让方式 /85

第六章 外向型经济大发展 /88
第一节 下放审批权限吸收外资 /88
第二节 外贸体制改革 /91
第三节 推行区域递进的全方位对外开放战略 /94

第三部分 改革新征程，增创新优势

第七章 改革新征程、新目标、新战略 /99
第一节 改革开放的新征程、新目标 /99
第二节 实施三大发展战略，增创新优势 /108

第八章 探索构建社会主义市场经济体制 /117
第一节 开启价格体系改革，构建市场化流通体制 /117
第二节 探索产权体制改革，增强企业活力 /121
第三节 社会保险制度改革先行一步 /129

第九章 不断探索综合体制改革创新 /137
第一节 试点行政体制改革，提升政府行政效能 /137
第二节 率先提出"依法治省"，探索实践引领全国 /143
第三节 改革和创新农村建设体制机制 /151

第四部分 攻坚克难，改革迈入深水区

第十章 推进区域经济转型升级与一体化发展 /163
第一节 CEPA与粤港经济一体化 /163

第二节 推进珠三角转型升级与一体化发展 /172

第三节 推进省内产业转移与区域经济协调发展 /187

第十一章 政府管理体制改革 /197

第一节 政府机构的大部制改革 /197

第二节 公共财政体制改革 /206

第三节 商事登记制度改革 /214

第十二章 社会管理体制改革 /220

第一节 外来人口积分入户改革 /220

第二节 社会管理体制改革创新 /233

第五部分 践行"中国梦",重塑发展优势

第十三章 从"三个定位,两个率先"到"四个坚持、三个支撑、两个走在前列" /243

第一节 习近平总书记视察广东 /243

第二节 "三个定位、两个率先" /253

第三节 新常态与"四个坚持、三个支撑、两个走在前列" /258

第十四章 全面深化改革 /266

第一节 经济领域重点改革进展及成效 /266

第二节 供给侧结构性改革 /292

第三节 生态文明体制改革 /302

第十五章 高水平对外开放 /306

第一节 新一轮对外开放的总体思路 /306

第二节 积极参与"一带一路"建设 /309

第三节 推进外经贸转型升级 /316

第四节 促进贸易和投资便利化 /319

第五节 建设自由贸易试验区 /323

参考文献 /335

前　言

党的十九大报告在论述新时代中国特色社会主义思想和基本方略时，提出要坚持全面深化改革，只有社会主义才能救中国，只有改革开放才能发展中国、发展社会主义、发展马克思主义，这吹响了新时代的改革开放号角。作为改革开放的排头兵，广东在我国改革开放以来的经济社会发展过程中扮演了十分重要的角色，也积累了不少率先探索的经验，其中不少经验对全国的改革开放进程起到了示范和引领作用，非常值得我们去梳理与总结。2017年4月，习近平总书记对广东工作作出重要批示，充分肯定了党的十八大以来的广东各项工作，希望广东坚持党的领导、坚持中国特色社会主义、坚持新发展理念、坚持改革开放，为全国推进供给侧结构性改革、实施创新驱动发展战略、构建开放型经济新体制提供支撑，努力在全面建成小康社会、加快建设社会主义现代化新征程上走在前列。习近平总书记在肯定广东工作成绩的同时，也赋予了广东新的改革开放任务，反映了党中央对广东的殷切期望。正是为了高效地贯彻落实习近平总书记治国理政新理念、新思想和新战略，更好地完成全面深化改革的任务，我们组织专家对改革开放40年来广东率先探索的历史进程进行回顾，客观评价其改革开放的成效，全面深入地总结其经验，形成了《先行者的探索——广东改革开放40年》这本书。

本书由王珺、赵祥负责总体设计与统稿，在共同研究讨论的基础上，按重要的时间节点共分为五大部分十五章内容，曹佳斌负责撰写第一至第六章，岳芳敏负责撰写第七至第九章，赵祥负责撰写第十至第十二章，陈再齐、宋宗宏负责撰写第十三至第十五章。本书在撰写过程中参考引用了学术界诸多同仁的研究成果，以及政府部门的有关政策文件等资料，我们尽可能通过页下脚注和文后参考文献的方式给予说明，如果仍有未能详细列明之处，希望有关方面给予谅解。

由于我们的水平和能力有限，本书难免有各种疏漏和不当之处，恳请读者、专家给予批评指正！

本书编写组
2018年1月

PART ONE

第一部分

率先探索,先行一步

1978年底召开的中共十一届三中全会,拉开了我国改革开放的序幕,就其对经济社会变革产生影响的广度和深度而言,这是一场新的伟大革命。在这个新的历史时期,广东被推到改革开放的前沿,中央赋予了广东特殊政策和灵活措施,时代倒逼广东"摸着石头过河""杀出一条血路",广东肩负着为全国创造有益经验、探索中国式社会主义现代化道路的神圣使命。广东改革开放"先行一步"的伟大实践、艰辛探索跳出区域的范畴而具有全局的意义。

广东把握了时代赋予的宝贵机遇,运用中央赋予的政策,坚持解放思想,实事求是,筚路蓝缕,砥砺前行。改革开放初期奠定的基础推动着广东经济社会步入良性循环,开启经济腾飞的康庄大道。在改革开放初期(1978—1991年),这一波澜壮阔的历程可分为两个阶段:

第一阶段,1978—1984年,从中共十一届三中全会到中共十二届三中全会前后。这是广东改革开放艰难起步、率先探索,并打开局面、初见成效的阶段。广东创造性地提出并贯彻特殊政策和灵活措施,率先发展外向型经济,梯度推进对外开放,尝试进行以市场为取向的经济改革,试办经济特区,改革开放先行一步,赢得了各项工作的主动权。

第二阶段,1985—1991年。这是广东改革开放乘势而上、总结经验、巩固提高、全面展开、奠定格局的发展阶段。这一时期,非公有制经济实现大突破,个体经济、私营经济活力迸发,"三资"企业竞相发展,乡镇企业异军突起。为配合经济建设这个核心,广东在财政体制、金融体制和投融资体制机制改革中不断前进,迈出了重要一步。城市经济体制改革向纵深推进,国有企业体制改革迈出了实质性步伐,全方位对外开放新格局已然成型。

第一章
真理标准大讨论在广东

第一节
全国真理标准大讨论热潮

一、"文革"终结后的思想迷失

"文化大革命"十年内乱迫使全国经济、政治和社会生活基本处于无政府状态，国民经济受挫严重。全国人民生产生活积极性遭受长期抑制，经济结构比例严重失衡，生产、流通、分配等诸多领域出现混乱现象。部分行之有效的农业政策措施惨遭抛弃，农村经济徘徊不前。对外贸易遭到严重破坏，增长极其缓慢。1976年10月6日"四人帮"被粉碎，全党全民全军欢欣鼓舞，当时天安门广场游行庆祝的热烈场面至今仍令人激奋。

一阵欢腾之后，人们开始陷入沉思。长期以来的"左"倾错误，特别是十年"文化大革命"，已然造成天下大乱，"以阶级斗争为纲"已经走到了尽头，社会主义传统模式的潜力已经耗尽，中国再也不能按原来的路子向前走了。

历史要求转折，人民急迫地要求改变现状，大家对原来的一套开始怀疑："文化大革命"究竟对不对？搞了这么多年的社会主义，还这么穷，我们追求的就是这样的社会主义吗？① 人民呼唤改革的渴望愈发强烈。但具体如何改革，改革的目

---

① 沈宝祥：《真理标准问题讨论的深远影响和宝贵经验》，《北京党史》，2008年第3期。

标、模式到底是什么，改革从哪开始，突破口是什么，所有这些都是未知。

二、真理标准大讨论的历史过程

时代召唤着新的历史时期。世界政治历史经验表明，始于思想上的启蒙是改革的发端。思想启蒙的关键是要有一把钥匙，这把钥匙就是实践标准。1978年5月11日，是现代中国具有历史性意义的一天。《光明日报》以特约评论员名义发表标题为《实践是检验真理的唯一标准》的文章。当天，新华社将此文作为"国内新闻"第一条，向全国媒体转发。5月12日，《人民日报》《解放军报》以及部分地方报纸全文转载；5月13日，又有15家省市党报转载。

图1-1 《光明日报》发表《实践是检验真理的唯一标准》

《实践是检验真理的唯一标准》的文章主题鲜明突出，其开门见山地提出：检验真理的标准是什么？一下就引起了人们的思考。文章阐明，实践是检验真理的标准，而且是"唯一标准"。真理标准问题不单单是个哲学问题，而且是个思想政治问题。该文重申了"实践是检验真理的唯一标准"这个马克思主义认识论的基本原理，并尖锐地提出，"四人帮"加在人们身上的精神枷锁还远没有被完全粉碎，对"四人帮"设置的禁区"要敢于去触及，敢于去弄清是非"。"文革"以来整天讲路线斗争，粉碎"四人帮"以后，人们思考和怀疑的，正是十年"文革"的路线问题。文章最后指出，躺在马列主义、毛泽东思想的现成条文上，甚至拿现成的公式去限制、宰割、裁剪无限丰富的、飞速发展的革命实践，这种态度是错误的。

尽管文章自始至终没有点"两个凡是"，但文章实际上揭示了"两个凡是"的反马克思主义实质，击中了它的要害。这篇文章说出了广大干部和人民群众心中想说而又不大敢说的话，把不少人隐隐约约感受到的问题挑明了，适应了拨乱反正的迫切需要。① 一石激起千层浪，该文一发表就在党内外引起了强烈反响。

关于真理标准问题的讨论，关系到我们的思想路线、政治路线，也关系到我们党和国家的前途。② 正因为该问题具有重大的政治反响，这场讨论才不可能那么顺利地展开，而必然遇到很大的阻力。

坚持"两个凡是"方针的某些人对实践标准提出强烈反对或质疑。他们设禁区、下禁令，成为解放思想的阻力。邓小平等老一辈革命家旗帜鲜明地予以坚持实践标准。1978年5月30日，邓小平在同胡乔木等人的谈话中，说："毛泽东思想最根本的最重要的东西就是实事求是。现在发生了一个问题，连实践是检验真理的标准都成了问题，简直莫名其妙！"③ 1978年6月2日，邓小平在全军政治工作会议上发表了重要讲话。他批评了"照抄照转照搬"的态度，实际上就是批评"两个凡是"。他在讲话中引用了毛泽东关于真理要经过实践检验的话。这是明确表示他支持《实践是检验真理的唯一标准》这一文章。④ 此后多种场合，邓小平多次阐述对"实践是检验真理的唯一标准"讨论的重大意义，给予这场讨论有力的支持。

真理标准问题讨论发展为全国大讨论局面的一个重要标志，是地方高级领导干部的支持和积极参与。辽宁省委书记任仲夷立即写了《理论上根本的拨乱反正》一文，刊登在辽宁省的《理论与实践》杂志，其是最先表态支持实践标准的地方

---

① 沈宝祥：《胡耀邦发动和推进真理标准问题讨论纪实（上）》，《同舟共进》，2008年第4期，第21页。
② 1978年7月24日，时任中国社会科学院顾问的周扬在中国社会科学院哲学研究所和哲学研究编辑部联合召开的讨论会闭幕会上首先指出这一问题。
③ 中共中央文献研究室编：《邓小平年谱1975—1997（上）》，中央文献出版社，2004年7月版，第320页。
④ 沈宝祥：《胡耀邦发动和推进真理标准问题讨论纪实（上）》，《同舟共进》，2008年第4期，第24页。

领导之一。甘肃省委书记宋平也于1978年6月在全省理论工作座谈会上发表讲话，支持实践标准。1978年8月4日，《人民日报》在头版头条位置，刊登了新华社的电讯，深入报道了中共黑龙江省委常委扩大会议讨论真理标准问题。此后，新华社和《人民日报》连续报道了新疆、福建、广东、浙江、江西、河北、青海、内蒙古、宁夏、四川等27个省、市、自治区党委书记支持和参与讨论真理标准问题的新闻。在1978年8~10月，全国绝大多数省、市、自治区和军队的主要负责人都发表了谈话，支持实践标准，反对"两个凡是"。

从1978年11月中旬开始，中共中央在北京召开了持续36天的工作会议，此时正值真理标准问题讨论的高潮。邓小平在闭幕会上作了题为《解放思想，实事求是，团结一致向前看》的重要讲话，他在讲话中充分肯定了前一阶段在全国范围内开展的真理标准问题的讨论，指出这个讨论很有必要且及时。他说："一个党，一个国家，一个民族，如果一切从本本出发，思想僵化，那它就不能前进，它的生机就停止了，就要亡党亡国。"① 邓小平的这次讲话影响巨大，意义深远，为即将召开的中共十一届三中全会提出了基本的指导思想。1978年12月22日，十一届三中全会通过的公报指出："会议高度评价了关于实践是检验真理的唯一标准问题的讨论，认为这对于促进全党同志和全国人民解放思想，端正思想路线，具有深远的历史意义。"

十一届三中全会以后，各地都鲜明地提出了解放思想的要求。但社会上又出现了复杂的思潮，包括反对资产阶级自由化的问题，以及"左"的思潮干扰也很大。此时，四川省委第一书记赵紫阳、江西省委书记江渭清、安徽省委第一书记万里等地方领导人发表谈话，提出要进行真理标准问题讨论的补课。② 从1979年7月开始，真理标准问题讨论的补课活动在各地陆续开展起来。1981年6月，十一届六中全会作出《关于建国以来党的若干历史问题的决议》，标志着真理标准问题讨论胜

---

① 中共中央文献研究室编：《三中全会以来重要文献选编（上）》，人民出版社，1982年版，第12页。
② 沈宝祥：《胡耀邦发动和推进真理标准问题讨论纪实（下）》，《同舟共进》，2008年第5期，第29页。

利、圆满结束。

三、真理标准大讨论的历史意义

真理标准问题的讨论，历时整整3年。这场大讨论顺应了当时全国人民迫切走出思想迷失的需要，体现了广大干部和人民群众的意愿和要求。一批老一辈革命家支持和领导了这场波澜壮阔的思想解放运动，广大干部特别是地方主要领导干部的坚定支持和参与也起了举足轻重的作用。

真理标准问题讨论最直接的作用是推倒了"两个凡是"，破除了个人迷信，否定了"文化大革命"，否定了"以阶级斗争为纲"，解决了历史遗留问题，平反了一些重大冤案，重新评价了一些领导人的功过是非，为十一届三中全会的召开，为实现历史的伟大转折，奠定了坚实的思想基础。十一届三中全会的公报说，这个讨论对于促进全党同志和全国人民解放思想，端正思想路线，具有深远的历史意义。离开历史事件的时间越久，它的重大意义也就看得越清楚。经过了40年，真理标准问题讨论的深远影响力更加彰显。

真理标准问题讨论的深层次意义，还在于在如何回答什么是社会主义的问题上解放了思想。在真理标准问题大讨论的基础上，人们很自然地要用实践标准检验社会主义。邓小平提出："不解放思想不行，甚至于包括什么叫社会主义这个问题也要解放思想。经济长期处于停滞状态总不能叫社会主义。人民生活长期停止在很低的水平上总不能叫社会主义。"[①] 40年的实践证明，改革开放是建设中国特色社会主义的正确道路。中国特色社会主义这个基本结论的提出，使人们对社会主义的认识进入了新境界，思想获得了大解放。从一定的意义上可以说，中国特色社会主义就是解放思想的结果。[②]

---

① 邓小平：《邓小平文选》第二卷，人民出版社，1993年版，第312页。
② 沈宝祥：《真理标准问题讨论的深远影响和宝贵经验》，《北京党史》，2008年第3期。

第二节
真理标准大讨论的广东答卷

一、广东先行表态，旗帜鲜明地支持开展真理标准讨论

1978年，以习仲勋为核心的广东新领导集体在全国先行表态，旗帜鲜明地支持开展真理标准讨论，在全省掀起一轮学习讨论的高潮。习仲勋在中共广东省第四次代表大会第三次全体会议的讲话中提到：为了实现新时期的总任务，必须努力学习、大力宣传"十一大"路线和第五届全国人大的文件，大力宣传新时期的总任务，做到家喻户晓，人人明白；必须把揭批"四人帮"的斗争抓紧、抓好、抓到底，结合各部门、各地区的实际，抓住"四人帮"影响最深、造成危害最大的问题进行深入批判，分清路线是非，拨乱反正，把广大干部和群众的积极性充分调动起来；必须把被"四人帮"败坏了的党的优良传统恢复和发扬起来，坚持实事求是、群众路线、社会主义民主、密切联系群众、关心群众生活、艰苦奋斗、勤俭节约的优良作风；必须坚决落实党的干部政策、知识分子政策，以及经济建设中的各项政策；必须赏罚严明、伸张正义、打击歪风，正确区分和处理两类不同性质的矛盾，调动一切积极因素，团结一切可以团结的力量。[①]

《实践是检验真理的唯一标准》发表后，广东反应迅敏。《广州日报》与《南方日报》分别于第二天、第三天予以转载，这对于推动和引导广东开展真理标准的讨论起到了促进作用。习仲勋密切关注着全国关于真理标准的讨论，在解放思想与"两个凡是"的激烈交锋中，他态度鲜明且一致，赞成实践标准的观点，并充分认识到这场大讨论的重要性和必要性。

[①] 《习仲勋主政广东》编委会：《习仲勋主政广东》，中共党史出版社，2007年版。

从1978年6月开始,广东全省开展了真理标准的讨论。在为期近1个月的省委四届一次常委扩大会议中,广东通过揭露矛盾,进一步端正思想政治路线,彻底改变工作作风。习仲勋说:"最近报纸上有些文章要好好地读,如《马克思主义的一个最基本的原则》《实践是检验真理的唯一标准》等。理论要与实践结合起来,理论要指导实践,实践反过来又丰富这个理论,离开实践,理论一文不值。马列读得多,但不同实践结合,那有什么用呢?我们有些同志犯错误,就是因为不学习,没有把理论同实践结合起来。"① 1978年9月上旬,中共广东省委常委连续举行关于真理标准问题的学习讨论会。9月20日,《人民日报》报道了这次讨论学习会。这篇题为《实事求是 解放思想 加快前进步伐》的文章导语说:习仲勋指出,实践是检验真理的唯一标准,这绝不是一个单纯的理论问题,而是一个重要实践意义的问题。习仲勋是全国最早鲜明表达自己观点,大力支持真理标准问题讨论的省级负责人之一。这次讨论会对于带动全省干部解放思想,实事求是开展工作起到了很好的引导和促进作用。此后,全省各地联系实际,广泛地开展学习和讨论。1978年10月,广东省社会科学联合会、省委党校先后召开了真理标准问题讨论会。② 接着,全省对真理标准问题的讨论,逐步由理论界扩大到地、市、县领导机关。1979年1月8~25日,在全省四届二次常委扩大会议中,习仲勋在传达十一届三中全会和中央工作会议精神时进一步强调,要继续开展关于真理标准问题的讨论,坚持马克思主义的思想路线,坚持实事求是,从实际出发。我们坚持"实践是检验真理的唯一标准"这个马克思主义的基本原理,那就要看我们言论和行动的结果是否有利于生产的发展、人民生活的改善,是否有利于四个现代化。如果是这样,那就放手大干,如果不是这样,就不要干,就要抵制。③

广东是全国范围内较早批判极"左"思潮,主张坚持"实践是检验真理的唯一标准"原则的省份之一,有效抵制了极"左"和右的错误思潮的干扰。在解放思想与"两个凡是"激烈交锋、胜负未卜之时,如何表态、何时表态都将会影响地区

---

① 《习仲勋在省委四届一次常委扩大会议上的讲话》,记录稿,1978年6月30日。
② 参见《光明日报》,1978年10月3日;《南方日报》,1978年10月21日。
③ 习仲勋:《在省委四届二次常委扩大会议上的总结发言》,1979年1月25日。

领导人的个人政治命运以及地区各项工作的展开。广东率先表态支持真理标准的讨论，体现了广东地方领导人拥护真理、捍卫真理、宣传真理的坚定决心。

二、广东广泛开展真理标准问题补课活动

广东省各地开展真理标准问题的讨论后，取得了一定的成效。但是，部分单位对这个讨论的重要性仍认识不足，没有很好地坚持下去。1978年8月召开的全省工业交通增产节约工作会议是一次思想解放、讨论活跃的补课活动。这次会议围绕"清远经验"展开激烈争论，实际上是重新补上关于真理标准问题的讨论这一课。清远关于扩大国营企业自主权的改革经验虽然仍有不完善之处，但清远实践的结果是把国营企业搞活了，员工的积极性充分调动起来了，企业超额完成生产任务，实现扭亏为盈。习仲勋指出："要把企业搞活，也要坚持实践是检验真理的唯一标准，端正思想路线，解放思想，同时必须扩大企业的自主权，必须落实按劳分配政策，必须改善企业的经营管理，把企业经营好坏同职工的切身利益，把国家、企业和个人利益密切联系起来。"[1]

为进一步把真理标准问题讨论得更深入，广东省委宣传部于1979年8月下旬在中山县[2]组织召开现场会议，推广中山县在基层广泛开展真理标准问题讨论的经验。中山县主要采取总结经验，典型对比的法子，总结30多年来正反两个方面的经验，抓住落实农村经济政策、因地制宜发展农业、落实干部政策、加强对外经济活动等几个关键性问题，划清两条思想路线，培养、树立和表扬先进典型，带动全县生产和各项工作的迅速发展。中山县树立的典型层次丰富，既有公社典型（小榄公社），也有大队典型（永宁大队）和个人典型（小榄公社埒西二大队第二生产队社员黄新文）。顺德勒流公社和东莞中堂公社在开展真理标准问题的讨论时，结合本地农业发展实际，着力解决了以下几个问题：①过去批判过的东西，是不是都是错误的？②上级肯定过的东西，是不是都是对的？③因地制宜，从实际出发安排生产对不对？④富了是不是一定变"修"？敢不敢让一部分大队、生产队和个人先富

---

[1]《习仲勋同志在全省工交增产节约工作会议上的讲话》，1979年8月11日。
[2] 1983年12月22日撤销中山县，设立中山市（县级）。

起来？这些问题，如果不坚持实践是检验真理的标准，如果不批判林彪、"四人帮"的极"左"路线，就无法从过去批判过的、上级肯定过的、本本上有的等条条框框的禁锢中解放出来。①

广东省各级党组织和广大干部群众，对实践检验真理标准问题补课补得及时、深入，活动开展得比较普遍，效果明显。这次补课对于促进全省解放思想、打破禁区，解决思想僵化、半僵化的问题起着重要作用。这场讨论"使我们各项工作重新走上马列主义、毛泽东思想的轨道。这是一场意义极为深远的思想解放运动。它对于我们端正思想路线，恢复和发扬实事求是、一切从实际出发、理论联系实际和群众路线的优良作风，对于促进各条战线的拨乱反正，实现工作着重点的转移，加快四个现代化建设的步伐，起着巨大的推动作用。两年来，从实际出发，走群众路线，讲求科学与民主的作风开始得到恢复与发展，主观主义、生搬硬套、瞎指挥、一刀切、虚假浮夸、强迫命令，以及违反科学的东西，开始得到纠正。这是开展真理标准问题讨论的一个极为重要的成果"②。

第三节
广东率先拉开改革开放序幕

一、不断清除"左"的思想影响，端正经济工作的指导思想

1. *广东经济发展面临形势异常严峻*

中华人民共和国成立后，广东并不受中央重视。广东经济建设尽管取得了一定的成就，兴建了一批冶炼、机械、纺织、制糖、化肥、造纸等骨干企业，但经济结

---

① 《习仲勋主政广东》编委会：《习仲勋主政广东》，中共党史出版社，2007年版，第41页。
② 习仲勋：《政府工作报告》，1979年12月17日在广东省第五届人民代表大会第二次会议上作的报告。

构（产业结构、产品结构和所有制结构等）不合理，广东的经济增长率长期低于全国平均水平。① 1960年中苏分裂以及对越战争时期，由于担心沿海地区易受攻击，广东的处境就更艰难。20世纪60年代和70年代初期，所有的投资都集中在偏远地区，即"大三线"。广东作为最易暴露的前沿，在"文化大革命"期间不仅得不到新的投资，而且部分工厂被迫内迁至韶关等地，一部分迁往其他省份。为突出"三线"建设，广东工业实行"山、散、洞"战略，在韶关、梅县、肇庆等地建立了一批"小三线"工厂，这些工厂贯彻"三边"（边设计、边施工、边生产）方针，生产布局分散，人们生产和生活均受很大影响。

广东经济发展突出的矛盾体现在几个方面：一是电力、燃料、原材料供应长期不足，缺口很大；二是交通运输十分紧张；三是基本建设战线过长，半拉子工程多；四是待业人员多。广东社会和经济的这种状况，引起了广东干部、群众的困惑和深思：问题的根源在哪里？② 广东面临的另一个特殊难题是偷渡外逃问题。广东毗邻香港，改革开放前，两地人民生活水平差距巨大。据相关统计数据，1978年深圳农民的年收入是134元，而一河之隔的香港新界农民的年收入却是13000港元。③ 1954—1978年，全省共发生偷渡外逃56.5万人次，逃出14.68万人。④

2. 邓小平的"诊断"一针见血

1977年11月，恢复中共中央领导工作不久的邓小平同志和叶剑英委员长来到广州，中共广东省委领导人向邓小平汇报了广东经济面临的种种困难。邓小平同志认为最主要的是政策问题。邓小平同志这种一针见血的"诊断"，引起了广东省委从上到下的反思，反思的题目是"我们的政策究竟存在哪些问题"。大家深深感到：超越社会历史阶段的"左"的经济政策和僵化的体制是我们长久以来国民经济停滞不前的根本原因。对于偷渡外逃问题，邓小平深刻地指出："这是我们的政

---

① 舒元等：《广东发展模式——广东经济发展30年》，广东人民出版社，2008年版，第12页。
② 罗木生、王琢、李美清：《广东改革开放"先走一步"的由来与初期探索》，《广东经济》，1988年第44期。
③ 《习仲勋主政广东》编委会：《习仲勋主政广东》，中共党史出版社，2007年版，第77页。
④ 《习仲勋主政广东》编委会：《习仲勋主政广东》，中共党史出版社，2007年版，第68页。

策有问题，不是部队所能管得了的。"① "生产生活搞好了，还可以解决逃港问题。逃港，主要是生活不好，差距太大。"②

1978年春夏之际，广东部分领导从西欧五国考察归来后，也对广东与欧洲强国过大的经济发展差距陷入深深思索，尤其是开始反思国家现有政策和体制束缚带来的严重弊端。在当时，国家实行高度集中的计划经济体制，地方政府缺乏相当程度的自主权。上层建筑的这种状况，使得社会主义国家机器显得很不灵活，不能适应现代化建设的客观需要，不能适应生产力发展的客观需要。如果不能充分发挥地方和企业的积极性与主动性，经济工作就不可能搞活，也就谈不上高速度发展广东的现代化建设。③

邓小平提出"最主要的是政策问题"的讲话，一语点醒梦中人。发达国家发展经济的经验也为广东提供了有价值的思路。广东地方领导深刻认识到，广东面临的经济困境，必须靠发展经济才能解决，而要加快发展经济，必须冲破"左"的思想的束缚，冲破旧的经济管理体制。

二、采取主动姿态，争取向中央要权

时势倒逼改革。大家深切感到高度集中的体制非改不可了，但到底怎么改，谁也没有具体的方向。为了加快促使广东经济早日走出困境，广东采取主动姿态，向中央要权，以调动地方经济主体的积极性与主动性，搞活地方经济。习仲勋争取中央把广东作为改革的突破口，使扩大地方自主权这一共识从理论探讨变成了可以在广东操作的实际行动。

1978年10月，习仲勋在中央工作会议谈到经济管理体制问题，希望中央能给广东更大的支持，同时多给地方处理问题的机动余地。12月18～22日，习仲勋出席了具有划时代意义的十一届三中全会。1979年1月，习仲勋在四届二次常委扩大

---

① 吴南生：《经济特区的创立》，《广东党史》，1998年第6期。
② 中共中央文献研究室：《邓小平年谱1975—1997（上）》，中央文献出版社，2004年版，第238页。
③ 罗木生、王琢、李美清：《广东改革开放"先走一步"的由来与初期探索》，《广东经济》，1988年第44期。

会议上明确指出:"我省毗邻港澳,对于搞四个现代化来说,有很有利的条件。我们可以利用外资,引进先进技术设备,搞补偿贸易,搞加工装备,搞合作经营。中央领导同志对此已有明确指示,我们要坚决搞,大胆搞,放手搞,以此来加快我省工农业生产的发展。"1979年4月5~28日,习仲勋在主持中央工作会议中南组开会时说:"中国这么大的国家,各省有各省的特点,有些事应该根据各省的特点来搞,这也符合毛主席讲的大权独揽、小权分散的原则。"4月8日,习仲勋同志作了长篇发言,他说:"从实际工作来看,我认为仍然是权力过于集中,这个问题并没有解决。现在地方感到办事难,没有权,很难办。希望中央给点权,让广东先走一步,放手干。"

第二章
创办经济特区

第一节
对外出口加工区设想的提出

一、广东率先主动提出设立对外出口加工区

从全球产业发展格局看,20世纪七八十年代,部分发达国家正处于产业转型的关键时期,大部分中低端制造业企业急需寻找要素成本更低的发展中国家作为生产基地,以实现产业转移。封闭了20余年的中国恰逢这些工业化国家加快推进产业转移的绝佳机遇。

中央和各地方领导苦恼的是寻找改革开放的突破口。国家急切地需要局部试验,而且最好是可控的试验,在试验中筛选出对实行社会主义制度的中国有价值的东西。但这并不容易,因为"70年代的重新开放对整个体制的冲击,并不亚于1949年关门时的震动。习惯于执行毛泽东主义的领导人,这时不得不研究西方的管理和技术,搞政治斗争的人加入了为工业效率而斗争的行列。还有那些一直谴责资本主义的人,现在也反过来向曾经被他们谴责过的人学习。这种转变绝不会是轻而易举和皆大欢喜的,因为并非所有的西方模式都能被人们认可"[①]。

最终中央选择广东作为改革的突破口。这是有其必然性的。其一,尽管中华人

---

① 傅高义:《先行一步:改革中的广东》,广东人民出版社,2008年版,第3页。

民共和国成立30年来，广东一直受到冷遇，因为广东毗邻港澳，中央担心其地方主义、资本主义旧习和安全风险，从而压制它的工业发展，但在诸多省份中，正是由于广东在地理区位上处于祖国最南部，远离政治中心——北京，因此，即使其与国外交往造成精神污染，也并不必然造成政治上或经济上的混乱，进而威胁全国。其二，广东在全国的经济地位并不太高，无论是在重工业还是国家财政收入方面，广东所占比重都不大，即使走了弯路也不会有多大风险，波及的范围也不大。其三，广东历来就是外贸中心，自古以来就是通往世界的窗口，且毗邻港澳，因此最有条件试验国外先进技术和管理经验。其四，可能也是最重要的，广东和福建是全国移民东南亚和世界各地华人华侨最多的两个省份，这些华人华侨与广东、福建有相同的方言，并保持着密切的私人关系，这对于吸引投资大有裨益。在1979—1995年的直接对华投资中，大约有2/3来自或至少经由香港这个中国的"南大门"。

广东领导人利用这个千载难逢的时机，创造性地提出模仿国外出口加工区，圈出一块地建设"贸易合作区"。中央欣然接受了这一提议，创造性地把出口加工区表述为经济特区，赋予经济特区更多的内涵，授权广东先行一步，从外国经验中筛选出对中国有用的东西，试验出如何改革开放才能促进经济增长的方法和模式。从这个意义上说，选择深圳作为特区试验场其实是一种典型的经济社会成本——收益分析的理性结果，所以这并不是随机选择。①

二、蛇口建立我国内地第一个出口加工区

十一届三中全会的胜利召开，为广东的改革增添了巨大动力。在全国体制改革并未解决前，广东全省上下都在思索如何发挥广东独特优势，在四个现代化建设中先走一步，进而为国家作出更大贡献。广东想到的关键一招就是积极主动地向中央提出"要权"。党中央、国务院欣然同意了这一要求。1979年1月，中共中央、国务院批准了广东省和交通部的联合报告——《关于我驻香港招商局在广东宝安建立

---

① 舒元等：《广东发展模式——广东经济发展30年》，广东人民出版社，2008年版，第40页。

工业区的报告》。报告提出：①招商局初步选定在宝安蛇口公社境内建立工业区。这样既能利用国内较廉价的土地和劳动力，又便于利用国外的资金、先进技术和原材料，把两者现有的有利条件充分利用并结合起来，对实现我国交通、航运现代化和促进宝安边防城市工业建设，以及对广东省的建设都将起积极的作用。②招商局工业区的建设项目有5个厂，占地约300亩；需用劳动力第一期为1000名，今后发展到3000名，由广东省安排解决。③这一工业区可作为宝安市区的一部分。但工业区的建设和经营管理，由招商局负责。按照"参照香港特点，照顾国内情况"的原则进行管理。工业区的党政工作、治安管理、生活供应等由广东省宝安市负责。④工业区第一期建设由招商局投资。所需建筑材料和设备，由招商局负责。产品以出口为主。利润按三七开分成。⑤工业区拟从1979年上半年测量设计，下半年开工建设，1980年上半年建成投产。⑥工业区进口的施工设备，建筑生产用的原材料、燃料和该工业区的工人生活必需品，以及出口产品和厂房建成后调走施工设备等，参照国务院颁发的《开展对外加工装配业务试行办法》第四条规定，免税放行。招商局在这一工业区聘请来的外国技术人员和招商局来往的工作人员的出入境签证手续应从简，具体办法另订。① 最终，广东省与交通部共同签订了开发经营蛇口工业区的协议。这是我国设立的第一个利用外资成片开发的工业区，是中国改革开放的"试验场"。

随后，广东省、香港招商局立即密集传达和讨论，并研究具体部署。1979年5月，广东省"革委会"制定了《关于香港招商局蛇口工业区海关边防管理试行办法》。6月，蛇口工业区破土动工，开始兴建。7月，中共中央、国务院决定在深圳、珠海、汕头和厦门试办特区。11月18日，广东省、深圳市、招商局三方签署了《关于经营蛇口工业区的内部协议》，对建立蛇口工业区的目的、范围和经营管理，土地和土地使用费以及税收、职工、工资、外汇管理、电力供应、供水、粮食

---

① 朱玉：《对外开放的第一块"试验田"蛇口工业区的创建》，《中共党史研究》，2009年第1期，第31页。

供应等，均作了明确规定。① 1979年7月8日，蛇口轰然响起填海建港的开山炮，被称为改革开放的"第一炮"。

蛇口工业区的出现并非一帆风顺，也曾遭到非议与阻力，但中央领导人高度关心蛇口工业区的建设，着力解决蛇口工业区建设中面临的困难。叶剑英、邓小平、王震等中央领导同志都前来参观，对工业区的建设和发展给予了积极、肯定的评价。1984年2月，邓小平在视察广东、福建、上海等地回京后，同几位中央负责同志谈话时说："这次我到深圳一看，给我的印象是一片兴旺发达。深圳的建设速度相当快……深圳的蛇口工业区更快，原因是给了他们一点权力，五百万美元以下的开支可以自己做主。他们的口号是'时间就是金钱，效率就是生命'。"②

作为中国对外开放的第一个窗口，蛇口工业区的成功已载入史册，并为我国改革开放和创办特区，提供了宝贵经验。

专栏

袁庚和蛇口工业试验区

袁庚是地地道道的深圳人，1917年出生于宝安大鹏。1939年3月加入中国共产党，同年加入东江纵队，后任东江纵队联络处长。1949年10月，解放军挥师南下，扫除盘踞在广东各地的残敌，袁庚任两广纵队炮兵团长。1950年，袁庚随中国顾问团赴越南，成为胡志明主席的情报、炮兵顾问。1955年，周恩来总理率中国政府代表团赴印度尼西亚参加万隆会议时，袁庚已经出任中国驻雅加达总领事馆领事两年。1963年4月，参与破获国民党特务刺杀刘少奇的"湘江案"。1968年4月，经康生批准被捕入狱；1973年9月，经周恩来亲自过问，得以获释出狱。1974年任交通部外事局负责人。1978年底，袁庚在经历了军界、政界和外交界几十度春秋后，以花甲之年成为由李鸿章创办的香港招商局第29代"掌门人"，被任命为香港招商局常务副董事长，正式进入商界和实业界。

1979年1月3日，由袁庚起草并被中央迅速批准的《关于充分利用香港招商

---

① 朱玉：《对外开放的第一块"试验田"蛇口工业区的创建》，《中共党史研究》，2009年第1期，第33页。
② 邓小平：《邓小平文选》第三卷，人民出版社，1993年版，第51页。

局问题的请示》，成为香港招商局重获新生的转折点。正当袁庚四处寻找招商局发展的场地时，宝安县（深圳前身）南头半岛的蛇口跳进了他的视野。袁庚向中央要蛇口这块地，当时主管经济工作的副总理李先念把宝安县整个南头半岛一带都划给袁庚。袁庚考虑到资金问题以及可能带来的风险，只接受了2.14平方公里的土地。1979年4月1日，招商局正式成立蛇口工业区筹建指挥部（不久改称"建设指挥部"）。

作为蛇口工业区的支持者和建设者，袁庚对新思想、新理念反应迅速敏捷，并且对市场经济的理解深刻到位。在蛇口工业区的建设过程中，他颇有胆识和勇气地提出了"时间就是金钱，效率就是生命"的口号。它传递给人们符合市场经济规律的效率观和价值观。但这句口号在提出之初也受到质疑，部分人称其是资本主义的口号。直到1984年1月26日，邓小平到蛇口视察，对蛇口的发展理念给予肯定，这句口号才被更多人所接受。同年10月1日，在庆祝中华人民共和国成立35周年时，"时间就是金钱，效率就是生命"的彩车出现在天安门游行队伍中。随后，这个口号迅速传遍祖国大江南北，成为影响当代中国改革开放观念最深远的口号之一。除此之外，袁庚还在蛇口留下了许多脍炙人口的语录："凡批评工业区领导人的文章，都可以不审稿""我可以不同意你的观点，但我誓死捍卫你发表不同意见的权利""不允许在蛇口发生以言治罪的事情"。因为这些反传统的新理念，有人骂他是李鸿章，有人说他是冒险家，有人说他很乌托邦。

蛇口被袁庚比作一根试管，"一根注入外来经济因素对传统经济体制进行改革的试管"。于是，蛇口尝试了许多个"第一次"：率先改革用人制度，在蛇口工业区实行"择优招雇聘请制"，并在有关省、市、院校通过考试招聘人才；打破"铁饭碗""大锅饭"，引入竞争机制，试行"干部冻结原有级别，实行聘任制"，并进行公开的民主选举和信任投票；进行住房制度改革，让住房商品化；在工程建设中首次尝试"工程招标"，等等。1992年，75岁的袁庚退休。蛇口工业区自治管理权最终也收归深圳，蛇口"改革试管"的责任结束。

袁庚虽已离去，但改革仍在继续。直至今天，袁庚带来的"蛇口精神"仍是深圳创新精神的代名词。

图2-1 1981年底,在蛇口工业区竖立起的标语牌

图2-2 1984年1月28日,邓小平视察蛇口工业区时,袁庚向邓小平汇报工作

第二节
广东经济特区正式创立

一、筹建深圳、珠海出口基地

为破解积重难返的困局,探索建设现代化强国的途径,吸取发达国家和地区的先进经验,中央于1978年4~5月先后选派3批代表团分赴国外和港澳地区调研考察。以国务院副总理谷牧为团长的西欧考察团在1978年5月初出访法国、联邦德国、瑞士、丹麦、比利时后,向中央汇报时提出了三个值得深思的见解:①"二战"后,西欧发达国家的经济确有很大发展,尤其是科技日新月异,我们已经落后了很多,它们在社会化大生产的组织管理方面也有许多值得借鉴的经验;②他们的资金、商品、技术要找市场,都看好与中国的关系;③国际经济运作中有许多通行的办法,包括补偿贸易、生产合作、吸收国外投资等,我们可以研究采用。部分中央重要领导人表示要下决心采取措施实行对外开放,要积极利用国外的资金和技术加快本国的发展,实现四个现代化。[①] 另外一批由国家计委和外经贸部派出的港澳经济贸易考察组于4月10日至5月6日抵达香港、澳门实地调查研究。在考察组撰写的《港澳经济考察报告》中提出:可借鉴港澳的经验,把靠近港澳的广东宝安、珠海划为出口基地,力争三五年努力,把内地建设成具有相当水平的对外生产基地、加工基地和吸引港澳同胞的游览区。中央和国务院的主要领导人同意这一建议,这在一定角度上说,此时中国创办特区的思想已经有了萌芽。

最终,中央决定发挥广东毗邻港澳、华侨众多的优势,明确要求广东切实搞好宝安、珠海两个边防县的建设,从港澳引进技术、设备、资金、原料,搞加工装配

[①]《习仲勋主政广东》编委会:《习仲勋主政广东》,中共党史出版社,2007年版,第228—229页。

业务,扩大外贸出口。在《国务院关于宝安、珠海两县外贸基地和市政建设规划设想的批复》中,明确提到:"国务院深信,经过三五年的努力,实现中央领导通知的指示,把宝安、珠海两个县建设成为具有相当水平的工农业结合的出口商品基地,建设成为吸收港澳游客的游览区,建设成为新型的边防城市,是完全可能的。"广东坚决执行、迅速落实中央的指示和部署,加快建立宝安、珠海外贸基地建设。1979年1月23日,广东省委决定将宝安县改为深圳市,珠海县改为珠海市,成立两市市委。这便于加强对宝安、珠海地区的领导,建立出口基地,发展对外贸易。

二、向中央争取特殊政策和灵活措施

十一届三中全会后,广东领导人意识到"让广东先行一步"的要求必须直接反映到最高决策层中去。1979年4月5～28日,习仲勋在参加中共中央工作会议时说:"注意发挥中央和地方积极性,这个原则是正确的,但当前主要倾向是什么,应明确。从实际工作来看,我认为仍然是权力过于集中,这个问题并没有解决。经济管理体制问题,就是集权和分权的问题,要处理好这个关系。现在地方感到办事难,没有权,很难办。"他接着提出:"广东毗邻港澳,华侨众多,应充分利用这个有利条件,积极开展对外经济技术交流。这方面,希望中央给点权,让广东先走一步,放手干。看来,在计划、财政、外贸、外汇、物资、对外经济技术交流等方面,都有正确处理中央和地方的关系问题。'麻雀虽小,五脏俱全',作为一个省,等于人家一个或几个国家。但现在省的地方机动权利太小,国家和中央统得过死,不利于国民经济的发展。我们的要求是在全国的集中统一领导下,放手一点,搞活一点。这样做,对地方有利,对国家也有利,是一致的。"①

邓小平对于广东提出希望在对外经济活动中有较多的自主权以及搞"贸易合作区"这一新思路表现出赞许的态度,他说:"广东、福建实行特殊政策,利用华侨资金、技术,包括设厂,这样搞不会变成资本主义。因为我们赚的钱不会装到华国锋同志和我们这些人的口袋里。我们是全民所有制。如果广东、福建两省八千

---

① 《习仲勋同志在中央工作会议中南组的发言》,1978年4月8日,见中共广东省委四届三次常委扩大会议文件之一。

万人先富起来，没有什么坏处。"① 当谈到配套资金时，邓小平更是直截了当地说："中央没有钱，可以给些政策，你们自己去搞，杀出一条血路来。"②

对于广东改革开放先行一步，叶剑英也深表支持。1979年6月1日，叶剑英在参加广东三级干部会议时说："发展经济不能顾北不顾南。现在，一些地方的领导同志向中央提出要求，经济体制要改变一下，下放一些权力。究竟下放多少，改变多大，还没有把握。中央决定广东、福建先走一步，把广东作为试点。广东搞好了，可以推动全国、促进全国。如果搞不好，也会搞乱全国的。大家要认识到这个问题的重要，加倍努力搞好。"③

图2-3　1979年6月，习仲勋、叶剑英、许世友、杨尚昆（从左至右）在广州

1979年5～6月，谷牧带领工作组与广东共同起草关于广东对外经济活动实行特殊政策、灵活措施的文件，并拟定了《关于发挥广东优越性条件，扩大对外贸

---

① 中共中央文献研究室：《邓小平年谱1975—1997》（下），中央文献出版社，2004年版，第506页。

② 中共中央文献研究室：《邓小平年谱1975—1997》（下），中央文献出版社，2004年版，第510页。

③ 中共广东省委办公厅：《中央对广东工作指示汇编（1986—1987）》（下），第446页。

易，加快经济发展的报告》，递交中共中央、国务院。7月15日，中共中央、国务院批转广东省委、福建省委的两个报告，即《中共中央、国务院批转广东省委、福建省委关于对外经济活动实行特殊政策和灵活措施的两个报告》（中央〔1979〕50号文件）。中共中央、国务院决定对广东、福建两省的对外经济活动给予更多的自主权，扩大对外贸易，先走一步，把经济尽快搞上去。

1980年5月16日，中共中央、国务院批准《广东、福建两省会议纪要》（中发〔1980〕41号文件）。中发〔1980〕41号文件认为，中央决定对广东、福建两省在对外经济活动中实行特殊政策和灵活措施，是经济体制改革的一种试验。其特点：一是财政和外汇收入实行定额包干；二是物资、商业在国家计划指导下适当利用市场调节；三是在计划、物价、劳动工资、企业管理和对外经济活动等方面，扩大地方权限；四是试办经济特区，积极吸引侨资、外资，引进国外先进技术和管理经验。中发〔1980〕41号文件与中央〔1979〕50号文件，是指导广东改革开放的纲领性文件，它们大大提高了人们的开放意识，促进了广东对外开放的进程。

1980年9月下旬，习仲勋、杨尚昆、刘田夫等在中央书记处第52次会议中进一步提出扩大广东改革的权限，外汇管理、进口生产资料等海关减免税及尽快解决广东能源、铁路交通等问题。中央进一步明确了中央对广东实行特殊政策和灵活措施的重大意义，赋予广东更大的自主权，让广东更加大胆地去干、去闯。中央决定授权给广东，对中央各部门的指令和要求采取灵活办法，适合就执行，不适合的可以不执行或变通办理。1981年5月27日至6月14日，任仲夷、刘田夫等在广东、福建两省和经济特区工作会议提出，中央还没有给两省真特殊、真灵活的东西，现在两省是特殊政策不特殊，灵活措施不灵活，先走一步难先走，因此要求中央进一步松绑放权。7月19日，中共中央、国务院批转了这次工作会议纪要。会议同意两省继续推进在计划、财政、金融、外贸、物价管理等方面的改革，制定出适合本省情况的法规或条例。中央提出的这些政策措施，对广东是很大的鼓舞和鞭策，给广东干部和群众以巨大的动力。

1984年12月3～7日，党中央、国务院召开座谈会研究广东、福建两省如何进一步加快改革和开放步伐的问题。会议批准广东、福建两省在今后5年内（即到

1989年）继续实行特殊政策、灵活措施。凡属过去5年被证明是行之有效的各项具体政策措施，要继续实行；同时，要根据形势发展的新情况和党中央、国务院的有关新部署，增添必要的新内容。根据这次会议和国务院通知的精神，广东省委带领全省人民团结奋斗，开拓进取，以改革推动对外开放，以对外开放促进改革，取得了举世瞩目的辉煌成就，使广东经济和社会发生了历史性的巨变，成为中国经济发展最快的地区之一。

三、从出口加工区到经济特区

十一届三中全会精神后，广东显然加快了要求扩大对外开放的步伐。1979年4月17日，在中央工作会议各组召集人汇报会议上，习仲勋提出：允许在毗邻港澳的深圳、珠海以及汕头，各划出一块地方，单独进行管理，作为华侨港澳同胞和外商的投资场所，按照国际市场的需要组织生产，初步定名为"贸易合作区"。邓小平非常赞同广东富有新意的设想。在对贸易合作区定名称意见不一时，邓小平深思熟虑地说："还是叫特区好，可以划出一块地方，叫做特区。陕甘宁开始就叫特区嘛！"① 1979年5月11日至6月6日，谷牧带领工作组到广东调研，并共同起草关于广东对外经济活动实行特殊政策、灵活措施的文件。广东方面与谷牧率领的中央工作组经过半个多月的反复研究，拟定了《关于发挥广东优越性条件，扩大对外贸易，加快经济发展的报告》。报告主要包括以下五个方面的内容：①扩大对外贸易，加快经济发展的优越条件；②初步规划设想；③实行新的经济管理体制；④试办出口特区；⑤切实加强党对经济工作的领导。报告中，还提到希望中央帮助广东解决化肥、电力、燃料和交通运输等方面存在的突出困难。② 中央和国务院认为可以充分发挥广东的优越条件，扩大对外贸易，先走一步，原则上同意广东试行在中央统一领导下大包干的经济管理办法，在计划、物资供应、物价政策等方面也实行新的经济体制和灵活政策。同时，决定在深圳、珠海两市划出部分地区试办出口特区，

---

① 中共中央文献研究室：《邓小平年谱1975—1997》（下），中央文献出版社，2004年版，第510页。
② 《习仲勋主政广东》编委会：《习仲勋主政广东》，中共党史出版社，2007年版，第252页。

待取得经验后,再考虑在汕头、厦门设置特区。①

这个历史性的文件拉开了广东改革开放和经济特区建设的序幕,吹响了广东"先行一步"的进军号。在我们党和国家发生重大历史转折的重要时期,以习仲勋同志为"班长"的广东省委,团结全省广大干部群众,解放思想,实事求是,从广东的实际出发,积极争取广东在改革开放中先走一步,率先进行试验、开拓,为广东后来的改革开放和高速发展奠定了坚实的基础。

此后,广东更加积极地研究落实如何"先行一步",比如加快研究如何开展特区的筹备工作,起草广东特区条例,制定经济特区的规划,等等。1979年12月,广东省委就筹办"出口特区"的工作,向中央专题报告。报告认为:"中央批转广东省委的报告中说要办'出口特区',我们同各方面的同志和朋友多次交换意见,都觉得改称为'经济特区'较好。特区固然要以办工厂企业为主,但也要搞楼宇住宅和其他经济事业。比如在深圳特区,拟规划工业区、科学技术研究区、住宅区,以及商业、行政和文化区……因此,把'出口特区'改为'经济特区',其含义会更确切些。"1980年3月下旬,中共中央、国务院在广州召开的广东、福建两省工作会议,根据广东省的建议,同意将原定"出口特区"的名称正式改为"经济特区"。

第三节
广东经济特区的实验

一、经济特区的经济体制改革实验

设立经济特区的最大贡献在于进行经济体制改革实验,这是一项史无前例的重要实验。鉴于深圳特区作为中国设立经济特区的成功典范,我们将重点考察深圳这

---

① 《中共中央、国务院批转广东省委、福建省委关于对外经济活动中实行特殊政策和灵活措施的两个报告》,1979年7月15日。

一特区样板在经济体制上的实验。①

政策实验首先从大规模的城市基建开始。在传统基建体制下，要实现通电、通水、通车、通电信和平整土地异常困难，深圳"杀出了一条血路"，率先在基建中引入市场机制、开放建筑市场、实行开发性建设。深圳利用银行贷款，边投资边收益，再投下去扩大收益的"滚雪球"式的办法解决建设资金问题。允许内地乃至国外设计、施工队伍进入深圳，逐步开放建筑材料市场，推出了"设计搞评选，施工搞招标"，保工期、造价、质量的工程大包干，实行工资奖金"上不封顶、下不保底"的分配制度，给承包单位极大的自主权。深圳基建体制改革的成功为深圳全面引入市场机制开辟了道路。②

完成城市基建后，深圳开始招商引资，广泛开展对外经济合作，大力发展外向型经济。特区的经济体制改革按照与国际市场接轨的方向逐步深入，经历了一个从生产要素市场改革到产品市场改革、局部改革到全面改革的发展历程。

怎么招工人、怎么发工资是深圳引进外资后首先碰到的问题。由于外资企业有一定的经营期限，不适用"铁饭碗"制度，于是深圳引入合同工制度。企业根据需求自主招工，工人根据自愿原则签订合同。如何取得土地建厂房是外资引进后面临的另一个重要问题。深圳创造性地提出收取土地使用费。在计划经济时代，企业根据国家批准的基建项目向当地政府提出征用土地的要求，并经过与农民协商和政府批准后，支付一定的征地费用，取得土地使用权。土地使用费的提出意味着土地所有权是国家的，使用权是企业的，后来就形成了以土地使用权转让为内容的土地市场。

另外，随着招商引资工作的开展，特区很快面临着外汇管理问题。在特区建设初期，1985年深圳创造性地成立外汇调剂中心，按照"管住两头，开放中间"的原则进行管理，即到中心调剂的外汇，一头是看其来源是否正当，另一头是看其用

---

① 回顾深圳经济特区经济体制改革的文献非常丰富，本文主要采用周溪舞（2006）的文章。周溪舞1981年开始负责深圳市政府的常务工作，是经济特区建设初期的历史见证人，其2006年在《特区实践与理论》上撰文回顾了深圳经济特区初期的经济体制改革历程。

② 在深圳国贸大厦建设中创造了三天建成一层楼的"深圳速度"。

途是否正当，调剂价格可由双方协定。这是全国第一个外汇调剂中心，事实上是一个汇率自由浮动、货币自由兑换的外汇市场。深圳就这样在招商引资、对外开放的过程中，到1986年已经初步形成资金、劳动力、土地、技术、信息等生产要素市场。

局部改革必定引起连锁反应，进而推动经济体制实验走向全面改革。在劳动力、工资和土地使用制度等领域实施改革后，深圳人口急剧膨胀，生活用品紧缺。深圳当时是两个市场、三种价格、三种货币。具体而言，两个市场分别是计划市场与自由市场；三种价格分别是国家牌价、国家指导价格和自由市场价格；三种货币分别是人民币、人民币外汇兑换券和港币。深圳特区要解决商品短缺问题，只能够运用国家给予的特殊政策自己想办法。在统购统销的三级流通体制下，公司到国内采购困难重重，于是深圳成立了一个进出口服务公司。该公司既独立于商业系统，又独立于外贸系统，便创造性地"打外汇牌"：一方面，利用手中的外汇到广交会上采购商品；另一方面，深圳特区加强与内地商业部门的经济联合，用可以收取港币吸引它们与深圳企业联合办商业，把它们的商品吸引到特区来。"深圳的商品丰富了，但市场的价格却再也无法用行政命令来协调统一了。就是在这种情况下，深圳经济特区开始提出了按市场规律办事，改革商业、物资体制和改革物价管理，深圳的物价闯关比1988年全国范围的物价改革整整提前了5年！"①

商品化大生产迫切需要经济管理体制上的改革和创新，深圳作为广东乃至全国的改革"先遣部队"，在逐步推进的各个方面都迫切需要：创新融资制度；改变原来体制的投资管制；引入竞争机制；改革外汇管理体制；突破原来的土地管理和经营模式；允许和建立劳动力市场；政企分开；改革和建立新的行政官员治理；有地方的立法权；改变计划经济的工资和福利分配机制；改变商品的计划定价体制；引进新的激励模式。深圳在这些方面对新体制的试验、对中国其他地区的经济体制改革和开放进程都具有重要的参考价值。我们今天在中国经济中观察到的许多新体制和新规范，几乎都能在30多年前的深圳找到影子。

---

① 这是广东省委在经济特区15周年时所拍摄的纪录片《中国特区》中的一段旁白，转引自周溪舞（2006）。

二、经济特区建设取得的经济绩效

经济特区的经济体制实验从引进外资最需要的地方开始,从要素市场到产品市场,从局部改革到全面改革,逐步引进市场经济体制,并最终取得了举世瞩目的经济成就。后来新华社在对外报道中,把它称为"国际共产主义运动史上的伟大创举"①。

深圳经济特区走过的近40年,创造了人类现代经济的诸多奇迹。从经济总量看,深圳GDP实现了跨越式增长,成绩斐然。1979年深圳GDP仅为1.96亿元,2016年达到1.95万亿元,是1979年的近1万倍,年均增长率高达27.4%。

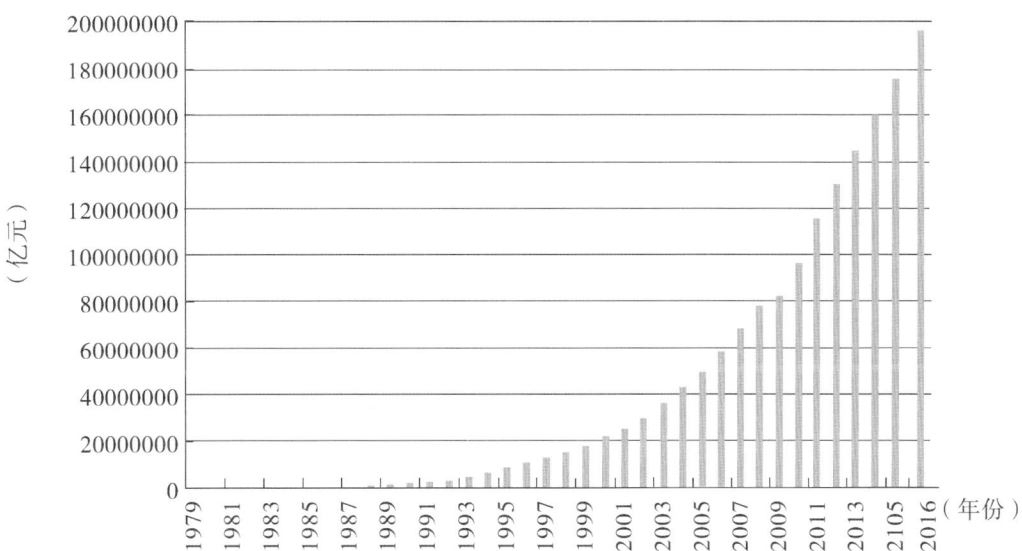

资料来源:1979—2016年的《广东统计年鉴》。

图2-4 深圳1979—2016年GDP趋势图

人均经济发展水平更能反映地区经济发展程度。2016年深圳的经济发展水平已经达到中等发达国家的高标准。1979年深圳人均GDP仅为600元,2016年达到167411元,是1979年的279倍;1979—2016年,深圳人均GDP年均增长率达到15.9%,高于广东以及全国平均增长速度。

---

① 《习仲勋主政广东》编委会:《习仲勋主政广东》,中共党史出版社,2007年版,第255页。

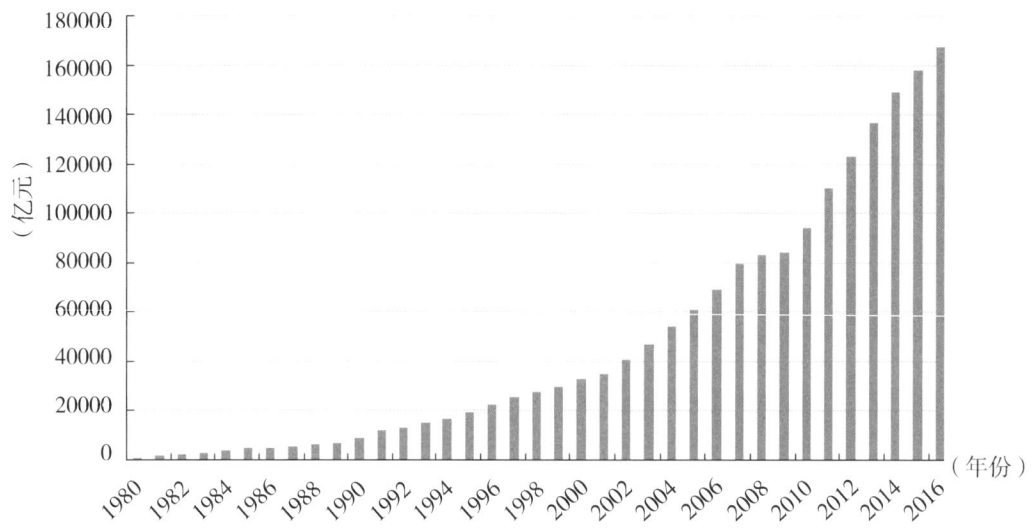

资料来源：1980—2016 年的《广东统计年鉴》。

图 2-5　深圳 1980—2016 年人均 GDP 趋势图

三、经济特区建设引发的争议

经济特区的设立与建设需要解放思想，打破原来的旧体制，因此，设立与建设经济特区一开始就遭遇整个经济管理体制的制约，在发展中伴随着各种争议。从 20 世纪 80 年代初开始，每当姓"社"还是姓"资"问题涌起时，特区都难免首当其冲——特区的制度到底符不符合社会主义的性质？

全国经济学界对于这一问题也颇为纠结。老一代经济学家于光远先生认为深圳特区的制度是符合社会主义性质的。他认为深圳特区不是政治社会制度的特区，而是经济政策和管理的特区，而且特区里仍然有公有制企业的主导地位。[①] 有的学者认为深圳特区的制度是社会主义国家中的资本主义，受到社会主义国家和政府的控制。著名经济学家许涤新先生在 1984 年 1 月 21 日的《北京周报》上发表的文章颇具代表性。他认为，设立深圳特区的目的是通过收买政策实施同国外资本和华侨资本的合作，引进它们的技术和管理，最终发展社会主义。这与中华人民共和国成立初期政

---

① 于光远：《谈谈对深圳经济特区的几个问题的认识》，《经济研究》，1983 年第 2 期。

府靠收买政策发展与民族资本主义的合作在性质上是一样的。①

尽管邓小平一直强调"不争论",但关于经济特区的争论在相当长一段时间内周期性地涌起。为什么会出现这种情况?张军(2010)指出,局部性的改革和实验改革,尽管有其策略性的意义和价值,但会产生局部与整体经济体制的落差,如果处理不当,将引发普遍的"寻租"现象。比如建设初期的深圳特区,尽管已经取得了令人瞩目的经济绩效,但似乎有点偏离设立经济特区的最初定位,并没有实现产品以出口为主、产业结构以工业为主等。当时香港大学亚洲研究中心陈文鸿博士(1985)在《深圳的问题在哪里?》一文中,以翔实的数据说明,深圳的工业仍从属于贸易,经济是以贸易为主。1983年进口大于出口,引进的主要是被香港、日本淘汰的设备;引进的外资只占30%,这30%中又主要是港资;1983年深圳工业总产值仅为7.2亿元人民币,而社会零售商品总额为12.5亿元人民币,做生意赚的钱比工业挣的钱多得多。②

经济特区作为一项体制改革创新的实验,中央政府作为政策的提供者,责无旁贷地成为最终裁判,鉴定经济特区建设的成效,纠正经济特区在建设中出现的偏差。1984年,邓小平亲自了解经济特区的建设与发展情况,"经济特区是我提议的,中央决定的。五年了,到底怎么样,我要来看看"。他先后视察了深圳经济特区、珠海经济特区和厦门经济特区。特区的经济发展成效得到邓小平的认可。邓小平对深圳经济特区题词:"深圳的发展和经验证明,我们建立经济特区的政策是正确的。"这次视察邓小平虽然没有给经济特区姓"社"还是姓"资"问题下一定论,但是对有关特区的争论基本画上了句号。

中央对深圳等经济特区自身存在的问题其实也有察觉,并实时地调整甚至整顿,以期经济特区建设不会偏离中央当初建立其之初衷。陈文鸿(1985)的文章发表后,中央对经济特区存在的问题更为关注。1985年8月1日邓小平在会见日本公明党第十三次访华代表团时说:"我们特区的经济从内向转到外向,现在还是起步,所以能出口的好的产品还不多。只要深圳没有做到这一步,它的关就还没有

---

① 张军:《不为公众所知的改革——一位经济学家的改革记述》,中信出版社,2010年版。
② 陈文鸿:《深圳的问题在哪里?》,《广角镜》,1985年第2期。

过,还不能证明它的发展是很健康的。"① 1985年底,国务院在深圳召开"全国特区工作会议",会议认为虽然当前在特区建设上还存在问题和困难,但是过去5年特区的成绩显著,在中国对外开放和经济体制改革中开始发挥作用。会议明确指出,在"七五"期间,经济特区的发展目标是建立以工业为主、工贸结合的外向型经济。各特区总结了奠基阶段的经验教训,通过"七五"期间的建设,特区经济结构发生根本性转变,逐步建成了以工业为主的外向型经济。

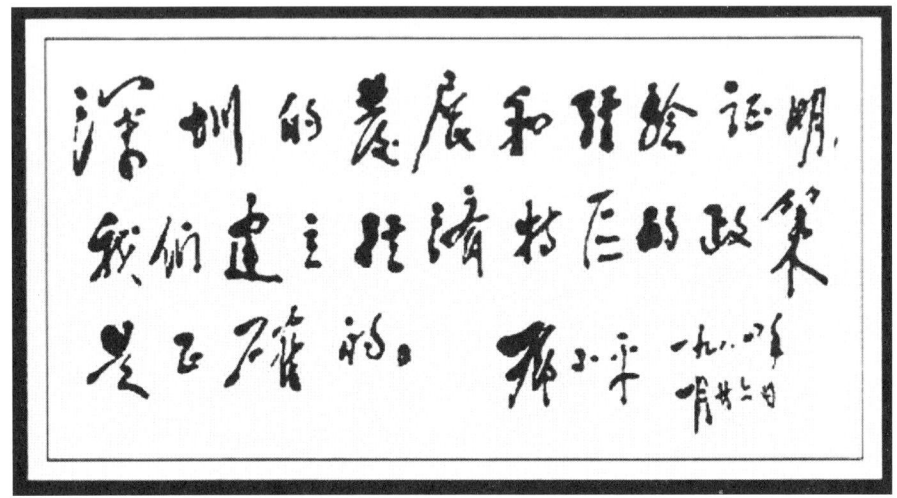

图2-6　1984年邓小平为深圳经济特区题词

---

① 邓小平:《邓小平文选》第三卷,人民出版社,1993年版,第133页。

第三章
经济体制改革发轫

第一节
农村经济体制改革

农业是国民经济的基础,也是社会主义现代化建设的基础。广东农业经济长期落后,广东遵循中央的战略部署,首先进行的是农业改革,以支持其他领域的改革。

一、全面推行农村家庭联产承包责任制

自中华人民共和国成立以来,广东从未放弃过探索行之有效的农业发展政策。1962年,清远县洲心公社实行超产奖励生产责任制,这一成功经验甚至被广东省委作为优秀典范推广。但后来由于受"左"的错误思潮的影响,一些成功实验和经验被污蔑为"走资本主义道路",受到严厉批判。在1978年之前,广东的农村组织与全国其他地区一样,基本沿袭了20世纪60年代初形成的人民公社管理体制,其特点是"一大二公""政社合一""三级所有,队为基础"。国家实行这一农业集体化管理的本意是为了保证粮食能足够供应城市,同时有利于实行大型灌溉计划,充分合理利用土地资源,发挥规模经济效应,以及实现农业机械化。但事实上,农业集体化管理制度削弱了个人的积极性,生产队由于害怕农民不重视具体生产,不太允许农民花太多时间干私活。1962—1978年,广东农村产生了两个重要变化:一是每个生产队的人数迅速增加;二是稻谷种植面积不断扩张。增加稻谷种植面积

是遵循国家强调以粮为纲的政策,同时也是为了缓解因人口不断增加而引发的口粮需求。在1962年,广东有3200万农村人口,到了1978年,增加到4700万。但另一方面,在"文化大革命"期间,广东用于种植其他作物的耕地并没有出现大幅减少的情况——许多农村干部私下里合作,保存了相当数量的"副业"。

在农业改革进程中,广东初期为了缓和人们对国家统购制度的抵触情绪,与其他许多省份一样,以合同取代强制性的定额,这样做是给予农民部分讨价还价的余地。1978年末,广东推广实行从"三定一奖"(定工、定产、定成本,超额奖励)到"五定一奖"(定劳动、定地段、定成本、定分工、定产量,超额奖励)的生产责任制。实行生产责任制的生产队,由于强化管理,经济效益增长明显,农民收入显著提高。

"五定一奖"这种坚持按劳分配、尊重和保护生产队自主权的做法,得到了广大干部群众尤其是农民的积极响应,也得到了广东省委的高度认可。1979年2月4日,广东出台《关于建立"五定一奖"生产责任制问题的意见》,该意见提出:"实践证明,联系产量的生产责任制,是当前农村实行的生产责任制中比较好的一种形式,因为它把社员的劳动同产量联系起来,在定额管理的基础上,解决了只顾数量争工分,不顾工作质量这个矛盾,更好地贯彻了按劳分配、多劳多得的原则……这种做法,不是后退,而是前进,提高了群众觉悟水平和经营管理水平;不是改变原核算单位,削弱了集体经济,而是更加巩固了核算单位,巩固了集体经济。"1979年5月20日,《人民日报》发表了题为《调动农民积极性的一项有力措施——关于广东农村实行"五定一奖"生产责任制的调查》的长文,文中高度评价广东推行的"五定一奖"生产责任制的政策实验,认为广东走在全国的前列,是中国农业体制改革的最初实验。

但直到1980年,地方改革推动者仍不清楚,究竟改革是仅停留在生产组这种形式上,还是可以进一步彻底地非集体化,将生产指标落实到单户家庭。因为联产责任制只能到组,组内依旧存在着平均主义的倾向。然而在1979年初,在广东部分地区已经悄悄进行了非集体化的改革。

广东紫金县就是农业非集体化改革的典型。紫金县是个极度贫困的山区县,由于农民缺乏足够的粮食，当地生产队带头在水稻生长季节把地都分给了农户。尽管紫金县的当地干部几次试图阻止这种做法，然而，一年过后，紫金县分地到户的生产队却从1300个增加到3700个。尽管当地农民普遍欢迎这项有点冒险的改革，但该做法并没有得到省里的公开支持。在十一届三中全会召开之前，广州市郊区杨箕村也搞起了包产到户；同年冬天，广州从化县江埔公社也有3个生产队尝试联产承办责任制。这些地方推行包产到户责任制后，都取得了明显的经济成效，周边农民纷纷效仿，包产到户迅速蔓延起来。到1980年5月中旬，全省包产到户的生产队为25972个，占总队数的6.8%，户数有56万多户，占总户数的6.1%。①

在实施包产到户这个问题上，广东也是经历了解放思想、逐步深化认识的过程。1979年全省召开的两次重要会议（四届三次常委扩大会议以及省人大五届二次会议）都对包产到户和分田单干提出了批判，认为这种生产责任制是方向性、原则性错误。但是，地方领导人在深入农村调研时，又发现农民在实行联产到人、包产到户后，粮食增产迅速，有效解决了温饱问题。这种不一致的状况在一段时期内，使地方政府和农民之间形成"拉锯"。1980年5月31日，邓小平的一席话坚定了广东在农村推行"包产到户"的决心，他说：

农村政策放宽以后，一些适宜搞包产到户的地方搞了包产到户，效果很好，变化很快……有的同志担心，这样搞会不会影响集体经济。我看这种担心是不必要的。②

1980年9月，中共中央讨论了加强和完善农业生产责任制问题，并同意《关于进一步加强和完善农业生产责任制的几个问题》这一通知的各项意见。该通知提出：在那些边远山区和贫困落后的地区，长期"吃粮靠返销，生产靠贷款，生活靠救济"的生产队，群众对集体丧失信心，因而要求包产到户的，应当支持群众的要求，可以包产到户，也可以包干到户，并在一个较长的时间内保持稳定。就这种地区的具体情况来看，实行包产到户，是联系群众、发展生产、解决温饱问题的一种

---

① 《广东省农业作史》编辑委员会编：《广东省农业合作史——伟大·曲折·光明的历程》，中国农业出版社，1994年版，第109页。

② 邓小平：《邓小平文选》第二卷，人民出版社，1993年版，第275页。

必要的措施。① 中央 75 号文件以及广东贯彻执行通知的出台，对广东农村普遍推行包产到户生产责任制起到重要的推动作用。在中央政策的支持下，广东农民搞包产到户、包干到户再也不用偷偷摸摸，而是可以光明正大地大干一场。

从实践效果来看，家庭联产承包责任制既保证了国家对粮食、棉花以及其他作物的需求，又调动了农户生产的积极性，因为剩余产品农户可以留作自用或在市场上销售。农户经营采取包产到户的方式保留了土地集体所有制。允许地方干部为每户规定一定的生产指标，在和农户签订的合同中，由村干部具体规定农户要种植的作物种类和向政府上缴的定额。合同中规定，地方干部同意向农户提供土地和农机，作物收获以后农户上缴一定数量的粮食和其他作物作为回报。如果农户不再有下地干活的足够劳动力，村干部可以把土地转给其他农户。

广东农业改革的重要目标是保证稻谷和其他农作物的供应，增加农副产品的供应，逐渐解放农村劳动力。家庭承包责任制的推广和普及，可以迅速实现这些目标。据加拿大社会学家格雷哈姆·约翰逊在 1981 年对珠三角农村（非贫困地区）的调研结果，在 1981 年有超过 20% 的生产队已经以家庭承包责任制的方式安排生产任务，对于经济作物（比如甘蔗、水果类）的生产安排更是如此。② 到 1983 年，家庭联产承包责任制已经在全省推广普及。1978—1985 年，水（旱）田耕地面积由 3225 万亩减少到 2961 万亩，水稻播种面积由 1978 年的 5791 万亩减少到 1985 年的 4816 万亩，但是水稻产量却并没有出现下滑。1978 年的水稻产量为 1329 万吨，1980 年为 1524 万吨，1985 年的产量略有下降，但仍有 1454 万吨，大体维持稳定，1990 年又回升至 1687 万吨。农民家庭一旦完成了生产指标后，剩余劳动力就可以转到其他领域去经营。由此，农民收入来源和收入结构也相应地产生了变化。

---

① 中共中央印发：《关于进一步加强和完善农业生产责任制的几个问题》，《经济体制改革手册》，第 75 页。

② Graham E. Johnson：《中国农业生产责任制：广东的一些例子》，*Pacific Affairs*，1982 年秋，第 430—451 页。

表 3-1　1978—1991 年主要年份广东耕地面积

单位：万亩

项目	年份				
	1978 年	1980 年	1985 年	1990 年	1991 年
年末实有耕地面积	4168.21	4126.07	3897.81	3793.25	3768.24
水（旱）田	3225.39	3192.88	2961.34	2849.78	2812.58
旱地	942.82	933.19	936.47	943.47	955.66
当年增加耕地面积	20.67	9.71	17.62	32.27	25.71
#新开荒	8.79	3.73	5.28	16.04	13.64
围海造田	—	0.47	—	3.09	1.92
当年减少耕地面积	26.94	37.09	118.97	25.90	50.14
#国家基建占地	6.54	3.81	20.28	4.00	9.28
种果占用	—	4.61	52.74	4.42	9.18
年末耕地面积中粮食实际占用	3210.97	3177.20	2702.32	2602.11	2595.89

资料来源：《广东统计年鉴》（1992）。

表 3-2　1978—1991 年主要年份农作物播种面积

单位：万亩

年份	农作物总播种面积	一、粮食作物		二、大豆	三、经济作物
		稻谷	薯类		
1978 年	9962.46	7603.47	5790.99	873.02	163.71	1277.28
1980 年	8954.84	6908.02	5596.10	800.67	198.18	1213.98
1985 年	8036.82	5750.76	4815.81	730.83	175.22	1417.68
1990 年	8507.35	5822.06	4763.67	751.70	172.44	1338.43
1991 年	8489.09	5643.92	4596.92	746.74	163.30	1374.36

资料来源：《广东统计年鉴》（1992）。

表3-3 1978—1991年主要年份农作物产量

单位：万吨

年份	项目			
	粮食	稻谷	薯类	大豆
1978年	1509.51	1328.56	121.04	7.99
1980年	1681.91	1523.92	123.68	11.47
1985年	1604.37	1454.29	131.88	11.32
1990年	1896.29	1687.00	167.05	13.87
1991年	1873.50	1651.65	176.59	12.60

资料来源：《广东统计年鉴》（1992）。

表3-4 1980年和1985年广东农村家庭收入来源的变化

项目	年份	
	1980年	1985年
来自农业项目的收入		
农作物	60%	51%
林业、畜牧业、渔业、农村工业	40%	49%
来自所有项目的收入		
初级产业（农业）	69%	58%
第二和第三产业	31%	42%

资料来源：傅高义，《先行一步：改革中的广东》，广东人民出版社，2008年版，第72页。

实行包产到户后，粮食生产持续快速增长。同时，农业剩余劳动力被解放了出来，对农副产品的生产和农村工业的发展大有裨益。农贸市场伴随农村的非集体化不断扩大，手工业和制造业重新放开，农民增加了用于市场直接销售的生产。千百万农民从此摆脱了贫困线，农民的收入来源结构丰富起来。1978年，广东农民人均纯收入为193元，其中48.4%来自集体劳动，39.8%来自家庭副业，剩下的11.8%来自其他各类工作。1982年，广东农民人均纯收入为382元，其中40%来自集体劳动，47.5%来自家庭副业。

实行家庭承包责任制和重新放开市场,被广东农民称为"第二次解放",它带给农民的除了增加家庭财富的机会外,更为重要的是他们重获自由,可以按照自己的意愿和方式选择工作的时间和地点。与此同时,农村剩余劳动力可以去乡镇企业打工,可以进城销售农产品,从而极大地改善了城市居民的日常消费品数量和质量。到1984年,农村改革的浪潮推动了大规模的城市改革,农村改革的成功增强了国家领导人的信心,也赢得了对主张在城市中有效地运用农村改革的经验——放开市场和承包生产——这一观点在政治上的支持。

表 3-5 1978—1991年广东城乡集市贸易情况

项目	1978年	1980年	1985年	1990年	1991年
一、集贸市场总数(个)	1735	1891	2598	3287	3588
城市	—	104	246	667	697
农村	1735	1787	2352	2620	2891
二、集市贸易成交额(万元)	145968	227195	657895	2566896	3159396
城市	—	20742	117713	975289	1315742
农村	145968	206453	540182	1591607	1843654
三、主要类产品成交额(万元)	—	—	—	—	—
粮油类	17818	22819	26622	131557	180430
肉禽蛋类	54329	73284	209800	1061093	1246808
水产品类	9349	14745	56615	286083	377016
蔬菜类	10278	12030	25395	177125	233888
干鲜果类	3056	4612	28857	246964	305424
工业用品类	273	4609	100263	343836	476589

资料来源:《广东统计年鉴》(1992)。

二、大力发展乡镇企业

广东乡镇企业是在农村手工业的基础上,随着农业合作化和人民公社化运动而逐步发展起来的。在1984年3月国家正式将公社改为"镇"、生产大队改为"乡"之前,广东已开始大力发展乡镇企业。

乡镇企业作为我国特定时期产生的一种独特的企业组织形式和企业制度，具有强大的生命力。伴随农民和城市居民对工业消费品的需求呈爆炸式增长，国营企业以扩大生产来尽可能满足这些需求。但是与国营企业相比，乡镇企业自诞生之日起，就有许多优势。其一，乡镇企业自身具有自主经营的灵活机制。与国营企业不同，乡镇企业一般是依靠农业或农民提供的资金逐步发展起来的，是以自我积累、自我发展为前提的，因而具有自身的特点：①所有制形式灵活。乡镇企业一般是乡办或镇办集体所有制企业，不拘一格，灵活多样。乡镇企业也不同于仍受着雇工不得超过七人这种限制的个体户，它们被看成"集体"性质，在意识形态上更易于被人接受，因此规模也不受限制。②经营方式多样。当时，广东乡镇企业不仅有集体统一经营的企业，还有联合经营、承包经营、家庭和个人经营等多样经营方式。③分配关系拉开档次。广东乡镇企业的内部分配关系，充分体现了按劳分配与经济效益挂钩的原则，没有"大锅饭"和"铁饭碗"，从而充分调动了企业工人的积极性。其二，市场需求的响应迅速且灵活。乡镇企业可以根据市场需求和自身条件做出灵活反应。对乡镇企业来说，国家没有给其提供供、产、销方面的保证，也没有指令性计划，这就迫使其生存和发展取决于其在市场竞争中的地位。乡镇企业权利明晰，企业经营与职工经济利益息息相关，责权利相统一，自主经营决策，能及时适应市场需求，以销定产，灵活应变，没有"扯皮"和"踢球"现象，使企业真正成为自主经营、自负盈亏、自我积累、自我发展的商品生产者和经营者，因而具有新的经济运行机制，使企业充满活力。①

广东乡镇企业的异军突起，有力地推动了全国乡镇企业以及工业经济的腾飞。纵览全国，在整个20世纪80年代，全国乡镇企业一半以上的产量来自广东、福建、浙江、江苏和山东这五个省。这些省份的投资和技术又来自于香港、台湾和海外华人华侨。1987年邓小平有一次在与南斯拉夫官员会谈时说："农村改革中，我们完全没有预料到的最大收获，就是乡镇企业发展起来了，突然冒出搞多种行业，

---

① 李龙：《广东乡镇企业发展的几个特色及其理论思考》，《中山大学学报（社会科学版）》，1993年第1期，第13—20页。

搞商品经济,搞各种小型企业,异军突起。"①

广东乡镇企业发展为广东经济的起飞作出了巨大贡献。1978—1990年,全省乡镇企业总产值、总收入,保持每年32.1%和34.4%的增速,其发展速度之快、增长幅度之大,是中华人民共和国成立以来所未有的。尤其在"七五"期间,广东乡镇企业进入高速发展时期,1990年乡镇企业达到119.65万家,比1985年增加50.99万家,增长74.26%;职工人数由401.95万人增加到658.33万人,增长63.78%;固定资产原值由65.86亿元增加到290亿元,增长4.4倍;总产值累计2223亿元,增长3.4倍。1991年,全省乡镇企业总收入达1008亿元,首次突破千亿元大关,占全省工业总产值的40%以上。②

表3-6 1978—1991年广东乡镇企业发展情况

项目	单位	1978年	1980年	1985年	1990年	1991年
一、企业单位数	万个	8.09	9.73	68.66	119.65	123.53
乡(镇)办	万个	1.72	1.91	2.10	2.39	2.40
村办	万个	6.37	7.82	9.51	8.96	9.09
联户	万个	—	—	4.84	5.88	5.66
个体	万个	—	—	52.21	102.42	106.38
二、企业人数	万人	194.56	204.89	401.95	658.33	707.85
乡(镇)办	万人	76.52	79.77	109.33	154.86	166.50
村办	万人	118.04	125.12	140.61	182.77	203.64
联户	万人	—	—	38.22	56.02	55.27
个体	万人	—	—	113.79	264.68	282.44

资料来源:《广东统计年鉴》(1992)。

广东乡镇企业在自身发展过程中已逐步形成了自己的特色。第一,广东坚持从实际出发,因地制宜地形成各具特色的发展模式。从全省乡镇企业的发展来看,具

---

① 邓小平:《邓小平文选》第三卷,人民出版社,1993年版,第236页。
② 李龙:《广东乡镇企业发展的几个特色及其理论思考》,《中山大学学报(社会科学版)》,1993年第1期,第13—20页。

体分为三种不同地区和类型：一是珠江三角洲腹地。该地区乡镇企业发展比较早，基础条件好，具有一定的规模和技术水平。着重发展骨干企业和外向型企业，并向系列化生产和集团化经营方面发展，其中位于珠江三角洲的顺德、南海、东莞和中山尤为显著，被誉为广东"四小虎"。这"四小虎"尽管同处珠江三角洲的腹地，但其发展路子存在显著差异：顺德坚持"三个为主"，即坚持集体经济、镇办工业和骨干企业为主发展经济；南海实行"五个轮子"一齐转，三大产业齐发展；中山实行以地方国营经济为龙头，带动全市经济稳步均衡发展；东莞坚持工农并重，"三来一补"遍地开花。二是粤东、粤西沿海和内地一部分条件较好的地区。该地区既不具有像珠江三角洲那样的地理位置和经济优势，又不具有像粤北山区那样的资源优势，因此，乡镇企业在这类地区正在逐步发展，但缺少骨干企业和外向型企业。三是山区、半山区和丘陵地区。该地区木材、矿产等资源丰富，但交通不便，人才缺乏，乡镇企业发展缓慢。这些情况表明，广东乡镇企业发展起步不一、基础不同，发展程度差别较大，各地区都依据自身的条件和环境，从实际情况发展，不存在一个固定的发展模式。

第二，积极参与国际市场竞争，发展外向型经济。广东乡镇企业凭借其毗邻港澳和拥有众多海外华侨的优势，积极利用外资和引进技术，以优异的出口产品参与国际市场竞争，发展外向型经济，并取得突破性进展。1990年广东乡镇企业出口创汇达25亿美元，比上年增长20%多，创历史最高纪录，成为1986年以来全国乡镇企业出口创汇的"六连冠"。1991年，广东乡镇企业外向型企业有1.9万多家，年出口创汇达34.74亿美元，占全省创汇总额的1/4，继续稳居全国各省乡镇企业出口创汇的首位。在全国乡镇企业出口11个行业中，广东省有4个名列第一，即轻工出口占全国的47.1%，服装出口占全国的32.1%，畜产品出口占全国的21.4%，工艺品出口占全国的17.7%。①

---

① 李龙：《广东乡镇企业发展的几个特色及其理论思考》，《中山大学学报（社会科学版）》，1993年第1期，第13—20页。

专 栏

顺德——以政府主导的乡镇企业为核心的增长

顺德位于珠三角中部,与紧靠香港的区县相比,并无区位优势,但是顺德紧靠省会广州。顺德长久以来是广东省重要的经济作物生产基地,其独特的"桑基鱼塘"模式是农产品商业经济的典范。改革开放前,顺德社队企业较为发达。改革开放初期,顺德各级政府一方面大力吸引港资和港企进入,一方面依赖原有社队企业的基础,农村集体组织大力发展集体企业。在县、镇、村各级政府的支持下,顺德形成了以镇办企业为主的顺德模式,并成为改革开放后中国乡镇企业发展的经典样本。

裕华风扇厂是顺德乡镇企业的萌芽,它原先是一家生产塑料制品的社队企业,但在20世纪70年代由于产品滞销转向生产塑料电风扇。到1984年,国家允许企业用自己赚取的部分外汇进口外国设备,此后,工厂的规模进一步扩大。裕华风扇厂是顺德乡镇企业发展的一个缩影,现在广为人知的美的、南方等电扇厂的发展轨迹与裕华风扇厂类似,都是由传统的支农工业和农产品初加工转变为出口产品,由小型的社队企业逐渐发展转制为大中型企业,并逐渐成为顺德经济的支柱。到1990年底,顺德已经成为全国闻名的家用电器生产基地。

当时的顺德政府直接参与了乡镇企业的扩大再生产,参与方式主要是通过政府信用为企业向银行担保借贷,或参股乡镇企业直接为企业提供资金,实际上形成了政府主导的乡镇企业。政府成为顺德经济发展的"经纪人",建立了"以公有制经济为主体,以工业为主,以骨干企业为主"的发展战略。由于镇政府直接入股乡镇企业,因此乡镇企业的发展便为镇政府直接提供了财政支持。1978—1990年,在镇村合计的总收入和上缴税金总额两项中,镇办企业每年的数字都占2/3以上。1991年,顺德工业与农业总产值比例为9∶1,在工业总产值中,集体所有制工业占80%,其中又以镇一级办的工业为主,占全县工业的50%。从20世纪80年代后半期开始,政府引导、规划发展技术水平和附加值高的新兴工业,强调上规模、出品牌。全县绝大多数企业,都以各种形式,走上了集团化的发展道路,共组建了以49个拳头产品为龙头,以重点企业为核心,以企业化分工为形式的产业集团。1991年,全县销售收入1000万元以上的企业有262家,其销售值和实现的利税占了全县3000多家工业企业的71.4%和85%。许多企业不仅在国内具有较高的市场占有率，而且扬名国际。比如广东珠江冰箱厂1991年销售额占全国所有冰箱厂首位，达到7.2亿元。蚬华风扇厂是当时亚洲最大的吊扇厂，也是全国出口创汇最多的乡镇企业，1991年产值为4.8亿元。

在顺德，镇政府和镇办企业的关系，主要通过各镇经济发展公司建立，经济发展公司对下属镇办企业进行管理，主要涉及财务、人事、生产和供销方面。①财务。为企业筹措资金提供便利是公司的重要职责与功能。镇办企业的银行贷款一般通过以下三种方式：企业直接向银行借款；由经济发展公司担保，企业向银行贷款；由经济发展公司出面向银行借款，然后转贷给企业。②人事。经济发展公司掌握正副厂长的考察、监督和任命，由于有些企业的正厂长是由公司总经理兼任，因此其任命权则上移至镇政府，其余各级管理人员由厂长任命。③生产。各镇经济发展公司主要着眼于企业产品质量、新产品的开发和新项目的上马，以及产品结构和产业结构的调整。④供销。各镇经济发展公司均在香港甚至澳门设立一个以上的境外企业，该企业除了独立开展贸易活动外，还在商品和原材料进出口、寻找合作伙伴、国外市场信息搜集以及境外资金利用等方面为镇办企业提供服务。

这些经济发展公司的前身是作为镇政府派出机构的"工交办"或"镇办企业办公室"，是由镇政府直接领导，兼有政府行政部门与企业经济实体双重性质的机构。因此，经济发展公司的工作是在镇政府的直接控制下进行的，而各公司的副总经理又通常兼任下属镇办企业的经理或厂长。这些总经理或副总经理至少都是一身二任，甚至一身三任的。经济发展公司与镇政府以及下属企业这两层的结合十分紧密，这种特殊的媒介机构使得镇政府易于随时掌握下属企业尤其是重点企业的经营发展情况，并确保其决策意图能迅速贯彻到下属企业。

经济发展公司与下属企业的紧密联系不仅来自于行政隶属关系，还有深层的文化因素。这些包括经济发展公司领导干部在内的企业干部和员工绝大多数是本乡镇农家出身，这种乡土意识易于转化为振兴家乡经济的共同信念，成为一种凝聚力的基础。因此，经济发展公司是作为地方共同体的一员与下属企业相处的，这使得其在与下属企业相处的过程中，作为服务者的身份更为突出，管理的办法更多带有协调、合作、指导和服务的成分，而下属企业在贷款、投资、供销、评优等方面确实也离不开他们的帮助和指导。

（资料来源：舒元等，《广东发展模式——广东经济发展30年》）

第二节
价格改革

一、产品价格体制弊端凸显

经济短缺是改革开放前中国经济的重要特征，1949—1978年，大到钢材机械，小到一针一线都要政府定价。广东那时处于"四季如春没菜吃，鱼米之乡没鱼吃"的特殊年代。在当时计划经济体制下，产品价格控制得过死，价格背离了价值，造成农民积极性不高，农副产品供应不足。据广东省原省长朱森林回忆，20世纪80年代初曾和供销社人员一起跑到农户家去收购鸡，因为收购价太低农民不肯卖，闹得鸡飞狗跳。那时，"票证"是每家每户最重要的生活资料。凭票供应是当时生活的常态，吃肉要肉票，吃粮要粮票，穿衣要布票，等等。

1978年以前，广东农产品价格体制存在两大弊端：一是价格体系严重不合理。表现在许多农产品价格严重背离价值及不反映供求关系，农产品内部之间比价及与工业产品比价严重不合理，粮食、生猪、木材等主要农产品价格偏低，严重制约着农业特别是粮食生产的发展。据测算，1978年全省平均农产品价格低于价值25%，工业消费品价格高于价值15%。珠江三角洲"鱼米之乡"吃不到鱼，"岭南佳果"几乎绝迹。二是农产品价格管理权限过分集中。广东农产品由中央和省直接定价管理的品种多达118种，大到粮食、木材、生猪，小到鸡、鸭毛、猪肠衣、竹叶等的价格都由省以上物价部门制定。市、县物价部门和企业几乎没有定价权、调价权。高度集中的僵化的价格管理体制和严重不合理的价格体系，造成农产品价格既不反映价值，又不反映市场供求。由于大部分农产品价格偏低，导致生产发展缓慢，流通阻塞，供求紧张。为了解放农村生产力、发展农村商品经济，农产品价格到了非改不可的地步。

二、顶住价格放开"阵痛",成功"闯关"

广东以农产品价格作为改革传统价格体制的突破口,率先在全国有计划地放开价格。作为省会城市,广州率先寻找到突破口。1978年广州芳村放开河鲜、塘鱼、蔬菜价格。1981—1983年,全广州市蔬菜、塘鱼、水果等价格陆续放开。1985年以后,广东在放开鱼、肉、菜等重要副食品价格的同时,放开了大量工业消费品价格。这在全国引起了强烈震动。到1987年,广东省除粮、油等6个品种外,其他农副产品价格已全部放开。到20世纪90年代,广东的价格改革深入粮食价格改革领域,广东率先开始了这个具有划时代意义的改革。

但放开价格的改革之路并非一帆风顺。1984年11月,广州蔬菜价格全面放开,价格上浮,加上天气影响,菜价上涨幅度较大,广州市民反响强烈,甚至惊动了中央领导。但长痛不如短痛,广东和广州不顾"阵痛",顶着来自各方面的压力,成功实现了价格"闯关"。经过一段时间的价格放开之后,价值规律发挥了杠杆作用,调动了农民的生产积极性,农副产品普遍增多,价格逐步回落,并日趋稳定。价格闯关成功,不仅农民增加了收入,市民得到了实惠,更重要的是为全国价格改革的全面展开铺顺了道路,起到了积极、良好的示范效应。

三、价格初步改革总结

广东价格改革之路是在坚持"解放思想,实事求是"的基础上,结合自身的特点,在物价改革上走出的一条适合自身发展的道路。从广东价格改革进程看,可以将广东价格改革分为三个阶段。

1. 第一阶段(1979—1984年):调放结合,以调为主

该阶段价格改革的主要目标在于冲破传统的统购统销模式,试图建立计划经济与市场经济相结合的体制。在该阶段,广东粮食流通体制改革基本与全国改革同步,对粮食逐步缩小统购统销范围,调减统购计划,扩大市场调节比重,实行"双轨"制;提高统购价格,对农村返销粮实行购销同价,对工业、饮食业、饲料等用粮放开销价;中央对省、省对各地实行粮食购、销、调和财务一定几年包干管理;

开放粮食市场，允许多渠道经营；粮食企业实行"本业为主，多种经营，多元发展"。同时，1984年在深圳经济特区进行了放开粮食经营的试验。

1979—1980年，广东提高143种农产品收购价格和煤、铁、木材等原料、燃料价格，有升有降地调整55种工业产品销价。1981年，广东又调高19种农产品收购价，提高煤炭、农机等22种生产资料价格；调整烟、酒价格，同时，降低涤棉布、电风扇、解放鞋、电表、电视机、手表等品种的价格。1983年，广东除列名管理的120种轻工业品价格外，其余全部放开。1981年，广东出现了第一次物价上涨高峰，零售物价总指数上升9.3%，上升幅度为全国之冠。广东省委、省政府果断地采取了综合治理的措施，使全省零售物价总指数稳定下来。1982年物价上涨2.3%，1983年只上涨0.7%，低于全国平均0.8个百分点。

施行上述改革后，广东的物价水平出现了低—高—中—平的发展趋势。据统计，物价的发展趋势经历了由高于全国—接近全国—低于全国水平的过程。改革之初的1979—1981年为第一阶段，价格总水平上升幅度比全国大。广东社会商品零售物价总指数1979年上升3%（全国为2%），1980年上升8.5%（全国为6%），1981年上升9.3%（全国为2.4%）。而1982年则接近全国，全国上升幅度为1.9%，广东为2.3%，这为第二阶段。从1983年起为第三阶段，即物价水平低于全国的阶段。1983年全国物价指数上升1.5%，广东只上升0.7%；1984年上半年全国物价指数上升2.1%，广东只上升0.55%。当然，从改革后物价上升的综合指数看，广东零售物价总指数1983年比1979年上升25.8%，而全国同期只上升14.5%。① 这说明广东的物价整体而言呈现出由高向低的变动趋势，但仍高于全国平均水平。这说明通过这几年的改革，广东物价是在符合价值、体现供求中稳定下来的，尽管这种稳定水平比过去不合理的价格高了一点，但价格本身还是基本合理的。

2. 第二阶段（1985—1987年）：放调结合，以放为主

1985年，广东进一步放开农副产品购销价格，除极少数重要的小商品由国家

---

① 何杰：《重视价值规律的作用——对广东省物价问题的探讨》，《价格理论与实践》，1984年第4期，第1—7页。

定价外,其余统统放开。1985年4月,广东放开"老五件"和"七大件"价格。对石油、水泥、化肥、钢材等生产资料推行"双轨价格"。计划内生产流通的执行国家定价,计划外生产流通的实行市场调节价。

随着外贸体制改革的推进,进口商品大部分实行代理作价;出口商品的国内收购价格也大部分放开,由工贸双方协商作价。在放开价格的同时,对一些暂不宜放开的少数重要品种也及时进行调整。1985年,广东出现了第二次涨价高峰,全年上涨13.6%。对第二次涨价高峰,广东及时采取抓生产、抓货源、抓管理的应对措施。控制货币投放的"三抓一控"措施后,市场物价很快趋于平稳。1986年全省零售物价总指数只上升4.8%。

3. 第三阶段(1988—1991年):放、调、管结合,以管为主

1988年,广东作为综合改革试验区,抓住时机放开了食油、食糖价格,大幅度地提高粮食购销价格。1987年,广东社会商品零售总指数上涨11.7%,1988年又上涨30.2%,这是广东出现的第三次涨价高峰。在治理整顿期间,广东及时调整前几年"放调结合,以放为主"的价格决策,改用"放、调、管结合,以管为主"。通过加强物价管理、控制物价上涨的各项措施,广东物价总水平大幅度回落。1989年物价涨幅为21%,明显低于1988年的30.2%。1990年全省零售物价指数不但没有上升,反而下降了4.4%,1991年仅上升0.6%。

四、价格放开成效

先行一步的广东价格改革,经过10多年的大胆探索,经历了"调放结合、以调为主",到"放调结合、以放为主",再发展到"放、调、管结合,以管为主"这三个阶段,探索出一条成功的"放调结合、分类改革、双轨过渡、新产新价、放中有管、分步推进"的改革之路,取得了"起步早、目标明、放得开、搞得活、控得住、效果好"的成效。

(1)基本形成市场经济的价格体制。经过改革,从一般商品价格看,传统计划经济下的权力高度集中,国家管得过多、统得过死,生产经营者无定价权的僵化计划价格体制已经解体,社会主义市场经济的价格体制——国家宏观调控下,以市场

价格为主的价格目标模式已基本形成。从部门产品看，农产品价格已全面放开；工业消费品除了国务院有关部门要求管住的少数品种外，大部分已经放开，实行市场价格。到1991年底，全省生产资料销售总额中已经有86.2%为市场调节价格。①

（2）一般商品的价格体系正朝着理顺的方向发展。随着改革的不断深化发展，传统不合理的价格体系已发生可喜的变化。长期存在的工农产品价格剪刀差过大的矛盾，随着农产品价格的放开搞活得到极大缓解，农民的生产积极性得到迅速提升。传统工业品内部比价关系已转到生产价格接近平均盈利率的轨道上来。从全省县以上国营工业企业平均资金利税率的变化看，在1978—1990年这12年间，原来价低利小的行业的平均资金利税率已有了很大提高，冶金从34.9%提高到72.1%，化工从55.6%提高到98.3%，建材从43.8%提高到71.4%，机械从41.5%提高到70.7%；而原来价高利大的轻工业却从238.9%下降到169.8%，纺织工业从178.3%下降到58.8%，医药工业从206.1%下降到145.2%，等等。工业内部比价关系朝着理顺的方向发展，从而促进着工业的协调发展。

五、价格改革经验总结

1984年10月，中共十二届三中全会通过《中共中央关于经济体制改革的决定》。该决定指出，"价格改革是整个经济体制改革成败的关键"，价格体系改革对于整个经济体制改革的作用举足轻重。价格改革是转换市场经济的关键。传统的计划产品经济和与之联系紧密的计划价格机制，在理论上排斥商品、货币和市场机制，否认价值规律的作用，把价格职能限于核算工具，使价格完全服从于权力高度集中的计划产品经济及直接调控的需要，造成了不合理的价格体系。广东对价格领域进行的初步改革，比全国先走了一步，对全国价格体系及其管理体制改革提供了成功经验。

在全国价格改革起步时，由于人们尚未确立社会主义市场经济理论，因此仍停留在传统的计划产品经济体制上。在不明确价格改革的目标模式条件下，面对严重

---

① 段求平：《关于广东价格改革的考察报告》，《价格月刊》，1992年第9期，第30—32页。

不合理的价格体系，一些学者和政府官员提出把理顺价格体系作为价格改革的目标，提出"把不合理的价格体系调整好了，价格改革的目标就实现了"。在实践中，在全国范围内实行统一部署、齐步走、"一刀切"的调价办法，一次又一次地被作为价格改革的出台项目来抓。由于这种认识和实践都未发现传统僵化的价格管理体制是造成价格体系不合理的根源，因而把"调整价格"这种旧价格体制下的日常工作决策作为价格改革的方法来抓。很明显，这很难实现真正的价格改革目标。

广东认识到，尽管调价是一件牵一发而动全身的大事，除了增添巨大的工作量，还要受到既得利益者的阻挠，但调价的干预手段，根本没有触及传统僵化的计划价格体制，也不可能改变传统行政定价的价格形成机制。广东经过长期价格改革的实践，采取渐进式的物价调整策略，适应了各方经济主体的预期目标，这证明广东的这一方法论是正确的。

专栏

广州塘鱼价格改革历程

20世纪70年代末，广州物资匮乏，那时流行一种说法，叫广州"四季如春没菜吃，鱼米之乡没鱼吃"。长久以来，所有物价都由政府确定。以广州市民日常消费的塘鱼来说，当时平均收购价是每50公斤为27元，死鱼、活鱼每公斤只差4分钱。这样的价格政策，严重打击农民的生产积极性，产量严重跟不上。如此一来，塘鱼的市场供应紧张，市民的日常需求成为大问题。当时广州每个人每月发2角钱的鱼票，按一斤鱼四五角计算，一个月的鱼票还不够买半斤鱼。绝大多数市民买鱼都是切开来买，而且还有很多是死鱼，即便如此，还不能完全保证供应。另一方面，经营水产的供销公司也是连年亏损，政府每年要补贴几百万元。残酷的现实倒逼人们寻找出路。

广东以价格放开和搞活城乡流通为突破口，决定从1978年秋开始，依据先农副产品、后工业产品，先消费品、后生产资料的顺序，按照"放、调结合，以放为主"的方针，逐步放开价格。这一年，广州市率先贯彻"放开、搞活"的方针，开始了流通领域的改革。12月25日，广州放开了河鲜杂鱼的价格，在芳村成立了全国同行第一间国营货栈——河鲜货栈，实行产销见面、随行就市、按质论价、议价成交。这是广州最早的改革。第二年3月，广州又放开塘鱼、冰鲜鱼市场，允许计划外的塘鱼、冰鲜鱼上市。同时，市革委会批转了广州市水产局《关于发展城郊渔业生产的报告》，规定非基地塘鱼、河鲜杂鱼不派购；允许生产队利用低洼低产田挖塘养鱼，建设塘鱼商品生产基地。

但任何改革都伴随着风险，不同的声音接连出现。塘鱼价格放开后，价格猛涨，从每公斤1元升至7元，市民抱怨连连。面对困难和压力，广州市领导没有因噎废食，关闭市场，而把它看成以价值规律搞活市场所不可避免的"阵痛"。为了营造有利于改革的氛围，广州市政府还采取了一系列措施疏导舆论，以赢得市民的理解与支持。

由于养鱼有利可图，半年后，市郊和周边的农民挖塘养鱼的积极性大增，塘鱼的产量连年攀升，进入广州城的鲜鱼逐年递增，1978年为1.6万吨，1982年为3万吨，1983年为3.4万吨。邻近广州的产鱼区顺德县运往广州的塘鱼每年以10%的速度增加。市场上鱼的品种从过去的10多个增加到上百个。随着上市的鱼越来越多，越来越新鲜，鱼价经过几番上升，逐步回落，从1978年的每公斤7元下降到1983年的每公斤3.5~4元，这一价格维持了10多年。

20世纪70年代，时任广州市委书记欧初为了应付节日和一年两届广交会的供应，带着有关部门的负责同志到珠江三角洲四处奔波找鱼，被戏称为"追鱼书记"。但欧初书记费尽心思仍很难找到鱼，找到的鱼也多是死鱼。鱼价放开后，广州近郊塘鱼产量大增，当地的水产公司、养鱼大户不断找"追鱼书记"请求推销鱼，"人追鱼"变成了"鱼追人"！广州人从此结束了"食无鱼"的局面，成为全国第一个成功解决吃鱼难的大城市。新华社以《从人追鱼到鱼追人》为题，报道了广州开放水产品价格后市场出现的新变化。从20世纪80年代初期开始，广州市民水产品的年消费量，一直居全国大城市之首。1983年，广州水产品上市总量达到150万担，按市区人口计算，平均每人占有量为30公斤，其中鲜活的淡水鱼占了一半。从1984年开始，广州水产市场出现了"南鱼北运"。

（资料来源：蔡兵等主编，《改革开放先行区》，广东人民出版社，2016年3月）

第三节
国有企业体制改革

企业是国民经济的细胞，国有企业更是国家经济结构的基石。因此，我国长期以来实行的是高度集中的计划经济管理模式，政府对企业管得过多、统得过死。广东为了搞活经济，在改革开放初期，逐步开展企业体制改革，就如何增强企业活力进行了从"放权让利"到"两权分离"的初步探索，为后来的企业改革积累了经验。

一、扩大企业自主权试点：清远经验

长期以来，全国性的大计划体系使各地国营企业不仅受到产量指标的限制，而且受到工资指标和原材料指标的限制，以致各项指标名目繁多，扼杀了企业提高效率的灵活性和积极性。

始建于1966年的清远氮肥厂从建厂初期至1978年是一段黑暗期。这段时期企业普遍存在吃"大锅饭"的现象，生产和资料分配缺乏自主权，职工生产积极性不高。从1970年至1978年9月，氮肥厂连年亏损。转机出现在1978年。十一届三中全会的暖风吹拂到了地处广东的清远。1978年前三个季度，清远的产值、利润都完不成计划，从1978年第四季度起，清远在全县17家国有工业企业实行"超计划利润提成奖"，拉开了企业改革的序幕。清远县委、县革委会决定，从1978年10月开始，先在4间国营企业中试搞"超计划利润提成奖"，扩大企业自主权，使奖金与企业的经济效益挂钩。这一措施调动了职工的积极性，见效很快，生产大幅度增长，利润成倍增加。经过3个月实践，到年终时，4个厂的利润比未实行"超计划利润提成奖"之前的1~9月还多35%，年终超额上缴利润33.8%。初见成效的探索与实践，更加坚定了清远县委改革的决心，从1979年开始，"超计划利润提成奖"在17间国营企业全面铺开。1980年4月，清远进一步改革工业管理体制，撤销局一级工业机构，充实各专业公司，清远县经济委员会对人、财、物、产、供、销实行统一管理，并相应扩大企业的经营管理权限。经济委员会统一对县财政实行上缴利润承包，企业则对经委承包，开创了国营企业承包之先河。

但"清远经验"的推广并不顺利。在1979年8月召开的全省工业交通增产节约工作会议上出现了关于"清远经验"不同的声音，有些地方认为企业利润包干是挖社会主义墙脚，发放奖金是资本主义的"物质刺激"。时任省委第一书记习仲勋则旗帜鲜明地肯定"清远经验"，并要求各地在县属工业企业中，推广清远"超计划利润提成奖"的办法。但由于长期受旧框框的束缚，仍有部分领导思想僵化、墨守成规，对"清远经验"持怀疑和反对态度。

1980年7月，广东省委、省政府批转清远县委《清远县国营工业企业试行超计划利润提成奖和改革工业管理体制的情况报告》，指出"清远经验""是一种大胆的、可贵的尝试""实质上是对经济管理体制的改革"，决定在全省范围内推广"清远经验"，要求各地学习清远解放思想、勇于创新的精神，尤其是在改革工业经营管理中实事求是的科学态度，以及在实践中不断探索和创造扩大企业自主权、把经济进一步搞活的经验。1980年8月1日的《人民日报》和8月2日的《南方日报》，都详细报道了清远率先试行企业承包制的经验，在全国、全省引起了很大反响，全国各地工业部门和经济理论界对此极为关注。

全省推广"清远经验"后，取得了较好的经济效果。据1981年底统计，全省100个县和县级市，已有63个县市仿效清远办法，改革了工业管理体制，48个县市经委对财政实行包干，22个县市经委在银行独立开户。全国已有363个县和17个小城市学习清远体制改革的经验，广西决定全区各县推广"清远经验"。1982年5月8日，广东省政府发出《批转省经委〈关于进一步学习推广清远经验的意见〉的通知》，强调各地区、各部门要结合"实际情况，总结经验，统一思想，把推广清远经验深入下去"。"清远经验"不仅受到全国各地的关注，而且引起了中央的重视。1982年12月，五届全国人大五次会议通过的政府工作报告指出：广东省清远县试行县经委统一领导全县企业的经济活动，几年来已取得了很好效果。到1983年春，全省有78个县市推行了清远"超计划利润提成奖"的经验，有半数以上的县市改革了工业管理体制。"清远经验"是工业管理体制改革迈出的第一步，对广东乃至全国经济体制改革的深入发展，曾起过积极和促进的作用。

> **专栏**
>
> ### 一波三折的"清远经验"
>
> #### 一、穷怕了的改革
>
> 起建于1966年、于1970年正式投产的氮肥厂，是清远规模最大、工人最多的县级工厂，被寄予清远工业梦想的厚望。然而建厂初期至1978年，却是这间国营企业经营的黑暗期。400多人的工厂，产量最高只有1.2万吨。投产9年，氮肥厂就亏了9年，累计亏损达到773万元。
>
> 《实践是检验真理的唯一标准》的文章透露出的解放思想、拨乱反正的信号，引发氮肥厂管理层、员工对企业内部管理的深刻反思。1978年夏日的一天，清远县氮肥厂一场全体员工讨论会正在热火朝天地进行。时任工厂党委书记曾国华最先发言："来厂七八年，几乎年年亏损，今年时间过半，任务未过半，又会以亏损告终，心里有老'打败仗'的感觉，滋味难受。'讲形势'大家不爱听，'大批判'又不想看，'阶级斗争'更是不愿干，'政治挂帅''三板斧'搞不出什么名堂啊！"书记这段肺腑之言引起台下共鸣。
>
> 当时氮肥厂生产一直存在几个问题：一是设备不到位，号称3000吨，实际生产能力达不到。二是职工培训少，事故不断，停停歇歇，造成开工成本高。三是原料问题，广东没有好煤，劣质煤高温下炸成粉，炉子结疤就无法生产。针对第一个问题，工厂对设备进行了扩建；针对第二个问题，厂里开展以岗位责任制为基础的劳动竞赛，技术人员三班倒。但计划经济体制未改，人人都吃"大锅饭"，事故频出的问题依旧，工厂停停歇歇，工人们懒散怠慢，生产积极性依然不高。
>
> "实际上我们是穷怕了！"时任清远县委书记陈国生说。不仅仅氮肥厂，1977年全县工业企业都处于亏损状态，这一年，清远县不仅没有完成国家下达的18.6万元的利润计划，反而还亏损了31.3万元，被迫伸手向地区财政局借钱发工资。
>
> #### 二、初尝甜头扭亏为盈
>
> 穷则思变。困境在1978年7月打开了"小缺口"。当月，氮肥厂党委书记

曾国华召集工厂高层、技术员开了一次会议，他提出用奖励的办法来提高职工生产积极性，以扭转工厂亏损的境况。这个提议得到大家一致通过。奖励采用"记分计奖"的方式，先给大家定产量、安全生产指标、质量指标，如平时每个班正常能产100吨化肥，现在就定150吨的任务，完成任务就加分，不能完成就扣分。分数对应奖金，充分体现多劳多得。这种奖励方式成为后来"超计划利润提成奖"的雏形。

此招一出，果然生效。全厂上下欢呼雀跃，一时间，懒散懈怠消失得无影无踪。"干得多拿得多，干得不好会影响到整条线上的人，所有人都要骂你。"氮肥厂的奖励办法让工人们尝到甜头，但很快大家发觉，这种短期行为不是长久之计。看到周边的洲心农民已在实行联产承包责任制，技术骨干们建议："农民联系产量，工业联系利润，为什么不实行'超计划利润提成奖'，从超计划的利润中提取一定比例做职工奖金？"

陈国生回忆："当时思想上有很多框框束缚，我们考虑这是新东西，认为马上全面搞不行，于是县委同意先在氮肥厂、化肥厂、农机厂、水泥厂这4个厂搞试点，试了以后再说。"改革的效果迅速展现。试行前13天，氮肥厂亏损了3.2万元。试行后17天，工人积极性很高，月底不仅补回了前13天的亏损额，还盈利3.5万元。试行一个星期后，清远县委、县革委就决定在17家国营企业全面推广"超计划利润提成奖"。陈国生也亲自到工厂蹲点指导。到年底，全县17间国营工厂的经济数据全线飘红。试行3个月完成的利润，比前9个月还多35%，上缴财政利润比计划增加33.8%。

"超计划利润提成奖"以超计划利润作为提奖的起点，有超才有奖，不超不奖。在之后的改革中，工厂将利润包干，把产量任务、生产成本、利润指标细分到车间和班。第一班完成任务，每人得5角钱；第二班也完成任务，每人可以得到1元钱；第三班又完成任务，每人可以得到1.5元。如果有一班没能完成任务，就没有奖金，另外两班只能领1元钱。氮肥厂的员工将提成奖风趣地总结为："生产三班倒，班班有领导，机修后勤相配合，要为下班准备好，利润完成天天知，奖金发放少不了，包干到班新创造。"

三、撤工业局，开国企改革先河

继"超计划利润提成奖"之后，清远乘势改革工业企业管理体制，县委书记叮嘱"只做不说"。其时，在氮肥厂内部，对"超计划利润提成奖"这个新事物又进行了一次热烈讨论。时任清远县委常委刘汉元回忆道,当时氮肥厂干部职工达成三个共识:一是要纠正"谈奖色变、畏奖如虎"的恐惧心理;二是要划清正当奖励与物质刺激的界限,只要超过了国家计划,奖励就应该理直气壮;三是现有分配制度并不是真正的按劳分配,要改革。对奖金形式的提取,氮肥厂也做了规范:一般是月提月奖,但要留有余地,最多预分70%,到了年终结算,全年实现了超计划利润,除上缴财政以外,企业留成部分,50%用于兴建职工宿舍、集体福利,35%用于添置生产设备,15%用于职工一次性年终奖。

为进一步增强企业的活力,扩大企业的自主权,清远县工业交通系统实施了第二次"大动作"。1979年4月,清远县撤销县工业局等部门,由县经委直接管理国营工厂,县经委由行政机构变成既是组织生产的管理机构,又是相互独立的经济机构,全县国营工业企业的产、供、销、人、财、物管理被统一起来。时任清远县经委副主任苏开对当时机构重叠、多头领导的工业管理体制感受颇深:"指挥调度工业生产的县经委,却没有人事权、财权、物权,工厂更是受制于各路神仙,生产多少由县计委作计划,销售由生产公司负责,价格则由物价局定,工人由劳动局招聘,解聘也要劳动局批准。在许多企业,连建一个厕所都要报批。企业没法活,也没法创新!"改革之后的清远经委变成了"最忙单位",直接管理工厂,还要帮助工厂去搞煤、搞原材料、搞产品销售。当时清远县经委统一对县财政实行上缴利润承包,企业则对经委承包。清远一时开创了国营企业承包之先河。

四、争议声中的全省推广

"只做不说"的改革虽然低调,增长的财政数字却瞒不过人。1979年,清远全县工业产值增长12.2%,利润增长2.5倍,17家国营工业企业上缴利润增长1.8倍,是全省产值利润增长幅度最大的一个县。

树欲静而风不止,一个更大的"封杀令"来了。虽然工业系统的同行大多对"清远经验"表示支持,但财政部门却持不同意见。1979年5月,广东省财政和劳动部门联合发文,要求清远县停止实行"超计划利润提成奖"。理由是:省革委发的文件曾明确规定过,该奖只能在省属企业和城市中搞试点,且要经过省劳动部门批准才能实施。清远未经批准就推行,不符合文件精神。其次,清远超计划利润提成的比例偏大,上缴国家财政的就会相对减少。

在此后的一年时间里，一线、基层的热火朝天与中高层的激烈讨论同时进行着。来自全省及至全国工业系统的同行们络绎不绝，由于清远的改革冲击了沿用多年的计划、财政、商业、物资供应等体制，反对的声音不绝于耳。1979年8月，在全省工业交通增产节约会议分组讨论会上，关于"清远经验"的争论再次展开。韶关地区代表和省财政、劳动、银行等代表围绕"超计划利润提成奖"，开展了唇枪舌剑的辩论。反方认为，清远1979年上半年增产增收，原因众多；"超计划利润提成奖"月超月提，到年底算总账，有的企业没有超计划利润就先把奖金提走了；奖金全部分光，不考虑生产发展和职工福利。他们虽然同意清远县试行，却坚持认为不宜马上在全省推广，以免造成混乱。

时任省委第一书记习仲勋自始至终参加了讨论，他以极大的兴趣听取各方的发言。习仲勋说："一定要解放思想，省委、省革委有关文件的规定，如果实践证明不对，也可以经过一定的手续改过来，不要不敢越雷池一步……在工交战线，一定要补上'实践是检验真理的唯一标准'的讨论这一课。"最终全省选择100家企业进行扩大企业自主权试点，选择300家企业试行利润留成，并要求全省各地县属工业企业推广清远"超计划利润提成奖"的办法。

五、习仲勋清远视察签报告

1980年6月，广东省在广州召开工交工作会议，在现场讨论时，对"清远经验"的批评声音越来越大。习仲勋说道："清远经验是省委决定了的，不能随便撕毁省委的决定，不能偷偷摸摸地去掉不提。"他建议省委本身要先坐下来，把思想统一再开会。1980年7月5日，习仲勋亲自到清远考察。说起此行缘由，习仲勋说："我这次来……主要的是为了清远经验。""走不了也要走，把清远的经验真正地把它确定下来。这是个关于全局的大问题，这才能促进我们广东省的经济管理体制（改革）。""思想还不一致，有这种情况不奇怪，还是要把思想弄通。"习仲勋先后去了农机厂、酒厂、氮肥厂和洲心公社。习仲勋说："清远经验就是这个问题，就是企业自主权的问题……我们上边还没有这个条件，中央不是有些权还不下放给我们吗？你们同省的关系就等于我们同中央各部门的关系了。我看你们这条路子很对，就是把经济搞活！对有些不合理的规章制度加以改正，不合理的体制加以改革，把人的手脚解开来，但首先要你们的思想解放。不解放，不敢想，想了也不敢干，你们是敢想敢干啊！"习仲勋了解到清远改革的具体情况后，很快签发批转了清远县委呈送的《关于清远县国营工业企业试行超计划利润提成奖和改革工业管理体制的情况报告》。

六、"清远经验"走向全国

伴随着习仲勋的到来，人民日报社、南方日报社、羊城晚报社和广东电视台等新闻媒体先后来到氮肥厂采访并作了大量报道。1980年8月1日，《人民日报》头版头条转发了新华社的报道《实行超计划利润提成奖和县经委直接管理工厂：清远县经济体制改革形势使人振奋——17个厂平均每月利润增长36倍，广东决定推广清远经验》。1980年8月2日至8月19日，《南方日报》在头版头条连续多天报道了省委、省政府批转清远县委的报告并决定在全省范围内推广"清远经验"的消息及评论员文章。到1981年底，广东全省100个县和县级市，已有63个县仿效清远办法，改革了工业管理体制，48个县市经济实行财政包干，22个县市经委在银行独立开户。

1981年3月，国家经委、国务院体改办召开工业体制改革座谈会，决定把推广"清远经验"作为重要任务。国务院发出〔1981〕48号文件，提出学习和推广"清远经验"。至此，有群众形象地说，"清远经验"这个"地方粮票"变成通行全国的"全国粮票"。据统计，全国累计有363个县和小城市前来清远学习，其中广西壮族自治区政府决定在全区各县推广"清远经验"。1984年，国际银行组织的代表、美国的专家也为此事前来考察。

1982年召开的第五届全国人大第五次会议对"清远经验"作了肯定。《关于第六个五年计划的报告》中指出："广东省清远县试行由县经委统一领导全县工业经济活动，几年来已取得很好的效果。看来，实行这些改革，不仅有利于精简机构、减少层次、提高效率，而且对促进城乡结合、条块结合，推动企业组织结构和生产布局合理化，都大有好处。"

"清远经验"的历史价值在哪里？在1980年7月29日广东省委79号文件中如此肯定了"清远经验"的历史作用："清远经验，实质上是对经济管理体制的改革，它冲击着束缚工业发展的许多条条框框，涉及许多经济管理体制的改革问题，如计划体制、财政体制、物资供应体制、劳动工资管理体制和编辑计划的方法等，意义重大。"

（资料来源：《33年前习仲勋视察清远 力撑"清远经验"》，《清远日报》，2013年10月15日，有删减）

图 3-1 习仲勋在清远视察

二、推行经济责任制（1981—1985 年）

在探索国营企业改革方式时，农村经济责任制的成功探索为其提供了有益的启示。1981 年 4 月，国务院提出工业企业逐步建立和实行工业经济责任制的要求。根据国务院的规定，1981 年，广东提出"包、联、通、创、学"（即承包、联合、流通、创新、学先进）五字方针，推行以"包"字为主要内容的各种盈亏包干责任制。具体形式是：一是实行全行业利润大包干；二是对微利企业实行定额上交包干，超额留成，减收自负；三是对任务不足造成利润下降的企业实行计划分成；四是对一部分企业实行利润与福利金、奖金挂钩；五是对集体所有制企业实行从统负盈亏改变为自负盈亏；六是对县级企业推广"清远经验"，实行"超计划利润提成奖"。实行包干的行业，再将包干的利润（亏损）总额和超收分成比例，根据不同情况，采用不同形式，分别包给所属企业。企业内部也要建立车间、班组经济责任制。企业经济责任制最终的经济责任要落实到个人，要推行联产、联利、联责记分计奖，记分计工资奖、超定额计件奖、超定额计件工资奖、浮动工资等多种形式的经济责任制。

经济责任制的推行，使企业开始有了一定的自主权，有利于企业改进经营管理，调动企业和劳动者的积极性，促进社会生产力的发展。试行利润大包干后，各行业取得了明显的经济成效。1983 年广东省政府工作报告提到，从 1979 年开始，在 169 户企业中，试行扩大企业自主权；在此基础上，全省九成的县以上地方国营企业，实行以盈亏包干为主的各种经济责任制。不少企业实现了国家多收、企业多留、个人多得的要求,如韶关钢铁厂、广州钢铁厂,原是两个亏损大户,实行"核定亏损,超亏不补,减亏增盈留用"的办法后,两年扭亏增盈,跨进了"百万利润厂"的行列。[①]

三、实行"利改税",进一步完善放权让利

为了进一步完善放权让利,运用经济手段将国家与企业的关系,特别是分配关系规范化,将企业的责、权、利规范化,我国于1983年开始实施"利改税",即将国营企业过去上缴国家利润改为上缴所得税,税后利润由企业支配。改革分两步进行,即1983年至1984年9月的第一步"利改税"以及1984年10月以后的第二步"利改税"。

广东的"利改税"走在全国前列。早在1980年,广东就开始在少数企业进行"利改税"的初步探索。从1980年的10月1日起,在广州缝纫机工业公司、广州自行车工业公司、广州绢麻厂、韶关齿轮厂、佛山棉织二厂、佛山无线电一厂、江门塑料厂、江门南方食品厂等8家国营工业企业以及高州县国营工业企业开始进行独立核算、国家征税、自负盈亏的试点。为了规范试点工作,1980年11月8日,省政府下发了《关于在国营工业企业中进行"自负盈亏"试点的通知》,明确了试点的指导思想和基本办法。各试点企业都按照独立核算、上缴利税、自负盈亏的原则建立了各种责任制。

1983年4月24日,国务院批准财政部制定的《关于国营企业利改税试行办法》,广东决定从6月起,对国营企业实行第一步"利改税"改革,并在中等城市小型企业的划分标准、核定企业留利水平和人均留利额三方面比全国更放宽一些。1983年9月,广东省政府再次部署在国营企业实行"利改税"的工作,并明确指出:"除经省批准推迟到明年实行的16个县的地方国营工业企业外,其他县、市的工业企业和全省的商业企业都要在今年实行利改税,对暂不报批又不实行利改税的地方,要追究领导的责任。"至此,第一步"利改税"如期完成。

[①] 师春苗:《从"放权让利"到"两权分离"——浅谈广东改革开放初期的企业改革(1978—1992年)》,《红广角》,2015年第6期。

第一步"利改税"的基本特点是税利并存。凡有盈利的国营大中型企业，根据实现的利润，按55%的税率交纳所得税，税后利润一部分上缴国家，一部分按国家核定的留利水平留给企业。

第二步"利改税"从1984年10月1日起实施。1984年9月，国务院决定进一步改革税制，实行完全的以税代利，即将税利并存阶段过渡到完全的以税代利。按照这一精神，广东从1984年第四季度起，对国营企业实行"利改税"的第二步改革，从税利并存逐步过渡到完全征税。具体做法是：合理调节产品税税率，增设资源税、增值税和几种地方税，在征收所得税后，区别不同情况征收调节税，税后利润归企业支配。县办地方国营工业，除少数大中型县办企业按"利改税"规定外，其余放开经营，实行全民所有、集体经营、国家收税、自负盈亏。国营小型企业和商办工业，实行集体或个人承包，按照集体企业的办法，放开经营。对微利企业，实行包干超收分成的办法。对亏损企业，继续实行亏损包干，亏损递减包干，超亏不补、减亏分成等办法。[①]

实行"利改税"，是党中央、国务院在经济体制改革方面的一项重大决策，它通过设置税种、改善税制，较好地发挥了税收杠杆对经济的调节作用，更好地调节国家与企业、企业与企业之间的关系，既保证了国家有稳定的收入，又有利于扩大企业自主权，调动企业和职工的积极性，把经济搞活。广东实行"利改税"第二步改革之后，逐步解决了政企不分这个老大难问题，增强了企业活力，大量国有企业经济效益得到不同程度的改善。但是，税制改革对企业的激励作用有限，于是，中国开始围绕企业经营机制探索新的企业改革办法。

四、国有企业承包责任制

1. 国有企业承包责任制的提出

1984年10月20日，中共十二届三中全会通过并发布了《中共中央关于经济体制改革的决定》，确立了国企改革的目标模式，即：使企业成为相对独立的经济实

[①] 梁灵光：《开放、改革，努力开创社会主义现代化建设新局面》（1984年6月25日），在广东省第六届人民代表大会第二次会议上的讲话。

体，成为自主经营、自负盈亏的社会主义商品生产者和经营者，具有自我改造和自我发展能力，具有一定权利和义务的法人。该决定在总结前段国企改革经验的基础上，明确了"两权分离"的改革原则。从总体上看，1985—1986年，国企改革开始在两权分离的原则下尝试承包制、租赁制、股份制、资产经营责任制等多种改革形式。承包制成为当时历史条件下被企业比较接受的改革形式。

广东的承包制开始得比较早，1980年就开始试行各种盈亏包干办法，省和部分市（地）先后在一些行业和企业实行多种形式的承包经营责任制，用所得税和其他税种提留形式代替上缴利润，并实行"税前还贷"和"减税让利"政策，进一步调整了国家同企业的关系。1984年，广东又把财政包干体制与企业承包经营责任制相结合，坚持"分级承包"的做法，使企业出现了新的活力。到1987年底，广东省有95%以上的国营工商企业实行了多种形式的承包经营责任制。韶钢成为广东的典型个案。1980年9月2日，省计委、财委和财政厅联合发出《关于韶钢实行生产计划和亏损定额包干的通知》，提出从1980年起至1983年止，对韶钢实行"亏损定额补贴、递减包干、超亏不补、减亏留用"的财政包干政策，一定4年不变。亏损包干额核定1980年和1981年分别为900万元，1982年为800万元，1983年为700万元。四年后从根本上改变企业面貌，实现扭亏为盈。1983年7月26日，省经委和省财政厅又联合发出《关于对韶关钢铁厂继续实行财政包干的通知》，决定从1984年至1990年对韶钢继续实行经济包干政策。1984年实行财政自负盈亏，国家不予补贴，实现利润不上缴，全部留给企业。从1985年到1990年每年实现利润先留给企业1000万元，多余部分上缴省财政50%，企业留50%，一定六年不变。后来没实行多久，就决定全部利润留给韶钢，用作改造资金，韶钢很快发展成为国家大型企业。

1988年2月，国务院发布《全民所有制工业企业承包经营责任制暂行条例》，为企业承包制改革提供了法律保障。此后，广东积极贯彻落实该暂行条例，并且狠抓以完善、深化承包责任制为主要内容的企业改革。一是引入竞争机制，实行招标承包，优选企业经营者。部分大中型企业还在企业内部引进竞争机制，实行厂内竞争招标，如广州重型机器厂就试行了分厂、车间招标承包，层层落实了成本目标。

据统计，到1988年底，全省有近百家国营工业企业实行公开招标，有538户企业实行内部竞争承包，占承包企业的29%。二是引入风险机制，实行抵押承包。比如，茂名市在市属工商企业全面推行全员抵押承包，企业干部、职工按各自责任大小，交纳数额不同的抵押金作为风险基金，在企业欠收时抵补。到1988年底，全省预算内国营工业企业中已有316户企业实行全员抵押承包。三是把推行厂长负责制与厂长任期目标责任制紧密结合起来，注意克服企业的短期行为。广东从1984年开始推行厂长负责制的试点工作，到1988年底全省工交系统国营企业中有94%的企业推行了厂长负责制，其中与推行目标责任制相结合的有1549户，占实行厂长负责制企业的80.72%。四是中外合资企业由外商承包。深圳、珠海、江门等市已在中外合资企业中推行"共同投资、外商（或中方）承包、依法管理、利润分成、超收归己、欠收自补"的办法，对引进国外先进管理、解决企业产品外销和原材料进口等问题方面起了一定的促进作用。实行承包经营责任制的国营工商业企业较好地处理了国家与企业的关系，调动了企业的积极性。

根据全省工业企业第一轮企业1990年底到期的具体情况，广东同年8月专门召开了全省工交企业承包工作会议，要求新一轮承包要兴利除弊，不断完善承包内容，建立和健全企业自我约束机制，重点抓好厂长负责制、工资总额与经济效益挂钩、企业风险基金、工资后备基金、全员风险抵押承包等工作。全省各地在对承包企业进行全面终结审计和兑现奖罚的基础上，开展了签订第二轮企业承包合同的工作。新一轮的承包特点主要有：一是各级领导重视，有关部门密切配合。各级政府主要领导亲自负责，普遍成立了专门工作机构，组织经委、财政、体改、劳动等部门深入调查研究，制订方案，合理确定承包基数，既保证财政收入的适当增长，又考虑企业的承受能力和发展后劲。对生产经营处于上升时期，经济效益稳定的企业，要求多作贡献，适当提高上缴基数，采取逐年递增，一定三年、五年的办法；对生产经营困难、经济效益下降较大、负债较重的企业适当下调基数，采取低基数高超额分成比例；对生产经营不稳定、由盈利变为亏损的企业，基数难以定准的企业采取"比例承包"，即利润基数为零，只确定上缴利润分成比例、还贷比例、留利分成比例的办法；原亏损企业继续实行亏损补贴递减包干、限期扭亏的办法。二是健全承包指标体系，除了规定承包利润指标外，还普遍增加了产品质量、内部管理、资产增值、技术改造等多方面的经济技术指标，承包指标由过去只简单确定经济效益变为综合考察、管理、后劲三方面的复合指标体系。三是强化企业的约束机制和风险机制，各级企业主管部门普遍成立内审机构，坚持先审计、后兑现的全面考核原则；完善考核指标的考核办法和对经营者的奖罚制度，并实行工效挂钩。允许各市在完成承包合同的前提下，根据企业的不同情况采取灵活多样的工效挂钩办法，合理处理国家、集体、职工三者的利益分配关系。四是大胆探索创新，如将承包与调整产业结构、组建企业集团结合起来。至1991年3月，全省19个市的预算内国营工业企业或市直属工业企业，已基本上完成新一轮承包任务。①

承包经营责任制在一定程度上促进了企业所有权与经营权的分离，改变了企业吃国家"大锅饭"、职工吃企业"大锅饭"的情况，调动了企业和职工的生产经营积极性，促进了企业经营机制的改变，企业的投资主体地位开始确立，企业后劲有所增强。但也出现了企业行为短期化和负盈不负亏等问题。

2. 承包经营责任制的意义与争议

承包经营责任制是对国有企业实行所有权与经营权的完全分离，在保持国有的前提下，除特殊重大决策外，企业的日常经营由企业自主决定，可以称为"国有非国营"。承包制的基本原则是"包死基数、确保上交、超收多留、欠收自补"。但是，承包基数的确定和调整有很大的随意性和主观性。为了适应实际经营情况的复杂性，增强承包指标的适应性、有效性，承包合同最好是短期的，但承包合同的短期化，会给发包方和承包方带来不利影响。承包指标和承包期的确定面临两难选择。另外，承包制也不可能建立有效的激励机制和监督机制。国家有关部门为了保护所有者利益，往往不得不增加承包指标，因此可能出现鞭打快牛的现象。承包制虽然较原来的企业改革措施更加强化了企业的自主权，但它内在的缺陷并没有从根本上消除传统体制的弊端，企业制度改革仍然任重道远，所有权与经营权的分离成为企业制度改革的必然选择。

---

① 师春苗：《从"放权让利"到"两权分离"——浅谈广东改革开放初期的企业改革（1978—1992年）》，《红广角》，2015年第6期。

第二部分
总结经验,全面展开

1984年10月，中共十二届三中全会通过《中共中央关于经济体制改革的决定》，标志着城市改革全面展开。按照中央的决定，广东在各个领域展开改革，包括企业管理体制、财政体制、投资体制、金融体制、多种经济成分、市场体系等。广东经济体制改革具有明显的市场化取向，市场机制初步形成并发挥作用。与此同时，广东改革外贸体制，积极发展外向型经济，积极引进外资和技术设备，推动广东企业快速化和国际化发展。广东采取区域推进的开放战略，不断拓展对外开放的广度和深度。1988年，国务院批准设立广东综合改革实验区，内容涉及经济、政治、社会等诸多领域，这是中央对广东实行特殊政策和灵活措施的继续和发展。这一阶段，广东改革开放的全面展开为中国确立社会主义市场经济体制提供了至关重要的实践基础和认识基础。

第四章
鼓励非公有制经济发展

非公有制经济是相对于公有制经济而产生的名词。非公有制经济是我国现阶段除了公有制经济形式以外的所有经济结构形式,主要包括个体经济、私营经济、外资经济等。改革开放以来,广东所有制结构发生了重大变化,逐步由单一的公有制转变为多种所有制成分共同竞争、相互促进和补充的多元化格局。本章仅论述个体经济和私营经济,外资经济在第六章作专门论述。

第一节
中央为非公有制经济扫除制度障碍

1979—1984年,我国进入了改革开放的试验期,并在所有制结构问题上取得重大突破——允许个体经济存在并成为公有制经济的必要补充。1982年,党的十二大提出"计划经济为主、市场调节为辅"的经济方针,重申了个体经济"必要的、有益的补充"地位。党的十二大报告指出:"由于我国生产力发展水平总的说来还比较低,又很不平衡,在很长时间内需要多种经济形式的同时并存。""在农村和城市都要鼓励劳动者个体经济在国家规定的范围内和工商行政管理下适当发展,作为公有制经济的必要的、有益的补充。只有多种经济形式的合理配置和发展,才能繁荣城市经济,方便人民生活。"1982年12月,第五届全国人民代表大会第五次会议把发展和保护个体经济写入《中华人民共和国宪法》,并指出:"在法律规定范围内的城乡劳动者个体经济,是社会主义公有制经济的补充。国家保护个体经济的合法的权利和利益。"这是我国第一次通过《中华人民共和国宪法》确立了个体经济的法律地位。

相比较而言,私营企业获得认可的历程,比个体经济显得更为曲折。在个体经济快速发展的基础上,形成了一些生产资料私人所有和存在雇佣劳动关系的经营户,如广东陈志雄、温州"八大王"、芜湖"傻子瓜子"等。这些新的经济组织模式同传统的社会主义观念产生了激烈碰撞。不少人认为这种新组织模式存在剥削与被剥削关系,属于资本主义性质,主张予以取缔和制裁。

"雇工问题"考验着当时中央决策层的政治智慧。1984年10月22日,邓小平在中顾委第三次全体会议上说:"还有的事情用不着急于解决。前些时候那个雇工问题,相当震动呀,大家担心得不得了。我的意见是放两年再看。那个能影响到我们的大局吗?如果你一动,群众就说政策变了,人心就不安了。""放两年再看"为私营经济发展争取到了宝贵机遇。同期,深圳等经济特区也较早出现了大批私营企业、民营科技企业。十二届三中全会通过的《中共中央关于经济体制改革的决定》,为私营经济的存在与发展扫除了思想上的障碍。该决定指出:"当前要注意为城市和乡镇集体经济和个体经济的发展扫除障碍,创造条件,并给予法律保护。特别是以劳务为主和适宜分散经营的经济活动中,个体经济应该大力发展……有些小型全民所有制企业还可以租给或包给集体或劳动者个人经营。"

1987年,党的十三大科学阐述了社会主义初级阶段理论以及基本路线,提出以公有制为主体,大力发展有计划的商品经济;确认私营经济是公有制经济必要的和有益的补充。1988年第二次修宪,党中央明确了个体经济和私营经济是"社会主义公有制经济的必要补充",明确了私营企业的法律地位。随后,国务院颁布了《中华人民共和国私营企业暂行条例》等法规,为私营经济发展提供了法律依据。1988年,全国的私营企业数已达1452.7万户,从业人员2305万人,比1982年分别增长4.58倍和6.02倍。①

20世纪80年代末90年代初,关于改革开放姓"社"还是姓"资"的争论比较尖锐,一些人把私营企业与资本主义私有化相混淆,不少民营企业戴上"集体"

---

① 王业兴:《广东非公有制经济发展的历史变迁及其影响》,《华南理工大学学报(社会科学版)》,2009年第5期。

的红帽子作掩护，有的还被迫关、停、并、转，民营企业出现了 10 年来第一次户数和从业人员锐减的现象。1989—1991 年，尽管党中央对非公有制经济方针政策进行了重申，但这 3 年中，个体经济和私营经济还是受到一定冲击，发展相对滞缓，增速回落到两位数以下，个别年份甚至出现负增长。非公有制经济发展在曲折中艰难前行，这也反映出中国特色社会主义道路开创的艰辛不易。

第二节
广东为非公有制经济保驾护航

广东历来是一个民营经济发达的省份，改革开放初期至 1991 年，广东民营经济经历了以下两个阶段。

从 1978 年 12 月党的十一届三中全会召开到 1982 年，是非公有制经济的恢复时期，这一时期的主要成分是个体工商户，创业者主要是农民和城市待业者。1980 年 8 月，中央开始鼓励和扶持个体经济适当发展，一切守法的个体劳动者开始受到社会的尊重。由此，广东个体工商户由 1979 年底的 1.56 万户发展到 1982 年底的 25.16 万户。广东较有代表性的个体户是容志仁，他是广州最早的个体户之一，也是全国第一位成名的个体户，曾经受到中央和广东领导人的接见和表扬。这一时期的个体经济具有强烈的试验色彩，扮演"边际的、填补空白的角色"。

1983—1991 年，私营企业成为民营经济的主要成分。1984 年中共十二届三中全会通过的《中共中央关于经济体制改革的决定》、1987 年党的十三大报告和宪法修正案，为我国私营企业发展提供了较好的政策空间。广东省对个体经济和私营经济实施分类指导，引导其向生产型、外向型发展，在沿海地区推广发展"三来一补"企业的经验，在山区推广利用山区资源发展农副产品加工业的经验。到 1988 年底，全省个体工商户达到 99.27 万多户。1989—1991 年广东省注册登记的私营企业分别达到 16226 户、21736 户和 25763 户。①

> **专　栏**
>
> **容志仁：广州个体户第一人**
>
> 荣志仁在阳江农村插队半年后私自逃回广州成为"黑户"，此后经过了将近 10 年没有固定场所、没有固定收入的流浪生活。期间为了生存，荣志仁发挥了各种本事：画画，当家庭教师，拉小提琴，打太极拳。直到 1978 年允许知青返城，他才正式结束"黑户"身份，当时和他一同返城的还有好几十万青年。
>
> 广州街坊的一声抱怨——"西华路这里吃早餐真是个难题"，激发了荣志仁开设小吃店的灵感。1979 年 3 月，荣志仁夫妻揣着仅有的 100 元钱，买了碗碟、酱料等原料，加上从文化站借来的大锅和桌椅，开始了个体户的创业历程。原本不懂做饮食的荣志仁在街坊们的指导下，学会了熬粥和切粉条，向街坊提供以粉和粥为主的广式传统早餐。生意出乎意料的好，荣志仁第一天就赚了 3 元 7 角钱，第二天赚了 7 元多，第三天赚了 10 元多。1982 年，荣志仁成为万元户。荣志仁的事迹在当时频频被全国各大新闻媒体报道，其名扬全国。1981 年 8 月，作为广东省第一个青年个体户的代表，荣志仁受到了时任广东省委第一书记任仲夷的接见。

第三节
非公有制经济取得的显著成效

改革开放前，公有制经济占据了广东国民经济的所有行业。1978 年，全国国内生产总值为 185.85 亿元，公有制经济（国有经济和集体经济的总和）增加值为 183.40 亿元，占 98.7%；非公有制经济增加值为 2.45 亿元，仅占 1.3%。

---

① 王业兴：《广东非公有制经济发展的历史变迁及其影响》，《华南理工大学学报（社会科学版）》，2009 年第 5 期。

1980—1990年，广东非公有制经济发展远快于国有经济和集体经济，显示出强劲的增长势头（见表4-1）。广东工业总产值平均增长速度为18.50%，其中国有经济年均增长12.89%，集体经济年均增长19.26%，非公有制经济年均增长52.76%。从构成比例来看，公有制经济由1980年的97.93%下降到1990年的73.73%，非公有制工业经济比重则由2.07%上升到26.27%。

表4-1 1980—1990年广东工业总产值增长情况及构成比例

（不含城镇合作、个体和村及村以下工业，按1980年不变价）

年份	1980	1985	1990	1980—1990
工业总产值（亿元）	219.08	442.66	1195.90	—
年均增长率（%）	—	—	—	18.50
国有经济（亿元）	149.19	265.13	501.25	—
年均增长率（%）	—	—	—	12.89
集体经济（亿元）	65.35	154.28	380.44	—
年均增长率（%）	—	—	—	19.26
非公有制经济（亿元）	4.54	23.25	314.21	—
年均增长率（%）	—	—	—	52.76
公有制比重（%）	97.93	94.75	73.73	—
非公有制比重（%）	2.07	5.25	26.27	—

资料来源：《广东统计年鉴》（1991）。

从社会商品零售总额增长速度与其比重变化看，1978—1990年，国有经济消费品零售总额年均增长率为16.75%，集体经济消费品零售总额年均增长10.97%，而非公有制经济消费品零售总额年均增长速度为46.15%，大大超过国有经济和集体经济。从绝对数来看，1990年，非公有制经济消费品零售总额已分别超过国有经济和集体经济，跃居首位。

表4-2　1978—1990年广东社会消费品零售总额及其构成

年份	1978	1980	1985	1990	1978—1990
社会消费品零售总额（亿元）	79.86	117.67	289.23	667.36	—
国有经济（亿元）	40.41	59.14	131.18	259.05	—
年均增长率（%）	—	—	—	—	16.75
集体经济（亿元）	36.49	50.73	78.89	127.26	—
年均增长率（%）	—	—	—	—	10.97
非公有制经济（亿元）	2.96	7.80	79.16	281.05	—
年均增长率（%）	—	—	—	—	46.15
公有制比重（%）	96.29	93.37	72.63	57.89	—
非公有制比重（%）	3.71	6.63	27.37	42.11	—

资料来源：《广东统计年鉴》（1991）。

从就业人数增长情况及其比重变化看，1978—1990年，广东城镇就业年均增长率为4.24%，其中国有经济、集体经济及非公有制经济的年均增长率分别为3.03%、2.93%和37.40%，非公有制经济就业增长速度远大于公有制经济的增速。从比重变化来看，公有制经济比重由99.50%下降到86.21%，非公有制经济比重由0.50%上升到13.79%，公有制经济仍占绝对优势，但非公有制经济将逐步成为吸收就业的主要力量。

表4-3　1978—1990年城镇从业人员年末人数

年份	1978	1980	1985	1990	1978—1990
城镇合计（万人）	518.45	574.58	692.51	853.43	—
年均增长率（%）	—	—	—	—	4.24
国有经济（万人）	369.04	400.19	449.40	528.13	—
年均增长率（%）	—	—	—	—	3.03
集体经济（万人）	146.81	163.43	203.32	207.62	—
年均增长率（%）	—	—	—	—	2.93
非公有制经济（万人）	2.6	10.96	39.79	117.68	—
年均增长率（%）	—	—	—	—	37.40
公有制比重（%）	99.50	98.09	94.25	86.21	—
非公有制比重（%）	0.50	1.91	5.75	13.79	—

资料来源：《广东统计年鉴》（1991）。

第五章
财税、金融与投资体制改革

第一节
改革和完善财政体制机制

广东财政围绕经济建设这个核心,不断做大经济"蛋糕",在改革开放中迈出了重要一步。广东财政体制在"特殊政策、灵活措施"的政策指引下不断前进。

一、不断改革和完善财政体制

1980年,中央对广东财政包干,开始是作为一项特殊政策和灵活措施出现的,但同时又是财政管理体制的一项重大改革。1980—1987年,中央对广东实行"定额上解"的财政大包干体制;1988—1993年改为"上解额递增包干",每年递增9%。省对市、县的财政包干,在开始前5年基本采取收入分成的办法,并没有层层分包到市、地、县,影响了地方各级促产增收的积极性,也未能充分发挥市(地)一级财政的作用。在此情况下,广东省委、省政府决定从1985年起,省对市(地)、县实行层层包干。包干体制延伸到乡镇一级,形成一级对一级包干的新格局,实质上是赋予地方各级政府更大的财政自主权,财政调节经济、促进经济和社会事业发展的职能作用得到了较好的发挥。在处理国家与企业的分配关系上,通过"放水养鱼""先予后取",搞活了企业,培养了财源。运用财税政策等间接手段扶持能源、交通等基础设施建设。对电力行业实行目标承包,支持公路部门贷款建桥、集资修路、收费还款。财政包干以后,调动了地方政府发展经济、增收节支、自求平衡的积极性，实现了经济发展与财政增收的良性循环。

与以前高度集中的财政体制相比，包干制使地方有了较大的自主权，地方能够因地制宜地发展生产和搞活经济，在诸多领域大胆改革探索，较好地实现了权、责、利三者的统一，极大地调动了各级地方政府当家理财、增收节支的积极性。同时，包干制也为改革开放的不断深入提供了可靠的财力保证，使广东省财政在中央补助很少的情况下，能够自行负担起诸如调整工资、理顺价格、增加补贴等一系列改革和发展的支出。尽管在20世纪80年代末期，中央对各省均实行了不同形式的财政包干体制，但广东积极、灵活的财政体制机制改革对于广东经济发展和改革开放的深远影响在全国最为显著。随着社会主义市场经济体制的确立，包干制已成功地完成了它的历史使命，分税制取代包干制是社会主义市场经济的必然要求。

二、发展和壮大多种经济成分、多条流通渠道并存的财源结构

改革开放以前，广东的财源结构比较单一。随着改革开放的不断深入，广东的商品经济发展很快，形成了多种经济成分并存、多条流通渠道共同发展的新局面，财源结构也呈现出多元的变化趋势。首先，来自集体经济、个体经济和外向型经济等非国有经济的财政收入，由过去的无足轻重变得越来越重要。以上三种经济成分创造的税收收入，已经大大超过广东预算内国有工业企业上缴的税利。其次，流通环节取得的财政收入大幅度增长，成为全省举足轻重的项目。1993年全省营业税收入112.63亿元，比1985年增长7.8倍。营业税收入总额超过产品税、增值税之和。所有制结构的变化和市场流通状况的好坏直接影响广东的财源结构，表明财政分配与生产、流通诸环节之间的联系越来越密切。

三、不断改革财政资金供应方式

在统收统支的体制下，容易出现财政包揽过多、吃国家"大锅饭"等不合理现象。广东根据财政职能不断转变的要求，对财政支出进行了一系列的市场化趋向改革。广东率先打破了财政统揽支出的格局，积极鼓励多渠道、多层次、多形式筹集资金办事业、搞建设，缓解了财政资金的供需矛盾。在经济建设领域，鼓励投资资

金多元化，主要靠银行贷款、利用外资、自筹及其他渠道解决资金来源，财政预算只保证一些重点项目。1985 年，在全省固定资产投资总额中，财政预算内投资占 7.2%，银行贷款占 19.3%，利用外资占 9.0%，自筹资金占 27.1%，其他渠道资金占 37.4%。1993 年，上述比例分别为 2.9%、21.1%、13.0%、32.0% 和 31.0%，财政预算内投资显著下降。在社会事业发展方面，广东明确提出"几个一点"办事业的口号，筹集了大量办事业的资金，弥补了预算经费的不足，扩大了理财领域。在支出管理上，广东完善了单位经费预算包干办法，促进有条件的单位实现由全额向差额、差额向自收自支或企业化管理的转变。

四、发展财政信用，搞活财政资金

改革开放前，财政供给企业、事业单位的资金，全都采取无偿拨给的方式，资金使用与单位的经济效益脱钩，造成不应有的损失浪费。改革开放以后，广东各级财政部门将部分财政资金由无偿拨给改为有偿使用，改变了财政分配上的供给制。1979 年，广东在部分建设项目上进行了基建投资"拨改贷"的试点工作；从 1981 年起，广东设立了财政支农等多项周转金，将部分预算内安排的生产经营性资金以及一些能产出经济效益的事业费等，改为借款周转的形式，增强了企业、事业单位使用资金的责任感。1984 年底，广东成立了一个以用活地方财政资金为主，同时多渠道筹集资金，发挥财政信用和银行信用两种职能的地方金融机构——广东财务发展公司（1990 年底更名为"广东粤财信托投资公司"），对发展地方财政信用进行了有益的探索。

五、积极支持和参与价格改革

自 1983 年以来，广东创造性地运用财政补贴杠杆，重点支持了蔬菜、猪肉、粮油等与人们生活密切相关的消费品价格的改革。一是支持蔬菜价格改革。从 1983 年起，广东对蔬菜价格逐步放开，至 1984 年底，全省蔬菜价格全面放开。价格放开后，为了保证蔬菜供应及避免价格的大幅上升，部分城市对有些品种实行限价销售，由此发生的价格亏损倒挂，由财政给予补贴。二是支持猪肉价格改革。

1984年以前，广东实行生猪派购和统一定价制度，但由于收购价格偏低，影响了养猪业的发展。同时，由于销价未放开，所以加大了财政补贴。1985年，广东决定将猪肉价格全面放开，实行议购议销。与此同时，财政取消了对流通环节的补贴，只对城镇居民原定量供应的牌价猪肉实行牌议差价款补贴，以及对老、少、边、穷、山区的食品企业在3年内给予适当亏损补贴。三是支持粮油价格改革。1988年，广东决定在粮油价格改革上先走一步，放开食油购销价格，以刺激生产和抑制消费。同时，对干部职工实行粮油差价款补贴。行政事业单位干部、职工的补贴由财政负担，随工资发放；企业单位干部、职工的补贴由企业打入成本，自行消化。这样，将粮油过去的"暗补"（由财政一家负担）改为"明补"（由各方分散负担）。从总体上看，广东财政支持与参与物价改革是较为成功的，理顺了蔬菜、猪肉和粮油等重要消费品的价格关系，促进了消费品的生产，丰富了大众商品的供应，满足了人们日益增长的生活需要。

六、搞好分类指导，帮助山区和贫困地区发展经济、脱贫致富

广东一是从财政体制上给予特殊的优惠照顾。对收不抵支的市县实行定额补贴的办法。为了帮助财政补贴县早日脱贫致富，制订了扶持补贴县实现财政自给的方案，落实责任制，既给优惠政策，又提出目标要求，使财政补贴县在实现自给过程中既有动力，又有压力。二是在政策上给予放宽。如在落实增加上缴中央财政任务时，广东采取富裕地区多负担，山区和困难地区少负担或不负担的办法。三是在资金上给予重点扶持。重点安排了山区造林种果、解决农村饮水困难、水土流失整治、山区和贫困地区经济开发等项资金。此外，财政安排的各项周转金也给予了重点倾斜。

第二节
基础设施投资的市场化改革

一、广东基础设施是国民经济发展的"软肋"

长期以来,广东基础设施建设进展缓慢,成为经济发展的瓶颈。在20世纪80年代经济起飞初期,广东大力发展轻型加工业,但基础设施的建设却相对滞后,停电、塞车、通信不畅问题时有发生。"堵车"一词大约最早是从广东流行开的,车辆、运输量的激增,使广东的城市道路、公路几乎成了停车场;珠江三角洲的大动脉广深、广珠公路上有6个渡口,蜂拥而至的车辆每过一个渡口都要几小时,碰上台风等恶劣天气则更加艰难。同样,通信设施的落后也使广州有了"打电话通知不如骑车快"的笑话。

改革开放先行一步使广东成为中国的"高速经济列车头",然而,交通、通信等基础设施建设的滞后却成为其发展的掣肘。要保证广东经济快速、平稳运行,改善投资环境,就必须在改善基础设施状况上实现大突破。大规模的基础设施建设需要大量的资金投入,巨额的投资在计划体制下无法解决,只能另辟蹊径。市场机制发育最早的广东,把基础设施的建设逐步推向市场。

二、改革投资机制,把市场化机制大胆引入投资领域

基础设施建设具有投资大、建设周期长、折旧慢、回收投资慢等特点,而国家和省财力又有限,难以满足大规模的资金需要。为了解决这个实际难题,广东省委、省政府采取了在改革中寻找出路的办法。正是在这种背景下,广东在全国率先提出了"基础产业商品化"的发展思路,制定了一系列与之配套的政策措施,通过市场化改革,建立起以市场为基础的基础设施发展新机制,为基础设施建设的腾

飞奠定了坚实基础，在实践中成效卓著。

　　建桥是20世纪80年代广东公路交通建设的重点，因为改革开放以前公路过渡是一个十分头痛的问题。最初，广东通过大规模引进内外资来筹集资金；1981年，广东省委、省政府决定采用贷款建桥、收费偿还的办法为公路建设筹集资金。广东省交通部门率先从海外贷款1.5亿港元，建设广州至珠海公路的4座大桥。在20世纪80年代初，"广东过桥（路）要交'买路钱'"的新闻曾在全国引起不小的轰动。有了收取"买路钱"的政策，广东全省各市县的积极性立即被调动起来，纷纷要求自筹资金建桥修路，以期迅速改变交通落后的面貌。"以路养路""以电养电"，可以说是广东在基础设施建设方面的一个创举，它打破了基础设施建设完全由国家计划统管、资金由财政全包的计划经济投资体制。

　　广东开始把市场机制引进基础设施建设，采取合理确定市场价格的办法，坚持"谁投资谁受益"的原则，通过贷款、集资、合资等多种形式，使基础建设从单一的政府行为转为社会行为，筹集大量建设资金，推动了全省基础设施建设迅速发展。

　　"收费还贷"只是缺乏建设资金时的一种无奈选择，随着市场观念的逐步确立，广东在基础设施建设方面的探索也在进一步深化。在以往的计划经济中，基础设施不仅完全由政府建设、管理，而且作为公共设施，其作用几乎纯粹是服务性的，不存在盈利问题，但在市场经济中，基础设施却同样是有市场价值的。"以电养电""以路养路"的收费还贷做法可以说是基础设施价值还原的第一步。

　　为了使基础设施建设有稳定的投资渠道，使之与经济发展同步并适当超前，广东从"以电养电""以路养路"开始，各级政府逐步把能源、交通、通信作为一项重要的产业来经营。于是，修桥、铺路、办电不再仅是善长仁翁的善举，而是一种投资。投资基础设施不仅要还本，还要有利润，因此公路、桥梁、电厂、通信设施等项目也不再是单纯的建设项目，而是经营项目，于是就有了合资、合作、股份制等多种形式的经营基础设施的企业。

三、广东成功闯出基础设施建设新路子

1. 构建多元化的投资机制

基础设施建设资金需求庞大,不能仅靠政府,必须调动全社会参与。但这种调动不能依靠行政命令,必须运用市场手段。改革开放以后,广东在基础设施建设中实行了"放权让利"、多渠道集资的方法,如发行交通、通信建设债券、股票,推动重大基础设施项目建设;同时,采取了"自筹资金、自担风险、分享利益"的政策,形成投资、建设、管理、经营一体化的体制。这些做法最关键的一点是将投资主体、经营主体和利益主体相结合,既有利于筹资和融资,又调动了社会多方面的积极性。

随着改革开放的深入,广东在基础设施建设上逐步实现了两个多元化:一是资金来源和投资主体的多元化。资金来源上逐步形成了依靠内、外两个资本市场的格局;在资金筹措、税收、价格、土地使用等方面,在法律规定的范围内提供优惠条件,鼓励社会各界及境外投资者投资基础设施,着力培育起了多元化的投资主体。二是投资方式实现了多样化。不仅有政府投入、银行或财团贷款的投入形式,还有社会融资、个人投资等形式。总之,广东形成了政府、外资、民间资本多元化主体介入,"政府投资、政策集资、社会融资、个人捐资、银行贷款、利用外资"的多渠道、多方式投入的多元化投资体制,大大加快了广东的基础设施建设。

2. 有偿使用、滚动发展

20世纪80年代末期后,广东邮政电信实行"以话养话",交通运输采取"以路养路、以桥养桥、以港口养港口"的政策;以集资和贷款为主的铁路线段,建立新型营运管理体制;邮电通信还实行利用外资、银行贷款、征收附加税、预收电话安装初装费等多渠道集资办法。对新建路、桥、港口、电力、邮政电信实施有偿使用、收费经营,允许取得合理利润,实行滚动发展。这些措施,大大刺激了社会各方、外资对基础设施的投资积极性,有力地促进了基础设施建设的发展。

3. 一业为主,拓展相关产业,综合补偿

在20世纪90年代初,时任广东省委书记谢非提出:"按照社会主义市场经济

的要求,应该把交通、能源、通信作为一项重要产业来经营。投资和管理应变独家统揽为多元化。在经营方面,应该实行一业为主,拓展相关产业,综合补偿的办法,提高偿还能力,提高经济效益。"这种观念的转换对促进广东基础设施的发展产生了极大的推动作用。路通财通,路修到哪里,哪里的地价就上升;港口、机场建在哪里,周边地区的相关物业就升值,这已成为当今人们的常识。

4. 重视制度创新,构建新的基础产业管理体制

改革开放以后,广东十分注重制度创新,建立了新的基础设施建设管理体制。这重点解决了如下几个问题:一是理顺了从上到下的管理关系,改变多头领导、管理分散、各自为政、互相扯皮的现象;二是实行政事、政企分开,扩大地方和企业的自主权,使其逐步向自主经营、自负盈亏过渡;三是对一些基础设施中的国有资产,政府通过出售股份、租赁、拍卖等形式理顺产权关系,回收资金,并再投资于大型基础项目,以参股形式实行宏观间接管理;四是改革过于集中的管理体制,实行分级分权管理,如在公路管理上走分级分权建设、管理和受益的路子,在养路费方面实行收入分层、支出包干。

依靠改革和开放,广东在基础设施建设的投资体制和管理体制上闯出了一条符合社会主义市场经济、国际惯例和省情的新路子,使得广东原本落后的基础设施在较短的时间内发生了巨大的可喜变化。

专栏

首次利用外资建设广深高速

广深高速公路为联系广州、深圳、东莞的广深珠高速公路的首期工程,也是国道主干线同江至三亚公路广东省的重要路段。全长122.8公里,宽33.1米,双向6车道,限速为每小时120公里。广深高速公路途经广州和深圳两个千万人口的城市,以及被称为"世界工厂"的东莞,车流量极大,被称为"中国最赚钱的高速公路"。

广深高速公路由广东省公路建设公司(甲方)与香港合和中国发展(高速公路)有限公司(乙方)合作成立的广深珠高速公路有限公司投资兴建及经营管理。合作双方于1981年6月签订了一份《合作兴建广州、深圳、拱北(广深

拱）高速公路意愿书》，开展了项目筹建工作。至1988年4月，按基建程序完成各阶段的研究和审批工作，签订和批准合作合同，完成工商企业登记和税务登记，于1988年5月成立广深珠高速公路有限公司。1989年冬季广深高速公路全面动工。1990年3月，在合作双方的努力下，项目得到中国银行香港分行和香港汇丰银行的支持而得以重新开展，并于1991年3月成功地组成国际融资银团，签订了8亿美元项目抵押贷款协议。1992年2月，广东省建设委员会批准全线动工；1994年7月完成主线路桥工程并临时试通车；1996年6月完成全部工程，办理交工验收；1997年7月1日正式通车营运。

广深高速公路项目总投资为13.4亿美元和7.04亿元人民币，其中由香港合和中国发展（高速公路）有限公司提供注册资金0.9亿美元以及提供股东贷款4.5亿美元；国际融资银团提供项目抵押贷款8亿美元，该项贷款以香港合和中国发展（高速公路）有限公司为第一借款人，以同等条件转贷给广深珠高速公路有限公司；国内银行提供用于支付征地拆迁费贷款人民币（含建设期挂账利息）7.04亿元。

图5-1　广深高速公路

第三节
推进金融体制改革试点

金融是现代经济运行的核心,随着改革开放的深入推进,金融市场的稳定发展已成为国民经济健康运行的重要基础。广东自改革开放以来,金融业改革虽然取得了一定的进步,但遭受挫折也不可避免。

一、金融体制改革的迫切性

改革开放之初,广东发展基础薄弱,金融资源匮乏,经济起飞面临着严重的资金瓶颈制约。1979年底,全省金融机构人民币存款余额只有58.5亿元,贷款余额只有123.3亿元。广东开改革风气之先,实行了特殊政策、灵活措施,1988年又进一步发展成为综合改革试验区。改革开放使广东的社会生产力和社会主义商品经济得到迅速发展。广东有不少改革在全国是领先的,也被其他地区所效仿,实践证明是正确的。但是,金融部门在执行上级金融决策过程中,应该结合广东自身的特点,灵活地、创造性地用好、用足中央的政策,以适应广东经济发展的需要。以往这一点做得不够。例知,广东经济市场调节的比例占80%~90%,商品市场、劳务市场、科技市场、信息市场活了起来,但金融市场还没走上正轨,与广东的经济状况不相适应。

二、广东金融业改革亮点纷呈

1. 银行业

党的十一届三中全会以后,广东迅速恢复了"文化大革命"时期停滞的银行业。1979年7月9日,中国银行广州分行正式从人民银行广东省分行中分设出来,并设立国家外汇管理局广东分局,成为中国银行内部的一个机构。1979年8月,中国农业银行广东省分行恢复建制。1980年6月，中国建设银行广东省分行与省财政厅分设，经广东省人民政府批准，在全国建行系统内率先运用存款发放贷款，开展了真正的银行自主经营的信贷业务。1984年4月，分设中国工商银行广东省分行，中国人民银行专门行使中央银行职能，原有中国人民银行办理的工商信贷和城镇储蓄业务由工行办理。到1984年底，四大国有银行基本上完成了业务恢复，给广东的经济起飞注入了源源不断的信贷资金。当时广东省生产总值占国内生产总值的6%，广东集中了全国10%的信贷资金。1986年11月，中国人民银行同意广东全省作为金融体制改革的试点省。1986年下半年开始出现的城市信用社不断增加。银行业的迅速恢复，加上先行一步的对外开放政策，促进了广东金融组织的创新。外资银行、股份制银行、城市商业银行相继在广东落户或成立，大大促进了广东的信贷业务。

广东金融组织创新走在全国前列，在金融改革进程中创造了多项全国第一：1982年开业的南洋商业银行深圳分行是改革开放以后我国引进的第一家外资银行营业性机构，同年成立的民安保险公司深圳分公司是改革开放后引进的第一家外资保险公司；1985年试办的深圳经济特区证券公司是国内第一家证券公司；1985年成立的珠海南通银行是改革开放以后引进的第一家法人外资银行；1987年成立的招商银行是我国第一家完全由企业法人持股的股份制商业银行；1988年成立的平安保险公司是国内第一家股份制保险公司；1995年成立的深圳市商业银行是国内第一家城市商业银行；2004年兴业银行成功收购佛山市商业银行，开创了股份制商业银行并购城市商业银行的先河；2005年美国新侨投资集团入股深圳发展银行，深圳发展银行由此成为第一家由外资控股的全国性股份制商业银行；2006年广东发展银行重组成功，创造了国内中资商业银行股权转让比例最高的纪录。①

2. 深交所先"出生"再"领证"

广东证券市场发展走在全国前列。1991年7月成立的深圳证券交易所（"深交所"）目前是全国两大证券交易所之一，但是它的诞生经历也是颇为传奇。20世纪

---

① 马经：《广东金融发展：历程回顾与横向比较》，《南方金融》，2007年第1期。

80年代中后期，随着深圳特区经济发展对资金需求的急速扩大，要求进一步建立股票市场，深圳证券交易所的筹备工作被提上工作日程。到1990年初，深圳证券市场各方面工作已经准备就绪。时任深圳市委书记李灏等人多次进京向中央部门要权，请求中央主管部门尽快批准建立深圳证券交易所，但一直没有得到批复。但深圳领导人认为特区要体现在"特"上，可以采取灵活政策，先干了再说。

1990年11月22日，在中央尚无批准的情况下，深圳正式启动深圳证券交易所。12月1日，在没有举行正式仪式和没有新闻媒体宣传的情况下，深圳证券交易市场悄然试营业。1991年4月11日，在试运行5个多月后，深圳证券交易所正式得到中国人民银行总行的批文，批文对深交所的地位予以"追认"。从某种程度上可以说，如果没有深圳领导人的胆识和策略，在还没有批文的情况下，灵活解读运用特区的试验权，就没有深圳证券交易所。①

在成立初期，深交所得到了国家主要领导人的特别关注。邓小平在1992年1月第二次视察深圳，并了解了深圳股市情况后，说："有人说股票是资本主义的，我们在上海、深圳先实验了一下，结果证明是成功的，看来资本主义有些东西，社会主义制度也可以拿过来用，即使错了也不要紧嘛！错了关了就是，以后再开，哪有百分之百正确的事情！"

3. 建立首个外汇市场

深圳外汇调剂中心是中国最早成立的外汇市场，它的成立颇费周折。20世纪80年代初期，深圳外向型经济蓬勃发展。1985年深圳出口额达到其生产总值的53.9%，出口量大，外汇留成多，但没有合法的外汇交易市场，企业间外汇余缺无法通过正常渠道调剂，一时间外汇黑市交易猖獗，严重干扰了特区金融秩序。据当年中国人民银行深圳经济特区分行的一项调查表明，仅仅1985年第一季度，深圳从事外汇黑市交易的企业就有60多家，交易金额达1.48亿美元，相当于1984年深圳出口额的55.8%。

深圳急切希望建立一个合法的外汇交易市场。1985年11月9日，深圳市政府

---

① 1990年12月19日，上海证券交易所开业。

颁布《深圳经济特区外汇调剂暂行办法》，宣布深圳外汇调剂中心成立，这时的调剂中心并没有得到中国人民银行总行和国家外汇管理局的正式批准。深圳外汇调剂中心的成立在全国是首创，引起了各种社会议论。值得欣慰的是，深圳外汇调剂中心正常运作，不仅极大地缓解了外汇的供需矛盾，打击了黑市交易，还调动了企业扩大出口的积极性，促进了特区的外贸发展。1988年5月，国家外汇管理局正式下文批准设立深圳市外汇调剂中心，并颁发外汇调剂经营许可证，至此，诞生两年之久的深圳外汇调剂中心才得到合法的地位。深圳经济特区外汇调剂中心的建立，改变了我国外汇全部由中央统一调配和使用的管理体制，使得地方也具有了调配使用外汇的权力，是深圳经济特区通过自己的制度创新和实践绩效向中央要来的权力。

第四节
创新土地出让方式

一、时代的发展倒逼土地制度改革

改革的不断深入促使市场经济日渐形成，以往通过行政拨付无偿使用的土地使用制度显然已经无法适应市场经济发展的需要。土地无偿使用制度的弊端也愈加明显：一是城市土地浪费严重；二是国家财政无法从土地使用中获益，反而由于城市建设加重财政负担，建设资金无法形成良性循环。

在国家层面，党中央、国务院逐渐意识到城市土地供给模式已经滞后于工业化、城市化进程，改革势在必行。1980年，国务院颁布《国务院关于中外合营企业建设用地的暂行规定》，对土地使用制度进行微小改革，使土地使用收费有法可依，但涉及范围仍然较小。20世纪80年代初，面临建设资金十分缺乏的困境，深圳经济特区期待解决的途径是对土地使用实行有偿收费，就像紧邻的香港一样，但当时我国宪法规定"任何组织或个人不得侵占、买卖、出租或以其他形式非法转让土地"。如何在不违反宪法的情况下,实现对土地使用收费,成为摆在深圳市领导面前的重要课题。1981年,广东颁布了《深圳经济特区土地管理暂行规定》,规定了"三资"企业对各类土地的使用年限及各类土地每年必须缴纳的土地使用费标准。这项规定的出台,一定程度上缓解了特区在土地使用上暴露出来的问题,但是仅治标,不治本。

二、中国土地"第一拍"

为稳妥推进土地使用制度改革,为全国积累经验,深圳市政府于1987年选出三块地,按照由易到难的顺序,作为协议、招标、拍卖这三种有偿出让方式的试点。

最先开始的是以协议方式有偿出让。1987年9月9日,深圳市政府将一块5321平方米住宅用地的使用权,以106万元的价格协议出让给中国航空技术深圳工贸公司修建职工宿舍,使用年限50年。这份有偿出让土地使用权的合同开创了全国首例,正式拉开了深圳乃至全国土地使用制度改革的序幕。

1987年11月25日,深圳市政府首次以公开招标的方式,将一块面积为46355平方米住宅用地的使用权有偿出让给深华工程开发公司,土地使用期限为50年。这次公开招标允许所有在深圳注册且有土地开发经营权的企业参与。为保证招标工作的公正性,规定标书封面不允许写单位名称,只能写数字编号。招标采用综合评标的方法,土地标价占总分的50%,规划涉及方案占40%,企业资信占10%。

1987年12月1日,深圳市政府首次以公开拍卖方式,将位于罗湖区布心路翠园新村西侧的一块面积为8588平方米、使用年限为50年的住宅用地的使用权出让,敲响了新中国土地拍卖第一槌。由于担心"拍卖"一词太敏感,于是改成"公开竞投"。深圳市政府事先在报纸上刊登了《土地竞投公告》,规定具有法人资格的深圳企业,不论中资、外资、合资,均可参加竞投。竞投吸引了包括9家外资企业在内的44家企业参与。这次拍卖进展顺利,并获得圆满成功。标的经过多轮竞价,最后由深圳经济特区房地产公司以525万元拍得,该价格高出底价325万元。

图 5-2 1987 年 12 月 1 日深圳国土局"第一拍"的现场情景

三、"第一拍"促成修宪

深圳国有土地"第一拍"是一次历史性的突破,是我国土地使用制度的根本变革。1987 年 10 月,深圳在全国首创以协议方式有偿出让土地不久,将《深圳经济特区土地管理暂行规定》修改为《深圳经济特区土地管理条例》,原规定"土地使用权不能转让"修改为"土地使用权可以有偿出让、转让、抵押"。该条例得到了省政府的审定通过。深圳接着又通过公开招标方式和拍卖方式有偿出让土地使用权。这一系列举措极大地冲击了我国原有的土地管理体制,在国内外引起了强烈反响。此后,深圳取消了行政划拨土地的做法,所有建设用地都以有偿、有期限形式供应,并加大了公开拍卖、公开招标土地使用权的数量。

深圳一系列土地使用制度的变革,是深圳改革开放后经济发展的必然要求,为我国土地使用制度改革积累了宝贵的经验,并直接推动了我国宪法关于土地使用条款的修改。1988 年 4 月,全国人大七届一次会议根据我国改革开放形势和深圳特区的实践,通过了《中华人民共和国宪法修正案》,将原宪法中的"任何组织或个人不得侵占、买卖、出租或以其他形式非法转让土地",修改为"任何组织或个人不得侵占、买卖或者以其他形式非法转让土地。土地的使用权可以依照法律的规定转让"。这一修改肯定了深圳土地管理制度改革的基本做法。

第六章
外向型经济大发展

第一节
下放审批权限吸收外资

一、渐进式的吸收外资历程

国家赋予广东在对外经济活动中实行"特殊政策、灵活措施",广东的改革发展实践证明,必须发展外向型经济,必须在世界经济全球化环境中有效利用国内、国际两种资源、两个市场。从广东的对外贸易发展初期来看,大致经历了以下阶段:

从改革开放至20世纪80年代初期,这是以"三来一补"加工业和转口贸易为主的起步发展阶段。广东以优惠政策及廉价的土地和劳动力,积极承接国外及港澳台制造业的转移,大力发展"三来一补"企业,粤港澳三地逐步形成了"前店后厂"的经济模式。这种经济模式充分发挥了港澳地区的海外贸易窗口优势。港澳地区承接海外订单,从事制造和开发新产品、新工艺,供应原材料,进行市场推广和对外销售,扮演"店"的角色;珠三角地区利用土地、自然资源和劳动力优势,进行产品的加工、制造和装配,扮演"厂"的角色。"前店后厂"的经济模式生产成本较低,交货周期短,以服装、鞋帽和玩具为主的劳动密集型产业在国际市场上的竞争力非常强。"三来一补"企业的兴起符合寻求低成本的产业转移的经济规律,为广东外向型经济格局的形成奠定了良好的基础。

从20世纪80年代中期到90年代初期是广东以"三资"企业和生产外向型行

业为主的快速发展阶段。"三来一补"企业大多属于劳动密集型企业,技术含量低,能耗大且易污染环境。更重要的是,这种"前店后厂"的模式并不能将产品的开发、销售和经营管理牢牢控制在广东自身企业手中。1984年6月9日,谷牧在广州研究广州、湛江两个城市列入全国14个沿海开放城市后的起步问题时说:"我觉得广州有工业基础,有科研力量,在深圳、珠海以及整个珠江三角洲都已经动起来以后,广州就不能再搞一般的'三来一补'之类的大路货了……我的意见,广州、湛江两市目前的重点要放在体制改革和引进外资搞老厂的技术改造上。"①

从20世纪80年代中期开始,广东调整产业政策,努力推动原有的"三来一补"企业逐步向"三资"企业转型,并且严格控制新办"三来一补"企业。中外合作经营首先在广东运用,由外商出资金,中方出土地或者工厂厂房及设备,由外商经营,到期无偿收回来。除了办生产型企业,也兴办其他非生产型企业,外经贸主体不断向国际化、集团化、实业化和股份化的方向发展,形成了"三资"企业、"三来一补"企业、国有外经贸企业、自营进出口生产企业和私营企业"五个轮子"一起转的大经贸格局。广东利用外资的方式由初期的补偿贸易、加工装配为主转变为以合资、合作、外商独资经营为主;广东积极利用国家产业政策,鼓励外商投资交通、能源等基础设施,高新技术产业,以及"三高农业"和金融、保险、旅游、社会服务等第三产业。

1984年,广东迎来了利用外商直接投资的第一次高潮。当年签订"三资"企业合同1105宗,超过前5年(1979—1983年)的总和(1057宗);协议利用外资116958万美元,实际利用外资54163万美元,基本达到了前3年(1981—1983年)的总和(58972万美元)。与"三来一补"企业相比,"三资"企业可以在外商直接参与经营、共担风险的基础上,实现外来资金、技术以及管理经验的整体引进,经济效益和社会效益巨大。

---

① 《谷牧同志听取广州、湛江两市负责同志汇报工作时的讲话》(1984年6月9日),中共广东省委办公厅:《中央对广东工作指示汇编》(1983—1985年),第164页。

二、不断下放外资审批权限

由于在计划经济体制下，中国实行严格的外汇管理制度，外资进出中国必须经过各级政府的严格审批。改革外资审批制度，使外资能够更为顺畅地进入广东，是解决广东经济发展所需资金血液的必由之路。

国家首先在 1979 年解决了外资的合法身份问题，《中华人民共和国中外合资经营企业法》的颁布标志着外资可以合法进入国内。同年，国家也批准广东在对外经济活动中可实行特殊政策和灵活措施，同时对广东的深圳、珠海和汕头这三个特区有特殊规定，进入这三个特区的外商企业按 15% 的税率征收所得税，这使得特区在广东引进外资方面优势凸显。广东正是利用了特殊政策和灵活措施这一"尚方宝剑"，加大改革力度，下放引进外资审批权，把原来属于省政府的外资项目审批权积极下放到地方政府，鼓励地方政府大力吸引外资，为广东经济发展输入资金，加速经济发展。

随着改革步伐不断加快，广东对外资审批权的下放力度也不断加大。1980 年，广东省政府规定，加工装配项目、引进设备在 30 万美元以下，3 年内可用工缴费偿还的，各县和肇庆市、惠州市、梅州市、潮州市外经委有权审批；引进设备在 30 万美元以上、50 万美元以下，各地行政公署和韶关市、佛山市、江门市、湛江市、茂名市外经委有权审批；引进设备在 50 万美元以上、100 万美元以下，一律报省主管厅、局审批；引进设备在 100 万美元以上，报省外经委审批。

1981 年，广东进一步放权，规定对外加工装配、补偿贸易和生产性合作经营项目，利用外资在 300 万美元以下，原材料、燃料、电力、运输、配套资金、产品销售，不涉及全省综合平衡和不属综合补偿的中、小型项目，各地、市可根据中央和省市利用外资方针、政策的规定，自行审批。同时，规定利用外资在 50 万美元以下的对外加工装配项目，由县和县级市审批。1984 年省政府又作出规定，湛江市、佛山市、江门市、汕头市、珠海市有 500 万美元以下的审批权，韶关、茂名、肇庆、惠阳、梅州等市，有 300 万美元以下的审批权，县级市有 150 万美元以下的审批权，县有 100 万美元的审批权。1985 年广东省政府明确规定，外商兴建的

"三资"企业，属于生产性和科研项目，全年所得额在25万元以下的，给予免征地方所得税照顾；全年所得额超过25万元的，超过部分可按税法规定的税率给予减征70%的地方所得税；100万元以上的，超过100万元部分按税法规定的税率征收地方所得税，对华侨、港澳同胞投资兴办企业，所得税减免幅度可适当放宽。

伴随外资进入审批权限制度的不断放开，外资开始如潮水般涌入南粤大地。1979—1985年，广东签订外商投资项目增长7.3倍，其中外商直接投资签订项目增长22.4倍；合同外资额增长10.2倍，其中外商直接投资增长12.7倍；实际利用外资增长9倍，其中外商直接投资增长15.8倍。

表6-1　1979—1985年广东利用外资情况

年份	签订项目（个）		合同外资额（万美元）		实际利用外资（万美元）	
	总数	其中：外商直接投资	总额	其中：外商直接投资	总额	其中：外商直接投资
1979	1642	70	22889	14616	9143	3074
1980	5048	188	138920	120046	21419	12320
1981	6803	236	167507	156206	28837	17326
1982	8171	151	155916	147698	28103	17123
1983	11318	412	72660	61552	40685	24523
1984	17452	1105	144489	116958	64379	54163
1985	13621	1640	256521	200073	91910	51529

资料来源：1980—1986年的《广东统计年鉴》。

第二节
外贸体制改革

中央允许广东先行先试，通过改革开放探索发展经济的新道路。广东不失时机地放权搞活，扩大地方对外贸易的权限，通过扩大对外贸易渠道，促进工贸结合，开展多种形式的灵活贸易，推动了外贸体制的渐进式改革。

第一阶段（1979—1988年）：扩大外贸经营权。广东提出"对外更加开放，对内更加放宽，对下更加放权"的方针，加快了下放外贸经营权、调整进出口主体结构并放开三类商品出口经营等审批试点的探索。

1980—1983年，广东实施以地方为主管理的外贸大包干体制，在出口成本一定三年不变的情况下，出口收汇实行包死基数，超基数部分中央与地方"倒三七"分成的做法。为了多出口、多创汇，广东采取了以下措施：一是把大包干指标分解为出口计划、出口成本、盈亏总额三项指标，对基层外贸企业试行定额承包或单项奖励。二是调整出口经营体制，对具备自营出口条件的地方和企业授予出口经营权。三是改革出口商品价格体制。基本实行收购"实事求是、随行就市"，内外销同价、优质优价，在国际和国内两个市场、两种价格灵活经营中获取比较经济效益。四是改革外汇管理和使用制度。打破外汇统收统支的体制，多创汇的可以多留汇、多用汇，调动了方方面面创汇的积极性。外贸包干打破了外贸出口独家经营的沉闷局面，确立了自主经营、自负盈亏、自我发展的观念。在施行外贸包干的4年间，广东的进出口贸易取得了较大进展，其中出口翻了一番。1980—1983年，广东出口创汇超过77.3亿美元，上缴中央贸易外汇50.7亿美元，全省外汇留成28亿美元。1984年后，广东外贸体制结束包干制，重新恢复为全国集中经营、统负盈亏的做法。

从1980年开始，按照产销结合、工（农）贸结合、内外销结合的原则，以扩大出口、增加外汇为目标，以国际市场为导向，从基层生产企业开始，实行工、农、技、贸等多种形式的横向联合，试办一批专业公司。广东可以批准成立经营地方产品的出口外贸公司，以及外贸企业与省内生产企业联合设立的工贸公司。1988年5月，国家将进出口经营权限进一步下放，广东广州、经济特区以及国家批准的经济开发区的外经贸主管部门有权审批自属的外贸公司。至此，广东不仅成立了13家专业外贸公司，还成立了一批地方性进出口公司，拥有进出口经营权的企业由1979年的13家增长到1988年的1576家，占全国的26%。

第二阶段（从1989年开始）：规范外贸审批权。由于外贸经营权的下放造成了"政企不分、抬价抢购"等问题，国家开始清理整顿外贸公司。1989—1991年，广东经过两年多的清理整顿，外贸经营企业调整为1206家，占全国的31.7%。通过撤并一些确实没有出口经营能力的企业,对各类外贸企业的出口经营实行严格的限制,规范了广东进出口贸易秩序,保证了外贸经营承包制的顺利实行。

外资经济发展力助广东经济腾飞

由于广东对外资进入审批权制度不断加大改革力度,因此外资势如破竹地进入广东,广东作为外资大省的地位越来越稳固,外向型经济发展势头越来越迅猛。

外资经济发展为广东带来了以前无法接触到的先进技术、管理理念,增加了广东人的国际视野,增强了广东进行改革开放的能力和动力,激励了敢为天下先的广东人作出许多宝贵的尝试和创新,助推了广东走在全国改革开放和经济社会发展的前列。但是,伴随国家层面的对外开放战略在全国其他地区逐层梯度展开,广东对外开放优势相对于江苏、浙江等地有所削弱。

表6-2　1978—1991年广东进出口贸易情况

年份	进口总额（万美元）	平均增长率（%）	出口总额（万美元）	平均增长率（%）	实际利用外资（万美元）	平均增长率（%）
1978	20390	—	138755	—		—
1980	35612		219472		21419	
1985	242622		295267		91910	
1990	574888		1056024		202347	
1991	851009		1368787		258250	
1978—1991	—	30.5	—	17.8	—	23.1

资料来源:《广东统计年鉴》(1992)。

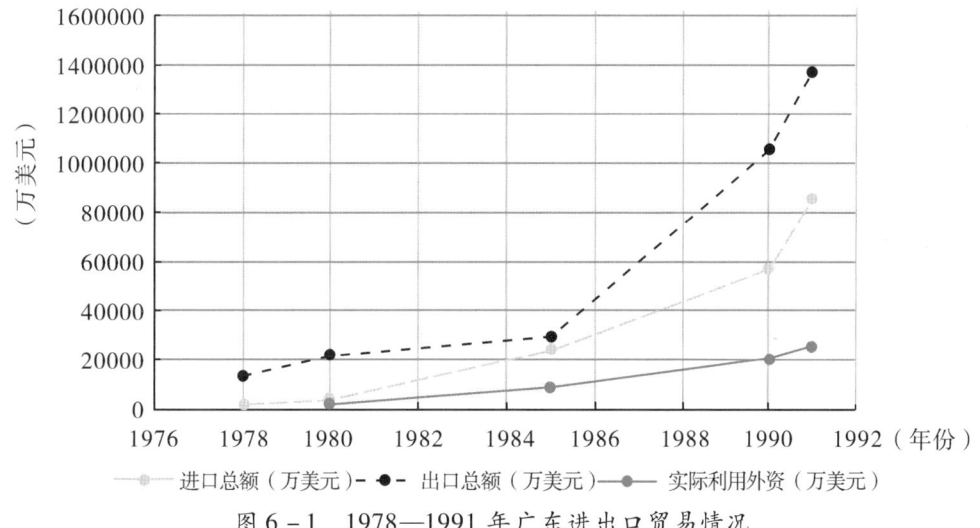

图6-1　1978—1991年广东进出口贸易情况

资料来源:《广东统计年鉴》(1992)。

第三节
推行区域递进的全方位对外开放战略

一、中央对经济特区模式、经验的推广

在改革开放过程中,通过中央授权设立经济特区,先行一步进行试验这种模式无疑得到中央的认可和推广,并不断地被全国其他地区仿效。这种模仿新体制的过程是经济体制渐进式改革的过程,也是一种知识不断外溢的过程。

邓小平在1984年视察经济特区后,已开始酝酿推广特区的某些做法,试试更宏伟的开放战略。"除现在的特区外……我们还要开放海南岛,如果能把海南岛的经济迅速地发展起来,那就是很大的胜利。"① 按照邓小平的意见,中共中央、国务院在1984年3月召开沿海部分城市座谈会,决定进一步开放天津、上海、大连、秦皇岛、烟台、青岛、连云港、南通、宁波、温州、福州、广州、湛江、北海等14个沿海城市,并委托深圳举办沿海城市的经济研讨会,深圳开始系统化和理论化地总结和推广自己的发展经验。1985年1月,中共中央、国务院在北京召开长江三角洲、珠江三角洲和闽南金三角座谈会,提出把上述3个"三角"区开辟为沿海经济开放区的建议。同年2月,中共中央、国务院批转了座谈会纪要,表明我国实施对内搞活经济、对外实行开放的又一重要步骤。决定把长江三角洲、珠江三角洲和闽南厦门、漳州、泉州三角地区等61个市、县辟为沿海经济开发区。1988年3月,国务院进一步扩大了长江三角洲、珠江三角洲和闽南三角洲地区经济开放区的范围,并把辽东半岛、山东半岛、环渤海地区的一些市、县和沿海开放城市的所辖县列为沿海经济开放区。把这些地区开辟为经济开放区,既可以加快其自身的发

---

① 邓小平:《邓小平文选》第三卷,人民出版社,1993年版,第52页。

展，也可带动内地的发展，并使沿海与内地形成优势互补、相得益彰的局面，进而在我国初步形成"经济特区—沿海开放城市—沿海经济开放区—内地"这样一个逐步推进式的格局。由此，多层次、全方位、宽领域的对外开放的新局面初步形成。1992年，中共中央、国务院又决定对5个长江沿岸城市，东北、西南和西北地区13个边境市、县，11个内陆地区省会（首府）城市实行沿海开放城市的政策。

二、形成多层次、多形式、多功能的全方位对外开放新格局

中共中央、国务院对广东改革开放不是实行与全国同步推进的布局，而是实行区域推进的布局。

1979年中央政府决定在广东、福建两省率先实行"灵活政策、特殊措施"，对外开放；1980年8月全国人大通过《广东省经济特区条例》，决定兴办深圳、珠海、汕头、厦门4个对外开放的经济特区。作为经济特区的延伸，1984年春，国家开放14个沿海城市，其中广州、湛江也被划入。1985年珠江三角洲被开辟为沿海经济开发区，1988年国务院批准广东为改革开放综合试验区。经过20世纪80年代的改革开放，广东全省已经形成多层次的改革开放格局，有深圳、珠海、汕头等3个经济特区，有广州、湛江2个开放城市及其经济技术开发区，有珠江三角洲的经济开放区，还有大片山区市、县，形成改革开放梯级推进的格局。

在地缘经济上，广东属沿海地区经济比较发达的省份，但是，省内又有山区与沿海之别，沿海又有东西两翼与中部珠江三角洲之别，在珠江三角洲又有毗连港澳的深圳、珠海同其他地区在地缘经济条件上的区别。正因为广东经济存在着区域差异，对改革开放的要求也相应存在差异。深圳经济特区已经初步建成新兴的现代开放城市，经济成分必将发展为以外资企业为主，产业结构必将以适应国际分工的需要为主，涉外经济往来业务也必须按照国际通行惯例办事。这类地区要适应现代国际商品经济运行的要求，创立商品化、社会化、现代化程度较高的经济体制。广东的珠江三角洲的经济开放区和开放城市的经济体制也将出现逐步向经济特区靠拢的趋势。广东还有一大片山区和接近山区的市、县，这类地区经济基础相对比较差，发展和开发的进程相对滞后，商品经济及其市场发育程度较低，对外开放度也不

高，因此，在经济体制改革上，相当长时间内与商品经济发达地区的经济体制存在一定的差别。这也反映了改革过渡阶段的特点。因此，广东在改革开放的布局上实行区域推进，形成了经济体制的梯度格局。这种格局基本上适应了各地经济发展的需要，也是广东改革开放的一大特色。

国家的开放政策基本上是在广东试验的基础上，总结经验向全国推广的，是一种自下而上的制度变迁过程。在这一过程中，广东的开放具有显著的示范意义。在全国的开放格局中，广东处于开放的最前沿，开放范围最广、开放程度最高、开放功能最完备。广东在开放方面进行的实验性探索，扮演了探路者的角色，发挥了排头兵的先锋作用。

PART THREE

第三部分

改革新征程，增创新优势

20世纪90年代，特别是邓小平南方谈话之后，党的十四大确立了社会主义市场经济体制的改革目标，广东改革开放和经济发展踏上了新征程，进入一个快速发展时期。2001年我国重新加入关贸总协定（后改为WTO，即世界贸易组织），广东的开放发展也踏上新征程。期间，广东在各个领域都实行了突破性的改革举措，取得了显著成效。率先改革开放及其加快发展，成为广东增创新优势的重要途径。

第七章
改革新征程、新目标、新战略

第一节
改革开放的新征程、新目标

一、邓小平南方谈话开启改革新征程

邓小平南方谈话前的国际、国内风云变幻。20世纪80年代末、90年代初是社会主义的多事之秋。最早是柏林墙倒塌，接着是波兰、捷克斯洛伐克、匈牙利、保加利亚等东欧社会主义国家发生剧变。最惊心动魄的一幕是1989年底，罗马尼亚军队、警察倒戈，共产党政权一夜之间垮台，总统齐奥塞斯库夫妇被枪杀。与此同时，苏联也出现了复杂变化。1991年，列宁创造的世界上第一个社会主义国家在诞生74年后轰然解体、改旗易帜，引起全世界震惊。面对当时复杂的国内外形势，国内有一些人出来总结"苏东波"的教训，说是由于改革开放才导致了社会主义的垮台，要加强反对和平演变的教育和斗争。那些"左"的政治家、理论家起劲地宣扬：经济特区是和平演变的温床；联产承包责任制瓦解了公有制经济；股份制改革试点是私有化潜行；引进外资是做国际资产阶级的附庸。他们公然提出要在以经济建设为中心之外再加一个以反和平演变为中心，还主张放弃容易导致和平演变的改革开放这个基本点。这实际上就是要把党的基本路线中的一个中心变成两个中心，把两个基本点变为一个基本点。他们还说和平演变最严重、最危险的是在经济领域，要对经济领域改革开放的举措问一问姓"社"还是姓"资"。就在中国改革

先行者的探索
——广东改革开放40年

开放事业面临"向何处去"的严峻考验时,邓小平同志出来说话了,强调要做几件使人民满意的事情:一个是要更大胆地改革开放,另一个是抓紧惩治腐败。强调应该继续推进改革开放。根据邓小平同志的提议,1990年4月18日,国务院作出了开发、开放上海浦东的重大决策,把我国改革开放由沿海地区推进到了沿江地区。①

20世纪80年代末,我国经济经过近十年的强劲增长后,经济体制改革遭遇了第一次大的危机——通货膨胀日益攀升(1988年7月通胀率高达19.7%),全国各地爆发了恐慌性提款和抢购。为此中央政府于1988年9月启动了一项紧急财政紧缩方案,同时,由于一些人认为是市场化改革导致这场危机,因而对一些选定的特别是与私营部门有关的改革措施进行压制。这对加速前行的我国经济起到了急刹车作用,同时也大大延缓了经济体制改革步伐。在银行信贷短缺的情况下,地方政府由于缺乏财政支持甚至被迫以记账单(俗称"打白条")来抵农民的卖粮款,农民出现不满情绪。在紧缩政策的冲击下,我国的私营企业数量锐减一半多,从1988年的20多万降至9万多。1989年的苏联解体和东欧剧变,使得反对市场化改革的声音不断加剧。有政策制定者认为,是市场化改革导致当前的恶性通胀问题和政治风险。因此,在1989年12月11日召开的全国计划工作会议上,政府提出了把所有私营部门统统收归国有、控制非国营经济增长及重返价格控制以控制通胀的具体措施。②尽管经济体制改革在20世纪80年代取得了一些令人欣喜的成绩,但市场化改革所处的环境依然错综复杂,市场经济体制改革的目标和方向依然不明晰,对改革开放姓"资"还是姓"社"问题依然争论不休,而且愈演愈烈。1990年,关于改革方向及社会主义本质的争论始终占据着政治舞台的中心。

1991年1月28日到2月18日,邓小平同志在上海期间频频外出视察、参观,还听取了有关浦东开发、开放的汇报,发表了一系列有关深化改革、扩大开放的谈话。他强调:

---

① 周瑞金:《"皇甫平"交锋与邓小平南巡——写在纪念邓小平南巡谈话20周年之际》,《理论参考》,2012年第3期。

② 科斯、王宁:《变革中国:市场经济的中国之路》,中信出版社,2013年版,第143—144页。

"改革开放还要讲，我们的党还要讲几十年。会有不同意见，但那也是出于好意，一是不习惯，二是怕，怕出问题。光我一个人说话还不够，我们党要说话，要说几十年。"

他又一次着重指出：

"不要以为，一说计划经济就是社会主义，一说市场经济就是资本主义，不是那么回事，两者都是手段，市场也可以为社会主义服务。""开放不坚决不行，现在还有好多障碍阻挡着我们。说'三资'企业不是民族经济，害怕它的发展，这不好嘛。发展经济，不开放是很难搞起来的。世界各国的经济发展都要搞开放，西方国家在资金和技术上就是互相融合、交流的。"

他希望：

"上海人民思想更解放一点，胆子更大一点，步子更快一点。""要克服一个怕字，要有勇气。什么事情总要有人试第一个，才能开拓新路。"（见《邓小平文选》第三卷第367页）

邓小平鲜明地提出要进行金融改革，他认为：金融很重要，是现代经济的核心。金融搞好了，一着棋活，全盘皆活。上海过去是金融中心，是货币自由兑换的地方，今后也要这样搞。当时，时任《解放日报》报社领导的周瑞金组织撰写了以"皇甫平"署名的系列文章——《做改革开放的"带头羊"》（1991年2月15日）、《改革开放要有新思路》（1991年3月2日）等4篇文章，积极宣传、评论邓小平在上海期间的改革开放讲话精神。其中第三篇文章，即1991年3月22日发表的《扩大开放的意识要更强些》提出，要解放思想，增强扩大开放意识，"如果我们仍然囿于'姓社还是姓资'的诘难，那就只能坐失良机""趑趄不前，难以办成大事"。由于该文章尖锐地提出了"姓资姓社"问题，于是"左"派纷纷撰文"批判"，点燃了"姓资姓社"争论的"导火索"。1991年4月12日，根据时任总书记江泽民同志在党的十三届七中全会上关于干部问题的讲话精神，"皇甫平"系列评论的第四篇文章《改革开放需要大批德才兼备的干部》强调，改革开放需要大批勇于思考、勇于探索、勇于创新的闯将，要破格提拔对经济体制改革有进取精神的干部。文章尖锐地提出，对"那些口言善身行恶的'国妖'、两面派、骑墙派一类角色,毫无疑问绝不能让他们混进我们的干部队伍中"。这是对邓小平同志关于要从组织人事上保证推进改革开放重要思想的积极呼应。这4篇积极宣传邓小平改革开放讲话精神的评论,引起了极大的社会反响。

1991年,时任总书记江泽民同志发表了"七一讲话",深刻论述了邓小平有关"计划和市场只是经济手段,不是区分两种社会制度的主要标志"的思想。之后还要求:今后主要是加强改革开放的宣传,不改革开放我们站不住。在这个背景下,《人民日报》开始起草有关改革开放的社论。1991年9月2日《人民日报》的一篇评论阐释道:要实行改革,我们必须坚持四项基本原则,必须远离资产阶级自由化。10月23日《人民日报》的一篇题为《正确认识社会主义社会的矛盾》的评论,认为当前中国的阶级斗争——姓"社"还是姓"资"——比以往任何时候都要激烈。意识形态之争使中国面临一次新的危机:改革何去何从?而在广东,市场化改革因为走得更为深远,并未过多受到这些争论的影响。

在中国改革开放"向何处去"的重要历史关头,为给中国改革找到一个正确的航向,我国改革开放和现代化建设总设计师、时年88岁高龄的邓小平同志,于1992年1月18日至2月21日,到武昌、深圳、珠海、顺德、上海等地视察,一路走来大讲改革开放,反复强调改革就是要搞社会主义市场经济,党的基本路线要管一百年,动摇不得。他说:

"不坚持社会主义,不改革开放,不发展经济,不改善人民生活,只能是死路一条,基本路线要管一百年,动摇不得。只有坚持这条路线,人民才会相信你,拥护你。谁要改变三中全会以来的路线、方针、政策,老百姓不答应,谁就会被打倒。"

他鼓励深圳继续向前迈步:改革开放胆子要大一点,敢于试验,不能像小脚女人一样。看准了的,就大胆地试,大胆地闯。深圳的重要经验就是敢闯。

邓小平同志抓住1991年思想争论和交锋的要害,尖锐地指出:

"改革开放迈不开步子,不敢闯,说来说去就是怕资本主义的东西多了,走了资本主义道路。要害是姓'资'还是姓'社'的问题。判断的标准,应该主要看是否有利于发展社会主义社会的生产力,是否有利于增强社会主义国家的综合国力,是否有利于提高人民的生活水平。"

他还提出:社会主义的本质是解放生产力,发展生产力,消灭剥削,消除两极分化,最终达到共同富裕。他解释道:

"计划多一点还是市场多一点,不是社会主义与资本主义的本质区别。计划经济不等于社会主义,资本主义也有计划;市场经济不等于资本主义,社会主义也有市场。计划和市场都是经济手段。社会主义的本质,是解放生产力,发展生产力,消灭剥削,消除两极分化,最终达到共同富裕……总之,社会主义要赢得与资本主义相比较的优势,就必须大胆吸收和借鉴人类社会创造的一切文明成果,吸收和借鉴当今世界各国包括资本主义发达国家的一切反映现代社会化生产规律的先进经营方式、管理方法。"①

邓小平同志用"发展才是硬道理"的简明生动语言,激励人们"抓住时机,发展自己,关键是发展经济"。"对于我们这样发展中的大国来说,经济要发展得快一点,不可能总是那么平平静静、稳稳当当。要注意经济稳定、协调地发展,但稳定和协调也是相对的,不是绝对的。"

1992年2月4日,《解放日报》头版发表了《十一届三中全会以来的路线要讲一百年》的重要评论,在全国拉开了率先宣传、深刻阐发邓小平同志南方谈话精神的序幕。文章发表后,在国内外引起很大反响。1992年3月26日,《深圳特区报》以极大的政治勇气,刊发了反映小平同志视察深圳行程及南方谈话主要内容的长篇通讯——《东方风来满眼春》。这篇由当年深圳特区报记者陈锡添采写的长篇通讯,全景式生动地记录了邓小平同志1992年1月19~23日在深圳的所行、所思、所讲。这篇通讯的发表,本身就是贯彻南方谈话精神的具体体现。这篇影响巨大的通讯,也使《深圳特区报》成为"改革开放的窗口",在中国新闻史上写下了浓墨重彩的一页。②

1992年3月党中央向全党传达了邓小平同志南方谈话精神后,新华社向全国转发了《深圳特区报》长篇通讯《东方风来满眼春》,栩栩如生地传播了邓小平同志

---

① 邓小平:《在武昌、深圳、珠海、上海等地的谈话要点》,《邓小平文选》第三卷。
② 陈锡添:《深圳特区报》头版全文重新刊发《东方风来满眼春》,2012年2月2日。

视察深圳的活动和谈话内容。中央和全国各地报纸纷纷发表自己的言论，宣传邓小平的谈话精神。随着邓小平南方谈话精神在全国的传播，深化改革得到全面拥护，反对改革的声音开始消退，改革的政治氛围再次被转变。1992年也因此被称为"改革开放年"。我国改革开放和现代化建设所取得的辉煌成就，可以说正是这一场思想解放运动的伟大成果。

南方谈话明确回答了那些年经常困扰和束缚人们思想的许多重大认识问题，使人们从"凡事要问一问'姓社''姓资'"的束缚中解脱出来，激发起亿万民众极大的积极性，催生出强大的物质力量；鼓励深化改革，为处于经济体制改革可能毁于一旦的关键时期的中国指明了改革发展的方向，被誉为"拯救中国的第二次革命、重燃改革生机"[①]。

南方谈话为党的十四大召开作了充分的思想理论准备。正如江泽民同志在党的十四大报告中所高度评价的："今年初邓小平同志视察南方发表重要谈话，精辟地分析了当前国际国内形势，科学地总结了十一届三中全会以来党的基本实践和基本经验，明确地回答了这些年来经常困扰和束缚我们思想的许多重大认识问题……谈话不仅对当前的改革和建设，对开好党的十四大，具有十分重要的指导作用，而且对整个社会主义现代化建设事业具有重大而深远的意义。"党的十四大确立了我国的改革发展目标：建立社会主义市场经济体制。从此，我国走上了发展中国特色社会主义市场经济的道路，迈入全方位加快改革开放发展的新时期。

南方谈话集中了邓小平理论的核心内涵，是邓小平理论极其重要的组成部分，是我国改革开放和社会主义现代化建设事业的重要指导思想和宝贵精神财富。南方谈话吹响了中国新一轮改革开放的号角，开辟了中国特色社会主义新境界。广东也确立了改革开放发展新目标，开启了争创新优势的新一轮改革开放探索。

二、确立广东改革开放发展新目标

1992年邓小平同志看到深圳、珠海、顺德经济发展的可喜成绩，充分肯定了

---

① 科斯、王宁：《变革中国：市场经济的中国之路》，中信出版社，2013年版，第161—162页。

广东14年改革开放发展所取得的重大成就——广东经济总量1989年超过江苏,居全国之首,对广东寄予厚望。"我国的经济发展,总要力争隔几年上一个台阶。"当然,不是鼓励不切实际的高速度,还是要扎扎实实,讲求效益,稳步协调地发展。广东要加快经济发展的步伐,要上几个台阶,继续发挥龙头作用,力争用二十年的时间赶上亚洲"四小龙"。[①] 这为广东的改革开放发展确立了新目标。

1992年3月,国家宣布财政紧缩政策任务已经完成,结束治理整顿阶段。这为深化改革进一步打开了大门。1992年10月23日召开的党的十四大充分体现了小平同志的思想,明确提出把建立社会主义市场经济体制作为我国经济体制改革的目标,从而为进一步深化改革指明了方向。江泽民总书记在会上强调,要"加快改革开放和现代化建设步伐,夺取中国特色社会主义事业的更大胜利"。由此,中国改革开放驶向社会主义市场经济体制轨道,体制改革迈入新征程。

广东省委、省政府根据邓小平同志南方谈话的精神和中央关于深化改革、扩大开放的要求,作出《关于进一步扩大对外开放若干问题的决定》,提出了20世纪90年代扩大开放的基本目标和相应的政策措施,把惠州大亚湾、珠海西区和横琴岛、广州南沙作为广东省扩大开放的重点区域。

在邓小平同志南方谈话和党的十四大精神鼓舞下,广东省各地各条战线放开手脚,真抓实干,大刀阔斧地率先推进改革,在各个领域都取得了突破性的进展。经报请国务院批准,1992年广东省新设立了惠州大亚湾、广州南沙两个经济技术开发区,将韶关、河源、梅州三市列入沿海开放区,这使广东省对外开放由沿海延伸到北部山区,全省已全面形成了多层次、多形式的对外开放格局。[②] 1994年6月,江泽民在视察深圳时指出:中央对发展经济特区的决心不变,中央对经济特区的基本政策不变,经济特区在中国改革开放和现代化建设中的地位和作用不变。这坚定了广东坚持改革开放发展的决心,为广东加快改革开放发展指明了方向。

---

① 邓小平:《在武昌、深圳、珠海、上海等地的谈话要点》,《邓小平文选》第三卷。
② 刘维明副省长在全省经济工作会议上讲话部分内容:广东省1992年改革情况和1993年改革重点,《商业改革》,1993年2月,第2—5页。

三、"三个代表"重要思想开启党建新篇章

党的十四大确立了我国经济体制改革目标：构建社会主义市场经济体制。目标方向明确了，该如何改革、建设和发展？如何不断加强党的建设、巩固党的执政地位，使我们党成为领导全国人民进行改革开放和现代化建设的坚强核心？对此，早在1989年后，邓小平同志在对以江泽民同志为核心的中央领导集体作政治交代时就明确指出：常委会的同志要聚精会神地抓党的建设，这个党该抓了，不抓不行了。因此，以江泽民同志为核心的第三代领导集体一直把党的建设作为十三届四中全会以来最关注的首要问题。时间进入到世纪之交，世情和国情发生了深刻变化。中国的崛起、中华民族的伟大复兴的步伐开始加速，如何保证党始终走在时代前列？社会变革、阶层分化以及新的社会阶层出现，在过去尊重知识和人才的基础上，如何正确看待人们的劳动和创造？这些时代性理论问题需要厘清。

2000年2月20~25日，江泽民总书记在广东高州、深圳、广州等地考察工作期间提出了"三个代表"的重要思想。他强调：要把中国的事情办好，关键取决于我们党，取决于党的思想、作风、组织、纪律状况和战斗力、领导水平。只要我们党始终成为中国先进社会生产力的发展要求、中国先进文化的前进方向、中国最广大人民的根本利益的忠实代表，我们党就能永远立于不败之地，永远得到全国各族人民的衷心拥护并带领人民不断前进。他还提出，要开展"致富思源、富而思进"教育。2月26日，《南方日报》在头版刊发长篇通讯《紧密结合新历史条件加强党的建设　始终带领全国人民促进生产力发展》。之后各大媒体都报道了"三个代表"的重要思想。党中央的亲切关怀和正确领导，使广东进一步明确了新时期抓好现代化建设和党的建设各项工作的前进方向。

"三个代表"重要思想的提出，丰富了我国社会主义理论内涵。石仲泉（2001）认为：在邓小平同志回答了"什么是社会主义和怎样建设社会主义"这个根本问题之后，江泽民总书记提出的"三个代表"进一步回答了"建设一个什么样的党和怎样建设党"的又一根本问题，这是对马列主义、毛泽东思想、邓小平理论关于党的学说的创造性发展。这两个关系我们国家命运最根本的政治问题——一

个是社会主义问题，一个是党的问题，由此得到了正解。①

梁煜璋（2010）认为："三个代表"重要思想反映了我们党保持先进性的核心要义，即我们党的指导思想既要与马克思列宁主义、毛泽东思想、邓小平理论一脉相承，也要与时俱进。这既是历史必然性，也是我们党理论创新的现实需要。同时，随着党员队伍特别是领导干部中腐败、违法乱纪问题的出现，加强党员干部队伍建设的需要变得更加紧迫。在对外开放和发展社会主义市场经济条件下领导国家建设的党，更需要党的理论的与时俱进和完善，需要适应党的历史方位和党员队伍的深刻变化。这些都对党的建设提出新的更高的要求，这样才能经受住长期执政和市场经济的考验，才能提高党员干部特别是各级领导干部拒腐防变的能力，才能代表最广大人民群众的根本利益，取信于民、造福于民。这是"三个代表"重要思想提出的现实针对性，反映了我们党的忧患意识和宗旨观念。②

"三个代表"这一理论思想在广东的提出，为党的理论创新奠定了基石，为党建和严格管党治党提供了理论依据和参照标准，开启了新时期党的理论完善和党建的新纪元，更为广东增创新优势、党建工作及以后的改革开放发展建设奠定了基础，提供了理论依据和保障。

随后，党的十六大将"三个代表"重要思想确立为"党必须长期坚持的指导思想"，并将之写入了中共十六大党章。胡锦涛总书记在党的十七大报告中指出，党的第三代中央领导集体创立的"三个代表"重要思想是中国特色社会主义理论体系的重要组成部分。党的十七届四中全会通过的《关于加强和改进新形势下党的建设若干重大问题的决定》也强调，要通过加强和改进党的建设，使党始终代表中国先进生产力发展要求、中国先进文化前进方向、中国最广大人民根本利益。党的十八大以来，习近平总书记更加重视党风建设，党的十八届三中、四中、五中、六中全会都提出要注重党的建设。特别是党的十八届六中全会，更是以严格管党治党为主题，其中，明确指出：面对复杂的国际国内形势，要坚持……"三个代表"重要思想、科学发展观为指导。以习近平同志为核心的党中央制定的全面建成小康

---

① 石仲泉：《"三个代表"重要思想的提出》，《光明日报》，2001年6月20日。
② 梁煜璋：《十年前为什么提出"三个代表"重要思想》，中国共产党新闻网，2010年2月3日。

社会、全面深化改革、全面依法治国、全面从严治党——"四个全面"战略布局，是继党的十八大确立的"五位一体"总体布局之后，为两个百年目标的实现作出的战略布局。党的十九大报告明确指出，实现伟大梦想，必须深入推进党的建设这一伟大工程。"推进伟大工程，要结合伟大斗争、伟大事业、伟大梦想的实践来进行，确保党在世界形势深刻变化的历史进程中始终走在时代前列，在应对国内外各种风险和考验的历史进程中始终成为全国人民的主心骨，在坚持和发展中国特色社会主义的历史进程中始终成为坚强领导核心。"① 这是新时代中国共产党的历史使命。党的十九大报告还确立了新时代坚持和发展中国特色社会主义的基本方略。从此，党的建设及党建理论进入一个新阶段。

第二节
实施三大发展战略，增创新优势

一、实施增创新优势的三大发展战略

进入20世纪90年代之后，特别是邓小平南方谈话后，改革开放在全国逐步铺开。1990年上海浦东新区的开发，加快了长三角地区的改革开放发展。与此同时，广东在20世纪80年代享有的先行先试的政策优势逐步减弱，20世纪90年代中期以后国内市场由卖方市场转变为买方市场，市场竞争日趋激烈。广东高度依赖于外资和出口的外向型经济极易受到国际经济大环境影响。1997—1998年亚洲金融风暴爆发，广东的地方债务支付、就业、外贸出口、工业等都遭受了严重冲击，经济增长受到影响。在中央的正确领导下，广东出台了综合治理金融秩序和刺激经济增长等措施积极应对。

---

① 习近平所作的党的十九大报告：《奋力谱写社会主义现代化新征程的壮丽篇章》。

进入20世纪90年代以后，我国单项突破式改革被整体性综合改革推进模式替代，中央基于国家整体改革战略调整对广东寄予新的要求和使命。一方面，邓小平在南方谈话中指出，广东要力争用20年时间赶上亚洲"四小龙"。"追龙"新目标体现了邓小平对广东改革开放发展成效的肯定，也显示出他对广东要求继续在改革开放发展方面"先行一步"，推动中国创造新的发展高潮的自信。他还指出，广东不仅要在经济方面赶上"四小龙"，还要在社会建设、社会风气方面赶上，是两个文明一起抓，以此彰显中国特色社会主义的优越性。为此，广东做了大量调研准备工作，形成了一些具体构想。另一方面，继邓小平对广东提出新希望之后，中央也对广东如何制定加快改革开放发展新方略加强了指导。1992年党的十四大报告专门提及广东，指出努力用20年时间，使广东及其他有条件的地方成为我国基本实现现代化的地区。为此，广东在当年11月召开的省委六届八次全体（扩大）会议上指出：追赶"四小龙"、率先基本实现现代化目标与建立社会主义市场经济体制改革发展目标是一致的。基于广东的现实基础，广东应该而且有可能率先建立社会主义市场经济体制基本框架。1993年5月召开的广东省七次党代会在报告中明确了实现这一目标的总体思路、阶段性战略部署和面临的挑战。1995年以后广东面临来自自我、竞争对手和外部环境的三大挑战：粗放型低效发展模式，宏观管理体制和微观改革及各项配套改革都滞后于江浙沪等省市，世界产业升级需要广东对加工产业进一步调整，特别是亚洲金融危机带来的震荡影响到广东的出口和利用外资，威胁着广东的外向型经济发展。1997年9月召开的中共十五大要求经济特区及先发展地区，要积极在体制创新、产业升级、扩大开放方面继续走在前面，为全国的发展发挥示范、辐射和带动作用。1998年3月"两会"期间，江泽民总书记在广东代表团审议会议上指出：希望广东"增创新优势，更上一层楼"。为此，广东在省委书记李长春的带领下，开展了十大专题调研活动，为广东确立和实现跨世纪发展战略奠定了基础。①

1998年5月，中共广东省第八次代表大会提出大力推进经济体制和经济增长方

---

① 谢涛：《20世纪90年代广东经济发展战略抉择及总体评价》，《经广角》，2017年Z2期。

式两个根本转变，增创体制新优势，突出抓好"外向带动、科教兴粤、可持续发展"三大发展战略，以确保经济持续健康快速发展，促进经济发展5年跃上一个新台阶。

1999年7月，广东省委、省政府批转《关于确定顺德市为率先基本实现现代化试点市的意见》。同年8月，省委、省政府在深圳市召开了全省经济特区和珠江三角洲改革开放工作座谈会，郑重提出：经济特区和珠江三角洲到2010年左右，要率先基本实现现代化。省委、省政府明确要求经济特区和珠江三角洲要率先基本实现现代化。

一个战略的制定有其时代背景和阶段性烙印，需要与时俱进地不断调试。广东在20世纪90年代确立的这些发展战略与广东当时的发展基础、中央赋予的使命及发展趋势需要密切相关。用20年赶上"四小龙"、基本实现现代化战略目标，需要广东加快改革发展，率先建立社会主义市场经济体制基本框架，需要广东实现发展方式根本转变，需要广东抓好"外向带动、科教兴粤、可持续发展"三大发展战略，外向带动内部改革深化，更好地利用国际资源和市场，科教兴粤是广东的创新发展之路，体制转变和发展方式转变、科教兴粤是广东实现可持续发展的必由之路，是广东实现追赶战略和现代化战略目标的路径、根本保障和基础。三大发展战略是广东跨世纪改革开放发展的战略，是广东增创新优势的战略举措。

二、加快改革步伐，增创四大新优势

自党的十一届三中全会以来，广东运用中央赋予的政策，在改革开放中先行一步，抓住各种机遇，以改革促开放，以开放促发展，努力把政策优势、地缘优势和人缘优势转化为现实中的经济优势，使广东由一个综合经济实力和增长速度低于全国平均水平的农业大省，转变为20世纪90年代初经济增长较快、对外经济贸易总量较大、对资金人才等要素资源吸引力较强的地区之一。进入20世纪90年代，世界经济全球化趋势更加明显，世界经济呈现多极化、区域化、集团化趋势，产业更加趋于向亚太特别是东南亚转移，世界经济新版图正在形成。20世纪最后10年，是广东抓住这一新机遇振兴经济的关键时期。同时，毗邻港澳的广东，随着香港回归的日渐临近，经济战略地位也更为重要。广东能否在新的国内外竞争中再领风骚，对于香港的顺利回归和展现社会主义制度优越性都至关重要。① 为赶超亚洲"四小龙"、率先基本实现现代化，广东必须再创新优势。

1993年12月，省委七届二次全会以《中共中央关于建立社会主义市场经济体制若干问题的决定》为指导，审议通过了《关于加快建立社会主义市场经济体制若干问题的实施意见》，提出力争用5年时间在全省建立起社会主义市场经济体制的基本框架，推进广东力争20年基本实现现代化。为此，广东开创性地探索了乡镇企业、国营企业体制改革，实施科教体制改革，以及大部制、行政体制改革，积极探索建立社会主义市场经济体制框架，以改革增创体制、产业、开放和科技四大新优势。

大力发展开放型经济，建立广东区位新优势。一是继续发挥毗邻港澳、华侨众多的优势，提高广东经济特区的整体素质，建立特区的新优势。特区还在加快参与国际经济合作与国际接轨等方面，进行了大胆探索。二是实施外向带动战略，加速市场国际化，已形成以亚洲市场为主，发展非洲，开拓欧美、南美市场的多元化格局。

逐步解决沿海地区与内地山区发展的差距。改革开放以来，广东凭借先行一步的改革优势，经济高速增长。1989年，广东经济总量首次超过江苏省跃居全国第一。1996年全省生产总值达到6519亿元人民币，占国内生产总值的9.6%，比上年增长10.7%，提前实现总量比1980年翻三番的目标。但是，自然条件的差异和社会历史原因，特别是改革开放给各地区的机遇有别，使省内区域经济发展不平衡，区域差异扩大。1998年，珠三角地区28个市县为全省生产总值贡献了72.5%，粤东西北地区的总量贡献不足三成，区域差距较大。珠三角经济发展迅速，除了区位优势因素外，20世纪80年代以及邓小平南方视察后的1992年和1993年，广东经济发展如虎添翼，但各项投资、优惠政策几乎都集中在珠三角地区，导致广东省区域相对差异达到最大化。之后，随着政府宏观调控，相对差异减

---

① 朱森林：《增创新优势　加速现代化——在建立广东发展新优势研讨会上的讲话》，《广东经济》，1994年第5期。

小，1994年后随着市场经济体系的全面启动，资金、技术、信息等又再次倾向于经济效益最优地区，导致地区差异又有所回升。

刘筱等（2000）的研究表明，20世纪90年代处于工业化时期的广东四大经济地域三次产业结构差异明显，反映出经济发展水平发展阶段的差异。1992年、1996年四个区域的三次产业增加值占GDP的比重分别是：珠江三角洲由11.3∶50.5∶38.3转为8.0∶49.9∶42.1，大致相当于中等收入国家的水平（下中等收入国家为22∶35∶43，上中等收入国家为10∶39∶51）。东翼地区的产业结构比例关系已逐渐接近或达到下中等收入国家水平，但同样也存在第三产业比重偏低的情况。西翼地区三次产业结构比例大致相当。粤北山区的产业结构仅相当于低收入国家水平（37∶34∶29）。①

为了率先基本实现现代化，省委、省政府提出"分类指导、层次推进、梯度发展、共同富裕"的指导思想，把全省划分为珠江三角洲、东西两翼和山区三个不同类型的地区，提出"中部地区领先、东西两翼齐飞、广大山区崛起"的发展战略。广东加强了沿海和内地山区的合作，促进共同发展，共同繁荣。全省开展扶贫攻坚大会战，实行对口扶持，加快了贫困地区的脱贫奔康步伐。② 有关文献研究也表明，自20世纪90年代以来，广东省在极化作用持续加强、区域差异不断扩大的同时，扩散效应已开始显现，即在不平衡发展中出现了平衡的趋势，从而使核心—边缘结构进入新的阶段。加上区域协调发展政策的引导，产业扩散效应在加强，有助于粤东西北地区加快发展。

三、广东加快改革开放、构建新优势取得的成效

1992—2002年，广东加快改革开放、构建新优势成效显著。广东通过推进市场经济体制改革和构建开放型经济，在市场化改革深入推进带来的产权归属清晰、资源流动自由、市场信息公开、经营主体自主经营、政府有效调控等原则基础上，

---

① 刘筱、阎小培：《九十年代广东省不同经济地域差异分析》，《热带地理》，2000年第1期。
② 陈永红：《广东改革开放30年的光辉历程及伟大成就报告》，2012年2月26日，百度文库：https://wenku.baidu.com/view/17818c05bed5b9f3f90f1ca5.html。

大力发挥市场在资源配置中的基础性作用，全社会发展与创新的活力得到了极大释放和激发，经济持续快速增长。1992—1996年，广东省生产总值从2447.54亿元增长到6835亿元，年均增速约29.3%，成为广东改革开放以来增速最快的时期，实现了人均GDP 1000美元的跨越。通过积极应对1997年的亚洲金融风暴，同时进一步加大国企改革力度，创新国有企业管理模式，并积极利用中国复关、加入世贸组织WTO的机遇大力发展国际贸易，经济持续快速增长。1997年，广东省生产总值人均达10000元人民币，提前4年实现了比1980年翻三番的目标。基础产业和产业设施得到较大的加强，高新技术产业的主体和信息产业有较大的发展，三次产业的结构也有所优化。1997—2002年，全省生产总值从7774亿元增加到13502亿元，年均增长11.7%，经济总量占全国近十分之一。[①] 不仅如此，广东经济增速在20世纪90年代一直高于全国经济增速（参见图7-1），成为我国经济快速发展的重要支撑。

为确保经济持续快速健康发展，广东制定的三大发展战略取得了一定的成效。1992—2002年，广东积极抓住经济全球化的日益深入和中国即将加入WTO的历史发展机遇，加快发展外向型经济，取得了较好成绩。外向带动战略的实施，使广东经济形成三个"三分之一"的格局，即外贸出口、利用外资、涉外企业税收分别占全省生产总值、全省建设资金、全省税收的三分之一。在进出口贸易方面，1992年广东外贸进出口总值为648.03亿美元，2002年增长到2210.96亿美元，年均增长13.06%。其中，外贸出口总额从1992年的333.25亿美元增长到2002年的1184.63亿美元，年均增长13.52%。广东外贸总额及出口总额均占全国的35%，一直居于主导地位，广东外贸经济的增长对全国外向型经济增长有明显的拉动作用。广东的外商投资企业数，截至2002年底共计95698家，2002年外资企业出口总额为696.5亿美元，占全省出口总额的58.79%。[②] 广东对外开放水平不断提高，外向型经济迅速发展，带动了全省经济的高速增长。

---

① 蔡兵等：《改革开放先行区》，广东人民出版社，2016年版，第5—6页。
② 郑晶、李艳：《广东省外向型经济发展特征分析》，《企业经济》，2006年第3期。

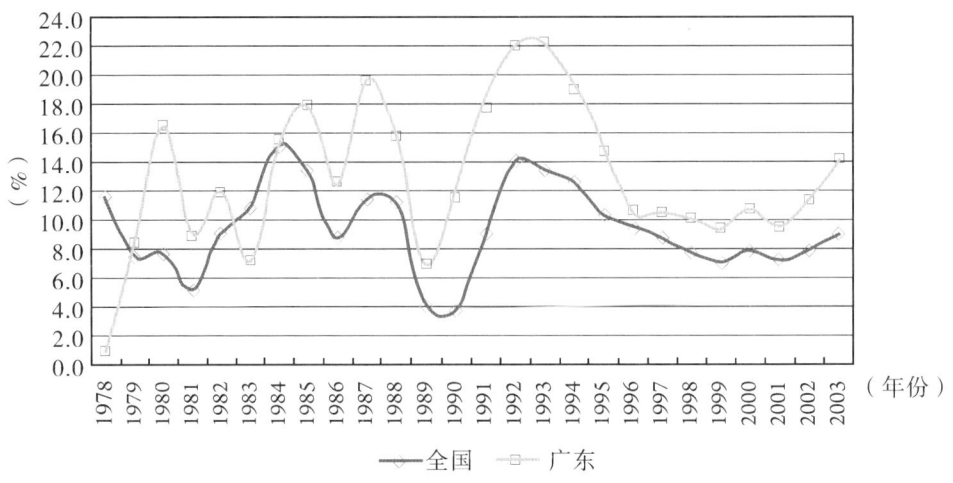

图 7-1　1978—2003 年广东与全国经济增速情况①

科教兴粤成为广东经济抢占新优势制高点的关键，也带动了广东高新技术产业的快速发展。为调整产业结构加快高新技术产业发展，广东率先成立了加快高科技成果产业化的科技风险投资有限公司。广东高技术产业从 20 世纪 90 年代初起步，"九五"时期以来，广东高技术产业发展迅猛。1995—2003 年，全省高技术产业产值和增加值年均增速都达 27% 以上，科技人力投入年均增速达 31.2%，科技经费、专利申请两项指标更是以年均高达 50.8% 和 46.7% 的速度增长。② 经过近 10 年的发展，广东高技术产业不但实力明显增强，科技创新能力快速提升，而且对全省经济的贡献率也逐年提高，已成为广东经济新的重要增长点、经济发展的主要支撑力量之一。1998 年，广东的科技产出指标、专利申请量和高新技术产值占全国的比重均居全国首位，综合科技实力则排在北京、上海之后，居全国第三位。全省认定

---

　① 本图引自广东省统计局信息网，http://www.gds:tats.gov.cn/tjzl/tjtb/gdp/200410/t20041018_22103.html。

　② 广东高技术产业主要分布于电子及通信设备制造业、电子计算机及办公设备制造业这两大信息技术行业。2003 年，这两大行业的总产值占广东高技术产业总产值的比重分别为 53.7% 和 40.7%，合计占 94.4%；其次是医药制造占 3.7%，这三大行业共占 98.1%，基本反映了广东高技术产业的全貌。其余的信息化学品制造业、医疗设备及仪器仪表制造业、公共软件服务业等行业规模仍小，所占比重共计只有 1.9%。根据国家统计局制定的《高技术产业统计分类目录》，高技术产业包括新《国民经济行业分类》中的医药制造、航空航天器制造、电子通信设备制造、计算机制造、医疗仪器设备制造等行业大中类中的 58 个行业小类。引自国家统计局 2004 年统计年鉴资料。

的高新技术企业559家，高新技术产品产值占全省工业总产值的10%左右。① 2002年，广东共有高技术企业2013家，占全国的17.8%，居第一位；居第二位的是江苏，有1386家，再次是浙江，有1139家，其他省市的企业数均少于1000家。2002年广东高技术产业实现总产值4532.33亿元，占全国的30.0%，居第一位，相当于第二位江苏（1846.04亿元）的2.5倍，为第八位山东的6.9倍。广东的增加值、销售收入、利润分别占全国的26.5%、29.8%、23.4%，均居全国第一。但广东高技术产业的增加值率为22.0%，略低于全国25%的平均水平，与规模指标遥遥领先并不协调（见表7-1）。②

表7-1 2002年全国与部分省市高技术产业基本情况

	企业数（家）	当年实现总产值（亿元）	增加值（亿元）	销售收入（亿元）	利润（亿元）
全国	11333	15099.29	3768.58	14614.25	741.07
广东	2013	4532.33	998.68	4359.79	173.57
江苏	1386	1846.04	468.92	1789.33	72.22
上海	833	1427.85	274.78	1451.84	54.65
北京	679	1090.59	241.85	1121.91	79.62
天津	480	934.00	274.44	953.28	51.01
浙江	1139	760.90	191.68	730.04	64.46
福建	342	748.05	180.32	723.70	48.26
山东	528	655.36	176.76	646.92	27.13

注：数据源于国家统计局（2004年）。

2002年，广东高技术产业在开展科技活动中共投入科技人员4.23万人，占全国的15.7%，居第一位；科技人员超过2万人的还有江苏（2.58万人）和山东（2.31万人），分居全国第二、第三位。广东投入科技经费96.61亿元，占全国的

---

① 《广东：实施三大战略 确保经济增长》，《领导决策信息》，1998年第24期。
② 2002年广东高技术产业发展资料引自2004年国家统计局统计年鉴：2003年广东省高技术产业发展现状、存在问题与趋势预测。

30.5%,居第一位,相当于第二位上海(34.32亿元)的2.8倍,为第八位福建的14.8倍。广东拥有的专利授权达882件,占47.6%,也居第一位,为第二位山东的5.6倍、第四位浙江的12.8倍(见表7-2)。

表7-2 2002年全国与部分省市高技术产业科技活动情况

	科技机构（个）	科技人员（万人）	科学家/工程师（万人）	科技经费（亿元）	R&D经费（亿元）	专利授权数（件）
全国	1374	27.4	17.35	316.89	186.97	1851
广东	213	4.23	3.46	96.61	63.38	882
江苏	183	2.58	1.36	27.27	12.14	117
上海	80	1.63	1.25	34.32	16.56	61
北京	48	1.3	0.94	26.54	20.8	18
天津	51	0.5	0.28	11.12	8.08	10
浙江	63	0.67	0.44	7.1	4.68	69
福建	44	0.58	0.45	6.51	4.2	60
山东	81	2.31	1.53	21.42	12.28	157

注：数据源于国家统计局2004年统计资料。

经过近10年大力实施科教兴粤发展战略,广东高技术产业发展居全国前列,尤其是高技术产业规模和科技创新能力的绝大多数指标都名列前茅。目前,广东拥有全国两成的高技术企业,三成的产值和增加值,集聚了全国20%的科技资源、30%的R&D资源。但与某些相对指标仍有一定差距。就广东自身来看,也存在高技术产业发展很不平衡现象。高技术产业高度聚集在珠三角地区,形成了以广州、深圳、惠州、东莞等城市为中心的高技术产业带,这一高技术产业带拥有的企业占全省的九成,而总产值、增加值等指标均占了九成五以上。

第八章
探索构建社会主义市场经济体制

自 1992 年邓小平南方谈话、党的十四大确立建设中国特色社会主义市场经济体制发展目标以来，广东深入学习邓小平讲话和党的十四大会议精神，进一步解放了思想，焕发出新的改革创新精神。广东坚持以"三个有利于"为标准，即"是否有利于发展社会主义社会的生产力，是否有利于增强社会主义国家的综合国力，是否有利于提高人民的生活水平"，深化改革开放，抢抓机遇，加快发展，初步建立起社会主义市场经济体制的基本框架。① 本章主要阐述广东率先开展的价格体系流通体制改革、国有（乡镇）企业产权体制改革和社会保险制度改革，以管窥豹，探寻广东率先探索构建社会主义市场经济体制的机制与路径。

第一节
开启价格体系改革，构建市场化流通体制

一、率先放开粮食价格，改革粮食购销管理体制

改革开放之初，广东依据中央给予的"特殊政策，灵活政策"的自主权，为了

---

① 社会主义市场经济体制的基本框架是：以公有制为主体、多种经济成分并存的所有制体系，以资本为纽带的国有资产监督管理和运营体系，以市场为基础的价格体系，以商品市场为基础、要素市场为支柱的市场体系，与国际惯例接轨的国民经济核算和企业财务会计体系，以中介组织为主体的社会监督服务体系，以按劳分配为主和多种分配方式相结合的分配体系，社会共济与自我保障相结合的社会保障体系，以间接手段为主、面向全社会的经济管理调控体系，适应社会主义市场经济体制需要的法规体系。

满足老百姓的日常生活需求，开启了一系列价格改革的尝试。比如，1985年取消塘鱼和生猪派购政策，放开流通和市场，解决了珠三角群众"菜篮子"中最大众化、最喜爱的佳肴，解决了改革前"鱼米之乡"无鱼吃这一民众最不满意的问题。广东认为，经济体制改革要以流通改革先行，流通改革要以价格改革先行。当时，广东省委、省政府将这两项改革一起抓，统一决策、统一行动。我国的粮食统购统销始于1953年秋，这成为计划经济最典型的代表，成为粮食紧缺的根本原因，是短缺经济时期最深刻的记忆，也是经济改革最棘手、最核心的问题。解决粮食不足的核心是价格问题。邓小平说，价格改革闯关应是"天下第一关"，就像一个死结一样难解，但一旦解开就会全身松绑。

广东人多地少，粮食供需矛盾突出。而随着改革开放先行，涌入大批打工、经商的外来者，使得广东的粮食短缺问题加重。随着农副产品的价格陆续放开，粮食统购统销制度受到严重冲击，粮食问题成了全面改革的主要矛盾。由此，广东各界达成共识，必须尽快改革粮食价格和流通问题。1988年春，面对粮价过低、农民不愿种粮的问题，省委、省政府决定把粮食价格提高到每公斤0.5元，涨幅达30.48%，有些地市还提得更高些。① 早在20世纪80年代中后期，一些大中城市就公开实行以钱代粮票购买粮食和凭粮票供应的食品，实则取消了粮票。例如，1988年夏天，广州市为应对仅有15天库存粮食的紧迫问题，被迫动用外汇从香港进口粮食。广东粮食供需矛盾突出问题可见一斑。因此，广州市决心进行粮价闯关，开放粮食市场，并为此作了充足准备，通过从外地购进粮食、进口粮食、高价吸引外地粮进入等手段，建立了充足的粮食储备，以防粮价放开后引发市场的剧烈波动。1988年底，广州在三元里开放了第一个粮食交易市场。② 此外，广东在农村实行以牌市差价顶替征购粮任务的方式，把部分粮田种上了创收、创汇的农副产品。甚至有的粮管所或国有粮食公司，代农民或用粮单位到外省购买议价粮。政府鼓励"贸

---

① 张井：《广东流通改革的理念与经验》，选自易振求、周林生等著：《亲历广东改革》，广东人民出版社，2015年版，第129—156页。

② 陆景奎：《广州市价格闯关记忆》，选自易振求、周林生等著：《亲历广东改革》，广东人民出版社，2015年版，第193—199页。

工农",不断进行改革探索。"当上级允许微调征购任务时,我们大幅调减征购任务;允许微调粮价时,我们大幅度调高粮食征购价,从而大大缩小了牌市价差,实质上是陆续放开粮价。"这些都激发了农民"洗脚上田",从工、从商,推动了产业结构调整。农民发家致富,粮食部门转亏为盈。

在广东粮食流通体制改革过程中,不时遇到"绿灯""红灯"问题。为了运用中央给予的"灵活措施"来落实加快改革开放发展的特殊政策,广东当时的策略是,遇到"绿灯"加速前进,遇到"红灯"绕路前进,总之,改革不停止。对于广东的粮食改革方案,当时有关领导并不同意,认为粮食是中央管的事,地方一改,全国的粮食调配关系就乱了,地方没有权决定。但时任副总理田纪云却给予了支持,指出:总要跨出这一步,不然,改革不能向前走,广东可以大胆试。[①] 在田纪云副总理的支持下,广东的粮食价格改革得以继续推进。

广东率先开启粮食市场改革的重要节点包括:①1984年11月,深圳经济特区撤销粮食统购统销,实行粮食自由买卖,开全国之先河。②从1983年起,粮食经营由国营独家经营改变为各种所有制、各商业部门都可以经营议价粮食。从1984年起,从完成粮食征购任务后才能开放经营转变为全年开放粮食集市贸易,并开始容许多渠道贩运议购粮出县、出省,粮食流通市场体制初步形成。③20世纪80年代不断减少征购任务,缩小统销范围。1979—1986年,广东在人口增加的情况下,征购任务由28亿公斤减至22.5亿公斤。1983—1985年,逐步取消各种统销粮,使征购任务得以减少。④从1990年秋天开始,广东全面放开粮价的条件已经具备。在多次调价的基础上,多次调高的粮食牌价基本与市价持平,可以放开粮食市场价格了。⑤全面放开粮食市场价格。经国务院批准,从1991年4月1日起,按照"计划指导,放开价格,加强调控,搞活经营"的原则,在广东全省放开粮食市场,建立地方粮食储备制度,市场机制开始发挥作用。广东成为全国第一个取消粮票的省份,顺利完成了粮食流通体制的改革。而后,广东的做法迅速在全国推开。广东又于1993年、1994年、1995年先后建立起了粮食生产保护制度、粮食工作责

---

① 黄挺:《我经历的广东改革》。选自易振求、周林生等著:《亲历广东改革》,广东人民出版社,2015年版,第5—7页。

任制考评制度及各级粮食风险基金制度，健全了粮食管理机构。据新华社报道，截至1993年4月，全国已有90%的县市放开了粮食购销和价格。到1994年，全国基本取消粮票，随着市场上商品供应的充足，越来越多的票证已失去存在的意义，我国的票证时代基本结束。

广东的粮食价格改革不仅为全国价格改革闯出了新路，对全国产生了极大影响，而且促进了劳动力流动。在整个市场经济体制发展的进程中，价格改革是最为关键的一步。价格放开帮助消除了许多价格扭曲，并为企业清除了不少市场交易障碍（科斯、王宁，2013）。取消粮票终于打破了由粮食关系导致的城乡隔离政策，大大促进了全国各地的人们到广东及沿海省份经商、务工，由此形成了中国大地上的人口大迁徙，特别是"民工潮"的兴起。广东的改革开放迅速汇集成为声势浩大、波澜壮阔的全面改革大潮，吸引着各类人才涌向广东，形成了"孔雀东南飞"的局面。当时全国流行着一句顺口溜："东西南北中，发财到广东。"到20世纪90年代末，农村1/3的剩余劳动力进城打工，促进了我国快速发展的城镇化，也带动了珠三角、长三角等城市群经济的腾飞。

二、构建商品流通体制，建设现代流通业

广东率先开展的价格改革和流通改革，大约到1992年就基本打破了计划经济的流通体制，建立起多种经济形式、多种经营方式、多种流通渠道、减少流通环节的"三多一少"商品流通体制。同时，政府只管"垄断性、强制性、保护性、公共福利性"四类商品的定价，其余都放开，不论生产资料还是生活资料，已基本实现市场化，由市场机制形成定价。国营和供销社商业零售额所占比重，由1978年的95.9%下降到1996年的40.5%。批零兼营模式形成，地域、行业、城乡和行政区划界限被打破。在"建一处市场、兴一方经济"的口号推动下，全省各类批零市场建立起来，结束了30多年短缺经济下的卖方市场，迎来了供应充足的买方市场格局。

1997年，党中央首次提出"要加快发展现代服务业"。2000年，党的十五届五中全会提出要在"十五"期间"发展现代服务业，改组改造传统服务业"。2001年

5月，时任国务院副总理李岚清在国家经贸委的报告上批示："在社会主义市场经济体制改革过程中，流通体制改革是至关重要的领域，现代经济就需要现代的流通体制。"而后又指出："大流通带动大生产，现代流通带动现代生产。"同时指示，要转变对流通的误区，只建集贸市场，要加强管理，整治假冒伪劣、逃税漏税的集散地，整治当前市场经济秩序混乱之源。时任广东省委书记的李长春对此作出批示。2001年12月，广东省委、省政府发出《关于大力发展现代流通业的意见》，率先提出现代流通业概念，并明确了其地位和作用，部署了有关任务和目标。自此，经过两个五年计划，到"十一五"末的2010年，广东的社会零售总额由2000年的4379.81亿元增至17414.66亿元，年均递增14.8%，占全国社会零售总额的11%左右。2016年，广东更达到34739亿元，同比增长10.2%。现代流通业的改革发展，促进广东制造业和农业的发展，也促成广东连续近30年经济总量的稳步提升。

第二节
探索产权体制改革，增强企业活力

一、顺德乡镇企业"靓女先嫁"，实施产权改革

随着价格改革的启动，价格管制这一不利于市场交易的计划体制障碍被逐步清除。但经济体制中阻碍市场秩序建立和企业运营效率提升的障碍还存在，国企经营承包责任制、价格双轨制、利润留成制、税制不统一、区别对待等都成为制约企业发展的障碍，企业发展严重缺乏活力，国企亏损面不断加大，政府的经济负担也不断加重。据当时的报道，1988年国企的亏损面为10.9%，1989年升至16%，1990年为27.6%，1993年超过了30%，1995年达到了40%。1994年国家部委联合对上海、天津、沈阳和武汉等16个大城市进行调查，发现这些城市国企的亏损面高

达 54.6%（科斯、王宁，2013）。对此，人们不禁要问：20 世纪 80 年代采取的这些改革举措为什么没有成功？广东顺德的国有企业、乡镇企业隐藏的问题是对上面国企亏损问题成因的答案，也是顺德发起国企改革的成因。林德荣（2009）对这段顺德产权改革历程作了详尽阐述：

这些企业具有"三个为主"的"顺德模式"特征：以工业为主、以集体企业为主、以骨干企业为主。比如华宝集团，在 20 世纪 90 年代初其已经声名远扬，1988 年生产了国内第一台国产分体壁挂式空调，1993 年产值已经达到 20 亿元，成为当时空调第一品牌。但这一模式弊端也很多，据时任顺德市委书记陈用志回忆："当时的许多企业表面上看起来很辉煌，但到账面上一看，就没有什么了。有些企业没钱就贷款，有钱就分红，欠下债务就跑了。有一些企业负责人大手大脚，项目没奠基就坐奔驰了。"更有甚者，让亲戚在境外开个公司，与国内业务联系紧密，这样，一公一私，一个负责盈利，一个负责亏损，亏的当然是国内公字号企业，这即是"厂外有厂，账外有账"。1993 年 3 月，顺德有市属和乡镇企业共 978 家，调查显示有 259 家企业达到破产边缘，所欠银行 21 亿元贷款均成为不良资产。"厂长负盈，企业负亏，银行负债，政府负责""有钱分光，没钱就贷，还钱下届"，这些顺口溜是当时顺德国企情况的真实写照。顺德市政府在当时上报给省政府要求改革的报告中这样描述当时的经济现状："辉煌的成果，惊人的包袱"①。

此外，国企还有其他一系列经营管理机制方面的问题。例如，美的面对家电业的激烈竞争，想要通过提升管理团队的待遇来激励管理人员、留住人才，但方案未得到镇领导的批准。② 究其原因，为全民所有的国企，其实是"所有者缺失"，产权不明确，企业控制权、决策权、自主经营权缺乏，激励机制不足。企业运营机制不完善，缺乏自主发展的权利和空间，就难以及时把握瞬息万变的市场机遇，难以形成竞争力。企业运营低效、活力不足，出现亏损就在所难免。计划经济体制下发

---

① 林德荣：《可怕的顺德：一个县域的中国价值》，机械工业出版社，2009 年版，第 59—69 页。
② 该领导表示："你一个保安队长的工资，比我公安局局长工资还高，我怎么做？"对此，何享健说："企业的薪酬制度都做不了主，怎样管理企业？怎样留住人才？"林德荣：《可怕的顺德：一个县域的中国价值》，机械工业出版社，2009 年版，第 60—61 页。

展起来的国企被统得过多过死，体制僵化，机制不活，效率低下，不改革是没有出路的。

企业改革，改到深处是产权问题。为了减少政府负担，为了在隐患还未完全爆发前解决问题，顺德提出"靓女先嫁"的产权制度改革，对市属公有制企业及乡镇企业采取了联合、兼并、重组、转让、破产等方式的改制，改革乡镇企业产权关系，调整和完善所有制结构，采取多种形式改造公有制企业，使企业产权多元化，大力发展混合所有制企业，创新公有制的多种实现形式。当时的华宝集团由于要转让给香港一家企业，因各类反对声音太大而搁置，但美的、格兰仕、广东锻压机床厂等企业的转制都顺利实施了。科龙企业因为受到镇领导反对没有实现改制，在取得大发展后也因各种原因现在已经悄无声息了，而美的、格兰仕都成为享誉世界的著名企业。广东锻压机床厂也在一度低迷后再次迎来辉煌，2004年还以"蛇吞象"方式收购了广西梧州锻压机床厂。当然，并非所有的企业转制都是一转就灵的，市场风险不会因为企业是私企就绕道而行，但对于竞争性行业的企业而言，明晰的产权具有较强的决策经营自主性，有利于企业及时、灵活地应对市场风险，也是企业建立现代企业制度的必备条件。

1993年下半年，顺德在全国率先开启了以企业产权制度改革为核心的综合改革。改革目标：一是转换企业机制，创建一个"产权清晰、自主经营、利益共享、风险共担"的企业发展模式。二是建立以股份制为主要形式的多种经济成分并存的混合所有制经济，以优化产权结构和公有资产结构。顺德按照"抓住一批、放开一批、发展一批"的方针，通过全面清产核资，界定产权关系，明晰产权归属，转换企业经营机制，使得大部分企业实行了股份制和股份合作制，建立了政企分开、政资分离的公有资产监管营运模式，初步建立起现代企业制度。"抓住"的是高科技企业、大企业和关系民生、带有专营性质的企业，"放开"的是那些扭亏无望、资不抵债的企业，以及一般竞争性行业的企业。这些改革举措符合党的十五届四中全会通过的《中共中央关于国有企业改革和发展若干重大问题的决定》有关精神。

截至1996年底，顺德市企业转制改革基本完成。在市镇两级1001家公有企业中，政府独资、控股、参股的企业163家，员工持股企业566家，企业经营者持股和拍卖兼并的企业272家。① 顺德产权制度改革不但解放了企业，使企业真正做到自主经营、自负盈亏，调动了企业积极性，造就了一批日后成为行业引领者的企业，而且使政府从承担企业债务负担的重压中解放出来，专职于自身职能工作，最终解放了生产力，为社会主义市场经济体制基本框架的建立奠定了基础。

企业产权改革使得国企实现了投资主体多元化，国有经济得以发展壮大，带动一批企业发展壮大。实践证明，顺德的产权制度改革方向是对的，其经验迅速推广到全省，影响了全国。国家层面推开的中小国企产权改革始于1998年，因为随着其他所有制企业快速发展、市场竞争日趋激烈，国有企业面临的挑战日益严峻。到1997年，国有独立核算工业企业中亏损企业的亏损额比1987年上升10多倍，相当一部分企业不能正常发放工资和退休金。国企改革急需推进，广东国企改革经验为全国改革提供了借鉴。

1998—2002年，广东国企改革在三方面实现了突破：一是通过国有中小企业改革，上百万家国有、集体中小企业改制，退出公有制序列；二是通过国有大中型困难企业的政策性关闭破产，5000多户扭亏无望的困难企业退出市场；三是通过再就业中心和基本保障政策，托管、安置了近3000万下岗职工，建立了国企职工可以流动的机制。1998年，东莞成立了"企业产业交易服务中心"，该年底发布的《东莞产权交易管理规定》作为企业产权交易的指南和依据，当时主要是服务于国企和乡镇集体企业。1999年6月，广州产权交易所②成立。而此时，顺德已进入为促进企业产权改革的全面综合配套改革阶段。国企改革的深化带来了国有经济的持续健康发展，促进了社会主义市场经济体制的进一步完善。

顺德企业产权改革并非一蹴而就。顺德改革的持续实施得益于当时广东省委、省政府和体改研究会、省经济学会的大力支持。当时，人们对国有企业产权制度改革的认识存在很大分歧。广东经济学界有权威专家撰文说，"顺德的改革是搞私有化"。这篇文章被送到了中共中央政治局委员手上，顺德触及产权的改革由此引发

---

① 郑年胜主编：《迈向行政管理现代化——顺德行政体制改革实践》，广东人民出版社，2013年版，第6—8页。

② 2005年，该产权交易所被广东省国资委选为从事企业国有产权转让的产权交易机构。

很大争论。广东省内主持和支持顺德改革的人都感到了较大压力,顺德的改革也因此一度陷入困境。当此困难时刻,广东经济学会的领导曾牧野、张元元、宋子和等教授学者自发组织到顺德调研,调研报告表明了对顺德改革成效的认可。广东省体改委派出专家小组全面总结顺德的做法经验,向省委作出汇报,并帮助顺德完善改革方案,指示顺德既要保障改革继续推进,也要防止国有资产流失。1995年8月,在谢非书记支持下,广东体改研究会和广东经济学会在东莞举办了加快中小企业改革高级研讨会,会上大多数与会者对顺德改革都加以肯定,并向省委、省政府上报了《关于加快中小企业改革的意见》,从理论上支持顺德改革,省政府批转了这份报告。这进一步解决了思想认识问题,促成了以企业产权改革为切入点的改革共识,对深化广东国有中小企业改革起到了重要的推动作用。1995年秋,省委书记谢非指派省体改委和省委政研室组成调查组,赴顺德调查研究,并召开省委常委会议,听取调查汇报。与会者肯定了顺德的产权制度改革,省委正式作出决定向全省推广顺德产权制度改革经验。广东的企业产权改革在这样的情境下得以顺利推进。①

广东省体改研究会时任会长黄挺揭示了顺德企业改革成功的奥秘:深化改革思想要先行;所有制结构要突破;经济体制改革与党政机构改革要同步;改革要成为干部群众的自觉行动;改革的关键是要有一个敢闯敢冒、善于攻坚的领导集体。②这些改革成功的奥秘,不仅是顺德企业改革顺利实施的奥秘,也对当前处于攻坚克难、深水区的各项改革同样具有适用性,值得我们反思与借鉴。

二、积极探索股份制试点改革,创新国资监管体制

国企改革一直是改革的中心环节。这取决于国企在国民经济中的支柱性地位、主导和支配作用以及体制机制方面存在的问题。邓小平鼓励改革的南方谈话精神极大地鼓舞了广东不断深化国企改革。

---

① 黄挺:《改革思行录》,红旗出版社,2008年版,第8—10页。
② 黄挺:《我经历的广东改革》。选自易振求、周林生等著:《亲历广东改革》,广东人民出版社,2015年版,第18—21页。

自 20 世纪 90 年代中期开始，广东确立了国企改革的方向——建立"产权清晰、权责明确、政企分开、管理科学"的现代企业制度，制定了建立现代企业制度试点改革方案，选择 175 家企业作为试点单位，进行股份制改革。针对国企产权模糊、出资人缺位的问题，以产权制度改革为核心，以公司制为形式实施改革。广东的公司制改革自 20 世纪 80 年代就已在试点，90 年代达到改革高潮，逐步形成了由国资、外资和民资共同参股的混合所有制经济。实践表明，作为现代企业一种重要的资本组织形式的股份制及其治理架构，有利于所有权与经营权相分离，有利于国有企业形成相对自主独立的控制权，有利于转变国企经营机制、提高国有资本效益，是公有制的一种有效实现形式。

广东的国企改革一直坚持"抓大放小"的方针，促进了广东国有经济和经济整体的高速发展。对国有大中型企业，按规范的公司制进行改造，深圳市还推出了"深发展""深能源"等一批大型国企向国际招标。广州、佛山和惠州等地实施集团发展战略，通过调整重组，发展了一批大型骨干型国企，包括广汽集团、珠江啤酒集团、佛山塑料和佛山照明等大企业，这些改革促进了支柱产业大发展。同时，广东的国企改革还注重深化企业内部改革，健全公司内部治理结构。针对国有中小企业在改制中遇到的种种政策性阻力和问题，为加快改革步伐，1997 年 12 月，广东省政府出台了《广东省人民政府关于加快放开公有小企业的通知》，鼓励各地放开搞活中小企业，鼓励国有小微企业从实际出发，大胆创新，选择改制的具体形式，不搞"一刀切"。文件还要求各地加强领导，抓好配套改革，妥善安置职工和离退休人员。截至 20 世纪 90 年代末，全省 85% 以上的中小企业实行了改制、转制。

当时广东省体改研究会还支持帮助了多家企业进行产权改革。其中，广州秀珀化工厂从 1995 年开始再次启动内部职工股份制改造，1999 年 9 月通过了改革方案，从国有独资企业改制为员工持股的有限责任公司，为实施现代企业制度奠定了坚实的产权基础。秀珀的员工持股制激发了活力，重塑了企业，使企业焕发出勃勃生机。2002 年初，广东省科技风险投资公司入股秀珀。1997—2002 年 5 年间，在国家未投一分钱的基础上，公司共缴纳税款 2068 万元，国有股东累计收益超 2000 万元，企业从一个10多人的小微企业发展成为在全国主要城市拥有11家分公司和400多人的现代企业。这些改革措施，在促进大企业集团化、公司化发展做大做强的同时，也为私营企业发展提供了一定空间，促进了个体、私营经济的发展，为广东建立了多元化的所有制结构和市场主体，为社会主义市场经济体制的完善奠定了基础，也为当前的国企混合所有制改革、员工持股制度改革提供了经验基础。[1]

在国企改革中，如何有效监管国有资产也是一个重大课题。国资监管问题是个世界性难题。随着广东国企改革进入整体推进阶段，改革创新国资监管体制和运营机制的问题就变得越发突出了。为此，省委、省政府很重视，省体改委也在积极探索。1994年，深圳市开创出"国资委—运营机构—企业"三层次架构的国有资产管理和运营体系。该架构解决了长期困扰国企改革发展的政企、政资不分和出资人虚位的问题。但由于认识不一致，有的地方成立了国资委但不久又撤了，有的地方没有搞起来。由于阻力较大，这项改革进展缓慢。国资管理体制问题没有解决，大型国企体制改革也未得到深化。从1996年起，顺德在实施公有企业产权制度改革的同时，还实施了公有资产管理制度改革，建立了三个层次的公有资产管理架构：第一个层次，市、镇政府分别成立公有资产管理委员会（2001年改为公有资产管理办公室），负责市、镇公有资产的宏观管理与监督；第二个层次，根据公有资产状况和经济发展需要，设立若干公有资产的管理经营公司，保障公有资产的保值和增值；第三个层次，公有独资企业、控股企业和参股企业，根据现代企业制度要求，设立董事会、监事会和股东会，建立起责权分明、相互制约的公司法人治理架构，拥有公有资产管理委员会授权占用的公有资产的法人财产权，通过自主经营、自负盈亏、照章纳税，保障公有资产的保值和增值。这三个层次的公有资产管理架构分别负责公有资产产权管理、资产运营及企业经营管理。至于企业的行业管理、社会事务管理等，顺德是按照专业化和属地化原则，由行业协会或企业所在地相应的组织进行管理，并逐步向社会化和社区化过渡。广东的国资监管改革，为国家层面的改革提供了经验。

---

[1] 黄挺：《改革思行录》，红旗出版社，2008年版，第9—13页。

2002年11月，党的十六大报告决定启动国有资产管理体制改革。2003年成立了国资委，制定了国有资产管理法规，建立了国资监管制度体系。同时，还推进了一系列有针对性的改革和结构调整措施。2013年党的十八届三中全会通过了《中共中央关于全面深化改革若干重大问题的决定》，明确了国企改革的目标和任务，混合所有制改革、国有资产管理体制改革再次成为深化改革的主要内容和手段。国资委成立10多年来，完成了"统一管理"和"做大做强"的历史任务，但在以"管资本"为改革目标的历史新阶段，国资委也要加快自身改革。那么，如何才能实现自身的改革呢？这很可能不仅仅是部分地触及利益，而是需要自己改自己，自己革自己的命。如此一来，改革的难度就更大了。改革推进的唯一路径或许就是顶层设计、依法改革。

党的十八大以来，经过近5年的深化改革，包括国资改革在内的"四梁八柱"的国企改革顶层设计已经基本完成，党的十九大报告第五部分"贯彻新发展理念，建设现代化经济体系"，为国资国企改革明确了目标。在加快完善社会主义市场经济体制部分，指出："经济体制改革必须以完善产权制度和要素市场化配置为重点，实现产权有效激励、要素自由流动、价格反应灵活、竞争公平有序、企业优胜劣汰。"① 为此，我们必须针对当前经济体制中存在的问题及发展不完善、不充分的实际，加快改革。经济体制改革的重点是完善产权制度和要素市场化配置，我们需要加快"完善各类国有资产管理体制，改革国有资本授权经营体制，加快国有经济布局优化、结构调整、战略性重组，促进国有资产保值增值，推动国有资本做强做优做大，有效防止国有资产流失。深化国有企业改革，发展混合所有制经济，培育具有全球竞争力的世界一流企业"。完善的社会主义市场经济体制是现代化经济体系的重要构成，其中国资、国企经营管理体制改革是重要内容，也是全面建成小康社会、迈向现代化新进程的重要内容。为此，国资、国企改革及创新发展亟待继续深化。

---

① 引自党的十九大报告。

第三节
社会保险制度改革先行一步

一、广东探索社会保险制度改革的背景

社会保险是社会化大生产的产物。养老是社会保险的核心。在小商品生产条件下，养老往往是家庭的职能。随着工业化和大生产的发展，养老被推向了社会，逐步演变成为社会和政府的职能。社会养老保险制度已成为衡量一个国家或地区社会生产力发展水平和社会化程度的标志之一，成为一个国家现代化水平高低的重要指标之一。它直接关系到政府的威望和影响力度，影响到该国居民购买力及消费水平，影响到经济增长的速度与质量，关系到该国居民生活质量和幸福指数，影响到一国社会的稳定与繁荣。因此，各国政府对社会养老保险制度的建立、完善和改革，都持积极而又慎重的态度。

中国的养老保险始建于20世纪50年代初期的城镇职工养老保险制度。"文化大革命"期间，国家对社会保险基金的统筹发生困难，1969年改为企业按国家规定各自支付保险数额。社会保险实际上成了"企业保险"。随后，虽然几经修订，但实施的仍然是国家计划经济条件下形成的"统包统配"、个人不交费的国家型养老保险模式。当时，广东沿袭国家这样的政策和模式。随着经济体制的改革，广东作为改革开放试验区，首先碰到了新情况和新问题。个体经济和股份制经济的崛起，外资的引进，"打工潮"的出现，第二、第三产业的兴起，迅速地改变着广东地区的所有制结构、产业结构、劳动力结构和职工工资分配形式。在市场形势好、订单充足的时候，个体和外资企业就大量招聘员工；一旦市场形势不好，产销路停滞，这些企业又大量裁减员工。中国传统的"铁饭碗""终身制"模式受到冲击，大量的临时工、合同工被抛向街头。谁来负责他们的生活和退休养老？当生活来源

失去保障之后，他们就可能会成为社会动乱和不安定的因素，就会影响社会经济发展的秩序。

改革开放的迅速推行和经济的超常规增长，使广东的经济和社会结构发生了一系列深刻的变化，同时也提出了如何建立与经济发展相适应的社会保险体系的问题。其中，比较突出的问题有：如何解决大量的集体企业、"三资"企业和非公有制企业职工的社会保险问题？如何解决国营企业养老保险负担越来越重的问题？如何解决失业待业以及富余人员基本生活问题？显然，计划经济时期实行的劳动保险制度已经越来越不适应改革开放和现代化建设的需要，难以解决上述问题。要想解决问题，只能改革现有制度。周光复（1996）对当时的情况作出了详细描述①：

"最先面临这些问题的是深圳特区。作为特区，深圳所碰到的情况具有一定的特殊性，但对于改革开放先行一步的广东而言，随后就变成了普遍性问题。1980年开始，大多为外资企业的深圳蛇口工业区就开始探索养老保险制度的改革。由于当时还没有现成的法规可循，国内也无成功的经验可鉴，园区管委会采取在与外资谈判劳动力协议时，加上对中方员工的社会保险条文，其收费标准是在讨价还价中确定的。在社会保障制度比较完善的欧美国家商人中，比较容易接受有关条款。香港和东南亚商人则比较困难，因为香港政府当时尚无完善的退休保障计划。不少外资企业的工资发放变化很大（计件工资制），有的工资发放也没有体现在账面上，按工资总额的一定的百分比来收取社会保险金，使企业之间的差异很大。在深圳蛇口工业区，外资企业缴纳的社会保险金从每人每月20元到200元不等。蛇口工业区制定了统一的劳动管理费（主要是社会保险金），收费标准为人民币45元/（人·月），其中，退休养老金占5%，1984年调整到人民币48元/（人·月）。1986年又调整到人民币69元/（人·月），其中退休养老金的比重占67.5%，并将工会活动费分离出来，对外资企业的劳动管理收费改为社会保险金。1991年，深圳蛇口工业区社会保险金的收费标准提高到185元/（人·月），退休养老金的比重占到72%。"

---

① 周光复：《广东社会养老保险模式探讨》，《南方人口》，1996年第1期，第40—43页。

由此可见，在率先改革开放的蛇口工业园区，在无任何国内法规可循、无任何国内成功经验可取的情况下，是园区管委会发挥了市场"守夜人"的职能，在大多是外资企业的园区范围内，与资方谈判，制定规则，收取了主要是社会保险金的劳动管理费。伴随着市场经济的不断深化，社保制度不断改革创新，趋向完善。

二、探索形成"广东模式"的社保制度

为推进社会保险制度的改革与建设，1983年，广东率先试行包括养老在内的劳动合同制的社会保险制度，从而拉开了社会保险制度改革的序幕。广东改革秉持的原则是，以有利生产、保障生活、安定社会为宗旨；改革的重点是建立企业职工社会养老保险制度，解除职工对企业实际上存在的终身依附关系。此后，这一改革逐步深化，新的改革方案和措施几乎每年都出台：1984年，试行全民所有制和集体所有制企业职工退休费用社会统筹；1985年，组建省、市、县三级事业性质的社会保险管理机构——社会劳动保险公司；1986年，建立国营企业职工待业保险制度；1989年，制定临时工社会养老保险制度；1990年，实行固定职工个人缴纳养老保险费制度；1992年，建立企业职工工伤保险制度，改革社会保险管理体制；1993年，公布了1994年1月1日开始施行的《广东省职工社会养老保险暂行规定》，确立了社会统筹与个人账户相结合的养老保险模式；1994年，在全省直属机关及事业单位实行个人缴纳养老保险费的制度。此外，广东还进行了医疗保险、女职工生育保险的试点工作，取得了一定的进展。

广东成为国家的社保制度改革试点，改革不断推进。由于广东的率先改革探索，因此1992年国务院批准广东作为建立统一社会保险制度的试点省。广东以此为契机，大胆地改革社会保险管理体制，成立了以副省长为主任、各有关部门负责人参加的广东省社会保险委员会，同时还组建了直属省政府领导的广东省社会保险事业管理局，为社会保险的统一规划、统一政策和统一管理迈出了实质性的一步。[①]

[①] 王卫平：《广东社会保险制度改革回顾与展望》，《开放时代》，1996年第1期，第78—80页。

至20世纪90年代中期,广东扭转了中国传统的国家统包型养老模式,在市场经济体系下逐步建立起社会保险同市场经济对接的内在保险机制和制度,发展成为独具特色的广东社会养老保险模式,简称为"广东模式"。广东率先建立或试行的养老保险制度改革举措得到了全国的认同,并逐步向各省区发展,形成全国性的社会保障制度。

广东模式是养老保险实行社会统筹和个人账户相结合的一种模式。这种模式的主要做法是:将单位缴纳的保险费主要记入社会统筹,也称社会基金;个人缴费(或加上部分单位缴纳的保险费)记入个人账户,在职工名下形成个人专户基金。社会基金(又分为基础养老金和附加养老金)与个人专户基金合并构成法定养老保险基金,由社会保险机构统一管理,按规定的用途分别使用。广东模式的最终目标,是个人专户年金主要实现职工的基本保障职能,在职工退休时转变成养老金按月支付,社会基金主要实现对高收入者和低收入者的调节职能。

广东模式体现了社会保险社会化的改革方向。社会保险社会化,就是要在政府的领导下,组织和动员社会各方面的力量参与、支持和发展社会保险事业,把原来由企业包揽的社会保险事务交给社会去办。也就是说,要减轻企业的社会保险负担,把国家、企业(单位)和个人的利益结合起来,把权利与义务统一起来,对全体劳动者实施多层次、多项目的社会保险。改革主要是从以下几个方面逐步推进的:在保险范围上,从国有企业事业单位职工逐步扩大到城镇所有劳动者;在保险基金上,由企业(单位)负担逐步转向国家、企业(单位)和个人共同负担;在保险模式上,由企业(单位)包揽逐步转向社会统筹和个人账户相结合;在管理体制上,由分散的管理逐步转向集中统一管理;在保险待遇上,由单纯的按工龄计算逐步转向企业缴费与个人贡献相结合。

在广东模式的养老基金构成及给付水平中,由单位缴纳的基础养老金可保证职工在退休时领取到以本市上年度职工月平均工资30%的养老金。这比其他省高出5%,属地方性补充,与广东省的经济发展水平相一致。缴费工资高,缴费年限长的,附加养老金的水平也相应提高,体现了效益和公平原则。如能按理想化的方案推行,使社会保险待遇随物价和生活水平的变动而不断调节,那么,职工在退休时，应当能适当分享社会发展的成果。实践证明，广东的改革探索符合建立社会主义市场经济体制的要求，也符合社会保险的发展规律，有利于深化改革，加快发展和保持稳定，因而被国家认可并推广实施。

三、社保改革不断深化，改革取得良好成效

广东作为国家社保制度改革的试点之一，积极探索国家的新农合制度。广东在20世纪80—90年代探索建立的社会保险制度体系主要是针对城镇职工，并未涵盖农村居民。中华人民共和国成立以来建立起的传统农村合作医疗丧失保障功能，随着社会主义市场经济体制改革的深入，急需构建起农村社会保障体系。进入21世纪以来，广东基本养老保险和医疗保险从城镇逐步扩展到农村。自2003年起，广东作为改革开放的排头兵，在国家相关部门的指导下，作为改革试点省份之一，大力推进新农合的试点工作，在资金筹集、管理模式、补偿模式等方面进行了多种创新性的探索，为广东及其他地区新农合制度的持续健康发展提供了许多重要经验。例如，推进"三网合一"，实现医保城乡一体化；变"县级统筹"为"市级统筹"，提高基金抗风险能力；变"先垫钱后报销"为"一站式结算"，提升群众满意度，等等。2016年底，国务院发文要求整合城镇居民基本医疗保险和新型农村合作医疗两项制度，建立统一的城乡居民基本医疗保险制度。广东也将率先完成这一制度变革，届时，城乡制度性二元结构格局将被进一步打破，广东将继续为国家的统筹城乡发展提供支撑。

截至2016年底，广东全省参加城镇职工基本养老保险（含离退休）5393.70万人，比上年末增长6.0%。参加城乡居民基本养老保险人数2543万人，增长1.7%。参加职工基本医疗保险3801.11万人，增长2.4%，其中参加职工基本医疗保险的异地务工人员1866.65万人，增长1.3%。参加城乡居民基本医疗保险6325.37万人，下降1.5%。参加工伤保险3246.13万人，增长4.0%。参加失业保险3020.10万人，增长3.1%。参加生育保险3161.89万人，增长2.6%。[①] 同时，

---

① 广东省统计局、国家统计局广东调查总队：《2016年广东国民经济和社会发展统计公报》，2017年2月28日。

广东的城乡养老金标准、医疗保险报销比例也在不断提高。

社会保障是民生所在，是维护广大人民群众切身利益的托底机制。健全的社会保障体系，既是社会主义市场经济体制的重要支柱，也是深化改革、保持社会稳定的必要前提条件。经过多年的探索和实践，当前，广东社会保障制度框架基本建立，形成全省多层次养老保险体系，农村社会保障制度建设进一步加快，社会保险运行机制更加完善。以社会保险、社会救济、社会福利、优抚安置和社会互助为主要内容，多渠道筹集保障资金、管理服务逐步社会化的社会保障体系已初步建立起来，基本形成了以"基本保障，广泛覆盖，多个层次，逐步统一"为主要特征的社会保障制度框架。

改革仍需不断深化，广东明确了社保制度改革发展的方向。尽管广东社保制度体系基本建立起来并取得了显著成效，但受制于发展阶段、地区发展不平衡性等问题，社保制度体系仍需不断改革完善。虽然广东新农合参合率提高迅速，筹资水平和保障水平逐年上升，但从制度公平、基金平衡、受益公平等角度看，仍存在一些缺陷，需要逐步加以改进。当前，在深化供给侧结构性改革的降成本改革中，企业普遍反映所承担的社会保险负担过重问题，需要通过深化改革加以解决。在改革不断深化的过程中，企业为职工缴付的社会保险比例将有所变化。

2017年，胡春华书记在广东省第十二次党代会报告中指出，广东当前在民生社会事业方面存在不少短板：教育、医疗、文化、体育等公共服务规模不足、水平不高，城乡区域间资源配置不均衡，服务水平差异大；社会保障全省统筹不足，社会救助和社会福利体系不完善。为此，处于全面建成小康社会决胜阶段的广东，要坚持以人民为中心的发展思想，提升公共服务水平，补齐民生社会事业发展短板，提高社会保障水平。同时，社保制度也是广东坚决打赢脱贫攻坚战的重要举措。广东省第十二次党代会报告明确指出："加强农村低保与扶贫开发两项制度有效衔接，把符合条件的贫困人口全部纳入低保范围，实现应保尽保、应扶尽扶。"[①]

[①] 胡春华：《深入贯彻习近平总书记治国理政新理念新思想新战略 努力在全面建成小康社会加快建设社会主义现代化新征程上走在前列——在中国共产党广东省第十二次代表大会上的报告》，2017年5月22日。

深化改革，完善社保制度，是坚持新发展理念特别是其中的"共享发展"理念的体现，是社会主义的本质要求。社会保障制度是现代国家的一项基本制度，社会保障制度是否完善已经成为社会文明进步的重要标志之一。作为社会主义国家，社会保障工作直接关系到坚持党的全心全意为人民服务的宗旨，关系到维护人民群众的切身利益，关系到保证改革开放和经济建设稳定发展的大局。党的十九大报告明确了新时代中国共产党的历史使命，指出：带领人民创造美好生活，是我们党始终不渝的奋斗目标。社会保障体系是否健全、法制是否完备，对国家的经济发展和社会稳定，会产生直接的影响。党的十九大报告指出，要提高保障和改善民生水平，加强和创新社会治理。广东省第十二次党代会报告也将提高社会保障水平作为高质量全面建成小康社会，共建共享美好生活的重要举措。

专 栏

2017年广东省第十二次党代会报告之——

八、高质量全面建成小康社会，共建共享美好生活

提高社会保障水平。深化社会保险制度改革，实现职工养老保险基金省级统筹，扩大社保覆盖面，稳步提高社保待遇水平。积极应对人口老龄化，加强养老基础设施建设，推动医养结合，全面建设多层次多样化养老服务体系。落实政府兜底保障责任，健全社会救助体系，加强对残疾人、困境儿童、特困供养人员、低保户、流浪乞讨人员等特殊困难群体的保障和救助。大力发展社会福利和慈善事业，加强妇女、儿童、老年人关爱保护服务。做好离退休干部工作。大力支持国防和军队改革，建立健全复退军人管理服务保障体系。

党的十九大报告之——

八、提高保障和改善民生水平，加强和创新社会治理

（三）加强社会保障体系建设。按照兜底线、织密网、建机制的要求，全面建成覆盖全民、城乡统筹、权责清晰、保障适度、可持续的多层次社会保障体系。全面实施全民参保计划。完善城镇职工基本养老保险和城乡居民基本养老保险制度，尽快实现养老保险全国统筹。完善统一的城乡居民基本医疗保险制度和

大病保险制度。完善失业、工伤保险制度。建立全国统一的社会保险公共服务平台。统筹城乡社会救助体系，完善最低生活保障制度。坚持男女平等基本国策，保障妇女儿童合法权益。完善社会救助、社会福利、慈善事业、优抚安置等制度，健全农村留守儿童和妇女、老年人关爱服务体系。发展残疾人事业，加强残疾康复服务。坚持房子是用来住的、不是用来炒的定位，加快建立多主体供给、多渠道保障、租购并举的住房制度，让全体人民住有所居。

第九章
不断探索综合体制改革创新

20世纪90年代,广东为了构建社会主义市场经济体制基本框架,除了率先开展国企产权改革、探索国资监管新模式以及探索社会保障体制改革之外,还同时开展了与政治体制改革关系密切的党政机构体制改革,率先提出并探索"依法治省",开创村干部直选,探索农村股份制改革等综合性体制改革。这些改革探索,一方面,为广东争创了新优势,促进了广东经济社会的高速发展,为抓住"入世"后的发展机遇奠定了基础;另一方面,广东的先行先试,为我国的全面改革开放发展积累了经验,提供了支撑。

第一节
试点行政体制改革,提升政府行政效能

一、顺德实施机构改革,提升行政效能[①]

位于珠三角腹地的顺德,经过20世纪80年代的改革开放和发展,实现了从农业经济到工业经济、从封闭社会到开放社会的第一次大飞跃,成为广东"四小虎"之一。1992年3月,顺德撤县立市,并被广东省确立为综合改革试验市。随着经济社会的发展,政府行政环境发生了变化:一方面,人多地少,农村土地问题没有得到解决,农业无法规模化生产。撤县立市后,公共设施建设用地不断增加,土地在

---

① 本部分主要参考了郑年胜主编:《迈向行政管理现代化——顺德行政体制改革实践》,广东人民出版社,2013年版,第1—76页。

减少，农民大量进城，急需解决城市就业问题，留在农村的农民无地可种，30 年不变的土地承包制度敢不敢变、如何变等问题困扰着顺德政府。另一方面，顺德行政体制还存在一系列不适应市场经济体制要求的问题，包括被动行政、管制行政、封闭行政等行政观念不适应，机构重叠、人浮于事等行政架构不适应，以及领导干部和公务员的素质不适应等问题。为应对这些变化和迎接新的发展挑战，为了承担起广东省综合改革试点的重任，顺德人发挥了敢闯、敢干、敢创新的精神，开启了以行政管理体制改革为先导、以企业产权改革为重点、以农村管理体制及教育管理体制改革为基础、以社会保障体制改革为保障的综合改革。

1992 年 5 月，为了推进企业产权改革，为了构建起现代化的行政管理体制，解决当时政府机构职能交叉、人浮于事的体制问题，按照"小机构、大服务"和"精简效能"的原则，顺德决定实施行政体制改革，对市属党政机构进行全面改革。1992—1999 年为改革的第一阶段，这一阶段的主要改革措施包括：

（1）改革党政群机构，确立新型的行政决策体制，即建立以市委常委为核心，由市委、市人大、市政府、市政协、市纪委五套班子主要负责人组成的决策集体。这样便于迅速决策并分头落实，每项工作只有一名领导主管，责权分明，避免多头管理带来的内耗，节约行政资源，提高效率。

（2）精简机构、理顺关系。顺德人形象地将其称为"拆庙搬神"。撤销了中间层次的部、委、办，如计委、经委、建委、财办、科委和农委，合并了工作性质相同或相近的机构或合署办公。同时，增设新的部门，如成立工业发展局、贸易发展局（后合并为经济发展局）、农业发展局等。保留并强化了与政府职能转变密切相关的部门，如财政局、审计局、劳动保险局（后改为劳动和社会保障局）等。机构调整主要依据行业和产业发展需求及社会管理新情况。比如调整后的经济发展局就涵盖了原来近 20 个机构的职能范围。将农业、农村和农民工作的管理职能统一划入农业局等。之后，实行定编、定员。机构精简后，机关工作人员由原来的 1200 多人减少到 900 多人。

（3）实行政企分开，转变政府职能。精简后的机构，按市场经济的要求重新划定职能。政府机关一律不再办企业，原有的企业与行政机关彻底脱钩。政资分离后,党政部门不再直接参与企业经营活动,行政资源集中到行政管理、社会公共事务管理领域。

(4)规范行政。其前提是公有企业的产权改革,政企分离,党政部门与原有隶属企业经济实体完全脱钩,解决政府部门既当"裁判员"又当"运动员"的角色错位和行为混乱问题。规范行政的基础工作是建立规范化的办公制度和办事程序,提高透明度,建立社会监督机制。顺德通过建章立制、实行"收支两条线",对造价50万元以上的政府投资的工程项目实行招投标,设立政府机关物资采购中心等,做到"部门收入无差距、干部安心办公务"。

自1999年起,顺德改革进入了以建立与完善现代化行政管理体系为重点的第二阶段改革。1999年9月,顺德被确定为广东省率先基本实现社会主义现代化试点地区,试点的一个重要内容就是深化行政管理体制改革创新。这一阶段的主要改革举措包括:

(1)推进镇政府机构和行政效率改革。按照有关改革部署,顺德把镇(区)常设机构确定为16个部门和3个分局(即公安分局、工商分局、税务分局),其中,党委和政府办公室"两块牌子、一套人马",并根据镇区人口数定编。2001年,根据省市机构设置和编制配备的文件规定,将镇(区)原有的16个部门又调整精简为8个综合性办公室,其中不包括垂直管理的地税、工商、公安、司法机关和共青团、工会、妇联等机构编制。

(2)多措并举,提升行政效率。推行电子政务管理,进行部分地区的行政区划、行政村居委会重组和开发区集约发展,以及提高政府执法部门的执法效率。

(3)加强公务员队伍的培养、选拔和绩效考评管理,提高公务员队伍的素质和能力。

(4)实施行政审批制度改革。1993—2002年,顺德先后进行了3次审批制度改革,取消了40%的审批事项,对政府部门自行设立的审批事项全部取消,对依法实施的审批事项,规范程序,依章办事。

(5)实行"六个行政",即依法行政、规范行政、透明行政、高效行政、服务行政和廉洁行政。

二、顺德以行政体制改革为先导的综合体制改革成效

顺德行政体制改革创造了良好的营商环境,促进了顺德产业结构的优化调整,带来了顺德经济社会的第二次飞跃。顺德行政体制改革创新实现了政府职能从计划经济时期主要管理公有经济转向为全社会服务,强化了社会管理职能,加强了经济上的调控、协调和服务,理顺了政府与市场的关系,营造了良好的市场环境。"六个行政"的建设使政府行政服务效率提升,加强了服务意识,促进了廉政建设,形成了公开、公平、公正的开明政府形象,提高了政府公信力,有力地促进了本地区经济、社会各项事业的全面发展。改革使顺德形成了典型的"小政府、大社会、大经济""小机构、大协调、大服务"的良好市场环境,企业实现了自主经营,创造出如美的、容声、科龙、格兰仕、万家乐等全国一流的品牌和企业,100多家产值超亿元、百亿元的大企业,空调、电冰箱、微波炉等10多种产品产销量全国第一,陈村的花卉产业规模初现,形成了"两家一花"的区域品牌和产业集群,推动了顺德产业结构的调整和优化。

顺德构建起了市场经济体制基本框架,促进了"九五"期间国民经济持续快速发展。20世纪90年代顺德率先实施为适应市场经济体制、以企业产权为核心的经济体制改革、行政体制改革、农村管理体制等综合改革,使顺德初步建立起市场经济体制的基本框架,比较彻底地破除了传统计划经济体制的束缚,提高了经济市场化、国际化程度,促进了多种所有制经济的共同发展和现代企业制度的建立,培育、健全和发展了以商品市场为基础、以生产要素市场为支柱的市场体系和覆盖社会的社会保障体系;同时,实现了政企分开,各级政府资产逐步退出了一般竞争性领域,强化和完善了宏观调控、间接管理的行政职能。通过改革,顺德在思想观念、管理体制、运行机制、投资环境等方面创造了增创的新优势,经济增长方式从计划经济向市场经济实现根本性转变,经济结构不断调整、优化,促进了"九五"期间国民经济的持续快速发展。2000年,顺德全市生产总值达332.03亿元,比1995年增长了110.6%,5年平均递增16.1%,人均地区生产总值达3.07万元,约合3717.5美元。工农业生产总值达787.29亿元,比1995年增长了102.5%。工

业、农业产值分别比1995年增长了106%和43.2%；全部财政收入62.39亿元，其中地方财政收入达21.6亿元，分别比1995年增长了220.61%和180.56%；三次产业趋向协调发展，三次产业比重由1995年的9.5∶54.8∶35.7调整为2000年的6∶55∶39。同时，技术进步成为全市经济持续增长的主要推动力。企业成为科研主体，有260多家大中型企业自行设置了研发机构，其中有1家国家级企业技术中心，10家省级工程技术研发中心。高技术支柱产业成为顺德的支柱产业，成为经济的新增长点。①

总之，顺德改革带动了顺德经济社会的快速发展，增强了顺德的综合竞争力，为"十五"期间经济结构的调整、经济体制的完善和适应加入WTO新形势的过渡发展奠定了良好基础，也为广东乃至全国的改革发展提供了借鉴经验和支撑。

三、顺德机构改革顺利推进的经验启示

观察和分析顺德机构改革等行政体制改革历程，可以得到以下几点启示②：

（1）顺德人善于抓住机遇，顺势而为。一是抓住了社会主义市场经济体制确立的有利时机。1992年党的十四大确立构建社会主义市场经济体制的改革目标后，顺德人敏锐地意识到这是一次难得的改革大好机遇，是解决旧体制弊端、现存各类问题的最佳时机，经过多次研究、讨论，他们形成了改革共识，即必须实施企业改革和政府改革，而且在某种意义上讲，政府改革更是关键。二是抓住当时"下海"经商、淘金热潮带来的机遇。这股热潮使人们的"官"念淡薄了，使得精简人员成为可能。改革正当时，抓住了有利时机，所以干部分流的渠道、精简人员的安置才能够顺利推动；否则，在社会经商成本与市场准入门槛提高的大环境下，机构精简就难以如此顺利推动了。三是抓住了政府换届的机遇。1992年底，顺德换届选举，当年9月召开的市委扩大会议决定尽快推进机构改革。新当选的领导班子也把

---

① 数据引自《顺德市国民经济和社会发展第十个五年计划纲要》，参见顺德市地方制办公室、顺德市档案馆编制的《顺德2000年地情资料》，第3—6页。

② 郑年胜主编：《迈向行政管理现代化——顺德行政体制改革实践》，广东人民出版社，2013年版，第1—76页。

行政体制改革作为上任后的"三把火"。顺德人不是等、靠、要上级政府的指示，而是与时俱进，顺应时势，抓住机遇，"早改革、早主动"，1993 年底就基本完成了机构改革，在全国 1994 年推行机构改革之前就先行先做，成为我国行政体制改革的先行者。

（2）顺德改革是主动而为，而非被动式改革。顺德改革是顺应政府自身面对经济社会发展的内在需要，是主动作为，是顺应市场经济发展的需求而推动的改革。来自于内生动力的行政体制改革成功的可能性较大。

（3）精心设计行政体制改革方案，循序渐进推进改革，确保改革措施能够落实到位。机构改革与行政审批制度改革、政府职能转变、企业产权制度改革、公务员观念、素质和能力提升等改革措施协调配套，环环相扣，整体推进。改革就是利益结构的重新调整，政府职能转换往往意味着利益格局的大变动，势必触及既得利益者。这就要求在改革过程中要协调好各方利益关系，要始终以整体利益为上，超越部门的利益。同时，配套改革要同步进行，改革要以人为本，实施人性化改革措施。顺德 1996 年实施的"收支两条线"使得不同部门的公务员待遇持平，取得了公务员的支持。300 多个"乌纱帽"受影响的党政干部也都在当时的良好环境和细致的思想工作下或选择"下海"经商，或提前退休，或被安置到企业另谋出路，都有了较妥善的安置。此外，顺德改革方案的确立，赋予了群众参与的权利，形成了改革共识，调动了各方的改革积极性，有利于形成推进改革的强大合力。

（4）正确认识政府机构改革的根本目的，不可本末倒置。机构撤并、新设机构、精简人员只是浅层次的组织架构的改变，机构改革要解决的深层次问题是转变政府职能。组织架构的调整是为了提升组织效率，为了使政府职能定位、正位、归位。机构改革要起到促进政府职能转变和行政服务效率提升的治本作用，必须要在明确政府职能定位的前提下，进行进一步的行政服务效能提升的改革，加大"放权、监管、服务"方面的改革力度。

继 2008 年国务院提出大部制改革后，2009 年顺德作为广东的县级政府机构改革试点、深圳作为地级市政府改革试点，分别率先在全国开展了县级与地级市政府的大部制改革。顺德区为配合"合并同类项"的大部制改革，还率先开展了以商事登记制度改革为突破口的行政审批制度改革,简政放权,提高行政效率,转变政府职能。顺德改革经验得到广东省和国家的认可,进而在全省、全国加以推广普及。行政审批制度改革大大激发了全社会的创新创业热情和活力,为"大众创业、万众创新"奠定了基础,也改善了我国的营商环境。

党的十九大报告再次作出战略部署:深化机构和行政体制改革。从机构权责设置、管理体制、机构组织法等方面提出要求:"统筹考虑各类机构设置,科学配置党政部门及内设机构权力、明确职责。统筹使用各类编制资源,形成科学合理的管理体制,完善国家机构组织法。"为增强政府公信力和执行力、建设人民满意的服务型政府,报告指出,要"转变政府职能,深化简政放权,创新监管方式……赋予省级及以下政府更多自主权。在省市县对职能相近的党政机关探索合并设立或合署办公。深化事业单位改革,强化公益属性,推进政事分开、事企分开、管办分离"。

第二节
率先提出"依法治省",探索实践引领全国

一、率先提出依法治省,形成独特的依法治省领导体制

改革开放先行先试,也必然会率先遭遇发展中出现的各种矛盾和问题。广东在先行一步取得经济持续增长的同时,伴随经济发展而暴露出来的各种利益纠纷、社会矛盾日渐突出。如何公正、公平、合理地解决这些纠纷和矛盾?依法治省,树立法律处理经济纠纷的权威性显得尤为必要。广东较早意识到法治在经济建设中的重要性。为落实邓小平南方谈话精神、实现广东的新任务目标,广东出台了一系列政策决定。1993 年 5 月 21~26 日,中共广东省第七次代表大会在广州举行。按照中央的部署,省委书记谢非在《为广东二十年基本实现现代化而奋斗》报告中,提

出了广东省基本实现现代化的总体思路，指出要"建立社会主义市场经济、民主法治和廉政监督三个机制"，强调"建设市场经济，保持社会稳定、秩序良好，必须有社会主义民主与法制的机制做保证。我们必须高度重视并认真推进政治体制改革，建设民主政治，实现依法治省"，并首次提出把实行"依法治省"作为实现现代化的主要措施之一。[1]

1993年12月14日，为落实中共十四届三中全会关于建立社会主义市场经济体制决定的精神，广东省委发布了《关于加快建立社会主义市场经济体制若干问题的实施意见》，提出"主要依靠经济、法律手段并辅之以必要的行政手段，管理社会经济活动""依法实行检查监督""全省立法工作要实行'废、改、立'并举，依法适时清理、修改、废止与市场经济不相适应的法规规章，加快市场经济立法进程，力争经过三五年努力，基本上建立起与我省市场经济体制相适应的，与国家法律相配套的地方性法规体系"。1994年3月，广东恢复了省普及法律常识领导小组，加大了普法工作的领导力和推进力。[2]

1993—1995年是广东依法治省工作试点探索阶段。根据广东省第七次党代会的部署，1993年底省人大常委会党组研究提出，并经省委批准，深圳市被正式确定为依法治省工作试点市。深圳市经过两年多的探索，逐步总结出党委在依法治市工作中的领导作用、人大的主导作用、"一府两院"的执法主体作用，三位一体，形成合力的试点经验。1995年12月，全省各市人大常委会主任座谈会在深圳召开，进一步总结推广深圳试点经验。

1996年8月，广东省委作出《关于进一步加强依法治省工作的决定》，首次对依法治省工作作出全面部署，提出建设社会主义法治省的目标任务：到2010年广东要建立起比较完备的依法治省体制。1996年10月6日，广东成立了省依法治省工作领导小组及其办公室，时任中共中央政治局委员、省委书记谢非担任组长。此

---

[1] 张宇航主编、广东省依法治省工作领导小组办公室编：《广东法治建设30年——广东法治建设大事记（1978—2008）》，广东人民出版社，2008年版，第209—210页。
[2] 法治广东研究中心编、陈岸明主编、宋儒亮执行主编：《广东法制史》，法律出版社，2017年版，第555页。

后，历任广东省委书记都担任依法治省领导小组组长。由省委书记亲自任组长，这是广东省依法治省工作领导小组成立至今的一项"惯例"。党委统揽全局，协调各方推进法治建设，是法治广东建设的重要经验。这种独特的依法治省领导体制，被舆论喻为依法治省的"广东模式"。① 设立的办事机构未设在司法部门，也不在普法机构，而是放在地方国家权力机关——省人大常委会，委托省人大常委会党组代管；领导体制和工作机制直接由省委作出决定来确定；工作内容涉及党委、人大、政府、政协、两院、各有关单位等。广东至今一直延续这样的组织机构设置模式，其最大好处就在于避免出现"小马拉大车"的困局。

二、试建"地方立法的试验田"，"人大广东现象"影响全国

1. 勇于探索，成为"地方立法的试验田"

广东勇于探索，大胆创新，先行先试，成为"地方立法的试验田"，在立法方面取得了显著的成效。

一是在地方性立法数量上，广东省为全国之最，属于先行性、试验性、自主性的立法超过总数的一半。广东认识到，依法治省，首先要有法可依。省委加强对地方立法工作的领导，每届省人大常委会五年立法规划和每年立法计划由省委审定批准，加快推进科学立法、民主立法工作。截至2014年，省人大常委会设立35年来，先后制定地方性法规320项，现行有效法规227项，为创造良好的法治环境起到了积极作用。②

二是树立了立法领域全覆盖的理念。广东在1995年前就率先将立法重点从改革开放初期以经济立法为中心，逐步转向推动经济、政治、文化和社会全面协调可持续发展方向，立法领域覆盖房地产开发、环境资源保护、人大自身建设、维护市场秩序等社会生活各个领域和方面。

三是率先推出立法听证会等科学立法、民主立法的举措，使权力行使更加程序

---

① 中共广东省委作出《关于进一步加强依法治省工作的决定》。南方网：http://stock.southcn.com/dkt/content/2008-11/17/content_4710784.htm.

② 《依法治省的广东实践》，《南方日报》，2014年10月18日。

化、法治化。1999年9月9日，广东省九届人大常委会就《广东省建设工程招标投标管理条例（修正草案）》首次公开举行立法听证会，这也是国内第一次立法听证会，被称为"立法民主化、公开化的一个里程碑"。这一创举于2008年经公众投票、评选委员会审核评议，入选改革开放30年"广东十大法治事件"之一。2000年3月15日，广东省率先进行的立法听证会的尝试，被全国人大肯定并写进了立法法，将听证会这一立法程序予以确认。

2. 法治政府建设方面创举不断

一是加强对政府工作的法律监督，制定规则，促使法律监督工作规范化、制度化。广东早在1989年3月就通过了《广东省各级人民代表大会常务委员会法律监督工作条例（试行）》，并作出《关于加强执法监督工作的决议》，以推动执法检查，加强对"一府两院"工作的法律监督。此外，制定法规，依法指导换届选举工作。1998年3月，省级人大常委会对41名拟任命的省政府组成人员（列入省政府组成机构的各委、办、厅、局长及省政府秘书长）采取法律考试方法，以此考核这些拟任命领导干部的法律知识水平。这在全国尚属首例。1999年9月，省委发出《关于进一步改进和完善省委常委议事工作的意见》，要求省委常委"坚持在宪法和法律的范围内议事决策"。二是率先实施依法行政。广东省率先实行政府审批制度改革、国有土地使用权公开招标拍卖、政府采购等措施，法治政府建设稳步推进。三是于1999年8月率先提出建立文明法治社会，并在全省推广深圳依法治市的经验。

公正司法方面开创多个全国之先。广东省于1999年8月，率先通过了国内第一个省级地方性法规形式的《广东省法律援助条例》，设立了国内首个法律援助中心。

率先设立了反贪污贿赂工作局、涉外经济审判庭等机构。

率先实行立审分离、庭前交换证据、再审申诉等审判工作改革，着力维护社会公平正义。1999年，率先实施的庭前证据交换制度等改革，规范了当事人举证活动，增强了庭审质证和法官认证的时效性和客观性，提高了办案质量和效率。

率先对全省地级市社会治安综合治理工作进行全面考评。考评工作推动了全省社会治安综合治理工作的全面开展，加大了安全小区的创建力度，加强了流动人口和出租屋的管理，全面开通了"110"服务系统及健全巡警巡逻制度等。中央综合治理委员会对广东该项工作取得的成效给予了较高评价。这项工作制度一直延续了下来。①

率先出台了依法行政的指标体系和考评办法。尽管广东省推行依法治省多年，但是在政府依法行政方面仍然存在很多问题，如依法行政意识不够强、措施不得力、行政机关工作人员的法律素质和依法办事能力有待提高、行政执法满意度有待提升等。为此，广东不断加快完善依法治省的机制。广东省委书记胡春华也多次强调法治的重要性："维护社会稳定，根本的出路是建设法治社会。"2013年初，广东省政府出台了关于依法行政的指标体系和考评办法，为约束行政权力提供了具体操作方案。《广东省依法行政考评办法》规定，依法行政工作应当纳入地方各级人民政府及其部门领导班子、领导干部落实科学发展观和政府绩效考评体系；依法行政考评结果应当作为被考评对象的负责人职务任免、职级升降、交流培训、奖励惩处的重要依据。目前广东一些地方如深圳市、佛山市，都已将依法行政考评结果纳入政府绩效考核体系中。这一被誉为"广东法治模式"的创新之举在全国具有参考价值。

深圳市早在2010年就已将法治政府建设考评正式纳入全市政府绩效考核体系，分值比重逐年增加，已由最初的6%增至2013年的8%。而且实现了考核全覆盖，考核对象涵盖市政府各工作部门、各区政府。这有助于解决法治建设动力不足的问题，将法治政府建设纳入领导干部绩效考核之中，有利于使依法行政成为各级领导干部自主、自觉的行为。②

制定法治广东建设规划，不断提高法治广东建设标准。2011年1月，省委十届八次全会审议通过《法治广东建设五年规划（2011—2015年）》。该规划提出到2015年，初步建成"地方立法完善、执法严格高效、司法公正、法治氛围良好、

---

① 法治广东研究中心编、陈岸明主编、宋儒亮执行主编：《广东法制史》，法律出版社，2017年版，第686—805页。
② 《广东实验法治"GDP"》，《中国新闻周刊》，2014年第37期，总第679期。

社会和谐稳定的法治省"的目标。在此次全会上,省委将该规划与《广东省委关于制定国民经济和社会发展第十二个五年规划的建议》一同审议并通过,将法治建设摆在与经济社会建设同等重要的位置。同时,法治评价项目出现在广东各地级以上市经济社会发展实绩考核评价指标体系,以及省直部门和各地级以上市领导班子年度考核民主测评中。2013年12月,《法治广东建设五年规划(2011—2015年)实施情况中期评估报告》出炉,政府带头依法行政公众满意度达80%是法治政府考核硬指标。

广州市首创地方人大预算委,继续领跑预算制度改革创新。党的十八届四中全会召开以来,广东依法治省的改革创新不断推陈出新。继2014年广州市政府率先"全裸"公开财政预算后,2015年广州市继续在预算改革方面领跑全国。2015年2月,广州市设立了国内第一个预算委员会,原承担预算审查监督职能的财政经济委员会(简称"财经委")调整为经济委员会。预算委下设办公室,与已有的预算工作委员会(简称"预算工委")办公室实行"两块牌子、一套人马"。

广州市人大原先的财经委需要联系28个政府部门,事务性工作较多,难以集中研究预算问题;而地方人大开会审查政府预算时间有限,更多的是执行法定程序。上述问题可能造成对政府预算的监督不力,财政部门运作出现不规范,致使老百姓认为人大监督没有实际效果,因此需要专设一个机构,集中一批人来专门做预决算的审查监督,于是就有了2015年创设的预算委。在预算委的委员构成上,广州人大设定的名额为22人,平均分布至全市11个区县代表团。每个代表团配备两名委员,他们负责带领代表团成员进行预算的审查活动和调研活动。

预算委的运作,实现了人大对财政部门由程序性监督到实质性监督的转变。设立预算委员会不仅能保证人大集中时间和人力投入预算审查监督工作,而且打破了原先财经委和预算工委职权不明晰的困境,提高了工作效率和质量,其职责实际上旨在强化人大对政府预算的监督权。广州市人大预算委的设立,有助于预算从"政府管理的工具"向"管理政府的工具"转变,让预算审查监督成为人大治官、治权的手段。从这个意义上讲,广州人大有望成为预算改革的"小岗村",为全国提供可借鉴的样本。在现行的法律框架下,省级人大、地市级人大完全有可能仿效广州做法，设立预算委员会。依托预算委这一机构创新，预算制度将有可能向更深层次的创新迈进。①

实施依法治省以来，特别是近些年的大力推动，使法治广东建设取得较显著的成效：一是依法行政逐步成为政府部门和官员自觉的行为选择。比如，按照规定，2005年7月1日洛溪大桥停止收费。在收费期限到来之际，是按照法律规定的还清贷款后提前停止收费，还是继续收费充盈国库？最后，依照之前的规划要求——还清贷款即停止收费，广东省政府最终决定："洛溪大桥终止收费。"省政府的依法决策行为赢得民众的一片掌声。

二是广东各级政府正在逐步形成科学、民主、依法决策机制。自2007年起，全省推行"四不决策"：不经过认真调查研究的不决策，不经过科学论证的不决策，不符合决策程序的不决策，不符合法律法规的不决策。当前依法决策机制已经在广东各级政府中确立了下来。率先开展法制建设、依法治省，使广东一步步突破经济、社会发展的体制机制障碍，成为广东经济社会发展的"助推器"、社会和谐稳定的"稳定器"。依法治省，让法治精神越来越深入人心。② 广东依法治省工作取得的显著成绩，既为全省经济社会发展提供了强有力的保障，也为全国提供了许多新鲜经验。③

三是法治广东建设，为企业营造了较好的营商环境。改革开放以来，广东历经多轮简政放权，全面清理行政审批事项，基本摸清了行政审批事项的底数，98%的省级行政审批事项可在网上办理，赢得广大企业和群众的称赞。企业对比行政审批制度改革前后的变化，深感营商环境大大改善了。比如，以往企业办证需要跑税务、公安、质监等部门，还时常因递交材料不符等问题需往返多次，耗时至少半个月，现在最迟不超过5个工作日，效率得到了大大提升。

四是法律服务下沉到基层，守法信法格局正在形成。2014年5月，广东省委、

---

① 戴春晨、甘韵矶：《预算改革广州样本 首创地方人大预算委》，《21世纪经济报道》，2015年7月14日。
② 《依法治省的广东实践》，《南方日报》，2014年10月18日。
③ 《依法治省"广东模式"亮点纷呈 诸多做法全国首创》，《法制日报》，2009年1月20日。

省政府出台了《关于开展一村（社区）一法律顾问工作的意见》，要求 2015 年底开始在全省全面推进一村（社区）一法律顾问工作。律师进村入户，有事找律师渐成习惯。比如，广东湛江市电白县有一个村收到征地补偿款 500 多万元，当村委会决定按照之前的契约规定将征地补偿款分给村里的 8000 多名农民时，同村的 2000 多名渔民却极力反对，并试图集体上访。村干部组织临时会议，请律师进村里解释相关法律条文，使渔民们明白了这是按契约规定，而"上访不能改变之前制定的契约规定"这一事实，使渔民们内心的不满渐渐得以平息。① 村民逐步形成了有困难找律师的意识。当前，广东社会学法、遵法、守法、用法意识不断增强，守法、信法格局正在形成。

法治是一种价值观，但并非虚幻的空中楼阁，落实到国家治理体系，他们就是一个政府如何依法行政的问题。"早在改革开放初期，广东就已经意识到，经济建设的领跑只能算'单打冠军'，而法治建设的率先才是'全能冠军'。翻阅广东依法治省的进程，广东民主法治建设亮点迭出，许多做法在全国都是首创，在许多方面走在了全国前列。率先依法治省，广东实践最突出的经验是'一把手'直接挂帅，推进全省的法治建设工作。"② 法制改革、法治化建设，需要主要领导的高度重视和亲自担当，不然，改革探索和实践就缺乏内生动力。当然，主要领导直接挂帅，前提是主要领导能够高瞻远瞩地认识到依法治省的重要性和深远意义。在这方面，广东再次为全国作了表率。

依法治国是党领导人民治理国家的基本方略。党的十八大以来，依法治国、以规治党不断强化。十八届四中全会报告的主题就是"依法治国"，并作出了相关制度、体制机制的安排。广东省第十二次党代会报告也指出，广东省正处于发展转型的关键时期，必须更好发挥法治的引领和规范作用，提出要"更好统筹社会力量、平衡社会利益、调节社会关系、规范社会行为、维护公平正义，全面提升法治政府、法治社会、法治广东建设水平"，从而扎实推进全面依法治省，建设法治社会。

党的十九大报告明确了新时代中国特色社会主义的十四条基本方略，其中第六

---

① 辛均庆：《依法治省的广东实践》，《南方日报》，2014 年 10 月 18 日。
② 董柳：《采访宋儒亮：全面提升社会治理法治化水平》，《羊城晚报》，2017 年 5 月 23 日。

条就是"坚持全面依法治国"。"全面依法治国是中国特色社会主义的本质要求和重要保障……全面依法治国是国家治理的一场深刻革命，必须坚持厉行法治，推进科学立法、严格执法、公正司法、全民守法。"这一条文为如何做到"坚持依法治国"及"深化依法治国实践"方面作出了战略部署。广东在贯彻落实党的十九大报告精神的过程中，将更好地坚持依法治国这一基本方略，将不断提升依法治省实践的水平和质量，在现代化新征程上走在前列。

第三节
改革和创新农村建设体制机制

一、开村官直选先河，探索村民自治

改革开放之后，农村经济改革的发展影响到乡村治理。要求变革人民公社体制以解决人民公社时期积压已久的社会矛盾的呼声日益高涨，农村民主管理体制改革也开始启动。1981年6月，中共十一届六中全会通过的《关于建国以来党的若干历史问题的决议》确立了"在基层政权和基层社会生活中逐步实现人民的直接民主"的发展目标。1982年宪法确立了村民委员会的合法地位，为农村实现村民自治提供了宪法依据。1983年10月，为适应农村改革和持续发展的需要，中共中央、国务院发出《关于实行政社分开，建立乡政府的通知》，要求在1984年底以前，政社分开建立乡政府，并要与选举乡人民代表大会代表的工作结合进行。同时，撤销生产大队，建立村民委员会；撤销生产队，建立村民小组。该通知明确要求："村民委员会是基层群众性自治组织，应按村民居住状况设立。村民委员会要积极办理本村的公共事务和公益事业，协助乡人民政府搞好本村的行政工作和生产建设工作。村民委员会主任、副主任和委员要由村民选举产生。各地在建乡中可根据当地情况制订村民委员会工作简则，在总结经验的基础上，再制订全国统一的村民委员会组织条例。有些以自然村为单位建立了农业合作社等经济组织的地方,当地群众愿意实行两个机构一套班子,兼行经济组织和村民委员会的职能,也可同意试行。"至此,在中国延续了20多年的"政社合一"人民公社体制正式终结。1986年,《中共中央、国务院关于加强农村基层政权建设工作的通知》发布,在强调加强农村基层政权建设的同时,对如何搞好村民委员会建设作了较为详细的规定,巩固了"乡政村治"——乡镇政权为国家的基层政权设置,村委会为农村自治组织的政治体制。1987年国家颁布的《中华人民共和国村民委员会组织法(试行)》明确规定了村委会的地位、性质,明确了乡镇政府与村委会直接指导与协作的关系。

广东在1984—1986年推行了一段时间的小乡制,即在公社的基础上设立镇政府,在生产大队的层次上设立乡政府,下设村委会。因为多设了一层政府,与国家要求不一致,故很快就被调整了;1986—1989年改"小乡"为村委会,村委会下设村民小组或合作社;1989—1998年实行作为乡镇政府派出机构的农村管理区办事处体制,在村管理区办事处下设村委会或合作社。时任广东省委书记的林若指出实行不同于全国的农村管理区办事处体制的理由:一是广东农村人口规模较大,平均3000多人一个村,有的聚族而居的大村达上万人,为便于管理,有必要把村委会建制下沉到过去的生产队为基础的小村,建立和实现村民自治组织,在原生产大队(大村)层次上设立管理区办事处。二是便于农村招商引资,发展"三来一补"经济。管理区办事处是乡镇政府的派出机构,有乡镇政府监管和制度保证,外商觉得靠得住,办事也较方便。实践表明这一体制的确对推动广东农村工业化和城市化进程发挥了显著作用。但与此同时,由于农村管理区通过权力集中达到资源的工业化集中配置的机制缺乏民主监督制度环境,因此权力集中变成了管理区干部的权力滥用,压制民主、以权谋私甚至贪赃枉法现象不同程度地存在于经济落后或发达地区。管理区干部由乡镇政府任命,自然对上负责、不对下负责,日常工作缺乏群众监督,财务收支把持在少数人手中,暗箱操作产生了许多坏账和"白条账"。一些管理区干部随意处置农村社区集体资产,借机中饱私囊,导致干群关系紧张,干部霸道作风和贪腐行为成为农民上访告状的主要动因和内容。由于该种体制不顺,不符合村委会组织法，因此村委会形同虚设，村民自治权难以落实，影响了农村稳定，成为经济社会发展的障碍。为此，广东于1999年底决定正式废止农村管理区办事处这一颇具广东特色的农村管理体制。[①] 针对这一体制存在的弊端，探索乡村治理新方法、新制度的改革也在广东省及其下辖市进行着。其中，佛山市南海区开创了村民一人一票、直选村官的先河。

1992年6月底，佛山市南海区里水镇麻奢乡通过村民一人一票直接选举的形式，选出了该乡（村）新一届的领导班子，开全国直选乡（村）官先河。1998年4月，广东省人大常委会在深入调研基础上，向省委提交了《关于理顺我省农村基层管理体制的报告》。同年6月，中共广东省委常委会议决议：全省撤销农村管理区办事处，设立村民委员会，由村民民主直选村委会，统一实行村民自治，理顺广东省农村基层管理体制。1998年11月27日广东省第九届人民代表大会常务委员会第六次会议通过《广东省实施〈中华人民共和国村民委员会组织法〉办法》和《广东省村民委员会选举办法》（该选举办法后来于2001年和2010年分别作过修订）。这两部地方性法规的出台，使广东成为全国首个出台配套法规的省份。广东以立法形式确立了村民自治、村官直选的投票条件、方式、程序等具体规则，保证了基层民主建设顺利进行，保障了村民有序参与管理。立法上的先行先试，为全国树立了榜样。1999年起，广东在全国率先进行了轰动全国的村官直选试点。同时，率先开展基层民主政治建设。广东率先实行村委会换届选举观察员制度，"四民主、两公开"工作顺利推进，建立了充满活力的基层群众自治机制。

广东开创的村官直选、村民自治改革取得了巨大成效。一是选出了一批发展经济的能人，这些能人得到了村民的普遍拥护。从广东省第一届直选出的村委会成员构成来看，在当选为村委会主任、副主任的人员中，善于发展经济的能人达10343人，占总数的1/3。经济发展水平高的地方选出经济能人的比例普遍较高。这表明在改革开放中崛起的广东农村经济能人大多数得到了当地村民的认可，这也符合村民致富和谋求发展的良好愿望。例如，1999年12月，在增城市荔城镇西山村第一

---

① 法治广东研究中心编、陈岸明主编、宋儒亮执行主编：《广东法制史》，法律出版社，2017年版，第535—546页。

届村民直选出的村委会主任蔡伯高以高票当选，他就是村民公认的经济能人。在当选前，他就个人独资、与他人合股在本村和深圳市兴办了4家企业，个人资产总额将近1000万元。看到本村经济发展落后、村民收入很少的情况，蔡伯高表示愿意带领村民们共同致富。当选后，他力排众议，开始了在本村建章立制，完善本村规章制度和管理体制的改革，建立村民民主理财小组，严格村干部接待费开支，实行村干部补贴和国资制度改革，建立健全民主管理、民主决策制度，制定了一套详细的村集体收益分配制度。通过村民代表会议讨论决定，开展了村小学迁址、村路建设、组建西山村康联经济发展有限公司等工作，收效良好，村民普遍感到满意。二是实现了农村基层干部队伍的相对稳定，体现了党在农村的领导核心作用。在第一届民主选举出的村委会干部中，有七成多的原农村管理区干部，大部分为党员，不存在一个党员也没有的村委会领导班子。这说明农村党支部发挥了领导核心的作用。三是村委会班子的整体素质普遍提高，村集体经济普遍有了大发展，推进了"五位一体"建设。民主直选，选出了群众拥护、思想好、作风正、有文化、有本领、愿意为群众服务办事的领导干部。① 增城市仙村镇西南村的村委会也是在这次直选中选出来的，迄今已经历过多次选举并再次当选。就是这样的村委会，带领村民将一个1999年时集体收入不足5万元、发展落后的村，建设成为村集体收入过千万元，获得多项省内、国家级荣誉称号的先进村——省宜居示范村、省卫生村、省文明村、广州市文明村、省民主法治示范村、全国绿色小康村、全国民主法治示范村、全国妇联基层组织建设示范村等，成为增城社会主义新农村建设的先进典型。四是广东的创举给全国农村基层组织建设提供了借鉴，产生了积极影响。1998年11月4日我国正式颁布了经修订的《中华人民共和国村民委员会组织法》。此后，各省市都推行了村委会直接选举，广泛实行了村民自治制度。农村治理模式和治理结构转型得以促进，我国社会主义新农村建设进程得以推进。

邓小平曾经指出："没有民主就没有社会主义，就没有社会主义现代化。"② 高度发达的社会主义民主政治需要以健全完善的基层群众自治为基础。作为我国改革

---

① 蔡兵等：《改革开放先行区》，广东人民出版社，2016年版，第108—113页。
② 邓小平：《邓小平文选》第二卷，人民出版社，1994年版，第168页。

开放前沿的广东，虽然在改革建设中也存在一些问题和不足，但广东在基层民主自治方面取得的成效和独具地方特色的基层民主建设经验，为全国的基层民主建设提供了示范。

二、率先探索农村股份制改革

始于农村的中国改革，一经开启就引发了中国历史性的变化，从家庭联产承包责任制到乡镇企业的崛起，彻底改变了中国农村的生产关系，改变了中国农村的经济构成。随着乡镇企业的不断发展壮大，一条中国式的农村工业化道路被开辟出来，由此导致原先以简单的行政手段进行的乡村管理模式逐渐被需要运用多种手段进行管理的复杂化模式所取代。在先行一步的珠三角地区，家庭联产承包后，生产积极性被充分激发出来，一部分有能力的农民苦于没有更多的"用武之地"。另一方面，一些承包了土地的农民洗脚上田，成为经商者或从事第二、第三产业，厌恶种地的农民弃耕、厌耕，土地被荒置。这就出现了"有人没田耕、有田没人耕"的土地经营状况，土地资源没有发挥更大的作用。此外，土地分包经营，承包金过低，不利于壮大集体经济，不利于提高农民二次分配收入及办好农村社会福利事业。随着招商引资的推进，还出现了土地市场供不应求的情况。这些问题都严重制约着农业、农村经济的发展，阻碍着工业化进程，亟待寻求新的经济发展模式。

《南方都市报》记者曾春花于2015年采访了当时的南海市委副书记邓文初，对南海率先开启农村股份制改革这段经历作了下述报道[①]：

1984年，当时的南海县委、县政府做出"三大产业齐发展，镇、公社、村、生产队、个体、联合体企业'六个轮子一起转'"的决策，极大调动了民间经商办企业的积极性，随后南海"村村点火、户户冒烟"，全民皆商，一大批家庭作坊式的小五金厂、小冶炼厂像野草一样野蛮生长。邓小平"南方谈话"后，激发了大量外资抢滩广东，加上本地的乡镇企业，南海和珠三角其他区域一样，土地市场告急，"向农村要土地"成为大势所趋。而土地包产到户后，土地经营零碎分散，难

---

① 曾春花：《杜润生曾南下广东佛山肯定南海土地股份制改革》，《南方都市报》，2015年10月13日。

以实现规模化经营。南海当时面临的农村改革问题是：如何实现农村土地规模化经营？在此过程中如何保障村民所享有的土地增值权益？土地规模化经营的收益应如何分配？为此，作为国家首批农村改革综合试验区的南海，干部们多次到当时的江苏无锡市惠州区锡山镇（现在的无锡市锡山区）参观考察，当地实行的农民留出少量自留地、其余全部交村集体进行规模化经营的"小农场模式"给了南海启发。1992年撤县立市后的南海，在全国率先启动集体土地股权制改革的探索，在不改变集体土地性质的前提下，将农民承包的土地以使用权入股，组建起集体经济组织，村集体在土地上"种房子"获得收益，农民则依据股份享受分红。这种做法被称为"南海模式"。

改革首先以南海罗村下柏村作为试点。选择下柏村，是因为当时该村支部书记岑三根很有威信，搞股份制的积极性也很高，作为试点较容易推开。试点取得经验后，南海在1993年初将改革扩大到14个点进行试验，1993年下半年，在全市164个点推开。

当时南海的改革引起外界不少关于私有化、非农化的质疑，时任县委副书记邓文初心里也不踏实。"这样改是行还是不行？加上当时没有政策支持，我们也怕有反复，又回到过去了。"时任南海农村改革试验区主任的何享业向邓文初寻求解决之道。于是，南海决定请北京的领导和专家过来把脉、支招，并请到了时任中央农村政策研究室和国务院农村发展研究中心主任的杜润生先生（被誉为"中国农村改革之父"）。1994年1月5~7日，"以土地为中心的农村股份合作制"论证会在南海召开。除了杜润生，当天参加研讨会的还有郭荣昌、张根生、杜鹰、余国跃、欧广源、吴敬琏等领导和专家。深圳市、广西南宁地区、北海市郊也派人参加了会议。

会上杜润生表示：南海同志抓住机遇，引进股份合作，不仅平息了土地级差收入减少引起的矛盾，而且乘机推进规模经营，力求避免工业化过程中可能出现的农业衰落趋势。利用股份制改造土地集体所有制，农户退出承包权，取得股权和相应收益，使外出农民安心就业。留下的农民，搞好规模化经营，保持农业结构平稳地向现代化产业转变。这"可以说是一种制度创新"。并指出："南海1993年有了新的结果，搞股份合作的规模经营，取得经验，初步启示此路可通。但涉及土地经营方式大转换和农民权益保护这类大问题，必须进一步试验做好各项完善工作，两年后再总结，获取进一步的成就。"他还提醒南海，股份制可以当作一种诱导方式，用来解决人地紧张关系。"农民没有土地是痛苦的。但争得的土地，还会留恋不舍，妨碍他们在工业化时期改变身份。土地股份制只要真正还权于民，坚持自愿原则，允许自由选择，摒弃强制行为，就可顺理成章，做到务工务农相辅相成，各得其宜。"杜润生肯定南海土地股份制改革、为南海农村改革指明方向的发言，无异于给"邓文初们"吃了一颗定心丸，坚定了他们改革的决心和信心。南海开始放开手脚大胆推广土地股份制，并在此后进行股权固化、股权流转等探索，对土地股份制进一步完善。

1994年初，时任广东省委书记谢非到南海西樵山召开农村股份合作制现场会，明确表示富裕地区的农村可以学南海，希望将南海模式推广到珠三角。此后，南海模式很快风靡珠三角地区，佛山、广州、深圳等地的农村地区相继进行了土地股份制改革，推动了工业化进程。

继南海率先改革之后，顺德市也不断深化农村综合改革。1993年8月和1994年2月，中共顺德市委、市政府先后发布了《中共顺德市委、市政府关于深化农村改革的决定》《关于改革村委会建制，推行农村股份合作制的若干政策规定》，正式拉开了顺德市农村综合改革的序幕。顺德的改革措施包括：①改革村委会建制。以原管理区为单位设置村委会和股份合作社，实行"两块牌子、一套人马"。②为发展农村经济，推行农村股份合作制。做好清产核资，把原生产队的财产并归股份合作社；股份金额量化入社；制定股份合作社管理办法。③进行土地承包制的改革与完善。实行"三改"：改长期承包为3~4年的短期承包；改分包为投包；改分散承包为连片承包。要求股份经济合作社在发包土地前，规划好农田保护区、工业开发区和商业住宅区，以利于集体经济发展。

随着城乡一体化、城市化和市场经济体制改革进程的加快，顺德农村股份合作社又出现了新矛盾和新问题，比如，村民自治后，村民参与动机强化与村级民主管理体制相对滞后的矛盾，股份合作制内在的制度缺陷与深化农村产权制度改革的矛盾，等等。为解决这些新问题和新矛盾，顺德市于2001年7月通过了《中共顺德

市委　顺德市人民政府关于进一步深化农村体制改革的决定》，开启了第二阶段的深化改革序幕：突破保守僵化思想，转变观念，实施村改居，转变村委会职能，实行股权固化、资产量化的产权市场化改革，以及资源集约化、区域集约化、发展建设集约化等提高资源配置效率的改革。顺德的改革探索特别是第二阶段的改革触及农村管理体制的根本性改革，最能体现顺德人不断与时俱进、开拓创新的改革精神，为全省的改革提供了经验，对我国现行农村管理体制改革探索提供了一个方向。顺德实施的一系列综合改革，使顺德连续多年高居全国百强县前列，促进了顺德的工业化、城市化进程，成就了一批本土企业家和国内外著名企业，奠定了顺德的制造业基础，营造了法制化的营商环境。

此外，广东的股份合作制改革模式，还有广州市天河区探索建立的"社区型股份合作制"。该类股份合作制最初是在村级农民集体通过明确集体资产、规范收益分配的前提下自发组织起来的，不同地区股权结构的设置有很大差别。广州市天河区在1987年左右有十几个村进行股份合作制试验，股权结构设置包括集体积累股、社员分配股和现金股。集体积累股主要由集体资产清产核资而来，一般占60%以上；社员分配股是由集体资产拆分给社员的，一般在40%以下，有分红权，但不能公开流通和私下转让。天河区社区型股份合作制是城市化进程的产物，是城中村在适应快速发展的城市化要求，而由当地开创出的一种集体经济发展模式。不论是社区型还是土地型，农村集体经济股份合作的股权设置都充分尊重了集体和社员的利益，集体是最大股东，具有控股权，实际掌握着合作制经济实体的控制权和发展权，社员利益同时得到充分体现，农民有权参与经营管理、利益分享并进行监督。该制度明确了农村利益结构，完善了农村利益分配关系，规范了集体资产的治理结构，促进了农村集体经济发展模式从粗放型向集约型转换，通过要求股份合作社承担社区服务和社会管理等公共职责，以"三提五统"方式提供社区教育、治安、水利工程及道路和困难人群救助等公共产品和服务，从而改善了乡村治理状况，保证了农村集体经济发展服务农村的基本宗旨。①

---

① 刘炜：《农村集体经济产权的股份制改革及其优化》，《华南农业大学学报（社会科学版）》，2006年第3期，第25—31页。

始于工业化、城市化的广东农村土地股份制改革是一次制度创新，是农村体制改革的阶段性探索，符合时代要求。"农村股份合作制的改革与完善，表象上是农村社区合作经济组织形式的改变，实质是农村分配机制的改革与完善，是明晰农村产权制度、维护与保障农民利益的政策创举；改革农村区域建制、加大农村区域重组力度以及改造'城中村'等一系列改革，打破了妨碍城市化的制度约束，促进了资源的集约利用，为加快城市化提供了制度支持。"农村体制改革涉及利益关系大调整、管理体制大转变、发展路向大变革，是体制创新之路；顺德实施的农村综合体制改革经验表明，农村体制改革是一项政治性强、涉及面广、影响深远的社会系统工程，改革需要综合协调、各个方面相互促进，不可分割，任何孤立、单项的改革都无法取得根本性成功；农村体制改革是一个系统的、动态的过程，改革需要不断完善。[①] 只有与时俱进、不断适应经济社会发展的趋势变化和要求，在改革、发展与稳定中求得内在的平衡，才能把握改革的主动权，赢得改革的成功。经过近20年的农村股份合作制改革，随着城市更新和功能的升级，农村股份合作制，特别是城中村的股份合作制又面临许多新的不适应、新矛盾和新问题，需要尽快解决与完善。但不管怎样，农村体制改革都是我国市场经济体制改革的重要组成部分，面对新的历史时期和新的发展态势，需要进一步通过与村集体股份社及其成员进行互动化、科学化、民主化的探讨和决策，不断改革创新体制机制。

广东20世纪八九十年代那种认准了方向——只要符合"三个有利于"标准的事就不畏风险、"杀出一条血路"、敢闯敢干的改革精神和勇气，至今仍让读到这段历史、读到这些改革亲历者著述的人们热血沸腾！为什么当时的改革动力、勇气和精神不再重现？为何一些领域的改革，比如行政审批制度改革阻力重重？改革是要触及利益格局的，李克强总理说，"触及利益比触及灵魂还难"。那么，如何才能推进改革？改革动力如何才能被激发？制度变迁、体制机制改革需要突破现有的不合理的法律条文，如果依法改革，而现有的法律恰恰是改革的对象，那么，该如何才能推进改革？如何处理好改革与法律的关系？当前正在深化的供给侧结构性改

---

① 顺德农村综合体制改革部分参见郑年胜主编：《迈向行政管理现代化——顺德行政体制改革实践》，广东人民出版社，2002年版，第139—187页。

革依赖于创新,特别是制度创新。我们当前在行政管理体系、经济体系内的很多法规条文都是部门立法形成的,很多已经成为阻碍经济社会转型升级、创新发展的主要因素。比如,各地涉及工商、质监等多达上万条的行政处罚条例,已成为部门实现自我利益的主要途径,却并未能发挥形成良好的市场监管环境的保障。制度创新需要对当前不合时宜的法律法规、条例进行废止、修订或重新订立,否则,转变政府职能、加强市场监管的政府改革就难以深化。体制改革,改到深处是法律,是对不合理、不合时代发展要求的法规进行改革;创新驱动战略的实施也需要制度创新和科技创新双轮驱动;构建开放型经济新体制,更需要改革、创新、发展。

那么,如何处理好改革、创新、开放发展三者之间的关系,如何才能寻求深化改革的突破口?广东这些年改革开放的实践经验表明,政府改革、体制机制改革创新就是当前诸多改革阻力、难题的突破口和重要抓手。改革需要依法进行,但改革更是制度变迁,需要突破当前不合理的法制框架。应该允许这种突破,至少在改革试点范围内要给予改革优先权。当改革成效显现,改革举措就成为顶层设计,并通过立法予以固化,成为全国的改革举措,由此推进依法改革,而不是在试点改革时就强制依法改革。否则,地方试点中如何推进改革,如何为全国提供经验积累,如何支撑全国的改革创新、开放、发展?①

---

① 岳芳敏、李芝兰:《行政体制改革与法律:制度变迁的辩证关系》,《马克思主义与现实》,2013年第1期。

第四部分

攻坚克难，改革迈入深水区

伴随着经济快速发展，广东多年来蝉联全国第一经济大省的地位，但在经济规模快速扩张的同时，广东经济社会发展所存在的结构性、深层次矛盾也日益显露出来。从全球产业链视角来看，广东基本上集中在产业链中低端的加工制造环节，关键设备、关键技术、品牌、营销和供应链管理等高附加值、高技术含量环节滞后或缺失，导致广东产业结构的名义高度化较高，而实际高度化不足。这种产业结构决定了广东经济的快速增长严重依赖资源要素的高投入和高消耗，经济发展的土地、资源和环境约束日益趋紧，长期增长潜力遭到透支。此外，改革开放以来，各地政府过度关注本地区的经济发展速度，把有限的人财物资源大多数用在经济建设上，专注于追求任期内的经济增长，导致一些重要的政府职能缺失。一些本应主要由政府提供的公共产品，如医疗、卫生、教育等被推向了市场，政府的公共服务和社会管理职能发挥不充分，导致公共产品和公共服务供给不足，文化、教育、卫生和社会保障等社会事业发展滞后。这又反过来进一步限制了居民消费能力的提升和消费需求的增长，导致经济发展的投资依赖症，加大了经济转型升级的难度。这些问题的存在意味着广东的改革逐步迈入深水区，需要对经济社会发展中长期存在的深层次问题进行解剖，并找到解决问题的方法。鉴于此，这一时期广东主要围绕区域经济一体化、产业转型升级、政府职能和社会管理等问题进一步深化改革，取得了不少成功的经验，也推进了广东经济社会的科学发展。

第十章
推进区域经济转型升级与一体化发展

第一节
CEPA 与粤港经济一体化

一、CEPA[①] 签订的背景

自 20 世纪 80 年代以来,内地与香港经贸关系持续发展,特别是粤港经贸往来规模不断扩大,层次不断提高。1991 年邓小平同志南方谈话以后,1992 年我国全面实施市场经济体制和对外开放政策,1997 年 7 月 1 日香港顺利回归祖国,2001 年我国成功加入世界贸易组织(WTO),这一系列的重大举措和事件使得内地和香港之间,特别是粤港之间的经贸关系愈来愈紧密,粤港经济一体化程度迅速提高,其结果是推动了两地经济的发展,增强了两地经济的综合竞争力。但是,随着我国内地对外开放的力度不断加大,特别是由于加入了 WTO,内地市场对外商更具吸引力,吸引了大量的外国直接投资(FDI)。

香港企业在内地市场的地位面临着愈来愈激烈的竞争,虽然两地贸易和投资的绝对规模仍在不断扩大,但其相对比重却在不断下降。首先,在两地贸易关系方

[①] CEPA(Closer Economic Partnership Arrangement)是《关于建立更紧密经贸关系的安排》的英文简称。包括中央政府与香港特区政府签署的《内地与香港关于建立更紧密经贸关系的安排》、中央政府与澳门特区政府签署的《内地与澳门关于建立更紧密经贸关系的安排》。本节主要讨论《内地与香港关于建立更紧密经贸关系的安排》的有关问题。

面，改革开放以来内地与香港之间的贸易快速发展，内地在较短时间内就取代了美国和日本成为香港第一大贸易伙伴。2000年香港向内地出口货值占出口总货值的比例为35%，到2003年上升为43%；2000年内地经香港转口的货值占香港转口总货值的比例为35%，到2003年上升为44%。[①] 但是，与此形成鲜明对比的是，多年来香港作为内地第一大贸易伙伴的地位却受到了发达国家的挑战，早在1993年日本就取代香港成为中国内地第一大贸易伙伴，当年中日之间的贸易额高达390.3亿美元，而内地与香港两地之间的贸易额为324.9亿美元。此后，香港作为内地贸易伙伴的排名不断后移，2003年中国内地与前六大贸易伙伴的贸易额分别为：日本1336亿美元、美国1264亿美元、欧盟1253亿美元、中国香港874亿美元、东盟782亿美元和韩国632亿美元。[②] 香港仅排名第四，与排名第一的日本相差近500亿美元，香港排名后移的情况引起了国家的重视。其次，从资本输出的角度来看，截至2003年，香港累计对内地实际投资2226亿美元，始终保持内地第一大外资来源地的地位。但是，从相对指标来看，香港投资占内地实际利用外资总额的比重却在不断下降。20世纪80年代，香港投资所占比重高达60%以上，进入90年代以后，这个比重逐渐降到50%以下，到2003年下降为33.08%。香港在内地贸易对外经济联系中相对排名后移和比重下降的原因是多方面的，其根本原因在于我国内地全面对外开放的程度加深和经济资源在全球范围内重新调整的结果，也是伴随着全球化进程，国际经济竞争加剧和市场融合的具体表现。在这种情况下，内地与香港两地之间的经贸关系如何进一步加强，一体化发展如何形成新的突破，就成为当时中央和特区政府共同关注的问题。

CEPA签订的另一个背景是全球区域贸易集团大量增加，这种贸易集团大量增加的态势对非成员国施加了巨大的竞争压力。区域贸易集团的形成由来已久，早在1958年由西欧六国组成的共同市场就已成立，但是直到90年代中，全球区域贸易集团的数量还比较少，只有100多个，在当时关税与贸易总协定（GATT）解决缔

[①] 香港特别行政区政府财经事务及库务局经济分析部：《2002年经济概况》，香港政府物流服务署印，2004年。

[②] 《2003年我国对外贸易快速增长》，《国际商报》，2004年3月5日。

约方之间的贸易争端方面起了一定的作用。但自90年代以来,由于国际经济竞争加剧,形形色色的贸易保护主义纷纷涌现,一些发达国家不遵守国际贸易共同规则的现象日益增多,导致取代GATT而协调全球贸易活动的世界贸易组织(WTO)多边贸易谈判进展很不顺利。在这种情况下,很多国家和地区就转向组建区域贸易集团(FTA)作为替代选择。于是在很短时间内,FTA如雨后春笋般出现。仅在2002年1月至2003年5月一年多的时间内,全球新建立的双边FTA即达19个。据WTO统计,在全球约280个区域贸易协定中,双边FTA占90%左右。在这股FTA的热潮中,以美国和日本为代表的发达国家尤其重视参与其中,并将其作为国际经济竞争的重要战略举措。2003年前后,美国参与的区域贸易安排约为15项,日本参与的区域贸易安排也达10项左右。区域贸易集团本身都带有很强的排他性,其内部的贸易优惠不会向集团外的成员提供,这意味着对非成员国实施了歧视性贸易政策,必将其置于不利的竞争地位上。例如,由于取消关税,在美、加、墨三国所组成的北美自由贸易区内,墨西哥成衣和纺织品大量进入美国市场,并取代中国而占美国同类产品市场份额的首位。由此可见,为了应对这种挑战,我国亦应积极拓展双边、地区经贸合作,参加或组建FTA。因此,CEPA的出台可以说是内地与香港共同应对区域贸易集团挑战的一种战略选择。

正是在上述背景下,2003年6月29日和9月29日,中央政府和香港特别行政区政府先后签署了《内地与香港关于建立更紧密经贸关系的安排》(CEPA)及其六个附件,这表明内地与香港两地之间的经济关系进入了一个新的发展阶段,也标志着大珠三角经济一体化发展进入了一个新的阶段。

二、CEPA的主要内容

CEPA正文共6章计23条,并有6个附件,其内容包括总则、货物贸易、原产地、服务贸易和投资贸易便利化。CEPA的总则规定的目标是:逐步减少或取消双方之间实质上所有货物的关税和非关税壁垒;逐步实现服务贸易自由化,减少或取消双方之间实质上所有歧视性措施;促进贸易投资便利化。CEPA的原则是:遵循"一国两制"的方针,符合WTO的规则,顺应双方产业结构调整和升级的需要,促进稳定和可持续发展；实现互惠互利、优势互补、共同繁荣；先易后难，逐步推广，并可因形势的发展和需要补充、增加新的内容。根据CEPA的总则和原则，内地与香港在货物贸易、服务贸易、投资便利化方面决定采取重大措施。

1. 货物贸易自由化

货物贸易自由化是原GATT的主要规则之一。在加入WTO以前，内地与香港之间的货物贸易关税不对称，香港作为自由港，对内地产品免征关税，而向内地出口产品则要照章纳税。内地加入WTO以后，关税总水平由1992年的42.7%降为2004年的10.4%，其中工业品关税已降为9.5%。尽管如此，香港向内地出口产品仍要征税。CEPA的实施，使两地之间货物贸易关税不对称和实质性自由化问题迎刃而解，例如CEPA第二章就两地货物贸易自由化问题作出了如下规定：

（1）内地分两批对原产于香港的产品进口实行零关税：自2004年1月1日起对出口金额较大的273个税目的产品实行零关税；不迟于2006年1月1日对273种以外的产品实行零关税。

（2）内地不对原产于香港的进口货物实行关税配额。

（3）内地与香港一方不对原产于另一方的进口货物采取反倾销措施。

（4）内地与香港一方不对原产于另一方的进口货物采取反补贴措施。

（5）因CEPA的实施而使其某项产品进口激增，对进口方同类产品生产造成严重损害或严重威胁的，进口方可在以书面方式通知出口方后暂时中止对该项产品的进口优惠，并尽快进行磋商，以达成协议。

（6）制定和实施严格的原产地证签发程序和核查监管机制，以确保原产于香港的产品出口到内地时享有零关税优惠。

2. 服务贸易自由化

服务业在全球贸易中占有重要地位，主要发达国家服务业在经济总量中占的比重一般在70%以上。为管理全球服务贸易，原GATT缔约方经过长达12年的谈判协商，于1994年4月15日在摩洛哥的马拉喀什签署了《服务贸易总协定》，该协定对服务贸易作了如下界定：自一成员领土向任何其他成员领土提供服务，通常称之为跨境交付；在一成员领土内向任何其他成员的消费者提供服务，通常称之为境外消费；一成员的服务提供者通过在任何其他成员领土内的商业存在提供服务，通常称之为商业存在；一成员的服务提供者通过在任何其他成员领土内的自然人存在提供服务，通常称之为自然人存在。[①]《服务贸易总协定》将服务分为商业服务，通信服务，建筑及相关工程服务，旅游服务，分销服务，教育服务，环境服务，金融服务，健康服务，娱乐、文化和体育服务，运输服务及其他服务共12个服务部门。参照《服务贸易总协定》对服务部门的划分，CEPA将两地之间的服务业分为21类，具体包括：法律服务，会计、审计服务，建筑设计服务，工程服务、集中工程服务、城市规划和风景园林设计服务、建筑及相关工程服务，房地产服务，医疗及牙医服务，广告服务，管理咨询服务，会议服务和会展服务，增值电信服务，视听服务，分销服务，保险服务，银行服务，证券服务，旅游和与旅游相关的服务，海运及辅助服务，公路运输服务，仓储服务，货代服务，物流服务等。[②]

在服务业发展方面，内地与香港之间存在很大的差距。香港服务业高度发达，服务业产值占GDP的比重1980年为67%，2002年增加到86.3%。而改革开放以来内地服务业虽然发展较快，但其产值占GDP的比重只有30%左右。CEPA的出台，为两地之间在服务业方面实行更紧密的合作创造了良好的条件。CEPA第11条规定：两地逐步减少或取消服务业实行的限制性措施，"应一方要求，双方可通过协商，进一步推动双方服务贸易的自由化"。CEPA附件四表一详细规定了自2004年1月1日起内地7个服务部门向香港服务提供者开放的承诺，其中包括商业服务、通信服务、建筑及相关工程服务、分销服务、金融服务、旅游和与旅游相关的服务、运输服务等，取消了这些部门在投资方式、投资地域等方面的限制。[③]

3. 贸易投资便利化

CEPA第16条规定："双方通过提高透明度、标准一致化和加强信息交流等措施与合作，推动贸易投资便利化。"这方面合作的内容具体包括贸易投资促进，通

[①] 石广生：《中国加入世界贸易组织知识读本（二）》，人民出版社，第344页。
[②] 安民：《内地与香港、澳门更紧密经贸关系安排知识读本》，中国商务出版社，2004年版，第141—155页。
[③] 安民：《内地与香港、澳门更紧密经贸关系安排知识读本》，中国商务出版社，2004年版。

关便利化，商品检验检疫、食品安全、质量标准，电子商务，法律法规透明度，中小企业合作和中医药产业合作七大方面。CEPA 附件六就上述七方面的合作事项分别规定了相关合作机制和合作内容。例如，在贸易投资促进方面，双方通过发挥联合指导委员会有关工作组的作用，指导和协调两地贸易投资促进合作的开展。具体合作内容包括宣传各自的外贸外资政策法规，对贸易投资领域存在的问题交换意见，进行协商，在向海外投资方面加强沟通与合作，在组织展览会方面进行合作。在通关便利化方面，双方通过海关总署和香港海关高级领导业务联系年会指导和协调通关便利化合作。①

三、CEPA 实施的成效

（一）CEPA 对香港经济的影响

首先，CEPA 关于货物贸易零关税的规定对香港经济产生了以下几方面积极的影响：①有助于扩大香港产品对内地市场的出口规模。货物贸易零关税使香港本地产品因节省了关税而降低了出口成本，从而提高了销往内地的价格竞争力，刺激了香港产品对内地出口的增长。2004 年，香港对内地出口产品开始出现正增长，扭转了持续三年的下跌态势。自 CEPA 实施以来，香港以零关税出口到内地的货物逐年增加，2004 年第一阶段为 12 亿港元，2005 年第二阶段为 24 亿港元。2006 年，内地进口香港零关税货物货值为 4.4 亿美元，同比增长 55.9%，免征关税 3.2 亿元人民币，同比增长 54.2%。② ②促进香港产业结构转型。根据 CEPA 原产地规则，香港企业开发产品的成本，包括设计、开发和知识产权有关的成本，也被列入附加值计算来决定原产地，这有利于香港的制造业向高附加值的研发设计方向发展，制造业厂商可以通过强化自身设计和开发功能开发生产高附加值产品，打造自有品牌，增强竞争优势。根据 CEPA 的规定，企业还可以根据新产品开发的情况对拟投

---

① 张德修：《论 CEPA 的主要特点与战略意义》，《北京大学学报》，2004 年第 9 期，第 57—65 页。
② 资料来源："2006 年内地与港澳通过 CEPA 实现共赢"，商务部新闻办公室。http://www.mofcom.gov.cn/article/ae/ai/200701/20070104300382.html.

产的产品申请享有零关税优惠。在 CEPA 第二阶段享受零关税优惠的产品中就包括了香港拟生产的 184 项产品。这无疑刺激了香港对本地工业投资的增加，推动本地制造业向价值链上游攀升。③吸引更多的 FDI。CEPA 对香港的各项措施只适用于符合"香港公司"界定标准的企业。在界定标准上，CEPA 对于"香港公司"的定义以注册地为准，而不论资本来源，外国公司或人士只要符合要求，也可受惠于 CEPA。这有利于吸引其他国家或地区的企业在香港注册公司或扩大业务规模，这一举措激发了外部资本进入香港并从而享受 CEPA 政策收益的热情。根据香港投资推广署的统计，在其成功协助的外来投资公司中，约有四分之一的公司表示 CEPA 是其来港投资的重要因素之一。①

其次，服务贸易自由化安排也对香港经济产生了重要的积极影响，具体如下：①促进了商贸服务业发展。CEPA 允许符合条件的香港企业在内地设立独资外贸及批发、零售公司，并取消或降低地域限制，放宽香港公司申请前的资产额、最低注册资本、年均营业额等限制性要求，大大降低了香港服务公司进入内地市场的准入门槛，提高了香港作为内地市场贸易平台的地位，有助于香港企业在内地扩大内销市场。2004 年，CEPA 开放下的服务贸易为香港分别带来额外 15 亿元的收入及 10 亿元的额外投资。② ②促进了运输服务及物流服务业发展。CEPA 使香港的物流企业可以比其他国家的物流企业提前一年以上以独资形式在内地经营物流、国际货运代理、仓储、道路运输、海运等服务。自 CEPA 实施以来，在获批准的香港服务提供者证明书申请中，运输及物流业占了相当大的比重。截至 2007 年 1 月底，在 1034 家取得服务提供者证明书的香港公司中有 467 家公司是来自物流业，占比达到了 45% 左右。③促进了金融服务与保险服务业发展。香港是世界著名的金融中心，拥有大量国际金融机构和金融专业人才，内地是香港金融服务最大的输出市场。CEPA 不仅降低了香港银行业进入内地时所需资产规模的限制，而且放宽了香

---

① 资料来源："外来投资者对香港表示支持"。http://www.info.gov.hk/gia/general/200607/11/P200607110261.htm.
② 资料来源：香港工商及科技局局长曾俊华于 2005 年 3 月 21 日在岭南大学周年颁奖典礼上的致辞。http://www.cedb.gov.hk/chs/speech/pr21032005.htm.

港银行业经营人民币业务的限制。CEPA第二阶段进一步允许香港银行业的内地分行经营保险代理业务，使香港的银行在内地全面开放人民币业务前提前数年拓展内地市场。CEPA第三阶段进一步放宽了香港银行在内地设立分行的规定，由单家分行考核改为多家分行整体考核。CEPA降低了香港的银行进入内地市场及经营人民币业务的门槛，大大推动了香港金融业的发展。截至2006年3月底，有5家香港银行在内地开设了6家分行，有5家由香港银行开设的内地分行获准在内地经营人民币业务，有7家香港银行的共50家分行获准在内地从事代理保险业务。同时，CEPA同意香港交易及结算所有限公司在北京设立办事处，并允许香港专业人员依据相关程序在内地申请从业资格。CEPA不仅提高了香港保险公司对内地同业的持股限额，而且为香港众多中小规模的保险公司提供了以组建集团的形式达到在内地申请牌照资格的渠道。此外，在CEPA的实施过程中，国家还积极推动了香港和内地资金的双向流动，鼓励内地银行把国际资金和外汇交易中心放到香港，支持内地金融机构和其他企业来港收购本地企业及上市集资。上述诸多措施均为香港金融业的发展创造了更多的市场空间。④促进了旅游和与旅游相关服务业的发展。根据CEPA的规定，自2003年7月起，内地分阶段允许指定地区的居民个人赴港旅游。从2007年1月1日起，随着石家庄、郑州、长春、合肥和武汉5个省会城市开始实施"个人游"，香港"个人游"措施进一步扩展至内地49个城市的近3亿居民，这项举措极大地促进了香港旅游业的发展。根据商务部的统计数据，截至2006年10月底，内地累计赴港"个人游"旅客达1600万人次。2004年"个人游"为香港带来额外65亿元的旅游消费，创造了近2万个新增职位。"个人游"还促进了其他与旅游相关的行业，包括零售、餐饮、运输、通信、旅游代理和票务代理等。根据CEPA第四阶段的安排，香港旅行社可在广东省设立独资或合资旅行社，申请以试点方式经营广东省居民前往香港、澳门的团队旅游业务，这项政策优惠又为香港旅行社提供了开放出境游业务的契机，进一步加快了香港独资旅行社在内地的发展。

（二）CEPA对内地经济的影响

CEPA是一种类似于自由贸易区的特殊安排，CEPA的实施进一步推动了内地和香港之间的商品,以及资金、技术、人员、原材料、信息等生产要素的自由流动,不仅对香港经济发展产生了有利影响,也对广大内地产业升级和经济发展产生了重要的积极影响。

1. 有助于内地企业以香港为桥梁走向世界

加入世贸组织后,我国对外开放的广度和深度不断提高,内地对外开放战略已从"引进来"为主转向"引进来"与"走出去"并重。香港作为内地传统的开放"窗口"已经为许多"走出去"的内地企业提供了融资、管理、信息和法律等多方面的协助。CEPA实施后,内地和香港资本市场的相互开放和相互衔接进一步加强了香港作为内地企业"走出去"的重要桥梁作用。在融资方面,CEPA支持符合条件的内地保险企业以及包括民营企业在内的其他企业到香港上市,这有利于更多的内地企业利用香港资本市场融资。为了配合CEPA投资便利化的实施,2004年9月,商务部、国务院港澳办联合公布了《关于内地企业赴香港、澳门特别行政区投资开办企业核准事项的规定》,把部分投资审批权下放到省级商务主管部门,简化了审批程序,推动了一批对缺少国际市场运作经验的内地中小企业通过香港走向世界。2006年,香港投资推广署预期协助的外来投资项目约250项,其中内地企业约50家,内地公司在香港投资表现出强劲的势头,香港的桥梁作用也日益凸显。① 特别是作为香港近邻的广东,CEPA实施3年来,广东企业对香港的投资已占其全部境外投资的四成。至2006年底,广东累计在香港设立企业754家,投资金额33亿美元。②

在CEPA第三阶段下,符合条件的内地创新试点证券公司可以在香港开设分支机构;符合条件的内地期货公司亦可于香港设立分支机构,经营期货业务。这些措施可鼓励更多的内地证券公司及期货公司利用香港的金融服务进入全球资本市场。根据2006年6月签署的CEPA第四阶段的新安排,香港将与中央政府商讨进一步扩大人民币业务的建议,包括用人民币支付跨境贸易及在香港建立发行人民币债券机制。这将进一步加强香港和内地之间资本的流动,在提高香港作为区域金融中心竞争力的同时,扩大人民币在国际货币和国际资本体系中的影响力。

---

① 《香港投资推广署2006年助50家内企赴港投资》,《中国产经新闻》,2006年6月22日。
② 《深港(深圳—香港)西部通道2007年7月1日前开通》,《深圳特区报》,2007年1月30日。

2. 有助于提升内地服务业发展水平

改革开放以来，我国东部沿海不少地区已经发展成为制造业的重要基地，在生产及装配方面具有较强的国际竞争力，但与制造业密切相关的运输、物流、分销、金融服务和商务服务等生产性服务业的发展却较为滞后。而香港的生产性服务业不仅门类齐全，而且在生产管理、商贸物流、品牌设计和市场营销方面竞争优势明显。CEPA关于服务贸易一体化安排有效地将香港服务业的资本和技术优势与内地劳动力成本低、市场规模大和资源丰富的优势结合起来。这一方面有利于提高内地服务业发展水平，另一方面也十分有助于提升内地制造业的营运效率，提升中国制造业在全球价值链中的地位。

3. 促进内地制造业的出口

CEPA的实施不仅有利于内地企业以香港为平台开展投融资活动，还有助于内地制造业产品的出口增长。长期以来我国制造业产品出口市场过分集中于欧美与日本等发达国家，随着这些国家贸易保护主义势力逐渐抬头，针对我国工业产品的反倾销事件和各种贸易争端日益增多，这对我国工业产品出口造成了较大的负面影响。CEPA实施以后，一些内地企业将部分生产工序设在香港，巧妙地利用"香港制造"的产地来源地位，规避西方国家对我国工业产品的歧视性政策和贸易保护措施，有助于我国工业产品出口的持续增长。同时，关于CEPA投资便利化的一系列措施也在很大程度上节省了内地出口产品的交货时间，降低了贸易成本，进一步助推了内地产品的出口增长。

第二节
推进珠三角转型升级与一体化发展

一、《珠江三角洲地区改革发展规划纲要（2008—2020年）》发布

改革开放30多年来，珠江三角洲地区充分发挥全国改革开放"试验田"的作

用,率先在全国推行以市场为取向的改革,较早地建立起社会主义市场经济体制框架,成为全国市场化程度最高、市场体系最完备的地区。广东在发展过程中紧紧抓住毗邻港澳的区位优势,大力承接国际产业转移和吸引外资,率先建立开放型经济体系,成为我国外向度最高的经济区域和对外开放的重要窗口。多年的快速发展使广东省由落后的农业大省转变为位列全国第一的经济大省,经济总量先后超过"亚洲四小龙"中的新加坡、中国香港和台湾,奠定了建立世界制造业基地的雄厚基础,成为推动我国经济社会发展的强大引擎。从图 10-1 中可以看出,1979—2007年间,广东的经济增长速度明显高于全国。到 2007 年,广东经济总量达到 31084亿元,占全国经济总量的比重为 12.5%;人均 GDP 达到 33151 元,相当于全国水平的 1.8 倍,珠江三角洲地区已经站在了一个新的更高的历史起点上。

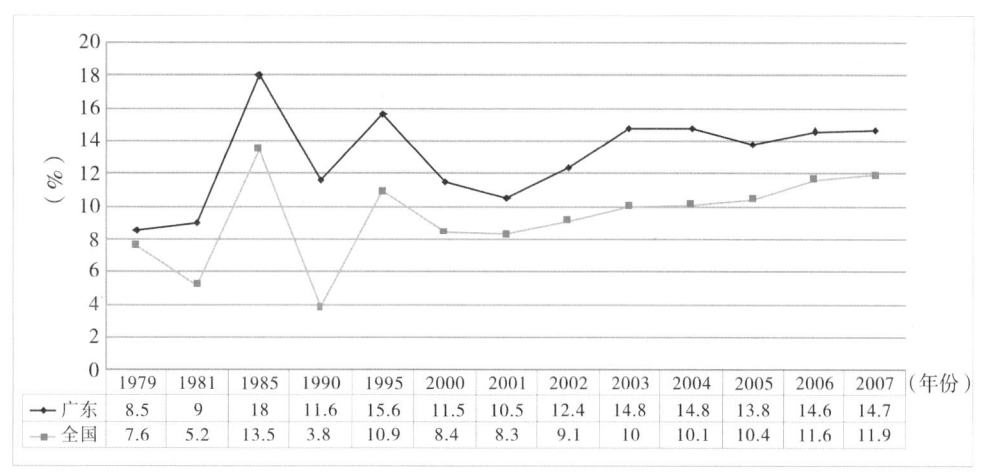

图 10-1 广东主要年份经济增长率

但是,在经济规模快速膨胀的同时,广东经济发展也存在不少突出的结构性问题,特别是 2008 年国际金融危机的爆发导致广东经济发展的内外环境恶化,面临着越来越多严峻的挑战,具体如下:

第一,企业研发投放不足,核心技术欠缺,产品附加值偏低。以高技术产业为例,广东的高技术企业主要分布于电子及通信设备制造业、电子计算机及办公设备制造业这两大信息技术行业,绝大部分都集中在珠江三角洲地区,以广州、深圳、惠州、东莞等珠江东岸城市为中心的高技术产业带在企业数量、总产值、增加值等指标上均占全省的 90% 以上。广东省虽然研究与试验发展(R&D)经费的总量较大，2008年达到了237.6亿元，但产业R&D强度增长缓慢，年平均增长率不足0.5%。从图10-2中可以看出，2008年广东省高技术产业R&D经费占增加值的比重仅为6.49%，虽然高于国内平均水平，但远远落后于国际先进水平。发达国家和地区的高技术产业R&D经费占增加值的比重一般都在20%以上，美国为29%，德国为21.5%，日本为28.9%，韩国为21.3%。广东省高技术产业R&D强度不仅落后于发达国家，也低于国内其他一些发达地区，如浙江（8.17%）和北京（7.08%）等。研发投入不足已成为制约广东高技术产业发展和产业结构优化升级的主要因素。

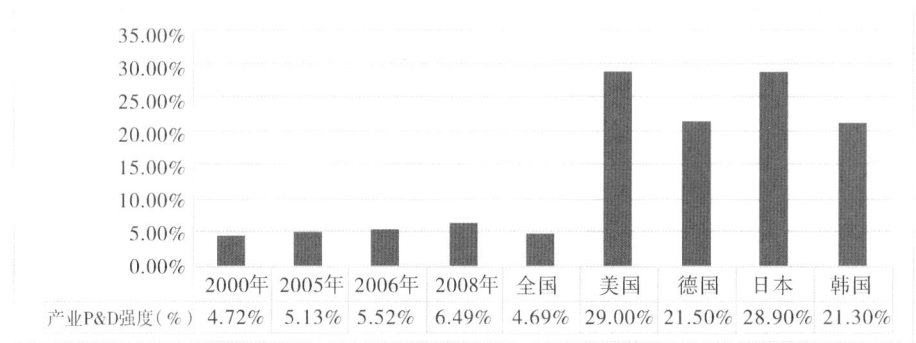

图10-2 广东高技术产业R&D经费占增加值的比重

R&D强度不足直接导致广东省绝大部分企业并不掌握产业的核心技术，在国际产业分工中只能处于价值链低端环节，生产附加值低，效益不明显。广东省规模以上高技术产业的工业增加值率①从2000年以来不升反降，2000年为25.09%，2008年为21.71%，而全国"九五"时期规模以上高技术产业的工业增加值率的平均水平就达到了25.8%。早在1999年，美国的高技术产业工业增加值率就达到了43%，日本和英国约为36%，法国和加拿大也超过了30%。而在广东省的高技术产业中，工业增加值总量占80%以上的电子计算机及办公设备制造业、电子及通信设备制造业这两个电子类行业的工业增加值率最低，分别仅为15.7%和23.86%（如图10-3所示）。

---

① 工业增加值率＝工业增加值÷工业总产值（均以现价计算），直接反映企业降低中间消耗的经济效益，工业增加值率越高，企业的附加值越高，盈利水平越高，投入产出的效果越好。增加值率是一个地区工业企业盈利能力和发展水平的综合体现。

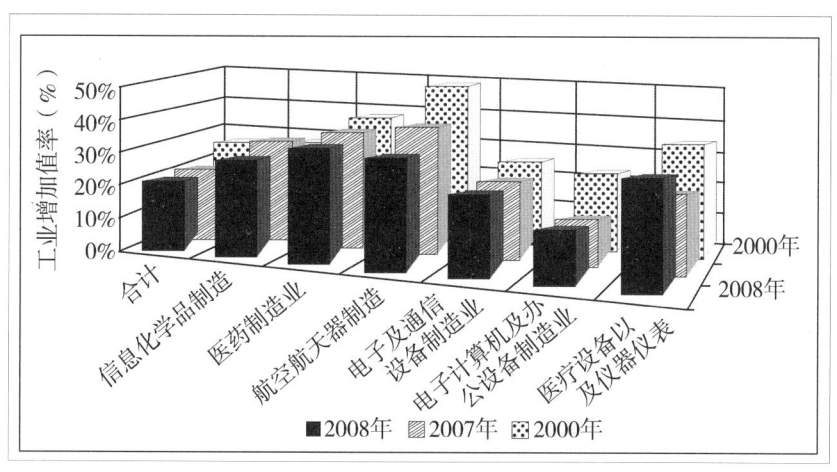

图 10-3　广东高技术产业的工业增加值率

第二，经济发展的环境约束趋紧。广东是一个人均资源贫乏的省份，除了少数矿种外，绝大多数大宗矿物都要从省外调入，对国内外市场的依赖度比较高。自 2000 年以来，随着我国能源资源对外依存度不断提高，国际能源、矿产资源价格飞涨，对广东省的资源供给安全和经济发展带来了巨大的压力。广东经济发展中的资源利用效率偏低。从主要工业产品的能耗来看，广东省主要产品能耗显著高于国际水平，火电供电煤耗和大中型钢铁企业吨钢能耗高约 20%，水泥综合能耗高约 35%，乙烯综合能耗高约 30%。按照当期汇率折算，2007 年广东省创造每万美元 GDP 消耗的钢材、钢、铅、锌为世界平均水平的 4 倍左右，工业万元产值用水量是国外先进水平的 10 倍，工业用水重复利用率要比发达国家低 15~20 个百分点。高投入和高消耗换来的高增长导致广东省的生态环境不堪重负，未来发展的资源和环境约束日益严峻，在很大程度上影响了经济发展的可持续性。以水环境污染为例，根据广东省 2009 年环境状况公报的资料，广州是水质唯一没有全部达标的城市，而深圳则是全省江河污染最严重的地区，在全省 7 个受重度污染的江段中，龙岗河、坪山河和深圳河均在深圳。流经深圳、东莞、惠州的观澜河跨界断面污染物浓度超标，惠州西湖水质由Ⅲ类下降为Ⅳ类。①

---

① 符王润：《广东省环保厅发布 2009 年环境质量状况》，《广东科技报》，2010 年 6 月 25 日。

第三,经济发展与耕地保护之间的冲突日益尖锐。由于长期沿袭粗放式的增长模式,广东省高速的经济增长严重依赖高比例的要素投入增加,尤其是土地资源的大量占用。改革开放之初"村村点火、户户冒烟"的发展模式虽然在当时有效地激励了各级政府与个体发展经济的热情,但也遗留下产业布局分散、土地资源利用低效的隐患。2009年,广东省全省GDP约为3.9万亿元,居全国首位,但单位面积土地的GDP产出值仅为2173万元/公里^2,低于同是沿海经济发达省份的浙江(2242万元/公里^2)和江苏(3319万元/公里^2),不到上海单位土地产出(23503万元/公里^2)的1/10。低效的土地利用导致广东省耕地面积迅速减少,人地矛盾突出。从图10-4中可以看出,2000—2008年,广东省耕地面积减少29.7万公顷,年均减少3.3万公顷,年均降幅为1.5%,降幅较大。2008年广东省耕地面积仅有283.1万公顷,已经超前低于《广东省土地利用总体规划条例》提出的2020年全省耕地面积不少于290.87万公顷的保护目标。从图10-4中可以看出,自2000年以来全省耕地面积呈现不断下降的趋势。相比于可再生的资本和劳动力要素,土地资源由于具有无法再生的特性,几乎是完全刚性供给的。到2008年,珠江三角洲地区基本上无地可用了,广东其他地区也同样面临着用地指标的约束,几乎所有的地方政府都强烈要求增加本地区的建设用地指标。

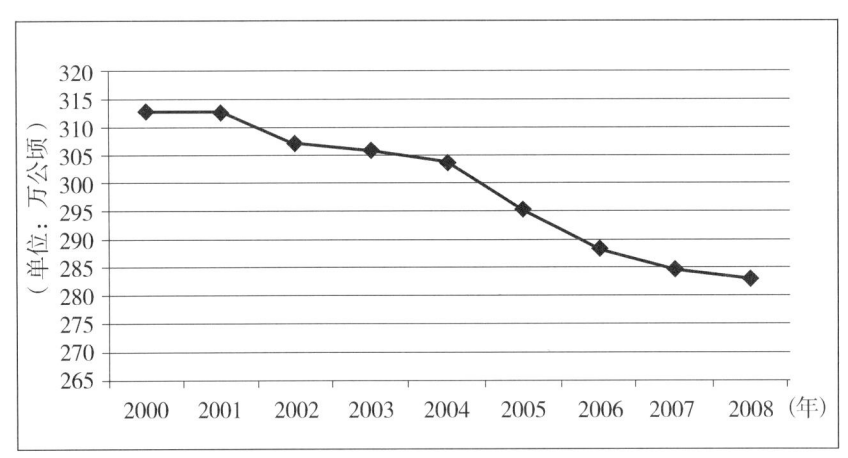

图10-4 广东省耕地保有面积变化态势

第四,政府职能定位与市场机制不协调。改革开放以来,我国政府部门在很大程度上承担了企业家的创业功能,在很多情况下积极介入经济活动,干预市场运作，强化对经济资源配置过程的支配性影响，这在改革开放先行一步的珠江三角洲地区表现得尤为明显。这种企业家型政府在对我国二十多年来经济高速增长起到了重大推动作用的同时，也导致我国政府职能定位过分偏重于经济建设，存在着与市场机制不协调、公共服务职能欠缺等问题。经济分权使得政府的行为和角色发生了根本的变化，刺激了地方政府以经济发展来谋取更大的利益。1980—1984 年实行的"划分收支，分级包干"政策、1985 年"利改税"的改革，以及 1987 年实行各种形式的"财政大包干"等使得地方政府逐步获得了独立的财政利益。1994 年以来，中央又在全国范围内推行分税制，建立了稳定的财政分权制度。在这种财政体制下，地方政府税收的多少与当地经济发展水平密切相关。因此，地方政府有较强的意愿去努力发展本地经济，把 GDP 增长放在十分重要的位置上，各级地方政府经常充当企业家的角色，干预市场的资源配置过程，努力加大地方投资力度，以促进本地经济发展。企业家型政府过度关注辖区内的经济建设目标，形成了强烈的投资冲动和地方保护倾向，在很大程度上破坏了市场机制在社会资源配置上的基础性作用，加剧了投资过热、重复建设、资源消耗和环境破坏。在投资边际报酬递减律的作用下，过多的投资意味着低效，从而对经济增长的推动作用趋于下降。此外，由于企业家型政府过度关注本地区的经济发展速度和水平，把有限的经济资源用在投资办项目上，专注于追求任期内的经济增长，导致了一些重要的政府职能缺失，把本应主要由政府提供的某些公共产品，如医疗、卫生、教育等大部分推向市场，进一步加剧了公共产品供给中的市场失灵。政府的公共服务职能缺失，导致公共产品和公共服务供给不足，文化、教育、卫生和社会保障等社会事业发展滞后，这又进一步限制了居民消费能力的提升和消费需求的增长，导致经济发展的投资依赖症和大量的产能过剩，加大了增长转型的难度。

为了应对上述挑战，2008 年 12 月国家发展与改革委员会牵头制定了《珠江三角洲地区改革发展规划纲要（2008—2020 年）》，赋予珠江三角洲地区发展更大的自主权，支持广东率先探索经济发展方式转变、城乡区域协调发展、和谐社会建设的新途径、新举措，要求广东省通过进一步深化改革走出一条生产发展、生活富裕、生态良好的文明发展道路，为全国的科学发展提供示范。

二、推进珠三角一体化发展

《珠江三角洲地区改革发展规划纲要（2008—2020年）》颁布实施以来，珠三角一体化作为一项国家战略，成为广东省和珠三角九市政府工作的重点任务，广东省委、省政府采取了一系列措施积极推动珠三角一体化，具体如下：

第一，设定一体化的发展目标。国家发改委代表中央政府在《珠江三角洲地区改革发展规划纲要（2008—2020年）》中明确了珠三角的战略定位和发展目标，提出了涵盖五大建设、九个方面的重点，并从地区生产总值、人均地区生产总值、城镇化水平三个量化指标方面对珠三角2012年要实现的中期目标、2020年要实现的长期目标作出了具体的规定。广东省委、省政府在《关于贯彻实施〈珠江三角洲地区改革发展规划纲要（2008—2020年）〉的决定》中，对中央确定的目标任务进行了纵向与横向分解，提出了贯彻实施该规划纲要的总体目标和细化指标。纵向的目标分解体现在总体目标方面，提出珠三角实现"一年开好局，四年大发展，十年大跨越"的"三步走"方案。"一年开好局"要求2009年珠江三角洲地区力争率先克服国际金融危机影响，保持经济平稳较快发展，地区生产总值达到31500亿元，人均地区生产总值达到65200元（2007年价，按2008年平均汇率1∶6.95计算约折合9381美元，下同），城镇化水平达到80.1%。"四年大发展"要求珠江三角洲地区率先建成全面小康社会，经济实力、自主创新能力和国际竞争力显著增强，发展方式转变取得明显成效，基本形成现代产业体系框架，基本实现区域经济一体化，基本建成惠及全民的社会保障体系，医疗卫生、教育、文化等公共服务水平显著提升，宜居城乡建设取得明显成效。到2012年，珠江三角洲地区生产总值达到40000亿元，人均地区生产总值达到80000元（约折合11500美元），城镇化水平达到81.0%。"十年大跨越"要求珠江三角洲地区在全国率先基本实现社会主义现代化。到2020年，珠江三角洲地区生产总值比2007年增长约2倍，达到72500亿元，力争赶上韩国；人均地区生产总值达到135000元（约折合19400美元），超过台湾地区现有水平，实现从上中等收入水平向高收入国家和地区水平迈进的目标。城镇化水平达到85.0%，生态环境明显改善。建成社会主义市场经济体系，建成世界先进制造业、现代服务业基地和全国创新型区域。全面建立城乡一体化的社会保障体系，实现公共服务均等化。与港澳紧密合作，共同打造亚太地区最具活力和国际竞争力的城市群。广东省政府还依据上述总体目标对九个市政府开展"一年开好局，四年大发展，十年大跨越"的目标分解和考核。横向的目标分解主要由广东省直五个职能部门即发改委、财政厅、交通厅、建设厅、环保厅牵头，出台与《珠江三角洲地区改革发展规划纲要（2008—2020年）》相配套衔接的"五个一体化"规划方案，包括基础设施、基本公共服务、城乡规划、环境保护和产业布局五大领域，推动珠江三角洲地区向深度融合的一体化方向发展。

专　　栏

珠江三角洲的战略定位与发展目标

一、战略定位

探索科学发展模式试验区。赋予珠江三角洲地区发展更大的自主权，支持率先探索经济发展方式转变、城乡区域协调发展、和谐社会建设的新途径、新举措，走出一条生产发展、生活富裕、生态良好的文明发展道路，为全国的科学发展提供示范。

深化改革先行区。继续承担全国改革"试验田"的历史使命，大胆探索，先行先试，全面推进经济体制、政治体制、文化体制、社会体制改革，在重要领域和关键环节率先取得突破，为实现科学发展提供强大动力，为发展中国特色社会主义创造新鲜经验。

扩大开放的重要国际门户。坚持"一国两制"方针，推进与港澳紧密合作、融合发展，共同打造亚太地区最具活力和国际竞争力的城市群。创新国际区域合作机制，全面提升经济国际化水平，完善内外联动、互利共赢、安全高效的开放型经济体系。

世界先进制造业和现代服务业基地。坚持高端发展的战略取向，建设自主创新新高地，打造若干规模和水平居世界前列的先进制造产业基地，培育一批具有国际竞争力的世界级企业和品牌，发展与香港国际金融中心相配套的现代服务业体系，建设与港澳地区错位发展的国际航运、物流、贸易、会展、旅游和创新中心。

全国重要的经济中心。综合实力居全国经济区前列，辐射带动能力进一步增强,形成以珠江三角洲为中心的资源互补、产业关联、梯度发展的多层次产业圈,建设成为带动环珠江三角洲和泛珠江三角洲区域发展的龙头,成为带动全国发展更为强大的引擎。

二、发展目标

到2012年,率先建成全面小康社会,初步形成科学发展的体制机制,产业结构明显升级,自主创新能力明显增强,生态环境明显优化,人民生活明显改善,区域城乡差距明显缩小,区域一体化格局初步形成,粤港澳经济进一步融合发展。人均地区生产总值达到80000元,服务业增加值比重达到53%;城乡居民人均收入比2007年显著增长,平均期望寿命达到78岁,社会保障体系覆盖城乡,人人享有基本公共服务;城镇化水平达到80%以上;每新增亿元地区生产总值所需新增建设用地量下降,单位生产总值能耗与世界先进水平的差距明显缩小,环境质量进一步改善。

到2020年,率先基本实现现代化,基本建立完善的社会主义市场经济体制,形成以现代服务业和先进制造业为主的产业结构,形成具有世界先进水平的科技创新能力,形成全体人民和谐相处的局面,形成粤港澳三地分工合作、优势互补、全球最具核心竞争力的大都市圈之一。人均地区生产总值达到135000元,服务业增加值比重达到60%;城乡居民收入水平比2012年翻一番,合理有序的收入分配格局基本形成;平均期望寿命达到80岁,实现全社会更高水平的社会保障;城镇化水平达到85%左右,单位生产总值能耗和环境质量达到或接近世界先进水平。

第二,完善一体化工作机制。首先,广东省和珠三角九市政府均设立了实施《珠江三角洲地区改革发展规划纲要(2008—2020年)》领导小组及其办公室(简称"广东省规划纲要办"),以更好地集中和调度人、财、物、政策等各方面资源,解决贯彻实施区域一体化政策的载体和硬件配备问题。建立了领导小组成员全体会议、领导小组组长碰头会、专项工作协调会等会议制度,形成自上而下的垂直领导体系。领导小组为议事协调机构,广东省规划纲要办为领导小组的日常工作机构和办事机构,承担统筹规划、组织协调、监督评估等职能。在广东省政府层面,省长亲自担任领导小组组长,省委常委、常务副省长任常务副组长,若干副省长、广州市市长、深圳市市长任副组长,省委、省政府和中直驻粤共46个单位的主要负责同志以及珠三角九市政府的主要负责同志任成员。在珠三角九市也相应成立了以市委书记或市长任组长的实施《珠江三角洲地区改革发展规划纲要（2008—2020年）》领导小组和办公室，负责推动本地贯彻实施该规划纲要的工作。其次，推行落实一体化任务的"行政责任包干制"。广东省委、省政府采取了"横向任务包干"与"纵向任务包干"相结合的方式落实工作责任，分解该规划纲要的指标和任务。"横向任务包干"是指将珠三角这个大区域一体化发展的整合任务在横向上进行三个次区域的二次细分，再由省级政府把区域整合的发展任务分片包干给三个次区域政府，以此形成横向的属地包干方式和"俱乐部"竞争态势。广东省委、省政府把珠三角区域划分为"广佛肇、深莞惠、珠中江"三个次区域城市经济圈，希望通过加强城市圈内的经济互动和政府合作，来探索城市群协同发展的经验，以城市群为主要政策抓手推动珠三角一体化进程。"纵向任务包干"是基于行政科层体制对任务进行层层分解，落实各级政府及其职能部门的工作职责。由于珠三角一体化发展任务的长期性和艰巨性，广东省政府主要通过落实"五个一体化"规划来推动"纵向任务包干"，明确省发改委、财政厅、交通厅、建设厅、环保厅五个省直部门为推进珠三角一体化的牵头单位，联合其他二十几个省直部门配合地方政府职能部门一起落实工作任务，以此建立"一级抓一级、层层抓落实"的责任机制。[①]

第三，完善结果导向的一体化政绩考核机制。为了保证《珠江三角洲地区改革发展规划纲要（2008—2020年）》所设定的目标落到实处，广东省建立了一套完善的贯彻实施该规划纲要的考核问责机制，对各级政府和部门推进区域一体化工作进行结果导向的政绩考核。广东省政府于2011年末专门制定出台了《实施〈珠江三角洲地区改革发展规划纲要（2008—2020年）〉评估考核办法》。这套绩效考核体系与传统的政绩评价体系不同，它采用定量与定性考核相结合的形式，通过设置不同考核项目和权重，评估考核珠三角各市和各单位贯彻实施该规划纲要的工作情况。指标考核是评估考核的一项重要内容，是对珠三角各市落实该规划纲要任务情况的一项约束性考核。为做好指标考核工作，广东省规划纲要办会同省统计局，按

---

① 杨爱平：《从政治动员到制度建设：珠三角一体化中的政府创新》，《华南师范大学学报》，2011年第6期，第114—120页。

照"可量化考核、可落实责任"的原则,选取了省委、省政府《关于贯彻实施〈珠江三角洲地区改革发展规划纲要(2008—2020年)〉的决定》中的25项指标,以及省国土资源厅、卫生厅等部门提出的3项指标,总共28项指标作为考核依据,涉及经济发展、自主创新、环境保护、社会保障、卫生等多个方面。在确定指标的基础上,要求珠三角各市按照"蹦一蹦才够得着"的原则确定各自分年度的目标,由省监测落实部门进行审核。同时,为鼓励各地各单位争先创优、超额完成任务,对考核指标采用完成度的计算方法,更全面地反映被考核对象的年度工作情况。在考核过程中,广东省规划纲要办还根据实际情况,及时会同省统计局及相关指标监测落实部门,对有关指标的考核口径、目标值等进行调整。此外,评估考核对象为广东省以及珠三角各市有牵头任务的单位。对珠三角各市的考核包括指标考核、工作测评和公众评价三部分;对省有关单位的考核包括考核组考核和工作测评两部分。在具体程序上,广东省在进行这项考核的过程中还邀请社会各界人士参与评估考核,评估考核结果向社会公布。珠三角区域一体化专项考核机制的建立,实现了政治问责与行政问责由软约束向硬约束的转变,在很大程度上促进了珠三角地区一体化发展。

三、建设现代产业体系

为了应对珠三角发展所面临的严峻挑战,《规划纲要》提出的另一项重要任务就是构架现代产业体系。为此,广东省政府于2010年9月正式颁发了《广东省现代产业体系建设总体规划(2010—2015年)》,大力推进产业转型升级发展。

1. 现代产业体系发展目标

《广东省现代产业体系建设总体规划》设定的现代产业体系发展目标为:到2012年,现代产业体系建设取得明显成效。三次产业结构与经济发展相适应,其中服务业增加值达24000亿元,占全省国内生产总值比重达到48%,先进制造业增加值比重达到20%。到2015年,现代产业体系初步形成。基本形成"三、二、一"的产业结构,服务业增加值达33000亿元,比重超过50%;培育形成3~5个战略性新兴产业群,现代服务业增加值、先进制造业增加值、高新技术产业增加值比重分别达到30%、22%、11.5%，研究与开发投入比重达到2.3%。到2020年，现代产业体系基本形成。服务业比重达到55%；珠江三角洲地区基本建成世界有影响力的先进制造业和现代服务业基地，成为带动全国发展更为强大的引擎；创新成为经济发展的主要动力，低碳发展、循环发展成为全省经济社会发展的主要模式，建成全国创新型区域和亚太地区重要的创新中心和成果转化基地。

2. 明确两大工作抓手

广东将现代产业500强项目建设和战略性新兴产业的培育工作作为现代产业体系建设的两大工作抓手。现代产业500强项目覆盖面广，涉及战略性新兴产业、先进制造业、现代服务业、优势传统产业和现代农业，在具体工作过程中各有侧重。战略性新兴产业百强项目以自主创新和产业化为重点，重点发展新电子、新能源汽车、新光源"三新"产业，要求在规划期内形成3~5个产值超千亿元的战略性新兴产业集群。先进制造业百强项目以资金技术密集型产业为重点，突出发展低能耗、高附加值产业，建设世界先进制造业基地。现代服务业百强项目以生产性服务业为重点，突出发展高端服务业，建设世界现代服务业基地。优势传统产业百强项目突出信息化、品牌、质量和自主技术的提升作用，着重塑造"粤家电、珠江水、广东粮"的国际知名度和新优势。现代农业百强项目以生态质量效益为重点，重点支持农业自主创新和科技推广，提高农业科技水平。在培育发展战略性新兴产业上，广东省提出主要在电子信息、生命健康、新能源、新材料、节能环保等领域加强技术攻关和产业布局，积极发展航空航天、海洋工程装备等产业。到2012年，率先在高端新型电子信息、新能源汽车、半导体照明三大产业实现关键技术和产业发展重大突破；到2015年，基本建成符合现代产业发展要求的战略性新兴产业体系。

3. 明确六大主体产业的发展任务

第一，优先发展现代服务业。重点发展金融、物流、信息服务、科技服务、外包服务、总部经济和商务会展、文化创意以及旅游等现代服务业，推进现代服务业百强项目建设，打造四大产业基地，形成八大类型共60个以上的现代服务业集聚区。"十二五"期间，现代服务业重大项目新增投资5000亿元。到2012年，现代服务业增加值达14000亿元，占服务业增加值的比重达58%。到2015年，现代服务业增加值达20000亿元，占服务业增加值的比重达60%，其中金融业占服务业增加值的比重达15%，科技服务业增加值超过2000亿元。基本形成与香港国际金融中心相配套的现代服务业体系，初步建成与港澳地区错位发展的国际航运、物流、贸易、会展、旅游和创新中心。

第二，加快发展先进制造业。重点发展资金技术密集、关联度高、带动性强的装备、汽车、石化、钢铁、船舶等产业，打造重大成套和技术装备制造产业基地、国际汽车制造基地、世界先进水平的特大型石化产业基地、现代钢铁基地和世界级大型修造船基地五大重要产业基地，推进先进制造业百强项目建设。"十二五"期间，先进制造业重大项目新增投资8000亿元。到2012年，先进制造业增加值达10000亿元，占规模以上工业增加值的比重达46%。到2015年，先进制造业增加值达14000亿元，占规模以上工业增加值的比重达50%，其中装备制造业、汽车工业、石化工业占规模以上工业增加值的比重分别达29%、6.5%、12%；形成若干规模和水平居世界前列的先进制造产业基地。

第三，大力发展高新技术产业。重点发展电子信息、生物医药、新能源、新材料、节能环保、海洋生物、航空航天等领域，着力向产业链高端环节延伸，形成具有国际影响力的十大高新技术产业基地。到2012年，全省高技术制造业增加值占规模以上工业增加值的比重达到23%，到2015年达到26%，初步建成全球重要的高技术产业带。

第四，改造提升优势传统产业。积极采用高新技术、信息技术改造提升优势传统产业，提高技术装备水平，实施品牌带动战略，重点发展家用电器、食品、造纸、纺织服装、建材、有色金属及制品、家具等产业，打造六大优势产业集聚区，在产业集聚区建设公共支持服务中心，引导和推动优势传统产业向粤东西北地区转移，推进优势传统产业百强项目建设。"十二五"期间，优势传统工业重大项目新增投资3000亿元。到2015年，优势传统工业增加值达9600亿元，占全省规模以上工业增加值的比重达32%，占传统工业增加值的比重达64%，形成5个具有国际影响力的区域品牌的产业集群、3个产值超千亿元的龙头企业。

第五，积极发展现代农业。重点发展优质粮食、特色园艺、现代畜牧业、现代渔业、现代林业和农产品精深加工服务业,推进现代农业百强项目建设,实现现代农业的集约化、标准化、生态化和国际化经营。到2015年,初步建成具有岭南特色和南亚热带特色的都市型、外向型、生态型现代农业体系。

第六,完善发展基础产业。实现基础设施现代化,高起点、高标准规划建设一批与现代产业发展相适应的交通、能源和水利基础设施,提高保障水平。到2015年,初步构建起开放的现代综合交通运输体系、清洁安全可靠的能源体系及人水和谐的水利工程体系。

4. 完善配套政策措施

为了达成建设现代产业体系的目标,广东制定了一系列配套政策措施,强化对现代产业体系建设的财税、金融、土地和人才等方面的支持,形成了配套完善的政策扶持体系。

第一,加大财税支持力度。具体措施包括:统筹安排省级财政性专项资金,国家预算内资金和产业专项资金,重点支持现代产业500强项目建设。设立现代产业500强项目财政专项资金,"十二五"期间每年安排10亿元共50亿元,支持现代产业500强项目建设。设立战略性新兴产业发展专项资金,"十二五"期间每年安排20亿元共100亿元,重点支持引导发展战略性新兴产业。扩大省级现代服务业发展引导专项资金规模,落实现代服务业发展、增值税转型改革、技术改造项目进口设备免税和重大技术装备进口免税等税收优惠政策,对符合城镇土地使用税和房产税减免条件的500强项目酌情给予减税或免税优惠。落实高新技术企业所得税减免、研发费用税前加计扣除等自主创新优惠政策。科技专项资金优先支持符合条件的500强项目的重大产品和核心技术开发。对企业环境保护、节能节水项目所得,实行企业所得税"三免三减半"政策。

第二,完善投融资政策。对列入《广东省现代产业鼓励发展指导目录》的投资项目,享受国家和省鼓励类产业产品相关支持政策。建立现代产业资金导向机制,500强项目企业享受省直通车服务,在规划布局、审批核准及重点项目安排、资金补助和贷款贴息等方面给予支持。拓宽民营经济准入范围和领域。限制人均投资低于10万元的新建劳动密集型制造业项目进入珠三角核心区。推荐金融机构对500

强项目优先给予信贷支持。推动中小企业发行集合债券，鼓励500强项目企业发行企业债券、短期融资融券和中期票据，支持500强项目企业上市融资。争取与国家联合设立新兴产业创业投资基金，争取国家支持募集建立若干产业投资基金。

第三，落实土地支持政策。发挥城乡规划的统筹和先导作用，在各级城乡规划中充分考虑现代产业空间布局，大力支持现代产业发展。对指导目录范围内的项目优先安排用地，对自主创新能力强的项目优先安排在高新区落户。对500强项目的建设用地指标由省统筹安排，其中现代农业百强项目所涉及的生产设施、农田基础设施用地，可按规定办理土地征收手续而无须办理农用地转用手续。对符合集约用地条件的500强项目，在确定土地出让底价时可按不低于所在地土地等别相对应的《全国工业用地出让最低价标准》的70%执行。

第四，加强人才引进和培养。广东省委、省政府出台了《关于加快吸引培养高层次人才的意见》，对500强项目引进的产业化领军人才、企业博士后人才、创新团队和高级管理人才、入选创新科研团队和领军人才引进计划的人才，在专项工作经费、住房补贴等方面给予优先支持。加快技能人才培训网络平台、技能人才培训示范基地建设。充分激发和发掘省内高等院校、职业技术学校参与建设现代产业体系的动力和潜力。引导和扶持各高等院校、职业技术院校围绕建设现代产业体系调整优化学科专业设置。以现代产业体系为依托，大规模推进职业教育校企合作，保障校企合作法制化、常态化。

第五，加强自主创新。通过产学研相结合等方式建设国家级和省级重点工程实验室、工程技术中心、企业技术中心以及共性技术创新平台。大力推进企业与高校深度合作，共建相关领域重点实验室、工程技术研究开发中心，合作开展相关领域科学研究和科研成果转化及产业化，支持企业与科研院所合作承担国家重大科技项目。建立完善包括技术标准、管理标准和工作标准在内的现代产业标准体系，对指导目录内的领域优先制定相关标准。制定本地首台（套）重大装备认定办法，建立使用本地首台（套）重大装备风险补偿机制。推进政府对自主创新产品的采购和首购。支持引进一批满足发展现代产业体系需要的关键领域专利核心技术。

第六，深化企业改革。加快国有企业产权多元化改革，支持行业龙头、优势企业兼并重组,在省属国有企业进行现代服务业兼并重组试点,在现代服务业领域组建一批龙头企业。完善国有企业法人治理结构,在省属企业建立规范的董事会制度。鼓励工业企业将属于第三产业的业务从企业经营范围中分离出来,成立专业服务业企业。

第三节
推进省内产业转移与区域经济协调发展

一、广东区域经济发展失衡情况[①]

进入 21 世纪以来,伴随着整体经济的快速发展,广东省内部不同区域之间经济发展失衡的问题日益凸显,呈现出典型的"中心—外围"区域经济发展格局。广东的理论界和政府部门将全省划分为四个经济区域,即经济发达的珠江三角洲经济区,以及经济发展相对落后的北部山区经济区和东西两翼经济区。[②] 珠江三角洲经济区包括广州、深圳、珠海、佛山、江门、中山、东莞、惠州和肇庆九市;北部山区经济区包括河源、清远、梅州、韶关和云浮五市;东翼经济区包括粤东的汕头、潮州、揭阳与汕尾四市;西翼经济区则包括粤西的湛江、茂名和阳江三市。作为广东省经济发展的中心区,改革开放以来珠江三角洲经济区的工业化和城市化水平快速提高,产业和人口集中度不断提高,成为全国重要的经济发达地区之一;而作为外围地区的北部山区经济区和东西两翼经济区工业化和城市化进程缓慢,与珠三角地区之间的经济差距不断扩大。

珠江三角洲地区土地面积为 5.48 万平方公里,占全省土地面积的比重约为

[①] 赵祥:《产业集聚、扩散与区域经济协调发展》,广东人民出版社,2013 年版。
[②] 广东经济发展相对落后的北部山区经济区和东西两翼经济区被通称为粤东西北地区,后文我们将沿用这一称呼。

30%，但创造的经济总量却占到全省的75%以上，而且这一比重呈逐年上升态势。而粤东西北地区占全省土地面积的比重高达70%，但所创造的经济总量占全省的比重却低于25%。从表10-1中可以看出，2000年珠三角地区生产总值为8422亿元，占全省的比重为75.22%；东翼、西翼与北部山区的生产总值分别为1067亿元、951亿元和756亿元，三者合计占全省的比重为24.78%，与珠三角地区的差距明显。到2007年，珠三角地区生产总值增加到25760亿元，占全省的比重上升为79.84%；东翼、西翼与北部山区的生产总值分别为2077亿元、2327亿元和2100亿元，三者合计占全省的比重下降为20.16%，与珠三角地区的差距进一步扩大。进一步看，上述经济总量上的差距实际上是投资、出口和消费在广东省各区域之间不均衡分布的结果。2007年，珠三角全社会固定资产投资占全省的比重为74.2%，外贸出口占95.9%，社会消费品零售总额为73.71%；而粤东西北地区这三项指标合计分别仅占全省的25.8%、4.1%和26.29%。

从产业发展的视角来看，珠三角地区工业化进程在全省处于领先地位，全省80%以上的工业产出集中在珠三角地区，而粤东西北地区工业化进程缓慢，占全省工业增加值的比重不足20%。2000年，珠三角地区占全省工业增加值的比重为80%，东翼为9.5%、西翼为6.2%、北部山区为4.4%，粤东西北地区合计约占全省工业增加值的20%。到2007年，珠三角地区占全省工业增加值的比重上升为84.8%，而东翼为4.3%、西翼为4.9%、北部山区为6%，粤东西北地区合计占全省工业增加值的比重下降为15.2%。

表10-1 广东四大区域主要经济指标概况

年份	2000年				2007年			
地区	珠三角	东翼	西翼	北部山区	珠三角	东翼	西翼	北部山区
地区生产总值（亿元）	8422	1067	951	756	25760	2077	2327	2100
地区生产总值比重（%）	75.2	9.5	8.5	6.8	79.84	6.44	7.21	6.51
规模以上工业增加值（%）	80	9.5	6.2	4.3	84.8	4.3	4.9	6.0
地方一般预算收入（%）	84.6	6.1	3.6	5.7	86.6	4.0	3.9	5.5
固定资产投资（%）	73.3	8.1	6.3	12.3	79.9	8.3	5.9	5.9
外贸出口总额（%）	92.2	4.6	2.1	1.1	95.9	2.3	0.8	1
社会消费品零售总额（%）					73.71	9.54	9.53	7.22

注：地区生产总值指标包含总量和比重数据。

从人均指标来看，2000 年珠三角地区人均 GDP 最高，达到 20278 元，东翼、西翼地区和北部山区分列第二、第三和第四位，人均 GDP 分别为 7294 元、7099 元和 5344 元；珠三角地区人均 GDP 相当于水平最低的北部山区的 3.8 倍。到 2009 年，珠三角地区仍然是人均 GDP 最高的地区，达到了 67407 元，其余各区域的位次有所变化，西翼地区位列第二，人均 GDP 为 18816 元，北部山区上升为第三位，人均 GDP 为 16726 元，东翼地区则从第二位下降为第四位，人均 GDP 16665 元；珠三角地区人均 GDP 相当于水平最低的东翼地区的 4.04 倍。虽然粤东西北地区的人均 GDP 排位有所变化，但广东区域经济发展的基本格局（发达的珠三角地区以及欠发达的粤东西北地区）则还没有实质性的变化（具体见表 10-2）。

表 10-2　广东各区域人均 GDP

单位：元

年份	2000 年	2002 年	2004 年	2006 年	2007 年	2008 年	2009 年
珠三角	20278	24921	34488	47071	54721	62644	67407
东翼	7294	7517	8953	11200	13125	15396	16665
西翼	7099	8258	10253	13608	15412	17973	18816
北部山区	5344	5993	7778	10505	13093	15539	16726
最高/最低（倍）	3.79	4.16	4.43	4.48	4.18	4.07	4.04

资料来源：2000—2009 年的《广东统计年鉴》。

二、广东推进省内产业转移的做法

从 20 世纪 90 年代后期起，珠三角地区产业和人口高度集聚所引致的拥挤成本开始显现，在市场力量的作用下，产业自发向外转移的现象逐渐增多。一些劳动密集型、低附加值产业为了降低成本纷纷向外转移，珠三角边缘地区（主要包括江门、惠州、清远和肇庆地区）是这些产业转移的主要目的地。不少陶瓷、金属制品、纺织服装、玩具和制鞋等企业成批向肇庆、惠州、惠东、清远和河源等地转移，并在当地迅速形成较大的生产规模。如肇庆大旺高新区的铝型材加工、清远源潭镇与河源仙塘镇的陶瓷制品、惠州市惠东县和河源市龙川县的制鞋，以及韶关开发区的玩具制造等行业基本上都是通过承接珠三角地区的产业转移发展起来的。随着产业向粤东西北地区转移，粤东西北地区的经济步伐开始加快。与此同时，广东省政府也有意识地将推进产业从珠三角地区向粤东西北地区扩散作为解决区域发展失衡问题，促进区域经济协调发展的重要手段，不断出台多项鼓励产业区际扩散的政策措施，对产业区位的市场选择过程进行干预，加快珠三角地区产业向粤东西北地区转移。自2005年以来，在市场选择和政府强力推动两种力量的共同作用下，广东省内产业区际扩散的规模开始变大，并呈现出集群化和园区化的特征，有力地促进了粤东西北地区的经济发展。

为了实现珠三角地区在资金、管理、信息、品牌与粤东西北地区在土地、自然资源和劳动力等方面的优势互补，推进省内区域经济协调发展，自2005年起，广东省开始引导经济发达的珠三角各市与欠发达的粤东西北各市进行对口合作，出台了一系列政策措施，鼓励产业从珠三角中心区向粤东西北地区转移。2005年3月，广东省政府出台了《关于我省山区及东西两翼与珠江三角洲联手推进产业转移的意见（试行）》（俗称"22号文"），该文件第一次在全国确立了欠发达地区承接产业转移的"园区化"模式，有力地推动了大规模集群式产业转移的进程。其基本做法是，在省政府的统一协调下，粤东西北地区与珠三角地区有关地方政府在自愿的基础上签订合作协议，联手推进珠三角地区的产业扩散。按照合作协议，由粤东西北地区的地方政府在经国务院、省政府批准设立的开发区、工业园区、高新技术产业开发区或土地利用总体规划确定的建设用地中，整体或部分划出一定面积的土地设立产业转移园区，主要用于承接珠三角地区的产业扩散。园区总体规划面积应在400公顷以上（含400公顷），首期用地规划开发面积不少于50公顷（含50公顷）。珠三角地区合作方负责园区的规划、投资、开发、建设和招商引资等工作，粤东西北地区合作方负责提供园区建设用地，并进行园区外部基础设施建设；合作双方按约定比例分享园区内企业缴纳的流转税和所得税中的地方留成部分。这种产业转移园制度的实施创建了一种珠三角地区和粤东西北地区的利益共享机制，有助于引导各地政府从竞争走向合作，不仅在很大程度上推进了广东省内产业的区际扩散，也使产业扩散呈现出集群化、园区化的特点，提高了欠发达地区的土地利用效率和产业集聚水平。此后，广东省有关部门相继出台了《广东省产业转移工业园认定办法》《关于支持产业转移工业园用地若干意见（试行）》《广东省产业转移工业园外部基础设施建设省财政补助资金使用管理办法》《关于加强我省山区及东西两翼与珠江三角洲联手推进产业转移中环境保护工作的若干意见（试行）》等一系列与"22号文"相配套的政策文件，在全省范围内大力推进产业转移园建设。到2008年，广东省又出台了《关于推进产业转移和劳动力转移的决定》以及七个配套文件，省财政在5年内投资400亿元用于实施产业和劳动力的"双转移"战略，在大力推进区际产业扩散的同时，努力促进粤东西北地区剩余劳动力由农业向第二、三产业转移。2008年美国次贷危机爆发后，为减小全球性经济衰退对区际产业扩散的负面影响，2008年11月，广东省决定从2009年起4年内每年安排5亿元产业转移专项奖励资金，用于奖励向粤东西北地区转移的珠三角地区企业；重点抓好粤东西北地区示范性产业转移园区建设，将原计划2009—2012年作为重点产业转移园专项资金安排的60亿元提前至2009年支出，并从2009年起4年内每年支出7亿元用于粤东西北地区的劳动力培训。

在上述一系列鼓励性政策措施的推动下，广东省内区际产业扩散呈现出集群化、园区化和规模化的特点，产业扩散的步伐加快。截至2011年底，广东全省共建立了35个产业转移工业园，2011年1~6月，全省产业转移工业园共实现产值1420.99亿元、税收61.26亿元，同比分别增长104.3%和44.8%。园区经济的持续快速发展，一方面有力地拉动了欠发达地区的经济发展，另一方面也有力地促进了珠三角地区产业的升级转型，具体表现在：①园区承接的产业转移项目增长迅速。截至2011年6月底，全省累计入园投资项目数量（包括意向项目）达2988个，投资总额7029.7亿元，其中，在建项目573个、投资额1764亿元，建成项目数量1448个、投资额1552.5亿元，合同项目423个、投资额2278.3亿元，意向项目544个、投资额1434.9亿元。2011年上半年，全省产业转移工业园新增在建项目68个、投资额达332亿元，新增建成项目数量252个、投资额370.5亿元，新增合同项目80个、投资额207.5亿元，新增意向项目165个、投资额672.7亿元。②园区基础设施建设投资规模持续扩大。截至2011年6月底，全省产业转移工业园已投入园区开发建设资金520.14亿元，35个园区的规划首期面积已基本完成开发建设，有13个园区已完成总规划面积70%以上的土地开发。③园区吸纳劳动力转移的规模不断扩大。截至2011年6月底，35个省级产业转移工业园共吸纳劳动力56.7万人，其中本地劳动力40.26万人，约占园区总用工人数的71%。④珠三角地区产业转型升级的步伐加快。截至2011年5月底，珠三角核心区六个城市共转出企业4260家、关停企业30811家、淘汰落后产能企业41390家，投资退出金额共计4968.69亿元（其中转出投资达4366.25亿元，关停淘汰投资602.44亿元）。在大力推动高劳动密集、低附加值产业转移退出的同时，珠三角地区各市积极鼓励先进制造业、高技术制造业和现代服务业发展，产业结构升级加快。2011年第一季度，珠三角六市先进制造业实现工业增加值1760.24亿元，同比增长16.19%；现代服务业实现工业增加值2478.56亿元，同比增长9.95%；高技术制造业实现工业增加值846.62亿元，同比增长17.82%。其中，广州、深圳两市现代服务业占GDP的比重分别达38.2%和34%。近三年来，珠三角六市新引进世界500强企业43家，投资额达302.64亿元。[1]

三、广东省产业转移园的合作共建机制

广东省内产业区际扩散是市场选择和政府协调两种力量共同作用的结果，产业转移工业园更是国内推进产业转移的一项创新性制度安排。按照最初的政策设计，广东省产业转移园应由珠三角地区和粤东西北地区政府在省政府的垂直协调下合作建设。通过这种制度安排，省级政府、珠三角方政府、园区所在地政府、行业协会和入园企业五类行动者相互合作，承担了不同的行为角色，形成了以下有助于产业扩散的机制。第一，作为区域内层级最高的垂直协调者，省级政府发挥了政策激励、过程管理的功能。在政策激励方面，广东省政府制定了一整套鼓励支持产业扩散的政策措施，着力营造有利于产业扩散的宏观政策环境，对经认定的产业转移工业园在用地指标、基础设施建设和税费减免方面给予支持，降低企业再布局的成

---

[1] 资料来源于广东省经济和信息化委员会网站双转移专刊。

本，提高预期收益，强化珠三角地区企业向外扩散的经济激励。此外，省级政府还对各地产业转移的实际情况进行管理控制，制定了专门的产业转移绩效考核办法，将各方推动产业转移的成效与地方官员的奖惩结合起来，强化对各地推动产业转移的管理约束（具体见第九章）。第二，按照省级政府的要求，珠三角合作方政府要在产业转移园建设资金筹措和招商引资过程中发挥主导作用。同时，在园区管理方面，珠三角合作方要充分利用自身发展工业的经验，与园区所在地政府建立联席会议制度，协同解决产业转移园建设运营中的重大问题。为此，珠三角合作方可以按照合作协议约定的比例分享园区所产生的流转税和所得税中的地方留成部分。第三，园区所在地政府负责提供园区建设用地和园区外部基础设施建设，并协助园区的日常管理工作。由于产业转移园的建设不仅可以带动当地经济发展，增加就业机会，而且当地政府也可以分享园区税收，增加财政收入，学习发达地区发展工业的成功经验，因此，当地政府推动园区建设的积极性是最高的。第四，产业转移园制度设计的一个要点是推进产业的集群化转移，引导同类行业的企业向园区集中，在欠发达地区形成以园区为载体的专业化产业集聚。珠三角地区大量专业镇经济的存在使得单个企业退出原有生产网络的成本很高。同时，如果没有外部力量的介入，企业之间协调集体行动的成本也较高，这导致在产业转移过程中行业协会发挥了不可或缺的作用。行业协会的介入可以为合作双方政府和转移企业牵线搭桥，提供信息咨询、项目洽谈等服务，引导生产同类产品的企业、上下游企业集体搬迁，推动产业链的整体迁移，从而降低单个企业区位再布局的成本。第五，合作双方政府和行业协会的协调干预不仅降低了单个企业信息搜寻、洽谈和签约的交易费用，保证企业享受专属于转移园区的各项优惠政策，还可以使企业分享园区产业集群的外部经济和规模经济收益，大大提高了企业转移投资的成功率。这进一步强化了企业基于市场选择进行区位转移的经济激励。从目前广东省各地产业转移园建设的实际情况来看，上述五方参与的合作机制运行得越好，园区建设的成效就越明显，承接珠三角产业扩散的进程就越顺利。

专栏

中山（河源）产业转移工业园

中山（河源）产业转移工业园位于河源市高新技术开发区内，规划总面积926.98公顷。2005年5月18日，中山市政府与河源市政府正式签订了《关于在河源市设立产业转移园区的协议》，启动了转移园的开发建设。2006年9月，园区经省政府认定为省级产业转移工业园；2008年8月5日，又被省政府认定为全省首批"省示范性产业转移工业园"。该园区自成立以来，主要经济指标的增幅均排在全省产业转移园的前列，在当地经济发展过程中扮演着越来越重要的角色。2006—2010年，园区累计实现工业总产值达560亿元，年均增长45%；工业增加值达285亿元，年均增长39%；税收收入达20亿元，年均增长36%；外贸进出口达54亿美元，年均增长57%。2010年，园区经济指标又取得了突破性增长，实现工业总产值202.28亿元，占全市工业总产出的比重为24.1%，同比增长63.4%；工业增加值49.3亿元，占全市的比重为22.8%，同比增长39.3%；税收收入5.94亿元，占全市的比重为12%，同比增长17%；外贸进出口15.3亿美元，占全市的比重达54%，同比增长17.6%；固定资产投资32.29亿元，占全市的比重为13.3%，同比增长122%。

该转移园的合作方式可以概括为"四联三帮"模式，即合作双方联合签订协议、设立联合管理办公室、建立联席会议制度和联合招商，以及中山市帮规划、帮项目和帮资金。转移园区所产生的流转税、所得税地方留成部分由双方五五分成。具体到园区建设上，园区采取了"园中园"和"委托包干"的开发方式。"园中园"是指在河源市高新技术开发区已有园区内划出土地，充分利用开发区完善的基础服务设施，联手共建产业转移工业园。这一方面节省了园区土地利用报批程序和时间，提高了开发效率，加快了建设进度；另一方面与高新技术开发区实现了资源共享，提高了园区配套基础设施的利用效率。"委托包干"是中山市政府按每平方米土地75元的价格委托河源市政府对园区进行包干开发，不足部分由河源市政府负责，中山市政府的资金支持在一定程度上解决了当地政府财力不足的问题，为园区的开发建设提供了资金保障。在园区规划上，2005年9月，中山市政府在充分吸收中山火炬开发区规划建设经验的基础上，出资委托中山市规划设计院完成了中山（河源）产业转移工业园的总体规划和园区首期控制性详细规划，对园区的空间范围、路网结构、用地布局、环境保护、配套设施、综合防灾等方面进行了严格的规划布局，确保转移园规划的适用性、配套性和超前性。

在产业转移园建设和承接珠三角产业扩散的过程中，首先，河源市政府通过提供一系列优惠配套政策、强化基础设施建设和优化公共服务，来提高本地区对外部生产要素的经济吸引力。河源市政府规定凡符合国家产业政策、落户产业转移园的企业，均享受《河源市鼓励外来投资若干规定》等文件规定的优惠政策，可优先推荐申报省挖潜改造资金、技术创新专项资金、中小企业发展专项资金等财政资金扶持项目，以及优先申报办理技术改造国产设备投资抵免企业新增所得税等各项优惠措施。对在产业转移过程中实现技术升级的项目，优先向省推荐安排贷款贴息；市科技三项资金、市直工业企业技改贴息补助资金，以及其他财政性资金安排，适当向产业转移的企业倾斜。此外，进园的手机及配套项目还可以享受河源市政府出台的《关于鼓励移动通讯系统终端产品生产企业发展的若干意见》和《关于对手机生产企业引进者给予奖励的意见》等专项政策优惠。其次，在园区基础设施建设上，到2008年底，河源当地累计投入16.31亿元用于园区内交通、供水、供电、通信、网络、环保、商住、教育、卫生、物流等生产生活配套基础设施建设。中国移动、中国电信、中国邮政、中国人民保险公司均在园内设立了营业点，园内还设立了海关办事处、出入境检验检疫办事处、税务分局、公安派出所、特勤消防站、交警中队、城管中队、规划建设分局和6个金融机构网点，园区的综合服务功能不断完善。最后，园区所在地政府还十分注重通过提高政府公共服务质量来吸引产业转移，具体服务措施包括：开通24小时服务热线，为外商提供全天候的"一站式""保姆式"服务；对于落户的项目，政府派专人帮助办理开业登记、报建报批等有关手续；制定了市领导挂钩联系项目制度，每个项目均指定至少一名工作人员跟踪服务，帮助企业解决在生产生活过程中遇到的各种问题。

在产业发展定位上，该转移园与河源市高新技术开发区主导产业相互衔接，突出发展手机电子和机械制造两大行业，建设手机产业集群和广东省手机生产基地。在招商引资的过程中，园区合作双方十分注重发挥珠三角地区手机、机械模具行业协会的作用，利用其信息优势、网络优势和集体行动优势吸引同行及配套企业整体迁移进园发展，取得了较好的效果，转移园已初步形成了手机电子信息和机械模具两大主导产业集群。目前，园区以手机为主的电子信息企业已落户42家，投资总额达153.5亿元；以模具为主的机械制造企业已落户14家，投资总额达17亿元；太阳能光伏企业2家，投资总额达266亿元。2010年，电子信息产业和机械制造业两大主导产业实现工业总产值146.87亿元，同比增长91%，占全区工业总产值的73%；实现税收3.48亿元，同比增长20.5%，占全区工业税收的59%；手机整机产量达3449万部，同比增长133%。

第十一章
政府管理体制改革

第一节
政府机构的大部制改革

一、大部制改革的背景

大部制为政府大部门体制的简称，即为推进公共事务的综合管理、协调和服务的效率，根据政府综合管理职能合并有关职能部门，组成大部门职能机构的政府组织体制。其核心内容是把多项内容交叉的公共事务交由一个部门管辖，扩大一个部门所管理的业务范围，从而最大限度地避免政府职能交叉、多头管理和职责不清的弊病，从而达到提高行政效率、降低行政成本、更好地为社会公众服务的目的。

政府组织机构实施大部制体制可谓是世界的普遍潮流，目前发达国家政府部门设置大多采取大部制体制，中央政府的机构设置基本上都在20个以下，例如加拿大19个，英国和法国各18个，澳大利亚16个，美国、西班牙和新加坡各15个，德国14个，日本12个，瑞士仅8个。与发达国家相比，新兴市场国家和发展中国家的大部制还处于探索阶段，实施大部制的国家还不多。在这些国家中，阿根廷是中央政府机构设置最少的国家，其内阁机构数为12个，绝大多数国家的内阁机构数都超过20个，印度内阁机构数达到41个。

改革开放以来，伴随着我国经济高速发展，我国社会主义市场经济体系发展水平不断提高，经济社会结构发生了广泛而深刻的变化。市场深化对资源要素的优化配置提出了更高的要求,资源要素的多向自由流动速度不断加快,流动规模不断扩大。在这种情况下,很多经济事务不再相互独立,而是相互交织、密不可分,市场资源的配置往往需要通过多个部门的综合协调才能实现。这要求政府对市场的监管要做到总揽全局、统筹规划,合理划分政府与市场的边界,把职能发挥的重点放在提供优越的制度环境、优质的公共服务和良好的法治秩序上,而不是过多地干预微观经济运行。正是在这样的大背景下,多年来我国一直持续进行行政体制改革,概括起来看,1982—2008 年间我国共经历了六次大的行政体制改革。虽然通过历次行政体制改革,我国已成功地从一个适应计划经济时代要求的管制型、全能型政府向适应现代市场经济要求的发展型、服务型政府转变,但我国政府管理体制中长期存在的一些深层次的问题仍未得到有效解决,仍未能走出机构"精简—膨胀—再精简—再膨胀"的怪圈,因此,在市场经济和全球化日益发展的条件下,政府必须要进行新一轮的机构改革,而大部制改革是深化政府机构改革的关键环节。大部制改革赋予部门更具综合性、系统性的管理职能,更加明确了各部门的职责分工,减少政府机构的数量和人员规模,有助于理顺政府部门之间的关系,减少过多的协调和沟通环节,能够从根本上改进以往政府部门职责不清、协调不畅的状况,从而实现提高行政效率、降低行政成本的改革目标。

我国的政府机构大部制改革的思路最早可以追溯到 2002 年 3 月 5 日国务院总理朱镕基在第九届全国人民代表大会第五次会议上所作的《政府工作报告》。该报告指出:"要加快政府职能转变……切实把政府职能转到经济调节、市场监管、社会管理和公共服务上来。继续理顺政府部门职能分工,防止有些事情互相推诿和无人负责。"① 随后,国务院按照"决策、执行、监督分离"的原则对一些部委进行了"合并同类项"的调整,并成立新的机构。2007 年,党的十七大报告首次明确提出要"加大机构整合力度,探索实行职能有机统一的大部门体制,健全部门间协调配合机制"。2008 年 3 月,中共中央、国务院印发《关于深化行政管理体制改革的意见》的通知,要求:"按照精简统一效能的原则和决策权、执行权、监督权既

---

① 资料来源于 2002 年国务院政府工作报告。

相互制约又相互协调的要求，紧紧围绕职能转变和理顺职责关系，进一步优化政府组织结构，规范机构设置，探索实行职能有机统一的大部门体制，完善行政运行机制。"随后，《国务院机构改革方案》对中央政府大部制改革作出了总体规划和具体部署，国务院进行了大部制改革，新组建工业和信息化部、交通运输部、人力资源和社会保障部、环境保护部、住房和城乡建设部，组建国家能源局、国家国防科技工业局、国家民用航空局、国家公务员局，除国务院办公厅外，国务院组成部门设置为27个。国务院大部制改革之后，各地大部制改革方案相继获得批准，以大部制为概念表述和核心内容的新一轮政府机构改革在全国迅速铺开。

二、顺德大部制改革的率先探索

改革开放以来，广东省的不少改革举措都是由顺德率先探索的，这次大部制改革也不例外。2009年9月，广东顺德开启了被学界和媒体称为"石破天惊"之举的大部制改革。顺德积极借鉴香港、新加坡等地区的成功经验，从自身实际情况出发，按照建设"大教育、大卫生、大文化、大产业经济、大社会管理、大公共服务"的目标来进行相应的机构改革。顺德把原来的41个党政机构精简为16个，精简率达70%。精简后的大部门包括党委部门6个、政府机构10个，16个大部门首长分别由区委常委、副区长和新设立的政务委员兼任，实行部门首长负责制，党委部门与政府机构全部合署办公。顺德大部制改革的机构整合力度以及在构建合理的分权制衡机制上的创新力度前所未有，为建立权责一致、分工合理、决策科学、执行顺畅、监督有力的行政管理体制提供了有益的经验。顺德大部制改革的主要做法如下：

1. 大幅精简机构

2009年9月，顺德全区原有41个党政机构，按照强化党的领导、发展规划、城乡建设、社会管理、经济建设、市场监管、群团工作、政务监察等职能精简为16个，其中，政府部门由29个调整为10个，具体包括发展规划和统计局、经济促进局、财税局、市场安全监管局、国土城建和水利局、教育局、公安局、人力资源和社会保障局、卫生和人口计划生育局、环境运输和城市管理局；党委机构由12

个减为6个，具体包括纪律检查委员会（政务监察与审计局）、办公室（区府办与区委办合署办公，挂区决策咨询和政策研究室牌子）、组织部（人事局、编制办）、宣传部（文体旅游局）、社会工作部（民族宗教事务局和外事侨务局与区委社会工作部合署办公，挂区港澳台工作办公室牌子）、政法委员会（司法局与区委政法委员会合署办公）（见表11-1）。

表11-1 顺德党政机构设置表

类别	区委机关	政府机关	归口管理法定执行机构
机构名称	纪律检查委员会（政务监察与审计局） 办公室（区府办与区委办合署办公，挂区决策咨询和政策研究室牌子） 组织部（人事局、编制办） 宣传部（文体旅游局） 社会工作部（民族宗教事务局和外事侨务局与区委社会工作部合署办公，挂区港澳台工作办公室牌子） 政法委员会（司法局与区委政法委员会合署办公）	发展规划和统计局 经济促进局 财税局 市场安全监管局 国土城建和水利局 教育局 公安局 人力资源和社会保障局 卫生和人口计划生育局 环境运输和城市管理局	城市管理行政执法局 企业投资服务局 安全生产执法局 运输综合执法局 行政审批管理局 社会保障基金管理局

注：①机构总数为16个，其中属于党委的机构6个，政府机构10个；归口管理法定执行机构6个。
②合署办公部门包括：纪律检查委员会、政务监督局合署办公；办公室、党委办与政府办合署办公；组织部、人事局（编制办）合署办公；宣传部、文体广电新闻出版局合署办公；社会工作部（统战部）、民族宗教事务局、外事侨务局、侨联、工会、共青团、妇联、残联等合署办公；政法委员会、司法局合署办公。
③归口管理法定执行机构包括：城市管理行政执法局归口环境运输和城市管理局，企业投资服务局归口经济促进局，安全生产执法局归口市场安全监管局，运输综合执行局归口环境运输和城市管理局，行政审批管理局归口办公室，社会保障基金管理局归口人力资源和社会保障局。

从职能配置来看，这16个党政系统综合设置的工作部门，又可以分为6个党务政务管理部门，5个经济调节与市场监管部门，5个社会管理与公共服务部门。党务政务管理部门统筹设置的根本目的在于加强党的领导和政府的政务管理职能，推进党的建设和政治建设，其主要目标在于理顺党政关系，降低行政成本，提高工作效率。一方面将工作联系密切的党政、人民团体工作部门进行综合设置；另一方面将职能相近、业务交叉的部门合署办公,一个机构可以挂两个、三个甚至更多的牌子。经济调节部门与市场监管部门按照精简、统一、效能的原则综合设置,根本目的在于完善政府经济调节与市场监管职能,着力促进经济建设,主要目标在于统筹城乡之间、不同区域之间协调发展,更加明确与强化市场监管责任。社会管理与公共服务部门综合设置的根本目的在于将社会管理、公共服务职能放到更加突出的位置,切实加强文化建设、社会建设、生态文明建设。主要任务为集中有限的资源,解决教育、医疗、社会保障、环境保护等民生问题,积极培育社会民间组织,加强基层社会组织建设。

在部门领导岗位设置上坚持"领导向基层下沉"的扁平化原则。16个"大部"一把手不从原来的41个部门行政首长中挑选,而是由现任的区委、区政府副职兼任。副书记、副区长、常委兼任了11个"大部"的一把手职位,其余5个"大部"的一把手职位由新增设的区务委员(相当于副区长级别)担任。原来的局长退任副局长,副局长退任局务委员(新设),一律维持原来的行政级别,公务员也维持原编制。区委常委、副区长和政务委员分工明确,职责不重叠、不交叉。区联席会议的决策直接由16个大部门落实执行,区领导的主要职能由以前的分管、协调变为具体工作的直接管理者和第一负责人。

2. 党委与政府合署办公

和各地大部制改革不同,顺德大部制改革的覆盖范围广,涵盖了除人大、政协之外的党、政、工、群整套系统,工会、共青团、妇联、工商联、残联等群团组织,以及由佛山市垂直管理的工商、地税、质监、药监、公安、国土、规划、社保和气象局9个部门一并纳入机构整合范围。党政部门中相近的职能部门整合到一个部门,综合设置党政机构,这是顺德大部制的一大亮点,在广东乃至全国政府机构改革中开了先河。例如,组织部与人事局以及编制办合署办公,宣传部和文体广电新闻出版局合署办公,社会工作部和统战部、工会、共青团、妇联、残联等合署办公,民族宗教事务局和外事侨务局同侨联合署办公,政法委员会和司法局合署办公等。党委不设置与政府对口的部门,5个党委工作部门都有一个职能相同的政府机构与其合署办公,党政部门两块牌子、一套人马。党委与政府合署办公有效地整合了党政机关的职能，妥善解决了党政关系问题，实现了以党领政、党政联动的新模式，大大提高了公共管理效率。对此，国家行政学院教授许耀桐认为，党政合一创新性地实现了"党政同心、目标同向、工作同步"的"三同"要求。这样的合署办公开创了党政"同心共治"的新型管理模式，即"党政同体、同心共治"。[①] 新加坡国立大学教授郑永年认为，党政合一在提高效率的同时，可以把这一级政府的行政责任制（政府方面）和政治责任制（党方面）有机统一起来。从长远来看，这种体制比较有利于一个对社会负责的清廉政府出现。

3. 构建了高效的党政决策权、执行权与监督权分工制衡机制

按照"决策民主化和扁平化、执行集中化和统一化、监督外部化和独立化"，"决策权上移、执行权下移、监督权外移"的新思路，顺德大部制改革构建了既分工明确，又相互制约协调的统一高效的公共管理运行机制。首先，顺德将决策权分为政策制定权和政策审定权，分别交予"四套班子"和党政局级部门、决策咨询局，这是决策权的集中化和上移。由区委书记、区长、人大常委会主任、政协主席、区委常委、副区长及政务委员组成的领导团队是公共事务管理的最高决策机构，他们通过党政联席会议的方式对相关事务进行决策，从而实现决策权的集中和上移。其次，由原来政府机构合并后形成的10个大局、局级部门下属的股（科、室）、法定独立执行机构以及乡镇政府是上述决策的执行机构，它们实际行使公共决策的执行权，从而实现执行权的专业化和下移。最后，由纪委（监察局）、审计局、信访局合并成的政务监察和审计局则扮演监督者的角色，相对其他行政部门而言，将监督权交予纪律检查委员会机关、政务监察和审计局，实际上体现了监督的独立化和外移；同时，顺德也强调行政体制外的监督，包括强调人大监督和社会监督。

4. 切实推进政府职能转变

顺德推进政府职能转变的时间较早，早在20世纪90年代，顺德就积极推进产权制度改革，努力厘清政府和市场的边界。通过市场化的产权改革，顺德已逐渐弱化了政府直接管理经济、参与经济活动的职能，转而通过成立公有资产管理委员

[①] 许耀桐：《顺德区机构改革新坐标与新亮点》，《上海行政学院学报》，2010年第9期，第49—54页。

会，对政府独资、控股、参股及其他权益性的企业实施产权管理，从而与下属企业彻底脱钩，率先一步实现了严格意义上的政企分开。政府在职能上实现了从微观管理向通过政策进行引导、协调、监督和服务的宏观调控的转换。相对完善的市场经济体制为顺德带来了巨大的改革收益，其经济发展多次居全国百强县之首。2009年，顺德大部制改革的一个重点就是放宽非公有制经济市场准入，解除政府对企业的管制，凡是企业能够自主决定、自担风险、自行调节、自律管理的事项，坚决取消行政审批，充分调动市场主体的积极性和主动性，基本厘清了政府与市场之间的关系，实现了政府职能的转变，提高了政府部门的工作效率。

此外，顺德精简机构的根本目的是更好地向服务型政府转变，为群众提供更高水平的公共服务，及时回应社会公众的期待。为了实现职能转变，顺德将深化行政审批制度改革与优化政府工作流程结合起来，提高行政效能与服务水平。通过改革行政审批制度，减少审批事项，规范行政审批，更加注重社会管理和公共服务，构建了大保障、大规划、大文化、大监管、大经济、大建设的公共管理格局，以客户为中心，为服务对象提供一个单一接触点，将串联审批改造为并联审批，极大地提高了政府部门的工作效率，减少了行政成本。同时，通过建设电子政府，构建电子政务平台，加强行政服务中心建设。通过健全工作制度、梳理工作流程、规范工作程序、促进社会监督等方式，转变管理工作作风，提高公共服务水平。顺德也进一步深化财税金融体制改革。按照"强镇扩权"和扁平化管理原则调整区、镇税收分享机制，缩小部门财政扶持资金管理规模，实行财政资金"两头（区和镇）大、中间（部门）小"的哑铃模式，实施财政扶持资金"一步到镇"。建立财政预算编制、执行、监督和问责体系，充分利用市场机制配置政府财政资源，提高资金使用效率，发挥财政在经济和社会发展规划中的杠杆作用。

在社会管理领域，针对中国基层政府在简政放权过程中普遍面临的社会权力基础薄弱的问题，顺德创新社会管理机制和公共服务方式，实行党领导下的协同共治，政府进行社会管理的职能重点为统筹规划、完善制度和政策、提供公共服务和加强监督，将公民、法人及其他组织能够自律自主的事项转移出去，扩大社会和公众参与，实现公共服务从"政府单一提供为主"向"多元参与"的转变。2012年，顺德制定政府职能向社会转移暂行办法,将行业管理与协调职能、社会事务管理与服务职能、技术服务与市场监督职能、行政审批辅助职能四大类向社会转移,明确职能事项向社会转移的基本原则、认定条件、转移程序和监督管理等。[①] 探索建立以项目为导向的契约化管理模式,采取公开招标、项目发包、项目申请、委托管理等方式,将符合条件的职能事项向社会组织转移,为社会组织发展让渡空间。

5. 以人为本,减少改革阻力

大部制改革所涉及的一个重要问题是中国现行的公务员组织体制,大部制改革过程中富余人员的分流问题一直是难以克服的一大难题,也是历次政府机构改革陷入"精简—膨胀—再精简—再膨胀"怪圈的重要原因。大部制改革后,机构减少、职位减少,导致干部的晋升空间相对变窄,这个问题如果处理不好会降低公务员的积极性,给改革带来阻力。顺德在解决人力资源结构上,主要是通过在大部门之间统筹安排人力资源,解决以往存在的人员配置不平衡的问题,形成更合理的人力资源结构。在解决富余人员安置问题上,遵循以人为本的原则。在改革中,对涉及调整的干部和人员都做好安置,确保他们的利益不受损害,并充分调动他们的积极性,基本上做到了"人员不降级,编制不突破"。改革方案用"人随事走"的方式进行,按照职能划分将科室整体平移,编制、公务员数量和领导职数基本保持不变。同时,在改革后,建立了一系列配套的人事制度方案,包括事业单位的改革方案和政府雇员的改革方案等,确保人员的平稳过渡。

三、顺德大部制改革经验在广东省推广

为及时总结和推广顺德区改革成果,激发县域经济社会发展活力,中共广东省委办公厅、广东省人民政府办公厅于2010年11月印发《关于推广顺德经验在全省部分县(市、区)深化行政管理体制改革的指导意见》,在全省选择部分县(含县级市、市辖区)推广顺德区大部制改革经验,深化县级行政管理体制改革,具体包括阳江市所辖各县,佛山市除顺德区以外的各区,江门市、云浮市各2个县,其他

---

① 资料来源于中共佛山市顺德区委办公室、佛山市顺德区人民政府办公室印发《顺德区政府职能向社会转移暂行办法》(顺办发〔2012〕3号)的通知。

地级以上市（深圳、珠海、东莞、中山市除外）各 1 个县（见表 11-2）。

表 11-2　2010 年广东政府机构大部制改革试点地区

序　号	地　区	试　点　单　位
1	广州市	增城市
2	汕头市	濠江区
3	佛山市	禅城区、南海区、高明区、三水区
4	韶关市	乳源瑶族自治县
5	河源市	源城区
6	梅州市	蕉岭县
7	惠州市	博罗县
8	汕尾市	海丰县
9	江门市	蓬江区、江海区
10	阳江市	江城区、阳春市、阳东县、阳西县
11	湛江市	徐闻县
12	茂名市	茂港区
13	肇庆市	高要市
14	清远市	清城区
15	潮州市	湘桥区
16	揭阳市	榕城区
17	云浮市	云城区、云安县

在这次试点改革中，广东省要求县（市、区）参照顺德改革经验统筹党委、政府机构设置，整合职能相近的机构，在发展规划、城乡建设、社会管理、经济建设、市场监管、政务监察等领域综合设置机构，形成职能配置科学合理、机构设置综合精干、权责关系明确清晰的党政组织架构。《关于推广顺德经验在全省部分县（市、区）深化行政管理体制改革的指导意见》对各地党政机构设置限额进行了统一的规定：县级市 30 个以内；较大的县 28 个以内，中等县 24 个以内，较小的县 20 个以内；市辖区 22 个以内，由县级市改设的区 28 个以内。对较大的县、中等县以及较小的县的划分，按照 2001 年市县机构改革时确定的分类结果执行。各地区机构整合按如下方式进行：

（1）县委机构。统筹协调纪律检查、政务监察、审计等工作，保留纪律检查委员会机关，组建监察和审计局，与纪律检查委员会机关合署办公。强化决策咨询、民意征集和政策研究工作,保留县委办公室(挂决策咨询和政策研究室牌子)。

机构编制委员会办公室列县委机构序列单独设置,或与县委组织部合署办公。加强对宣传、文化、体育等工作的综合管理,保留县委宣传部,组建文体旅游局,与县委宣传部合署办公。加强统一战线等工作,形成大社会工作格局,保留县委统一战线工作部(挂民族宗教事务局牌子),在民族宗教事务比较繁重的地方,可单独设置民族宗教事务局,或实行与统一战线工作部合署办公。

(2)县政府机构。统筹协调发展规划、物价等工作,组建发展改革和物价局,将发展改革、城乡规划、物价等职责整合划入该局。加强对工业、经济运行和科技信息等工作的统筹协调,组建经济促进局,将工业、经济贸易、对外贸易经济合作、科学技术、知识产权、信息产业等职责整合划入该局。加强对人力资源、社会保障工作的统一管理,组建人力资源和社会保障局。加强对建设、水务等工作的统一管理,组建城建水务局,将建设、房产管理、公用事业管理、水务、城市管理行政执法等职责整合划入该局。加强对农业、林业、海洋、渔业、畜牧等工作的统一管理,组建农林渔业局。统筹协调卫生、药品监督管理等工作,组建卫生局。加强对市场行政执法工作的统一管理和协调,组建市场与安全监管局,将安全生产协调和监管、食品安全协调和监管、文体许可及文化市场综合执法、农业市场管理、旅游市场监管、生猪屠宰管理等职责整合划入该局。

第二节
公共财政体制改革

一、改革的背景

自20世纪90年代起,广东就开始了公共财政改革的探索。改革开放初期的"放权、搞活"政策,在调动地方政府发展经济积极性的同时,也导致各级政府部门纷纷经商、办企业、部门行政事业收费"三乱"问题，严重破坏了社会经济秩序，大量腐败现象滋生，政府部门不务正业，社会公共服务受到严重影响。为此，在 1995—1998 年间，广东开始着手公共财政体制改革，力图通过"政企分开""收支两条线"等举措划清政府与市场之间的关系，重点解决政府部门利用手中权力资源牟利的问题，取消政府部门直接配置经济资源的权力。这一时期财政改革的主要措施包括：实施"收支两条线"集中财权财力和规范财政收支行为，治理政府"三乱"问题（指乱集资、乱收费、乱罚款，包括乱摊派），重点保障公用经费以有效遏制以权牟利和权力寻租的问题。

但是，随着市场经济的快速发展，政府以往深度介入经济活动带来的负面影响日益显现，财政投资办企业不仅造成经济、社会秩序混乱，而且也带来了财政管理体制上的混乱，财政部门的职务犯罪大幅度上升，"石湾案件"等一连串的贪污腐败案件，促使财政部门不得不对财政资金的安全问题给予高度重视，进而开始建立财政资金监管体系。因此，自 1998 年起广东进行了又一轮财政体制改革，财政退出一般竞争性经济领域，划清财政与企业之间的关系，建立财政监督体系。这一时期的主要改革措施包括停止财政投资办企业，停止和清理财政周转金，清理财政涉及竞争性领域的支出，加强财政制度建设，以便从源头上防止腐败。这一系列措施使得公共财政基本框架得以建立，广东的一些制度创新，如东莞的"三个集中"、佛山南海区西樵镇的"乡镇会计集中核算"等措施，得到中央政府的高度认可。同时，广东大力实施部门预算制度、国库单一账户制度、政府采购制度，进一步强化"收支两条线"制度，实行公务员统发工资等一系列改革措施，这些措施的推行使得广东率先在全国建立起公共财政基本框架。

二、改革的主要内容

自 2001 年起，广东开始全面实施公共财政制度，进一步深化改革，建立和完善公共财政体系，进一步从制度上规范财政与各部门单位的账户、资金、工资津贴和行政事业单位财产管理的关系；通过公共财政制度向市县、乡镇一级延伸，推动公共服务向农村延伸；贯彻落实农村税费改革，取消农业税，切实推行农村义务教

育,更加注重社会公平;广泛利用信息化技术手段,推进财政改革,加强财政管理和财政监督。这次改革的具体措施如下:

1. 推进省级国库集中支付改革

2003年1月,广东开始全面启动省级国库集中支付改革试点工作。截至2005年底,省级层面先后将111个部门共401个预算单位纳入,改革覆盖到所有一级预算单位,并初步实现了与省人大财经委的联网。同时,各级财政部门结合本地区实际情况,陆续开展改革试点。2004年进行省级预算管理和国库集中支付系统整合改革,截至2005年9月,全省纳入国库集中支付改革范围的有2262个部门共3973个基层预算单位,国库集中支付改革在全省各地各级政府全面推行。

2. 全面推行预算管理改革

2000年,广东开始部门预算改革,省级财政选择了省委办公厅、省府办公厅、省监狱管理局等7家单位作为部门预算改革试点单位。2001年,进一步扩大试点范围,省级部门预算试点单位达到27个。2002年,省级部门预算改革全面铺开,按时完成了102个省直单位的部门预算编制并提交省人代会审批。2003年,所有地级市和绝大部分县(县级市、区)都已开展改革工作。2004年,省级继续深化和完善部门预算改革,加强了项目支出预算管理,选择了省信息产业厅和省残联作为试点,实行项目预算滚动管理。2005年,项目预算滚动管理在试点的基础上全面推开,所有省级单位都试行项目预算滚动管理。

3. 进行财政支出绩效评价

为加强财政支出管理,提高资金使用效益,广东省于2003年开展财政支出绩效评价试点,2004年设立了全国第一个省级财政支出绩效评价机构,财政厅率先设立了全国第一家"绩效评价处",对政府部门财政支出的500万元以上项目的专项资金实行了绩效评价,对各地区开始实行专项资金的绩效预算。2003年,广东对14个由省财政扶持的各3000万元的民营科技园建设补助资金的使用效益进行了评价。2004年,省级开展了老区小学改造和山区公路建设等项目的绩效评价。2005年,省级全面铺开了部门预算单位对2004年度完成的500万元以上项目或跨年度项目进行自我绩效评价工作。通过绩效评价,广东率先在全国建立起了基于绩效预算和评价的财政管理新机制。

> 专　栏

广东推进财政支出绩效评价①

2003年8月至2005年12月,广东全省先后组织开展了131个重点项目的绩效评价试点工作,通过试点,广东形成了一整套公共财政支出绩效评价的制度和方法,收到了良好的效果,在很大程度上提高了公共资金的使用效率。

(1) 规范工作制度,严格评价程序。在这方面,广东省主要从以下几方面入手建立相关制度规范:一是研究制定了《关于进一步加强财政支出管理的意见》,这是开展绩效评价工作的纲领性文件,对财政资金的项目申报、预算审核、过程监督和使用绩效结果评价提出了要求。二是研究制定了《广东省财政支出绩效评价试行方案》,这是广东省绩效评价的指导性文件。三是研究制定了绩效评价内部协调工作制度、中介机构参与绩效评价工作管理办法、自评报告复核程序、自评结果审核标准等一系列绩效评价相关工作规范,设计了绩效评价工作流程图、自评报告基础表格和绩效评价分析报告书等范本。四是建立了专家评审制度和审核意见反馈制度。五是及时收集整理了财政部、外省市以及广东省各地市、各部门单位的绩效评价指标,对"广东省财政支出绩效评价指标体系"进行了补充完善,积极推进公共财政支出绩效评价立法工作。

(2) 建立自评、重点评价相结合的长效机制。从2005年开始,广东省全面铺开了省级部门预算单位对财政支出项目资金使用情况进行自我绩效评价工作和财政部门对重大项目的综合评价工作。每个部门预算单位对500万元以上项目或跨年度项目进行自评,向财政部门提交自评报告,财政部门对自评报告进行复核审查和抽查。对于重大项目,省财政厅会同有关部门对项目进行综合评价。通过开展绩效评价,形成了自我评价、自我监督和外部评价、外部监督两个层次相结合的评价监管体系,各单位逐步树立了绩效观念和责任意识,更加关注资金使用效果,请款用款更加慎重和规范。据统计,省级各单位2006年预算新增请款比2005年减少了30多亿元。

(3) 探索开展第三方评价,强化绩效评价的客观准确性。在2006年的10个

---

① 刘昆、肖学:《推进财政支出绩效评价带动绩效预算管理改革——兼谈广东财政支出绩效评价的实践》,《财政研究》,2008年第11期,第19—21页。

重点评价项目中,选取了省教育厅"高校建设211工程"和省计生委"计划生育技术服务经费"两个社会关注度较高的项目作为第三方评价试点项目,委托社会中介机构进行绩效评价。一是根据项目的不同性质,选取了这方面有专长的研究机构,借用专家的力量实行第三方评价。二是与选取的研究所签订协议,规范实施评价的行为,明确实施评价的目标,保证评价的质量。三是要求实施单位必须严格按照《广东省财政支出绩效评价试行方案》等有关规定,根据项目特点设定评价指标、确定合适的评价方法、进行现场勘验核实、收集整理分析评价基础资料等一系列评价程序,对项目资金的落实、项目的组织实施、项目实施的效果、现场勘验及评价资料等情况以及项目实施存在的问题进行多角度、全方位的定性及定量分析评价,最后形成绩效评价报告。

(4)强化评价结果运用,将绩效评价结果作为预算安排的重要依据。绩效评价结果的运用是财政绩效评价工作的核心和落脚点。从2005年开始,省财政将绩效与部门发展目标结合起来,将绩效评价结果与财政资金管理结合起来,建立奖惩制度,逐步建立科学、规范的项目资金分配使用约束机制。一是根据绩效评价结果,帮助有关部门找出资金使用和管理上存在的问题,分析其形成原因,提出建议,以规范项目管理。二是把绩效评价结果与预算编制、执行紧密结合起来,把项目绩效评价结果作为预算安排的重要依据,对绩效良好的项目在同类项目中优先安排,对绩效差劣的项目视情况提请省政府批准暂停、撤销或减少专项资金。三是实行绩效评价结果内部通报制度。对省级财政支出项目自我绩效评价结果向省直各部门(单位)进行通报,对做得好的单位给予充分肯定,并指出其存在的问题,加强对省直部门的激励和监督,增加了财政支出透明度。

(5)建立健全评价机构,抓好评价队伍建设。财政支出绩效评价工作政策性强,专业性突出,必须要有相应的机构和人员作为保证。广东省财政厅2004年在全国率先成立了省级的绩效评价职能处,专门从事财政支出绩效评价。随后,各级财政部门也纷纷设立了绩效评价机构,配备了人员。

4. 完善财政资金监管体系

2004年,广东开展省直党政机关事业单位经营性资产清理工作,按照省委、省政府的部署,分宣传发动、清理核查、资产处置、规范管理四个阶段组织实施。

在开展了基础性的工作之后，省财政厅成立了行政事业资产管理处和行政资产物业管理中心，将资产管理纳入到日常管理的轨道上来。2004年底，成立省财政会计服务中心，开展省级财务核算集中监管改革具体实施工作。改革的主要内容是在保持预算单位的资金使用权不变、财务管理权不变、会计核算权不变（"三权不变"原则）的情况下，通过统一预算单位会计核算规程，统一预算单位会计核算软件，建立一个"大集中"模式的财务核算集中监管系统（"两统一，一系统"），实现财政部门对财政资金使用全程进行实时、直接、无"盲点"监管。按照省政府的部署，从2005年7月起，省直首批10个单位（包括省财政厅、省信息产业厅、省物价局等）开展了省级财务核算集中监管改革试点。

此外，广东还在强化政府公共财政行为的外部监督上下功夫。利用信息化网络技术，推行金财工程，在财政信息、统发工资、统一地方津贴、部门预算、国库、会计集中监管、政府采购、人大监督等方面发挥了积极的作用。省人大加强了对政府财政收支的监督制约，颁布了《广东省预算监督管理条例》；实现了国库与人大财经委的联网监督；细化了部门的预算，人大代表可以较为直观地了解到政府的资金分配情况；政务公开工作得到加强，广东省财政厅政务网站建立，政策规章通过网站和杂志广为宣传。通过搭建省级"实时在线财政预算监督系统"，省财政厅积极主动配合人大对财政预算的审核、监督，利用信息化网络技术，使人大能够实时监督预算的使用和执行情况。

5. 注重财政资源分配的公平性

在财政资源分配上，这一时期的改革措施更加注重社会公平导向，具体包括：大力推进农村税费改革，大幅度减轻农民负担，并最终取消农业税；加大对农村义务教育的投入，从免收农村贫困家庭子女书杂费到普遍免收农村子女书杂费，免费安排农村贫困家庭子女入读职业技术学校；加强对农村、农业、农民的投入和支持，村村通公路、改水、改灶、改房，粮食直补，加大农村小型水利建设的投入；支持建立新型农村合作医疗和困难救助制度；解决"四难"（读书难、看病难、就医难、打官司难）问题，实施城市最低生活保障、下岗职工再就业培训等。

6. 建立激励型转移支付制度

2002年广东省财政收入增长放缓，面临着其他省市赶超和区域间发展不协调等严峻挑战，广东省委、省政府经过综合研判，认为导致这种局面的症结在于县域经济财政发展缓慢，解决的关键是如何有效地调动县域经济快发展的积极性。为此，广东锐意探索、大胆创新，于2004年率先实施"三奖一补"，改革原来的转移支付制度，建立激励型转移支付制度，确保了2005年全省取消农业税顺利实施，并激励了市县政府发展经济的积极性和创造力。

广东省激励型财政转移支付机制是将省财政转移支付与县域经济财政发展状况挂钩，县域经济发展越快，财政增收越多，所得到的转移支付补助奖励就越多；反之，所得到的转移支付补助奖励则越少甚至被扣减。这个激励型机制主要包括三方面政策措施：一是运用综合增长率对每一年新增一般性转移支付兑付采取激励奖励政策，调整省里对县（市、区）新增转移支付兑付办法，从原来的按比例递增改为按综合增长率考核兑付。综合增长率由上划中央"两税"增长率、上划省"四税"增长率和一般预算收入增长率三个因素构成，权重分别为25%、60%和15%，体现对经济发展、税收结构及收入质量的要求。二是对上划省"四税"增幅超过平均水平的地区进行奖励。三是对县域经济发展快、财政任务完成好的县级领导班子给予奖励。

激励型财政转移支付机制实施3年来，全省形成了县域经济增长、财政增收、发展后劲增强的良好发展格局。东西两翼、粤北等山区的收入增长分别比珠三角高2.86个和7.27个百分点。区域间财力差距进一步缩小，县域财力实现三个增长：一般预算超亿元的县从2003年的30个增加到2006年的54个；县均一般预算收入从2003年的1.3亿元增加到2006年的2.2亿元；县人均财力从2003年的1.54万元增加到2006年的2.25万元。过去长期困扰广东的县域财政困难得到了缓解，全省县域财政总体自给率得到了显著的提高。截至2006年，广东72个县（市、区）财政平均自给率达55.37%，比2004年增加了2.8个百分点，财政自给率达到和超过60%的有23个县，从化市、增城市更是达到100%。自2004年以来，省财政累计投入超过170亿元用于支持山区基础设施建设、减轻山区市县债务负担等方面。

2005年省财政对市县的财力性转移支付补助加上各种专项补助金额达240亿元，约占省级总财力的50%。

三、改革的主要成效

1. 促使政府依法理财

"实时在线财政预算监督系统"、统发公务员岗位津贴堵住了部门"小金库"的出口，清理党政机关事业单位经营性资产堵住了"小金库"的源头。2004年，广东省委书记张德江就明确提出，"要改革对财政预算执行情况的监督""每一笔财政支出都要让人大知道"。到2007年，全省21个地市都初步建成"实时在线财政预算监督系统"。上述举措被形象地比喻为打造"玻璃钱柜"，"玻璃钱柜"也从此成为"阳光财政"的一个重要象征，即财政支出的方向是透明的，每笔财政资金的使用过程和途径也是透明的。这些改革，历史性地结束了财政预算由财政部门一家独管的状况。

2. 硬化财政预算约束

在开展省级财务核算集中监管改革试点后，单位的会计人员尽管不必集中办公，但他们都在统一的平台上工作。会计人员只要进入这一系统就必然在系统内"留下自己的脚印"。监管部门将各单位内部的财政资金分配和使用记录同国库集中支付的信息进行比对，保证预算单位会计核算信息的真实性。在不断总结经验的基础上，广东此项改革的试点范围不断扩大。这是对过去各单位会计工作所谓"自由""灵活"或者"变通"的规范和约束，"从此以后会计做不了假账"。这一措施实际上是将国库集中支付制度的改革延伸到单位的预算执行环节，逐步实现对财政资金使用全过程的监管，有利于政府对预算单位会计信息的及时掌握和综合分析。这项改革不仅能够为决策提供依据，而且能够有效防止不合理的开支和利用财政资金谋取私利情况的发生。

绩效评价是一种结果导向的公共财政管理方式，是新公共管理的组成部分。由此建立起的财政支出效益问责制，促使预算单位请款用款更加谨慎和规范；在从内部、外部强化财政管理，初步实现科学理财、民主理财的同时，也做到了依法理财，使政府的财政行为从软预算约束向硬预算约束转变。

3. 推动了政府职能转变

长期以来，我国政府扮演的是一种企业家型政府的角色，政府在很大程度上承担了企业家的创业功能，关注本地经济发展水平，在很多情况下充当投资主体，积极介入市场活动，强化对经济资源配置过程的支配性影响。这种企业家型政府对我国二十多年来经济的高速增长起到了重大的推动作用，具有一定的历史合理性。虽然企业家型政府有其存在的历史合理性，但以发展的眼光来看，这只能是我国经济转轨时期一种过渡的政府形态，随着我国市场化改革的深化，它必然要向公共服务型政府转变，广东在公共财政管理体制上的改革探索大大加快了这一转变进程。

第三节
商事登记制度改革

一、改革背景

改革开放以来，我国经济社会发生了巨大变化，商事登记制度作为国家管理市场、调控经济的基础性制度，经过多年发展，相关的登记法规已逐步完善。但由于长期受计划经济影响，现行商事登记制度与经济社会的新发展要求仍显不适应，这种不适应主要表现在以下几个方面：一是现行登记模式未区分市场主体登记和营业登记，导致登记注册与市场主体设立、经营项目的审批许可相混淆。这带来了企业办理登记注册的"门槛"较高，以及企业登记机关与审批部门、行业主管部门的职责不清等问题。二是现行企业登记制度在注册资本、住所（经营场所）、经营范围等具体登记事项上的一系列实体性规定，与经济、社会乃至企业的实际发展相脱节。一方面，在实际操作层面造成虚假出资、虚报注册资本、抽逃出资、无照经营等突出问题；另一方面，还约束了社会资源的充分利用，不利于市场主体活力的充分发挥。三是由于"折中审查"模式的制度设计，加之现实条件制约，实质审查的标准和界限不清。在当前愈加严厉的追责制度下，企业登记机关承担着权责不对等的执法风险。四是强制登记模式下的边界不清。从概念上讲，从事商事行为的商事主体均应进行登记，但由于我国没有商事主体的统一立法，导致商事主体及商事行为的边界、商事登记的性质和功能均未厘清，随着新技术革命的不断推进，新兴业态层出不穷，现行登记制度对新型商事主体的规制明显滞后。五是企业登记制度呈碎片化状态，造成"法律文件的内容既有交叉重叠，又有相互冲撞的对抗，更有疏漏的法律盲点和真空地带"，以及"内外""公私"市场主体准入中的差别待遇等问题，现有的制度设计与现代市场经济所倡导的公平竞争理念仍有较大差距。

从 2004 年开始实施的 CEPA 及其历次补充协议，赋予了粤港澳合作多项先行先试的政策。2008 年底，国务院批准的《珠江三角洲地区改革发展规划纲要（2008—2020 年）》更是明确赋予珠江三角洲地区"科学发展，先行先试"的政策创新任务和权限，明确提出珠江三角洲地区要继续承担全国改革"试验田"的历史使命，要求广东大胆探索，先行先试，全面推进经济、政治、文化和社会体制改革，在重要领域和关键环节率先取得突破，为实现科学发展提供强大动力，为发展中国特色社会主义创造新鲜经验。此后，国家、省先后赋予广州南沙、深圳前海、佛山顺德、珠海横琴、广州中新知识城等地先行先试权限和改革任务。国家工商总局也明确要求广东"继续改革创新、先行先试，为建立和完善具有中国特色社会主义商事登记制度积累实践经验"。正是在上述背景下，广东省积极开展了商事登记制度改革方面的探索。2009 年，广东省委、省政府将推进商事登记制度纳入省委、省政府领导班子深入学习实践科学发展观活动落实方案。省委办公厅印发《关于省委委员、候补委员 2010 年度开展重大课题调研和在省委十届八次全会上所提建议分工办理方案》，明确提出"支持深圳市开展商事登记制度先行先试工作"。2010 年，深圳市委、市政府将商事登记制度改革纳入当年改革计划，并启动商事登记制度改革课题调研论证。2012 年 3 月，国家工商总局向广东省工商局下发了《关于支持广东加快转型升级、建设幸福广东的意见》，明确提出："支持广东省在深圳经济特区和珠海经济特区横琴新区开展统一商事登记制度改革试点，在保障各类商事主体登记的地位平等、规则公平、标准统一等方面积极探索、积累经验"。广东省商事登记制度改革试点逐步推开。

二、广东商事登记制度改革的主要举措

2003年,广东省工商局发布《关于改革企业登记注册工作的若干意见》等文件,首次提出"试行企业法人资格和经营资格相分离的登记制度",明确提出符合企业法人条件,经营项目需前置审批而暂未取得批准文件的,经企业申请,可核发企业法人营业执照,经营范围可核"筹办",待企业完备前置审批手续后,再据以核定经营范围。企业法人因重组改制或经营不善丧失经营能力而停止经营,企业要求保留企业法人资格、取消经营资格的,可予核准,原经营范围予以删除,改核"仅供清理本企业债权债务使用"。这些改革措施可以说是新时期广东商事登记制度改革迈出的第一步,为后续改革的推进积累了经验。

2008年,国际金融危机爆发,作为外向型经济大省,广东的经济发展受到了严重的冲击。为应对国际金融危机所带来的挑战,推动全省经济转型升级发展,帮扶企业应对危机、走出困境,广东省工商局下发了《关于全力支持创业带动就业的意见》等多项改革政策文件,推行登记注册"零首期",允许困难企业延期出资等改革措施,进一步放宽住所、经营范围登记条件,被誉为工商"新政",引起社会的强烈反响。

2012年,根据国家工商总局文件精神,广东省工商局多次召集深圳、珠海两市企业登记部门研究和启动商事登记制度改革试点工作,积极指导佛山顺德和东莞大朗的商事登记制度改革试点。2012年5月,深圳市委、市政府下发《关于加快推进商事登记制度改革的意见》,明确商事登记制度改革的指导思想、主要目标和工作措施。10月30日,深圳市人大常委会通过了《深圳经济特区商事登记若干规定》,并于2013年3月1日起实施。为确保横琴新区商事登记制度改革试点顺利推进,广东省工商局代拟了《珠海经济特区横琴新区商事登记管理办法》,并于2012年5月经珠海市政府常务会议审议通过,以政府令的形式颁布实施。5月28日,横琴新区工商局挂牌成立,当日颁发了横琴新区第一张商事登记营业执照。根据省

委、省政府要求,广东省适度扩展了商事登记制度改革试点范围。广东省政府于4月26日批复佛山市顺德区率先开展商事登记制度改革试点工作。4月27日,顺德区人民政府印发《顺德区商事登记制度改革实施方案(试行)》,全面启动改革。7月30日,顺德区人民政府印发《顺德区商事登记制度改革实施办法(试行)》,进一步明确商事登记改革的有关内容及操作。5月16日,东莞市政府办公室印发《东莞市商事登记制度改革试点工作实施方案》,确定在该市大朗镇开展改革试点。6月15日,省政府批复同意东莞开展商事登记制度改革试点。

2012年8月,国务院印发《关于同意广东省"十二五"时期深化行政审批制度改革先行先试的批复》,明确支持广东进行改革试点,推进行政管理体制改革,完善社会主义市场经济体制。11月23日,国家工商总局下发《工商总局关于同意在深圳等市区开展商事登记改革试点并调整营业执照部分内容的批复》。该批复同意广东省试点地区扩大至深圳市、珠海市、东莞市和佛山市顺德区,明确同意试点地区可以根据改革实际相应调整营业执照部分登记事项的登记方式,同时要求广东工商部门要在省委、省政府的领导下,坚持统筹规范,注重市场主体登记与监管制度改革的整体推进,继续改革创新、先行先试,为建立和完善中国特色社会主义商事登记制度积累实践经验。按照该批复的精神,11月29日,珠海市人大常委会审议通过了《珠海经济特区商事登记条例》,将商事登记制度改革试点范围扩大至全市,定于2013年3月1日起实施。12月3日,东莞市正式在全市推行商事登记制度改革。

深圳前海、横琴新区、佛山顺德、东莞大朗四地商事登记制度改革试点既有较强的统一性,也体现出一定程度的差异性。四地改革的基本原则均是"宽入严管",改革的落脚点均在于探索与广东经济社会发展相适应的市场主体登记、审批及监管制度。但是,四个地区的经济社会发展状况不尽相同,具体的改革举措也存在一定的差异性,概括起来看,这四个地区的改革可划分为特区模式和非特区模式两种类型。特区模式以深圳和珠海为代表,上述两地均有特区立法权,均就商事登记制度改革进行了特区立法。非特区模式以佛山市顺德区和东莞市大朗镇为代表,这两个地区无特区立法权,先后以地方政府规范性文件的形式就商事登记制度改革事项予以明确。相对来讲,特区模式的改革措施力度更大、更超前,具有较强的前瞻性；非特区模式的改革则更多地注重改革前后的衔接性、稳定性，兼顾企业的现实需求。

首先，四个地区商事登记制度改革相同的内容主要包括：企业登记注册与经营项目审批相分离（包括相关经营范围登记改革）；有限责任公司注册资本实行认缴制；企业住所与经营场所登记相分离，允许"一址多照"和"一照多址"，进一步放宽企业场所登记条件，简化场所证明；改革年检验照制度；建立商事主体信息公示与信用信息监管平台；明确商事登记机关与有关行政许可审批部门的监管职责，创新监管体制等。

其次，四个地区商事登记制度改革存在差异的内容主要包括：在经营场所的审批方面，深圳前海和珠海横琴保留了经营场所的前置审批许可；佛山顺德和东莞大朗则将其统一归属于经营项目许可的范畴，并作为登记的后置审批许可。在经营范围登记上，深圳前海和珠海横琴规定了商事主体的经营范围通过章程载明，营业执照不具体显示①；佛山顺德和东莞大朗保留登记经营项目，登记机关实行较为宽松的核定政策，允许按照《国民经济行业分类》中的门类或大类表述。从改革适用范围来讲，深圳前海和珠海横琴明确所有商事主体均按照改革模式进行，佛山顺德和东莞大朗则考虑企业实际需求，允许市场主体自行选择改革模式或传统模式进行登记。此外，深圳前海和珠海横琴还提出公司秘书制度，佛山顺德和东莞大朗暂无该制度设计。珠海横琴提出个体工商户豁免制度；深圳前海、珠海横琴、东莞大朗提出全流程电子化登记年检改革；深圳前海和佛山顺德提出营业执照、组织机构代码和税务登记"三证合一"制度等。

三、广东商事登记制度改革的成效

广东商事登记制度改革以来，随着各项改革举措的落地，各类市场主体的活力得到了充分的激发，社会投资创业热情进一步迸发，新登记企业数量增长迅速。截至2012年11月底，珠海横琴新区、佛山市顺德区、东莞大朗镇共发出商事登记制

---

① 珠海横琴在经营范围栏加注"一般经营项目自主经营；许可经营项目凭许可批准文件或者许可证件经营"。

度改革后营业执照4798张,其中珠海横琴591张、佛山顺德1461张、东莞大朗2746张。其中,珠海横琴企业新登记数与去年同期相比增长了4倍多,占横琴原有729户企业的81%。顺德区新登记有限公司同比增幅达27.2%,大朗镇新登记市场主体增幅达79%。截至2012年11月底,全省企业实有户数达152.2万户,比上年末增长了10.2%。其中,私营企业实有户数达124.9万户,比上年末增长了12.7%。[1]

首先,商事登记制度改革降低了市场准入门槛,极大地改善了投资环境。商事登记制度改革降低了对企业名称、注册资本、住所、经营范围等事项的要求,有效降低了企业的办事成本。企业登记注册与经营项目审批相分离的制度设计,更是破解了前置审批限制,在很大程度上简化了企业登记注册手续和环节。实行商事登记制度改革的地区,办照明显提速,登记时间普遍缩短至3个工作日内,部分业务实现了当天办结,企业办事有了良好的心理预期。

其次,商事登记制度改革破解了"审批难"的困局,对推动行政审批制度改革发挥了积极的作用。企业登记是行政审批制度中的一个重要环节,广东省在商事登记方面先行先试,既积极推动了相关领域行政审批制度改革,又为深化企业登记制度改革创造了十分有利的条件。2012年8月,国务院批准广东省"十二五"时期在行政审批制度改革方面先行先试,广东又成为我国行政审批制度改革的先行者和探索者。

最后,商事登记制度改革推进了部门职能转变,提升了工商部门市场监管效能。商事登记制度改革所确立的"谁审批、谁监管"及强化行业监管原则,强调行政管理理念要从过往侧重事前许可审批向加强事中和事后的监管转变,加快政府职能转变,着力构建"宽入严管"的新制度体系。同时,商事登记制度改革放宽登记注册门槛、降低准入成本,也是政府切实转变职能、还权于市场的重要举措。在这种转变过程中,市场主体的自我约束意识加强了,有利于引导市场主体依法登记、守法经营,进而推进企业信用体系建设。这有助于解决长期以来困扰工商行政管理部门"管什么"和"怎么管"的问题,促进工商部门合理配置行政执法资源,提升市场监管效能。

---

[1] 尚平等:《广东商事登记改革探索与实践》,《中国工商管理研究》2013年第1期,第25—30页。

第十二章
社会管理体制改革

第一节
外来人口积分入户改革

一、城市化进程中新的不平等

近年来我国城市化的步伐正在逐步加快,2000年我国城市人口占总人口的比重为36.2%,2008年达到45.7%,2009年底为46.6%。虽然这些数字从总体上反映了我国城市化快速发展的态势,但它们只是从统计意义上衡量了我国的城市化水平,并没有反映我国城市化的真实状态。根据2000年人口普查和2005年1%的人口抽样调查数据,在这两个时间截面之间,我国城市人口比重从36.6%提高到44.7%。但与此同时,在被统计的城市人口中,拥有农业户口的人口比重则从40.3%上升到46.8%。可见,在我国城市化过程中,很多转移人口是并没有改变户口性质的农民,与真正的城市居民存在着巨大的身份差异。这种身份差异使得他们虽然在城市中生活和就业,但却享受不到与城市居民同等的权益保障和公共服务,导致了一种新的不平等。1958年我国颁布了《中华人民共和国户口登记条例》,标志着城乡分割的二元户籍制度的诞生。这种户籍制度实质上是体现了一种"以农补工、以乡养城"的城乡差别发展战略。该制度强调户口的不可迁移性,农民被固定在土地上,不能分享城市社会资源。同时,这种户籍制度又是一种不平等的身份制度,不同类型户口所附着的就业、居住、教育、社会参与、社会保障、医疗服务和公共福利服务等权益存在着巨大的差异（具体如表12-1所示）。虽然改革开放以来随着农村劳动力流动规模的增加，我国户籍制度先后经历了一些改革，诸如暂住证政策的实施、农转非政策的改变、小城镇户籍制度改革和蓝印户口等，但是这些改革是十分有限的，与户籍相联系的绝大部分居民社会福利差别仍然存在。由此，虽然流动劳动力的名义身份实现了从农民到农民工再到产业工人的转变，但是他们并未成为真正意义上的城市居民，仍然难以摆脱旧的户籍制度的桎梏，这给他们在城市定居和生活增加了巨大的额外成本。

由于对医疗卫生、义务教育和社会保障等基本公共服务的投资激励不足，社会事业发展滞后，我国城市居民享受的公共服务水平较低，特别是，非户籍流动人口在义务教育、医疗卫生和社会保障等公共服务上面临的政策性歧视，他们能够享受的城市公共服务严重不足，需要支付高昂的费用，导致我国劳动力流动的隐性成本较高，不利于劳动力的区际流动。例如，在义务教育方面，早在2001年国家就出台了《国务院关于基础教育改革与发展的决定》，禁止城市公办学校对农民工子女的歧视，教育部随后又出台了一些配套文件，要求城市公办学校对农民工子女一视同仁。但是，各地在执行政策的过程中还是通过各种手段限制农民工子女到公办学校就读。根据世界银行2006年对上海、西安、大连、成都和深圳的一项调查，公办学校向城镇居民子女收取的择校费平均为1100元人民币，对农民工子女收取的择校费平均为3650元人民币。大部分农民工表示子女在入读公立学校时面临着歧视、拒收和高额费用要求等障碍，不少农民工子女只好去私立"农民工学校"就读，不仅收费高于公办学校，而且办学条件和教学质量低下，时常因达不到基本的教学标准而被取缔。正是上述政策歧视，使得农民工子女的学费支出占到家庭总收入的13%，明显高于城镇户口家庭。此外，在医疗卫生服务方面，虽然《中华人民共和国劳动法》要求各地须使所有劳动者都参加由用人单位和个人共同缴费的基本医保，但与城镇居民相比，农民工参加医疗保险的比例较低，只有21%的农民工参保（城镇职工参保率为80%）。由于参保率较低，农民工看病的自费比例很高①，农民工看门诊一次的

---

① 农民工看门诊和住院治疗的自费比例分别为91%和71%，而城镇居民的自费比例分别为58%和44%。

自费开支占农民工人均月收入的90%，住院一次的自费开支占农民工人均年收入的90%。① 因此，如果考虑到城乡居民在所享受的公共产品和其他福利上的差别，我国城乡居民收入的实际差距远比统计数字所显示的要大（见表12-1）。

表12-1 城镇户口与农村户口的福利差异②

制度安排	城镇户口	农村户口
户籍管理	凭户口可享受各类城镇公共服务和福利	拥有农村户口的公民除了考取国家正规大中专院校外，原则上难以转成城镇户口，从而难以进入城镇定居、就业和享受城镇福利
住宅	有廉租房、经适房等政府提供的保障性住房，有单位房改房，也可以通过市场购买商品房住宅	自建住房，少数富裕地区由村集体投资满足部分住房需求，也可以在城市购买商品房住宅
物资：燃料 供水 供电	享受国家低价供应的化石燃料 享受国家低价供应的符合健康标准的饮用水 享受国家低价供应的电力	以市价购买燃料，或使用植物燃料 主要靠自己取用天然地下水和地表水，不符合健康标准 电价高于城市，电网未能全覆盖，供电也不稳定
教育	义务教育由国家投资，设施条件较好，教育普及率较高	义务教育国家投资较少，设施简陋，教育普及率较低
医疗	享受公费医疗或医疗保险，医疗软硬件较好	以自费医疗为主，医疗保险参与率和支出标准均较低，医疗软硬件落后
社保	社会保险参与率和标准较高	社会保险参与率和标准较低
就业	国家负责安排市民的就业，或自主就业，职业保障程度较高	自主就业，职业保障程度较低
生活场所	城镇单栖型	候鸟式城镇/农村两栖型
流动调节	政策性招工、调动、招生	劳动力市场自发调节
行为特征	有稳定、长期的行为预期	短期行为倾向明显

注：本表中农村户口既包括传统的在农村生活的公民，也包括已流动到城市的务工人员，本表由笔者根据有关资料整理而得。

---

① 以上资料可参考世界银行报告《中国的城镇服务和治理》，2009年6月。
② 户籍制度导致的身份差异还会影响到劳动力的工资水平，农村户口的劳动力所能获得的工资水平比拥有城镇户口的劳动力要低，奈特（Knight, et al., 1999）、王美艳（2003）、姚先国和赖普清（2004）等学者对此均有较好的研究。

二、广东外来人口户籍管理制度改革的沿革

改革开放以来,在经济快速发展的影响下,广东人均收入水平快速提高,吸引了大量外来劳动力进入广东就业和居住。根据 2011 年 4 月 28 日国家统计局发布的第六次全国人口普查主要数据公报,按常住人口口径统计,截至 2010 年,广东已经超过河南,成为当时全国唯一一个常住人口数量超过 1 亿人的省份,其常住人口占全国的比重从 2000 年的 6.83% 上升为 2010 年的 7.79%。广东常住人口规模的扩大是长期以来外来劳动力不断流入的结果,2010 年广东户籍人口为 8155 万人,而常住人口则高达 1.04 亿人,流动人口规模达到 2300 万人左右。

正是在上述外来人口不断流入的大背景下,广东早在 20 世纪 90 年代就率先开始了户籍制度改革探索,特别是率先进行了小城镇户籍管理制度改革。1992 年 8 月,公安部发布了《关于实行当地有效城镇居民户口制度的通知》,当地有效城镇户口本盖蓝印,俗称为"蓝印户口"。当地有效城镇户口的实行范围是小城镇、经济特区、经济开发区、高新技术产业开发区,实行的对象是外商亲属、投资者、被征地的农民。持有当地有效城镇户口就意味着可以部分地享受与当地城镇居民同等的社会福利和公共服务。1992 年 11 月,广东省政府下发了《批转省公安厅关于调整户口迁移若干政策的请示的通知》,从 1993 年 1 月 1 日起在全省实施。从全国来看,部分地方实施当地有效城镇居民户口制度是在 1997 年 6 月国务院批转公安部《小城镇户籍管理制度改革试点方案》之后,全国普遍实施当地有效城镇居民户口制度则是在 2001 年 3 月国务院批转公安部《关于推进小城镇户籍管理制度改革的意见》之后。广东率先实施为全国改革提供了经验,广东的很多做法被国务院 1997 年和 2001 年小城镇户籍管理制度改革文件所吸收。

在继承早期小城镇户籍制度改革经验的基础上,广东自 2010 年起又率先探索实施农民工积分入户改革,为全国推进外来务工人员的市民化改革积累了经验,提供了样板。广东在户籍制度改革上的这一新举措与国家解决农民工问题的总体战略部署紧密相关,可以说是率先贯彻落实国家的有关政策要求。2006 年 1 月 31 日,国务院颁布《关于解决农民工问题的若干意见》,这是党中央力图全面解决我国城

市化和工业化进程中农民工问题的一份纲领性文件。文件就农民工在城镇落户的问题作出了总体部署，即深化户籍管理制度改革，要逐步地、有条件地解决长期在城市就业和居住的农民工的户籍问题，中小城市和小城镇要适当放宽农民工落户条件，大城市要积极稳妥地解决符合条件的农民工的户籍问题，对农民工中的劳动模范、先进工作者和高级技工、技师以及其他有突出贡献者，应优先准予落户。作为农民工集中的经济大省，广东省所面临的农民工问题相比较全国其他地区更为突出，为此，广东积极贯彻落实中央精神。2009年，广东省人大修订通过《广东省流动人口服务管理条例》，实施流动人口居住证制度。与此前实行的暂住证制度不同，居住证制度赋予流动人口更多的与本地城市户籍居民相同的经济社会权利，更加有利于流动人口融入城市生活。该条例第三章第二十五条和第二十六条详细规定了流动人口可以享有的城市福利和公共服务事项，具体包括按规定享受职业技能培训和公共就业服务；依法参加社会保险，享受相关待遇；获得法律服务和法律援助；实行计划生育的育龄夫妻免费享受国家规定的基本项目的计划生育技术服务；以及传染病防治和儿童计划免疫保健服务等十多项市民权益和公共服务项目。同时，该条例提出："居住证持证人在同一居住地连续居住并依法缴纳社会保险费满七年、有固定住所、稳定职业、符合计划生育政策、依法纳税并无犯罪记录的，可以申请常住户口。""常住户口的入户实行年度总量控制、按照条件受理、人才优先、依次轮候办理，具体办法由居住地地级以上市人民政府制定。"正是在这一规定的基础上，广东推出农民工积分入户改革。2009年，广东省中山市率先推行流动人员积分制管理，为广东实施农民工积分入户"试水"。2010年6月，广东省人民政府出台《关于开展农民工积分制入户城镇工作的指导意见（试行）》，在全省实施农民工积分入户政策。

三、广东农民工积分入户改革的主要举措

2010年6月，广东省人民政府发布《关于开展农民工积分制入户城镇工作的指导意见（试行）》（粤府办〔2010〕32号）；2011年12月，广东省人力资源与社会保障厅等12个部门联合颁布《关于进一步做好农民工积分制入户和融入城镇工

作的意见》。这两份文件构成广东省农民工积分入户的基本制度安排。2010年《关于开展农民工积分制入户城镇工作的指导意见（试行）》提出，开展农民工积分入户，旨在"深入贯彻科学发展观，按照转变经济发展方式、加快推进城镇化和城乡一体化的要求，通过开展农民工积分制入户城镇工作，着力完善配套体系建设，推进基本公共服务均等化，推动解决"三农"问题，使广大农民工共享改革发展成果，促进和谐社会建设"。

1. 积分指标体系设置

农民工积分入户改革首先要科学地设置积分指标体系，对农民工在城镇落户的条件进行指标量化，并在对每项指标进行赋值的基础上设置入户条件分值。当农民工的各项指标累计积分达到条件分值时，农民工就可以申请入户城镇。农民工积分入户的指标体系由广东省统一指标和各市自定指标两部分构成，省统一指标包括以下四个一级指标：①个人素质。具体包括文化程度和职业资格或专业技术职称两个二级指标。其中，文化程度初中最低为5分，本科及以上最高为80分；初级工、事业单位工勤技术工岗位五级最低为10分；技师、事业单位工勤技术工岗位二级、中级职称最高为60分。②参保情况。根据缴纳社会保险费的年限计分，参加城镇基本养老保险、城镇基本医疗保险、失业保险、工伤保险、生育保险每个险种每满一年积1分，总分最高不超过50分。③社会贡献。包括近五年内参加社会服务和获得政府表彰奖励两个二级指标。社会服务包括献血（每次2分，最高不超过10分），义工、青年志愿者服务（服务每满50小时积2分，最高不超过10分）和慈善捐赠（每千元积2分，最高不超过10分）；政府表彰奖励分为两个档次，获得县级党委政府或处级部门表彰、嘉奖或授予荣誉称号的，每次积30分，最高不超过60分；获得地级以上市党委、政府或厅级以上部门表彰、嘉奖或授予荣誉称号的每次积60分，最高不超过120分。④减分指标。包括违反计划生育政策和违法犯罪两项。有超生行为的人员，自作出处理决定之日起五年内不能申请入户城镇；期限届满后，超生一个子女的扣100分，再超生的加倍扣分；未办理结婚登记生育第一个子女且六十日内未补办结婚登记的，以及未依法办理收养登记收养子女的，扣50分。近五年内曾受过劳动教养的扣50分，曾受过刑事处罚的扣100分。上述省统一指标全省互认、流通和接续。各市自定指标包括就业、居住和投资纳税等情况，具体指标和分值根据当地产业发展和人才引进政策设定。原则上农民工积满60分可申请入户，具体入户分值由各地级以上市人民政府根据当年入户计划和农民工积分排名情况确定。

2011年12月，广东省又对农民工入户积分指标体系进行了修订，在以下两方面进行了调整：①扩大积分入户适用对象。2010年广东省农民工积分入户政策规定"积分入户的适用对象是在本省城镇务工的农业户籍劳动力，凡已办理广东省居住证、纳入就业登记、缴纳社会保险的，均可申请纳入积分登记""其配偶和未成年子女可以随迁"。从实际操作来看，当年全省有10.8万人通过积分入户转为广东省城镇户口，其中51%为外省户籍。鉴于此，2011年12月修订后的积分入户政策规定"在我省务工的农村户籍人员和城镇户籍人员均适用农民工积分制入户政策"，进一步扩大了适用对象。②调整优化积分指标和分值。一是缩小了高低学历分值差距。初中的分值由5分增加到20分，高中或中技、中职的分值由20分增加到40分，维持大专60分、本科及以上80分。这一调整适应了广东省农民工普遍学历较低的实际情况，更有利于数量众多的低学历农民工积分入户。二是提高了职业资格和专业技术职称的分值。初级工、事业单位工勤技术工岗位五级由10分提高到20分，中级工、事业单位工勤技术工岗位四级由30分提高到40分，高级工、事业单位工勤技术工岗位三级、初级职称由50分提高到70分，技师、事业单位工勤技术工岗位二级、中级职称由50分提高到90分，新增高级技师、事业单位工勤技术工岗位一级、高级职称计为110分。这一调整的目的旨在激发农民工通过岗位学习、在职培训等方式提升综合技术能力的积极性，引导农民工增加自身的人力资本投资。三是提高缴纳社会保险年限的积分分值和最高分值。参加城镇基本养老保险、城镇基本医疗保险、失业保险、工伤保险、生育保险，每个险种每满一年由积1分提高到积1.5分，总分最高不超过75分。此外，对农民工的社会贡献加分进行了较大的调整，取消了参加义工、青年志愿者服务以及慈善捐赠的加分，以及原政策中最高120分的政府表彰奖励加分，仅保留了"参加无偿献血每次2分，每年最高积2分，最高不超过10分"这一项。在修订完善省统一指标的同时，广东省政府也要求各市及时修订完善自定指标，指标修订要做到"四个鼓励"：一是鼓励在申请入户地长期稳定就业的农民工入户城镇，对在申请入户地参加社会保险及在同一单位稳定就业三年以上的农民工，可给予加分；二是鼓励技能型农民工入户，提高国家职业资格、专业技术职称指标的积分比重，各地可根据实际，把相关法律法规规定需持证上岗的证书纳入积分范围，参照相应级别的国家职业资格证书设置积分指标；三是鼓励获得政府表彰奖励和积极参加社会服务的优秀农民工入户城镇；四是鼓励本省户籍农民工就地就近入户城镇（见表12-2）。

表12-2 广东省农民工积分指导指标及分值表

指标分类	一级指标	二级指标	三级指标	指导分值	实施说明	
省统一指标	个人素质	文化程度	初中	5分	正	由本人按照就高不就低的原则提供其最高学历证书，不得累加计分
			高中或中技、中职	20分	正	
			大专	60分	正	
			本科及以上	80分	正	
		职业资格或专业技术职称	初级工、事业单位工勤技术工岗位五级	10分	正	由本人按照就高不就低的原则提供其最高级别的技能等级或技术职称证书，不得累加计分
			中级工、事业单位工勤技术工岗位四级	30分	正	
			高级工、事业单位工勤技术工岗位三级、初级职称	50分	正	
			技师、事业单位工勤技术工岗位二级、中级职称	60分	正	
	参保情况	参加社会保险情况	缴纳社会保险费年限	参加城镇基本养老保险、城镇基本医疗保险、失业保险、工伤保险、生育保险，每个险种每满一年积1分，总分最高不超过50分	正	由本人提供社保经办机构或地税部门出具的证明

（续表）

指标分类	一级指标	二级指标	三级指标	指导分值	实施说明	
省统一指标	社会贡献	参加社会服务（近五年内）	参加献血	每次2分，最高不超过10分	正	由本人提供捐献证明
			参加义工、青年志愿者服务	服务每满50小时积2分，最高不超过10分	正	由本人提供志愿者机构出具的相应证明
			慈善捐赠，接受捐赠的单位必须是政府认定的慈善组织	每千元积2分，最高不超过10分	正	由本人提供捐赠证明
		获得政府表彰奖励	获得县级党委政府或处级部门表彰、嘉奖或授予荣誉称号	每次积30分，最高不超过60分	正	由本人提供荣誉证书
			获得地级以上市党委、政府或厅级以上部门表彰、嘉奖或授予荣誉称号	每次积60分，最高不超过120分	正	
	减分指标	违反计划生育政策	不符合政策生育	有超生行为的人员，自作出处理决定之日起五年内不能申请入户城镇；期限届满后，超生一个子女的扣100分，再超生的加倍扣分；未办理结婚登记生育第一个子女且六十日内未补办结婚登记的，以及未依法办理收养登记收养子女的，扣50分	负	由本人提供户籍地计生部门出具的证明材料
		违法犯罪（近五年内）	曾受过劳动教养	扣50分	负	由本人提供户籍地公安派出所出具的有无违法犯罪记录的证明
			曾受过刑事处罚	扣100分	负	

（续表）

指标分类	一级指标	二级指标	三级指标	指导分值	实施说明	
各市自定指标						

注：①二级指标中没有标明年限的，无年限限制。
②初中以下学历不积分。高级技工学校和技师学院毕业生分别参照大专、本科学历积分。
③各市自定指标的指标项目和分值由各地自行确定。
④农民工凡提供虚假证明材料经查实的，永久取消其申报资格。

2. 积分入户指标的规模控制

2010年，广东省人民政府《关于开展农民工积分制入户城镇工作的指导意见（试行）》提出，"按照总量控制、因地制宜、统筹兼顾、稳妥有序的原则，确定农民工入户城镇的规模。农民工入户城镇计划指标重点向中小城市和县城、中心镇倾斜。每年年初由省发展改革委员会同省人力资源社会保障厅、公安厅将农民工积分制入户城镇计划指标下达各市，具体办理程序和管理办法由各地级以上市人民政府制定"，争取在2010—2012年全省引导180万名左右的本省户籍农民工及其随迁人员入户城镇。

3. 配套制度改革

广东在实施农民工积分入户政策的同时，还在以下几方面着力推进有关配套改革：①积极解决农民工子女义务教育问题。广东要求各市将解决农民工子女义务教育问题纳入当地城镇建设发展规划和义务教育总体规划，增加公办学校资源。鼓励社会力量举办主要招收农民工子女的民办学校，在用地、贷款和师资培训等方面给予政策扶持，有条件的地区可实行农民工子女凭积分入读公办学校的制度。②加快完善城镇住房保障制度。具体措施有三：一是要求各级政府要按照国家有关政策规定将农民工居住问题纳入城镇住房保障建设规划，加大住房保障投入力度，加快公共租赁住房建设，为农民工提供农民工公寓及其他住房保障服务。二是通过给予一定的租金补助的方式，鼓励用人单位为农民工提供住所。三是允许招用农民工较多的用人单位在自身用地范围内建设农民工集体宿舍,并鼓励地方探索在农民工密集地区建设农民工居住小区。③鼓励以农村土地承包经营权、宅基地使用权置换城镇户籍。户籍在城镇周边地区、在城镇稳定就业5年以上、有自己产权住所的农民工,积分未达到入户条件,但自愿将家庭承包地(耕地和林地)交回发包方,自愿将宅基地(房屋)使用权交回原居住地的行政村或集体经济组织的,可以家庭为单位直接申请入户城镇。④落实城乡计划生育政策衔接。已婚育龄女农民工在入户城镇前,除已安排再生育且已怀孕的可以生育外,从户籍迁入之日起,执行城镇居民的生育规定。农民工入户城镇后,其计划生育奖励按迁入地城镇居民奖励待遇执行。⑤落实城乡社会保险制度衔接。农民工入户城镇后,按照国家规定办理农村养老保险与城镇职工养老保险关系的衔接,应退出新型农村合作医疗,同时按规定参加城镇职工基本医疗保险或城镇居民基本医疗保险和城镇生育保险;原按农民工政策参加失业保险的,应当转按城镇职工政策参保,入户前在入户地所属统筹地区连续参加失业保险的缴费年限计算为城镇职工参加失业保险的缴费年限。

四、广东农民工积分入户改革的成效与问题

广东农民工积分入户改革在很大程度上解决了横亘在外来务工人员面前的身份问题,有利于他们真正融入本地生活,享受与本地市民同等的公共服务。各地区通过推行积分入户改革解决外来务工人员子弟入学、住房、医保和社保等问题,有力地推动了流动人口的市民化进程。同时,各地区借积分入户改革的时机着力改进外来工管理办法,突破本地人与外地人两重身份隔阂,促进了社会和谐和社会融合。例如,在外来务工者较为集中的东莞,首先在对外来务工者的称谓上进行了改变,将他们统一称为"新莞人",并在市和市属各镇成立"新莞人服务管理局"。"新莞人服务管理局"的主要职能包括:统筹全市新莞人和出租房屋服务管理工作;规划和建立健全新莞人服务、培训体系;协调督促有关部门做好新莞人的服务、培训和维权工作;搜集、登记、统计和分析全市新莞人有关信息;协助有关职能部门做好房屋租赁登记备案、出租房屋税收征管、暂住证发放等六项主要职责,这极大地帮助了新莞人在东莞的就业、生活和发展。截至2012年,在东莞参加医保的600多

万人中绝大部分是"新莞人",东莞的中小学中外来务工人员的子女也多于本地人子女,外来务工人员的社会保障与本地人实现了基本一致。

广东农民工积分入户改革虽然取得了明显的成效,但还存在一些有待改进的问题。首先,全省农民工积分入户的指标数量仍较有限。广东从2010年起实施农民工积分入户,计划每年10万人积分入户。当年,全省有10.8万人通过积分入户转为广东省城镇户口。2011年广东省积分入户的人数增长到18.6万人,比上年增长了86%。① 2012年积分入户的人数为15万人,比上年减少了18%。② 2013年积分入户的人数为15.9万人,同比又减少了14.5%。③ 从总体实施情况来看,广东各市所确定的入户指标数量偏少,对农民工的入户规模控制仍然较为严格。相对2600多万农民工,每年15万左右的入户指标所占比重仅为0.6%左右,仍然难以满足大多数农民工希望在所务工城市定居的愿望。

其次,从积分入户指标的区域配置情况来看,广东农民工积分入户指标配置明显向经济落后的城市倾斜,经济发达的珠三角地区入户指标反而相对较少,这与广大农民工的落户期望存在一定的落差。广东省分为珠江三角洲、粤东、粤西和粤北四个地区,珠江三角洲属于经济发达地区,其他三个地区则相对落后。广东全省80%以上的农民工均集中在珠江三角洲地区,其中尤以深圳、广州、东莞、佛山四市的农民工数量最为集中。但是,在农民工积分入户政策的实施过程中,珠江三角洲地区并没有配置更多的指标。以2010年为例来看,珠江三角洲地区的入户计划指标相对较少,而欠发达的粤东、粤西和粤北地区城市的入户计划指标反而较多。例如,深圳市设置的入户计划指标为4600人、广州市为3000人,而属于欠发达的粤北山区的清远市为5000人,粤东的潮州市为4900人,肇庆市为6170人。同时,从入户积分要求来看,珠江三角洲地区的入户积分要明显高于粤东西北地区。例

---

① 资料来源于:广东省代省长朱小丹2012年1月13日在广东省第十一届人民代表大会第五次会议上的政府工作报告。
② 资料来源于:广东省省长朱小丹2013年1月25日在广东省第十二届人民代表大会第一次会议上的政府工作报告。
③ 资料来源于:广东省省长朱小丹2014年1月16日在广东省第十二届人民代表大会第二次会议上的政府工作报告。

如，2010年广州市申请入户积分的要求是85分，为全省最高；清远市为35分，为全省最低。因此，珠江三角洲地区农民工积分入户要困难得多，而欠发达的粤东、粤西和粤北地区农民工入户则较为容易，这又与广大农民工的落户期望存在一定的偏差。

最后，广东农民工积分入户条件标准体现了较强的鼓励技术和投资"移民"倾向，这对于普通农民工来说无疑增加了入户的难度。2010年的农民工积分入户政策在积分标准上向高学历和专业技术资格倾斜，2011年12月修订后的相关规定有了很大改进，提高了初中、高中（中技、中职）和技能人才的加分，但是仍然存在较为明显的"人才偏好"。在文化程度积分方面，按照修订后的积分标准，本科及以上学历计80分，大专计60分，高中及中技中职计40分，初中计20分。然而，根据国家人口和计划生育委员会流动人口司对广东省流动人口动态监测调查数据得知，2010年广东省农民工受过小学教育的占12.6%，受过初中教育的占59.5%，受过高中或中专教育的占24.2%，受过大专教育的占3.0%，受过本科教育的仅占0.7%。可见，当时广东省70%以上的农民工只拥有初中及以下学历，文化程度积分项普遍得分很低。在专业技术资格方面，按照积分标准，初级工计20分，中级工计40分，高级工计70分，技师计90分，高级职称计110分。然而，根据国家人口和计划生育委员会流动人口司对广东省流动人口动态监测调查数据得知，2010年广东省87%的农民工没有技术资格或职称，在具有技术资格或职称的农民工中，初级工占35.6%、中级工占25.1%。[①] 绝大多数农民工没有技术资格或职称，也必然得分很低。此外，广东省农民工积分入户的积分标准还具有一定程度的"投资偏好"。2010年广东省农民工积分入户政策规定"各市的自定指标应当包括就业、居住、投资纳税等情况，具体指标和分值可根据当地产业发展和人才引进政策设定"。例如，《广州市积分制入户政策与申办指南（2013版）》规定，个人在广州市企业的投资额在500万元人民币及以上的可获20分，近5年内在广州市连续3个纳税年度内依法缴纳的个人所得税累计在10万元及以上的可获20分。[②]

---

① 数据来源于国家人口和计划生育委员会流动人口司：广东省流动人口动态监测调查数据库（2011年）。
② 傅晨、李飞武：《农业转移人口市民化背景下户籍制度创新探索——广东"农民工积分入户"研究》，《广东社会科学》，2014年第3期，第15—21页。

第二节
社会管理体制改革创新

改革开放以来,随着我国经济社会的快速发展,人们的生活和社会结构发生了天翻地覆的变化,经济结构日益多元化,社会阶层结构和利益结构日益复杂化。政府不再是资源配置的唯一主体,市场在经济社会运行中发挥着越来越大的作用。在这种情况下,政府与企业之间的关系协调、不同市场主体之间的利益协调、不同社会阶层之间的利益协调以及不同行业之间的利益协调都需要新的途径和方式。传统的、高度集权的、城乡分割的社会管理体制明显难以适应新形势的要求,遭遇极大的挑战,社会管理体制亟须改革创新。作为改革开放的先行地和试验区,广东省积极探索政府社会管理职能转变,大力培育社会组织,着力提高社会自治能力,在社会管理体制改革方面也走在全国前列。

一、强化政府的社会管理职能和公共服务职能

长期以来我国政府的管理理念和管理职能侧重于追求经济发展而相对忽略了社会管理,侧重于对人们的社会生活进行控制而不是提供公共服务,这无疑难以适应复杂多变的社会结构和社会公众的利益诉求。因此,如何加强政府的社会管理职能和公共服务职能就成为广东省社会管理体制改革创新的首要一步。广东省在这方面改革创新的主要亮点有二:

一是以街道、社区为突破口,推动政府社会管理职能和公共服务职能前置。例如,在广州这样一个拥有1000多万人口的特大型城市,街道、社区成为社会问题、民生诉求矛盾最为集中的地方。因此,广州在社会管理体制改革创新上,选择以街道、社区服务管理体制机制创新为突破口,立足于真正将街道、社区建设变成解决社会问题的"民生第一线"。广州2009年就开始在14个街道组建"两中心一队"

作为基层社会管理的主体,即政务服务中心、综合信访维稳中心和综合执法队,由街道统一管理和调配执法、管理和服务力量。政务服务中心将原有的多个公共管理的职能整合在一起,城市管理、社会事务、人口和计划生育、流动人员和出租屋管理、劳动和社会保障等原来由多个不同部门提供的公共服务由政务服务中心统一提供。同时,通过整合公安派出所、司法所等力量和资源,建立街道综合信访维稳中心,集中相关资源和力量负责综合信访维稳。综合执法队则在辖区内统一行使政府在市容环境卫生、城市绿化、城区规划、市政民政、环境保护等方面的执法管理职能。"两中心一队"的设置将政府的社会管理职能直接前置在基层一线,大大方便了群众办事,提高了公共服务的效率和质量。云浮市云安县把原有的"农村综合改革办公室、县宜居城乡办公室"等机构整合,成立了"社会工作委员会",并将"社会建设县域统筹新体系、社会服务镇村运行新体系、社会管理多元共治新体系"及"社会民生城乡统筹新工程"、"3+1"社会建设网络体系融为一体。在新型社会管理体制下,该县南盛镇在各村建立了"社区服务合作社",合作社以落实上级政策与尊重社员意愿相结合为基本原则,推行了"十步工作法",即梳理确定议题、制订初步方案、征求社员意见、依法表决通过、公示表决结果、分流三站实施(经济服务工作站、公共服务工作站、综合信访维稳工作站)、定期开展研判、实施民主监督、组织绩效评价、公布办理结果,从而形成了"干部问事,社员理事,集中议事,及时办事,定期评事"的"南盛模式"。

二是进行法定机构试点。顺德在这方面的改革尤为引人注目。顺德享受地级市权限,大部制改革后,顺德政府部门大幅减少,但随着经济的快速发展,顺德的人口集中度快速提升,社会管理任务繁重。在这种情况下,顺德尝试在一些专业领域,通过组建法定机构,建立完善的治理架构和运作机制,实现灵活、高效的管理运作,解决大部制改革后一直困扰顺德的事权增多、人员编制不足的问题。所谓法定机构,是根据某个特定、专门性条例成立并受制于该条例、履行公共管理或公共服务职能的公共组织,这种机构在发达国家和我国香港地区较为常见。例如,香港的旅游发展局和医院管理局,均由官方与社会相关人士组成,承担一些公共管理职能或公共服务职能。顺德借鉴香港的经验,也成立了一些由行业协会、专家代表和服务对象代表等组成的法定机构承担相关的公共管理职能或公共服务职能。法定机构的职能与政府部门类似，但不属于政府体系，而是"半独立"组织。与政府部门相比较，法定机构有较多的管理、人事聘用和财政自主权，能独立于政府，快速应对社会变化，履行公共管理职能或提供社会服务。顺德设立了政府人才管理的法定机构——区人才工作局，在各部门、各镇街设立人才服务小组。政府利用财政杠杆，鼓励各界开发人才公共服务产品，建立政府购买公共服务制度，着力研究和解决人才进入顺德工作的服务和生活配套问题，与用人单位和社会共同建立高层次人才保障体系。顺德在这方面另一个引人注目的改革是建立和推广社工制度，并成立相应的机构。顺德容桂街道在2010年就建立了街道社工管理局，招雇社工与社区福利会签约，到社区社工服务中心工作。

二、大力培育社会组织

1. 改革社会组织登记管理制度

广东省深化社会组织登记管理改革，打破双重管理体制，逐步取消行政业务主管部门。2012年4月，广东省委、省政府出台《关于进一步培育发展和规范管理社会组织的方案》，提出了除行政法律法规规定需要前置审批的民办教育和医疗等机构以外，其他社会组织自7月1日起，不再需要前置审批，直接向民政部门申请成立，并将业务主管单位改为业务指导单位。同时出台了引入行业协会竞争机制、下放登记管理权限、扩大登记管理领域、申请非法人登记和实行备案制等7个方面的改革举措。深圳市从2009年起作为民政部和广东省确定的社会组织改革创新综合试点，市委、市政府制定了《推进社会组织改革发展的意见》，推出了社会组织登记管理体制等9项改革、16个政策亮点、8个率先等重大举措。2012年，深圳出台了《中共深圳市委深圳市人民政府关于进一步推进社会组织改革发展的意见》，进一步明确规定八大类社会组织可直接登记，包括工商经济类、公益慈善类、社会福利类、社会服务类、文娱类、科技类、体育类和生态环境类，其他类型的社会组织按相关规定审批登记。将异地商会的登记范围从地级以上市扩大到县（市、区），异地商会可在登记活动地域内设立分支（代表）机构。推动社区社会组织实行登记和备案双轨制。大力培育发展社区社会组织,根据各区(新区)实际情况,授权街道办事处对社区社会组织进行备案管理。

2. 出台多种专项扶持政策

一是转移政府职能,为社会组织提供政策空间。培育扶持社会组织的一个重要前提是政府职能要转变,要将一部分职能转移出来。广东省结合行政管理体制、事业单位和审批制度改革,加大政府职能转移委托力度,为社会组织的发展壮大和参与社会管理创造空间。例如,深圳市2010年3月就出台了《深圳市推进政府职能和工作事项转移委托工作实施方案》,对社会组织承接政府职能做了制度性安排。在总结深圳改革经验的基础上,2012年7月,广东省出台了《关于加快转变政府职能深化行政审批制度改革的意见》,该意见指出除涉及重大公共安全的事项外,取消相关从业执业资格、资质类审批,全部交由行业组织自律管理。政府组织的评优、评级、评比项目基本上全部取消,社会组织可自愿承担。该意见明确第一批取消的重点领域审批179项,下放审批权限115项,向社会组织转移的职能达55项。根据省里文件精神,2012年9月,顺德区出台了《顺德区政府职能向社会转移暂行办法》,该办法明确规定,顺德向社会转移职能事项的种类将分为四类。第一类是行业管理与协调职能,包括行规行约制定、行业准入审核、等级评定、公信证明、行业标准、行业评比、行业领域学术和科技成果评审等;第二类是社会事务管理与服务职能,包括法律服务、宣传培训、社区事务、公益服务等;第三类是技术服务与市场监督职能,包括业务咨询、行业调研、统计分析、决策论证、资产项目评估等;第四类是行政审批职能,包括技术类的辅助审批事项、资格类辅助审批事项、以强化监管为目的的后续审批事项、便民服务类事项等。

二是政府购买服务,为社会组织提供发展条件。广东省社会管理体制创新的一个重要目标是形成"小政府、大社会"的社会治理模式,而这一模式的一个重要内容就是向政府社会组织购买服务。这一方面是对原来的"大政府"进行瘦身,另一方面也是对社会组织实际运作的支持。例如,深圳市探索以政府采购、定向委托、种子基金等不同方式向社会组织购买服务,以实现其公共责任和义务。广州市2010年在20个街道开展家庭综合服务中心试点工作,以政府购买服务和委托项目管理等方式，引进社会组织承接公共服务职能，为市民提供服务。按照计划，广州市要确保每个街道至少建成一个家庭综合服务中心，原则上每10万元购买服务经费须配备一名工作人员，工作人员总数的三分之二以上为社会服务领域相关专业人员、一半以上为社会工作专业人员。2012年6月，广东省政府出台了《政府向社会组织购买服务暂行办法》，省财政厅出台了《广东省省级培育发展社会组织专项资金管理暂行办法》，以及政府向社会组织购买服务制度目录，包括基本公共服务、社会事务服务、行业管理与协调事项、技术服务事项、政府履职所需辅助性和技术性事务共262项，并制定了具体操作流程，确保政府购买服务的公开公平运作。

三是建立孵化基地，为社会组织创办提供有利的环境。社会组织的成长与壮大需要一个良好的发展环境。广东按照"政府引导、民间兴办、专业管理、公众监督、民众受益"的原则，在省和设区的市建立了社会组织孵化基地，根据孕育型、萌芽型、初创型、支持型等不同情况，面向社会组织开展注册咨询、活动策划、能力建设、筹资指导、帮助参与公益创投等各项服务，并设立孵育专项基金，采取分类扶持的方式对符合条件的社会组织给予补助。

3. 构建协同监管机制

社会组织的发展与壮大离不开内部的规范管理和外部的有效监督，为此，广东省采取了多种措施着力构建社会组织的内外协同监管机制，具体包括：①规范社会组织内部管理。广东在省级层面统一制定各类示范文本，完善以章程为核心的社会组织法人治理结构，健全内部规章和诚信自律机制。同时加强社会组织党建工作，党组织实现全覆盖。②加大信息披露力度。对社会组织重大活动情况、资产财务状况、接受使用捐赠资助情况、收费项目及标准等通过多种形式实行信息公开，接受社会监督。③开展社会组织综合评估。评估等级在3A级以上的社会组织才有资格承接政府职能转移和购买政府服务，通过发挥评估的指挥棒作用，引导社会组织恪守公益性原则，自觉承担起社会责任。④加大执法监察力度。建立公安、民政、司法、财政、审计、工商、物价、工商联等机构各司其职、信息共享、协同监督的机制，定期召开联席会议，加强部门联动，形成执法监察合力。

在上述改革措施的推动下，广东省社会组织的发展取得了显著成效。社会组织数量增长迅速，改革期间广东省社会组织总量以年均两位数的速度增长。截至2012年上半年，在广东省各级民政部门登记的社会组织达33000多个，其中社会团体15000个、民办非企业单位18000个、基金会近300个。在数量不断增长的同时，广东省社会组织的发展质量也不断提升，发展层次不同提高。社会组织的民间化、市场化程度高，自主发展能力较强，特别是行业协会发育比较成熟、运作机制顺畅，公益慈善和社区服务类社会组织也占有越来越重要的地位。此外，社会组织的职能发挥日益强化。社会组织涵盖经济社会各个领域，在引领有序参与、推动民主进程、规范市场秩序、加快经济转型、缓解社会矛盾、促进社会融合、繁荣慈善事业等方面发挥了日益重要的作用。

三、创新社会管理方式

广东省是人口大省，外来流动人口多，社会结构相比内地其他省份更为复杂，社会管理的难度也更大。鉴于此，广东省结合新的形势，大胆创新社会管理方式方法。例如，深圳市2010年就积极探索"以证管人、以房管人"的新模式，即明确"申报暂住户口是暂住人员的义务"的规定，减少各类暂住证类别，简化办证程序，对出租屋及各类住所实行信息化管理，完善"以证管人"和"以房管人"相结合的方式，构建管理虚拟空间的"大网监"管理格局，打造社会治安"立体防控体系"，收到了良好的效果。深圳市还实施"深圳市劳动保障卡"制度，此卡既是暂住人员和户籍人口医疗、就业、入户、子女申请入学的重要凭证，还可为遵纪守法的求职应聘者提供公共就业服务，并在此基础上实行"招工备案制度""就业登记和辞退备案制度"，保障劳动者的合法权益，引导劳资双方建立稳定的劳资关系。

在社会管理方式方法方面，珠海市在斗门的网山村试行建立健全"户户联保、小组联防、村村联动"的"三联"机制也是一种较好的做法。按照《2009年珠海市社会管理体制改革先行先试实施计划》，珠海市通过探索整合农村各类组织和社会资源，有效管理农村社区新机制，试行"十户联保"制度，从建立健全"户户联保、小组联防、村村联动"的"三联"机制入手，构建平安和谐新农村。一是

"十户联保"构建自治新机制。为加强农村治安防范，2005年斗门公安分局五山派出所结合实际，率先在网山村试行"十户联防"。所谓"十户联防"，即以十户为单位，将住房相邻的农户组成联防小组，联防小组成员之间平时互相帮忙看家护院，遇到危险困难，联防小组其他住户应主动予以救助。斗门区委、区政府及时发现了这一来自基层的"自主创新"，并加以提升完善，拓展为"十户联保"，将乡土社会邻里"面对面"的联防相守，发展成为集群防群治、禁赌禁毒、普法宣传等多种社会管理功能于一体的综合治理新机制、新平台。2009年，珠海市委、市政府把网山村作为"十户联保"试点单位，开展新的探索实践。网山村委会对村内农户进行分组，以十户为单位，将住房相邻的农户分成34个联保小组，选出了联保户长和维稳信息员，全村340多户村民签订了"十户联保"协议书，34个联保小组之间签订了小组联防协议书。"十户联保"的推出，使网山村以每户为节点，形成了一个紧密的网络，自古相传的邻里照应的道德义务自此用制度的形式固定了下来，村里也实现了"无刑事治安案件发生，无较大的民间矛盾和纠纷发生，无群体性事件发生"，社会秩序和社会风气大为改善。二是将"十户联保"拓展为"三联"防范机制，构建和谐新农村。为进一步推动农村自治，网山村进一步拓宽了联防范围，推进"户户联保、小组联防、村村联动"的"三联"防范机制，为创建平安和谐新农村奠定了坚实的基础。同时，网山村还与富山工业园及区内企业的防范力量形成联动，让他们在加强园区和企业内部防范的同时，派出保安员参加巡逻，与网山村的联保队员互相呼应、互通情况。此外，网山村还与马山、夏村、三村工业园区企业白兔陶瓷厂签订了联动协议书，"内部网"延伸到了周边村落和企业。

第五部分
践行"中国梦",重塑发展优势

2012年以来，习近平总书记提出了"中国梦"概念，并深入阐述了"中国梦"的基本内涵和奋斗目标，动员全国人民凝心聚力为建设富强民主文明和谐美丽的社会主义现代化强国而努力奋斗。习近平总书记2012年底视察广东时，对广东提出"三个定位、两个率先"的总目标，2017年4月再次对广东工作作出"四个坚持、三个支撑、两个走在前列"的重要批示，始终要求广东当好改革开放的排头兵、先行地和试验区，为全国发展大局提供重要支撑。五年来，广东认真贯彻落实习近平总书记的重要视察和指示精神，大力践行"中国梦"，深入推进全面深化改革和扩大对内对外开放，着力再造广东发展新优势。这一阶段的改革开放虽然也有侧重点，但与前三十余年的改革开放不同，更加注重顶层设计，更加注重改革的系统性、整体性和协同性，更加注重"五位一体"的全面推进和协同。

第十三章
从"三个定位,两个率先"到"四个坚持、三个支撑、两个走在前列"

第一节
习近平总书记视察广东

一、习近平总书记视察广东的时代背景

2012年12月7日至11日,刚就任中共中央总书记的习近平就把广东作为地方考察的首站。习总书记视察广东与党的十八大召开仅相隔一个月,只有深入当时的时代背景,才能深刻理解习近平总书记视察广东的重要意义和深远影响。

1. 党的十八大胜利召开

习近平总书记视察广东,首要时代背景是党的十八大的胜利召开。党的十八大报告勾画了在新的历史条件下全面建成小康社会、加快推进社会主义现代化、夺取中国特色社会主义新胜利的宏伟蓝图。习总书记在广东视察提出的"三个定位、两个率先"总目标所涉及的中国特色社会主义、改革开放、科学发展、全面建成小康社会、社会主义现代化五个关键词也正是十八大报告的主旨,"三个定位、两个率先"实际上是党的十八大精神在广东的具体化。

2. 世界政治和经济格局深度调整

2012年,世界政治和经济格局延续了金融危机以来的变化趋势,仍在进行深度调整,总体看呈现出如下几个特征。

（1）世界经济进入低增长阶段，但新兴和发展中经济体经济实力相对上升。国际金融危机后，世界经济进入温和低速增长的"新常态"，被迫对经济失衡格局进行修复调整，结构性改革进展缓慢、人口老龄化、资源环境约束增强等因素制约着世界经济复苏的进程。2003—2007年，世界经济年均增长5.1%；2008—2011年，世界经济年均增长仅3.1%，已进入低增长阶段。国际金融危机破坏了世界经济原有的增长机制，新的增长动力还没有形成，经济复苏仍主要依靠政策刺激。从中长期来看，世界经济增长前景不容乐观。人口老龄化速度加快，劳动年龄人口增长持续放缓。全球私人投资市场整体低迷，投资增长后劲不足。全球生产率在下降，尤其是科技带来的提升作用在减弱。实际上，从危机爆发前开始，科技对发达国家生产率的提升作用就持续在减弱，对新兴市场的提升作用也接近瓶颈（IMF，2015）。这意味着，世界经济潜在增长率将下移。

与此同时，世界经济内部分化趋势日益明显，世界经济增长的重心由发达国家向新兴经济体转移，发展中国家相对力量上升。国际货币基金组织（IMF）数据显示，在危机爆发前的2001—2007年，发达经济体对全球经济增长的贡献率就已经低于新兴经济体和发展中经济体（48%∶52%）。危机爆发后，两者的差距进一步扩大。用美元现价衡量，新兴经济体和发展中经济体占全球经济的比重从2000年的20.8%上升到2011年的36.6%；若以现价国际元（基于购买力平价方法）衡量，从2008年开始，新兴经济体和发展中经济体的经济总量已超过发达经济体（见图13-1）。以中国为代表的新兴经济体已成为全球经济增长的重要支柱。2008年以来，中国已超过美国和欧盟，成为拉动世界经济增长的第一大引擎，2011年中国的GDP占全球的比重超过10%。

（2）发达国家实施"再工业化"战略，新一轮科技革命深度酝酿。发达国家大力推行"再工业化"战略，重新聚焦于先进制造业发展。美国先后发布《美国制造业促进法案》《美国创新战略：促进可持续增长和提供优良的工作机会》《重振美国制造业政策框架》《国家生物经济蓝图》等法案、战略规划和行动计划，明确提出发动一场清洁能源革命，加速生物技术、纳米技术、先进制造技术、空间技术等发展，继续保持其作为世界科学发现和技术创新发动机的地位。欧洲委员会发

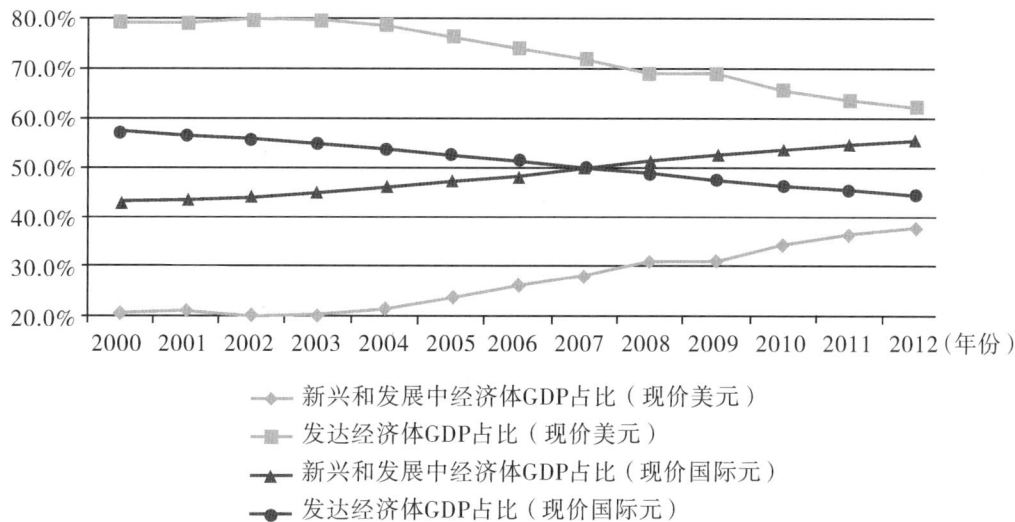

数据来源：IMF 世界经济展望数据库。

图 13－1 新兴和发展中经济体与发达经济体经济总量占比变化趋势（2000—2012 年）

布"欧盟 2020 战略"，制定了《欧洲 2020 年》《地平线 2020》（2011 年 11 月）、《为可持续增长创新：欧洲生物经济》（2012 年 3 月）等规划，重点发展能源与环境、生物等产业。日本制定了《面向辉煌日本的新成长战略（2020）》，提出重点推进绿色创新、生物科技创新，发展节能环保、生物与健康等产业。新一代信息技术、新能源、生物、新材料等领域的群体性科学技术突破和融合发展正在深入酝酿，特别是物联网、大数据、工业机器人、3D 打印以及生物、材料、节能环保等技术创新与"再工业化"的结合，不仅将催生一批新兴产业，还将导致社会生产方式、制造流程、生产组织乃至生活方式的重要变革。发达国家将会通过抢占科技发展制高点以及对高端产业的再造，再次引领世界新兴产业发展潮流。

（3）国际投资贸易规则体系加快重构。全球化进程出现新动向，区域一体化深入发展。金融危机以来，随着国际竞争的加剧，贸易保护主义抬头，贸易摩擦不断加剧，各国围绕市场、技术、规则和标准等方面展开了激烈的竞争，一些在全球和地区具有重要影响力的国家开始调整国际化战略，撇开 WTO 多边贸易体制，强化区域次区域合作，发起设立新的自由贸易安排，致力于推进高标准自贸区建设，培育区域间组合比较优势。服务贸易和投资协定成为新一轮国际贸易投资谈判和规则制定的核心内容,由美国主导的跨太平洋伙伴关系协定(TPP)①和跨大西洋贸易与投资伙伴关系协定(TTIP),致力于构建高标准的自由贸易区安排,旨在重构亚太和全球贸易版图,强化其在全球经济中的主导地位。新的投资贸易规则变化,将对全球经济产生深远影响。

(4)新兴经济体话语权不断提升,推动全球治理结构发生深刻变化。尽管发达国家仍然主导着国际经济秩序和全球治理,但自国际金融危机以来,随着新兴经济体的实力不断增强,发达国家不得不调整其全球或区域战略,转而寻求借新兴经济体的力量来解决自身问题和全球性问题,由此推动全球治理体系发生历史性变化。主要表现在:一是新兴经济体开始参与全球治理的顶层设计,并在主要治理机构中扮演着越来越重要的角色。这一特点集中地表现为包含了主要新兴经济体的二十国集团(G20)作为国际经济合作"主平台"的兴起,以及IMF、世界银行、WTO等主要国际经济治理机构改革进程中表现出的开始尊重和扩大发展中国家话语权的趋势。二是以布雷顿森林体系为核心的世界经济治理框架,越来越难以满足全球化新浪潮带来的危机监测、预防和治理的地方性、集团性需要,区域性或跨区域经济治理平台发挥着日益重要的作用,如"金砖国家"合作机制的强化,以及美国从经济上"重返亚太"而主导的TPP建设、TTIP建设,"10+3"协调机制的建立等。随着中国话语权和影响力的上升,中国在全球治理体系中的"大国责任"将有增无减。

(5)大国博弈加剧,全球地缘政治格局更趋复杂。新兴经济体趁势崛起,主要大国力量对比呈现出此消彼长的新变化,美国相对实力有所下降,被迫收缩战线,战略重点从聚焦反恐转向关注大国竞争,从中东和欧洲转向亚太地区。两大地缘政治板块面临新变局:一是中东北非板块乱局频仍,叙利亚、埃及、利比亚、伊拉克、伊朗局势动荡加剧。中东北非多种矛盾复杂交织、多种力量激烈缠斗,地缘政治风险与不确定性居高不下。二是亚太板块多方博弈呈现复杂险峻新棋局,美国多管齐下推进"亚太再平衡"战略,着力利用中国与邻国的海洋领土争端,扶持日、

---

① 2017年1月23日,新任美国总统特朗普签署行政命令,正式宣布美国退出跨太平洋伙伴关系协定(TPP)。

菲、越等，挑动其对抗中国，导致中国的安全环境日趋恶化。随着中国影响力的日益提升，以美国为首的发达国家将进一步加大对中国的打压和围堵，中国面临的地缘政治环境日益复杂严峻。

3. 中国粗放型经济发展模式遭遇"天花板"式制约

过去30多年经济高速增长，是中国充分利用劳动力、土地等低成本要素优势，在经济全球化的背景下有效发挥后发优势的结果。2008年以来，长期支撑中国经济增长的要素和动力条件不复存在。一是人口老龄化加快。2010年中国65岁及以上人口占总人口的比重达8.9%，2011—2012年是中国人口数量红利消失的一个重要转折点，劳动年龄人口总量开始减少（蔡昉，2013）。由此导致劳动力成本不断上升，已经超出了沿海很多劳动密集型企业的承受能力。二是世界经济增速放缓。世界贸易萎缩较为严重，出口高速增长的条件不复存在。特别是支撑"东亚生产—美国消费"经济循环模式的基础已经坍塌，靠投资和出口拉动经济增长的空间越来越有限。三是资源环境约束趋于紧张。沿海地区不少城市土地开发强度已达到或超过国际警戒线，可供利用的土地规模越来越少。高投入、高消耗带来的高污染日益危害民众的健康和经济社会的可持续发展，环境承载能力已达到极限。必须加快转变经济发展方式，塑造新的发展优势。

4. 中国经济到了跨越"中等收入陷阱"的关键阶段

按照世界银行的最新收入划分标准及数据，中国2010年人均国民收入为4340美元，由中等偏下收入国家进入中等偏上收入国家行列。随着我国经济发展进入新常态，经济结构和增长动力发生重要转变，经济增长由高速增长转为中高速增长，有落入"中等收入陷阱"的风险。"中等收入陷阱"是对社会政治经济总体状况的描述，其突出表现是：制度供给和创新能力不足，收入分配差距过大，无法保持在制造业上的竞争优势，创新能力不强，难以实现从粗放型经济发展模式向高生产率导向型经济发展模式的转变。在不同发展阶段，经济增长的动力机制不同，在低收入阶段能够有效促进经济增长的动力机制到中等收入阶段就很可能失效。2008年以来，中国经济增速除2010年略有反弹外，基本处于下降趋势，在旧有发展动力衰减的情况下，如何形成新的发展动力，是中国跨越"中等收入陷阱"的关键，这就需要对适应前一个发展阶段的经济发展方式和治理体系作出适应性调整。

二、习近平总书记视察广东的重要讲话精神

此次视察历时五天，先后走访了深圳、珠海、佛山、惠州、广州等地，深入农村、企业、社区、部队和科研院所。12月11日，在广州听取了广东省委、省政府的工作汇报后，习近平总书记发表了重要讲话。

1. 继续把改革开放推向前进

一路上，习近平总书记反复强调，改革开放是我们党的历史上一次伟大觉醒，正是这个伟大觉醒孕育了新时期从理论到实践的伟大创造。实践证明，改革开放是当代中国发展进步的活力之源，是我们党和人民大踏步赶上时代前进步伐的重要法宝，是坚持和发展中国特色社会主义的必由之路。他指出，现在我国改革已经进入攻坚期和深水区，我们必须以更大的政治勇气和智慧，不失时机深化重要领域改革。深化改革开放，要坚定信心、凝聚共识、统筹谋划、协同推进。改革开放是决定当代中国命运的关键一招，也是决定实现"两个一百年"奋斗目标、实现中华民族伟大复兴的关键一招。实践发展永无止境，解放思想永无止境，改革开放也永无止境，停顿和倒退没有出路。

2. 坚持改革开放的正确方向和方法论

习近平总书记强调，要坚持改革开放的正确方向，敢于啃硬骨头、敢于涉险滩，既勇于冲破思想观念的障碍，又勇于突破利益固化的藩篱。要尊重人民的首创精神，在深入调查研究的基础上提出全面深化改革的顶层设计和总体规划，尊重实践、尊重创造，鼓励大胆探索、勇于开拓，聚合各项相关改革协调推进正能量。

2012年12月31日，中共中央政治局就坚定不移推进改革开放进行第二次集体学习，习近平总书记进一步深入阐发了改革开放的方向和方法论问题，可作为上述讲话精神的延伸。他在讲话中强调，改革开放是一场深刻的革命，必须坚持正确方向，坚定不移走中国特色社会主义道路，不断推动社会主义制度自我完善和发展。改革开放是前无古人的崭新事业，必须坚持正确的方法论，把"摸着石头过河"和加强顶层设计结合起来，推进局部的阶段性改革开放要在加强顶层设计的前提下进行，加强顶

层设计要在推进局部的阶段性改革开放的基础上来谋划。要加强宏观思考和顶层设计，更加注重改革的系统性、整体性、协同性，同时也要继续鼓励大胆试验、大胆突破，不断把改革开放引向深入。改革开放是一项系统工程，必须坚持全面改革，在各项改革协同配合中推进。改革开放是一场深刻而全面的社会变革，每一项改革都会对其他改革产生重要影响，每一项改革又都需要其他改革协同配合。要更加注重各项改革的相互促进、良性互动，整体推进，重点突破，形成推进改革开放的强大合力。

3. 对广东提出"三个定位、两个率先"总目标

习总书记在讲话中如此回顾和强调广东的改革开放在全国发展大局中所起的作用：

广东在改革开放中长期走在全国前列，党中央在研究推进全国改革开放的过程中，始终注意广东的实践和经验，鼓励广东大胆探索、大胆实践。1992年春，邓小平同志在广东发表了著名的南方谈话，要求广东20年赶上亚洲"四小龙"，并且说两个文明建设都要超过他们，这才是有中国特色的社会主义。2000年春，江泽民同志在广东考察时提出了"三个代表"重要思想。2003年春，胡锦涛同志在广东考察时提出了科学发展的要求。这一切，都不是偶然的巧合，而是说明广东多年来敢闯敢试的探索和实践，为理论创新提供了丰厚土壤。……30多年来，中央始终要求广东在改革开放中发挥窗口作用、试验作用、排头兵作用，广东不负中央重托，敢为天下先，经济社会发展取得举世瞩目的成就，综合实力实现历史性跨越，创造了举世瞩目的"广东奇迹"。广东改革开放的实践和成就，为全国改革开放和社会主义现代化建设作出了重大贡献。[①]

展望未来，中国面临前所未有的机遇和挑战，仍然需要广东先行先试，为全国的经济社会建设探路，习总书记对广东期望殷殷：

希望广东全面深化经济体制改革，继续深化行政体制改革，加强和创新社会管理。希望广东积极发挥经济特区的带动作用，落实好粤港、粤澳合作框架协议，联手港澳打造更具综合竞争力的世界级城市群。……面向未来，全面建成小康社会要

---

① 《改革不停顿　开放不止步——习近平总书记考察广东纪实》，《南方日报》，2012年12月13日。

靠实干，基本实现现代化要靠实干，实现中华民族伟大复兴要靠实干。广东广大干部群众一定能够在党的十八大精神指引下，解放思想、脚踏实地、埋头苦干，在全面建成小康社会、加快推进社会主义现代化生动实践中创造新的更大的业绩。①

习总书记对广东提出了"三个定位、两个率先"的总目标：广东要努力成为发展中国特色社会主义的排头兵、深化改革开放的先行地、探索科学发展的实验区，为率先全面建成小康社会、率先基本实现社会主义现代化而奋斗。

三、习近平总书记视察广东的重要意义

习近平总书记视察广东，选择的时间点敏感，走访的路线与20年前邓小平同志视察南方时的路线高度重叠，其指向性非常明显，具有非常重要的政治意义。

1. 向外界宣示中国走改革开放道路的决心和意志不会动摇

过去30多年的改革开放，形成了一种粗放型的经济发展方式以及与之相适应的一套体制机制，但到新的发展阶段，旧有的发展方式和体制机制变得日益僵化呆板，甚至成为形成新竞争优势的障碍，如果不继续深化改革、扩大开放，就很有可能连现有的发展成果也保不住。如何解决当前中国所面临的困局，是摆在新一届领导人面前的一个重大课题。

2012年是邓小平同志南方谈话20周年。1992年的南方谈话为后来的深刻变革奠定了基调、指明了方向，也成为中国经济社会发展的重要转折点。党的十八大之后，新一届领导人也多次在各种场合表示要进一步深化改革，破除妨碍科学发展的体制机制弊端。习近平总书记在此时视察广东，象征意义非常明显，如同他在讲话中所指出的："这次调研之所以到广东来，就是要到在我国改革开放中得风气之先的地方，现场回顾我国改革开放的历史进程，宣示将改革开放继续推向前进的坚定决心。"前文所引述的习近平总书记关于改革开放的重要讲话，高度肯定了改革开放的重大意义，把改革开放提到强国之路和全面建成小康社会的高度来看待，对外界和社会关于"中国的改革开放将向何处去"作出了有力回应，那就是中国将会

---

① 《改革不停顿　开放不止步——习近平总书记考察广东纪实》，《南方日报》，2012年12月13日。

继续高举中国特色社会主义的伟大旗帜,坚定不移走改革开放的道路,用高水平的改革开放来化解发展中遇到的困难和问题,稳定了社会预期和公众信心。

2. 为未来发展指明了方向

几天来,习近平总书记先后到深圳市罗湖区渔民村、深圳光启高等理工研究院、腾讯计算机系统有限公司、中航通用飞机有限责任公司珠海基地、广东工业设计城、顺德区黄龙村和广州东濠涌,了解经济结构调整和生态文明建设情况,看望困难群众,还考察了深圳前海深港现代服务业合作区、珠海横琴新区,勉励深圳、珠海深化粤港澳合作,努力相互促进、互利共赢。

深圳的罗湖区南湖街道渔民村社区,是改革开放30多年的缩影,折射出改革开放重塑中国的辉煌成就。习近平总书记说:"这是历史性的跨越!……希望你们用勤劳的双手创造更幸福的生活。"昔日一片滩涂绿野、如今一派繁忙景象的前海和横琴,象征着未来与希望,习近平总书记要求前海准确把握中央给予的定位,依托香港、面向世界,发扬特区敢为天下先的精神,坚定不移、持之以恒、艰苦奋斗、开拓创新地发展,成为粤港合作、深港合作的新平台。希望横琴勇于探索合作模式,着力进行体制机制创新,为深化粤澳合作,保持澳门长期繁荣稳定作出贡献。在考察深圳光启高等理工研究院时,习近平总书记说,国家的强盛,归根结底必须依靠人才。我国要走创新发展之路,必须高度重视创新人才的聚集,择天下之英才而育之。希望青年科研工作者也能为实现伟大的中国梦而奋斗,脚踏实地,探索新路。他要求各级党委、政府继续完善凝聚人才、发挥人才作用的体制机制,进一步调动优秀人才创新创业的积极性。他对腾讯计算机系统有限公司所取得的成就表示赞许,希望其继续保持创新优势,为推动中国互联网发展作更多贡献。在中航通用飞机有限责任公司珠海基地调研时指出:"航空系统捷报频传,是我国全面建成小康社会、进入现代化国家行列的生力军。希望在科技创新、提升综合国力方面再创佳绩。"考察了广东工业设计城,勉励广东提高工业设计水平,提升产品附加值,增强中国制造业竞争力。习近平总书记高度重视先富地区的贫困人群,前往佛山市顺德区黄龙村考察基层党建,慰问困难群众。12月11日上午,习近平总书记来到广州市越秀区东濠涌,在听取了广州治水和城市建设情况汇报后强调:"东濠涌以及遍布广东各地的绿道,都是美丽中国、永续发展的局部细节。如果方方面面都把这些细节做好,美丽中国的宏伟蓝图就能实现。希望广州的同志再接再厉,在过去打下的坚实基础上,在十八大精神的指引下,把城市建设得更宜居。"

考察调研的主题涉及改革开放、共同富裕、创新发展和结构调整、民生保障、生态文明建设等方方面面,创新、协调、绿色、开放、共享新五大发展理念呼之欲出,习近平总书记选择对这些具有典型意义的对象进行考察调研并发表重要讲话,意在为未来发展指明方向。

3. 为广东做好未来工作提供了根本遵循

广东的发展先行一步,传统经济发展方式率先遭遇国际金融危机的冲击,迫切需要加快科学发展。如同习近平总书记在考察时所强调的:

国际竞争历来就是时间和速度的竞争,谁动作快,谁就能抢占先机,掌握制高点和主动权;谁动作慢,谁就会丢失机会,被别人甩在后边。广东作为沿海发达地区,传统发展模式的弊端暴露得最早也最充分,对优化经济结构、转变经济发展方式迫切性的体会和认识也应该最痛切也最深刻。要继续大胆探索和扎实工作,力争在推进经济结构战略性调整、加快形成新的发展方式上走在全国前列。①

习总书记对广东提出"三个定位、两个率先"的总目标,就是希望广东能再接再厉,为全国形成新的发展方式和体制机制先行探路。"三个定位、两个率先"的总目标,完全符合广东实际,强调在坚持中国特色社会主义道路不动摇的前提下,敦促广东继续深化改革开放,加快推进科学发展,率先完成党的十八大提出的全面建成小康社会的阶段目标,在此基础上更进一步提前达成基本实现社会主义现代化这一长远目标。"三个定位、两个率先"定位准确、思路清晰、目标明确,为广东做好今后的工作指明了方向,提供了根本遵循。

---

① 《改革不停顿 开放不止步——习近平总书记考察广东纪实》,《南方日报》,2012年12月13日。

第二节
"三个定位、两个率先"

一、"三个定位"

1. "三个定位"的基本内涵

"三个定位"即"发展中国特色社会主义的排头兵、深化改革开放的先行地、探索科学发展的试验区"。这"三个定位"实际上也是广东自改革开放以来一直所扮演的角色,在新的发展阶段,习总书记要求广东加大先行先试力度,继续在发展中国特色社会主义、深化改革开放和探索科学发展方面走在前列。

要求广东成为发展中国特色社会主义的排头兵,就是要求广东不能只在个别指标、个别方面成为排头兵,而是要在政治、经济、文化、社会、生态等方面都走中国特色社会主义道路,都成为排头兵。要求广东成为深化改革开放的先行地,就是要求广东继续发挥敢为人先的精神,在深化改革开放方面加大先行先试力度,要敢于突破现有政策、体制和既得利益格局的限制,率先探索实行一些前所未有的政策和做法。要求广东成为探索科学发展的试验区,就是要求广东通过改革试验寻求新的发展模式和路径。党的十八大报告强调,在当代中国坚持发展是硬道理的本质要求就是坚持科学发展。在传统发展方式难以为继、新的发展方式还未出现的情况下,仍然要把发展放在第一位,发展带来的问题只有在发展中才能解决,但发展要符合市场经济规律,要符合自然和社会发展规律,要实现"五位一体"的平衡发展。"三个定位"之间具有内在的逻辑联系,如果说成为"排头兵"是要实现的目标的话,成为"先行地"和"试验区"就是实现目标的手段和路径。"三个定位"的核心,就是要求广东在后危机时代,找到建立新发展方式以及与之相适应的体制机制的道路。

2. "三个定位"的时代价值

"三个定位"的提出恰逢其时,与广东的发展实际和历史经验相符合,对于广东谋划未来发展、进一步塑造和深挖发展优势意义重大。

(1)"三个定位"明确了广东在发展国家大局中的作用。"三个定位"是对广东改革开放以来在全国发展大局中所起历史作用的总结,更是中央面向未来赋予广东的重大使命。近代以来,广东作为中西文化最早的碰撞地,领风气之先、肇革命之始、引时代之潮。改革开放之后,广东又一次引领时代潮流,当兄弟省份还在热烈争论姓"资"还是姓"社"的问题时,广东敢为天下先,敏行实干,在全国率先创办经济特区、取消粮票、建立股份制、探索实行"贷款修路、收费还贷"模式……正是因为广东一次又一次引领时代发展潮流,敢于突破既有的条条框框,才能成为发展中国特色社会主义的排头兵、深化改革开放的先行地和探索科学发展的试验区。未来,中国面临转变经济发展方式、跨越"中等收入陷阱"等重大挑战,不深化改革开放就没有出路,仍然需要广东继续发挥"杀出一条血路来"的气魄和精神,承担起"三个定位"所赋予的重要使命,为全国发展大局做贡献,这是广东必须履行的责任担当。

(2)"三个定位"为广东深挖和塑造发展新优势指明了方向。改革开放30多年来,广东凭借毗邻港澳的区位优势以及中央赋予的"特殊政策",采取"灵活措施"发展起来。随着后起地区的奋起直追、国家政策从打造政策洼地向普惠性政策转变,这些发展优势日益受到削弱。目前,广东经济总量占全国的1/9左右,外贸规模占全国的1/4左右,已经深度融入全球经济,再依靠传统的比较优势去发展,不但受制于外部的发展空间,所付出的代价也难以承受。广东的优势在改革开放,要深挖和塑造新的发展优势也只能从改革开放入手,体制机制的不适应只能通过改革来进行变革调整,广东经济开放度已经很高,下一步就是要提升开放型经济的层次和水平,走向国际舞台和对手进行同台竞技。要通过进一步深化改革开放改变行政管理方式,理顺政府与市场、政府与社会的关系,把市场在资源配置中的决定性作用发挥出来,建立市场化、法治化、国际化的营商环境,把创新性人才、高端产业、优质资本吸聚到广东,确立起广东新的发展优势。"三个定位"为广东塑造新发展优势指明了前进的方向,改革永无止境,广东绝不能有"小富即安"的思想,还要继续成为发展中国特色社会主义的的排头兵、深化改革开放的先行地和探索科学发展的试验区,这是广东的发展优势之源。

二、"两个率先"

1. "两个率先"的基本内涵

"两个率先"即"率先全面建成小康社会、率先基本实现社会主义现代化"。"两个率先"紧密承接"三个定位"而来,是广东在认清、践行自身定位之后预期可达成的总体奋斗目标。

全面建成小康社会、基本实现社会主义现代化都是我国经济建设"三步走"战略中的重要步骤。20世纪80年代,邓小平首先提出中国社会发展的"三步走"战略:第一步,从1981年到1990年,实现国民生产总值比1980年翻一番,解决人民的温饱问题;第二步,从1991年到20世纪末,国民生产总值再翻一番,人民生活达到小康水平;第三步,到21世纪中叶,人民生活比较富裕,基本实现现代化,人均国民生产总值达到中等发达国家水平,人民过上比较富裕的生活。此后,中央又根据变化了的实际不断细化这个战略构想。江泽民同志在党的十六大报告中提出:"根据十五大提出的到2010年、建党一百年和新中国成立一百年的发展目标,我们要在本世纪头二十年,集中力量,全面建设惠及十几亿人口的更高水平的小康社会,使经济更加发展、民主更加健全、科教更加进步、文化更加繁荣、社会更加和谐、人民生活更加殷实。经过这个阶段的建设,再继续奋斗几十年,到本世纪中叶基本实现现代化,把我国建成富强民主文明的社会主义国家。"党的十八大再次重申,确保到2020年全面建成小康社会,实现国内生产总值和城乡居民人均收入比2010年翻一番的目标。习近平总书记对广东提出的"两个率先"要求,就是希望广东发展先行一步,率先完成全面建成小康社会的目标,并在此基础上进一步率先迈向基本实现社会主义现代化的新征程。这种要求正是党的十八大报告中"鼓励有条件的地方在现代化建设中继续走在前列,为全国改革发展作出更大贡献"重要论述的体现和具体化。

2. 广东实现"两个率先"的基础

党的十七大以来,广东深入贯彻落实科学发展观,有效应对国内外环境的复杂变化和风险挑战,经济社会等各方面发展取得新的巨大成就,为实现"两个率先"奠定了良好的物质基础。

(1) 经济综合实力显著增强。经济保持平稳较快发展,2007—2011年,广东GDP年均增长11.5%。2011年,广东经济总量达5.32万亿元,占全国的10.9%;人均GDP达50842元(折合7871美元),达到中等偏上收入国家和地区水平;地方一般公共预算收入达5515亿元,是2007年的1.98倍;外贸进出口总额达9133亿美元,占全国的1/4。

(2) 结构调整取得积极进展。加快构建现代产业体系,2011年三次产业比重调整为5.0∶49.1∶45.9。先进制造业增加值占工业增加值的47.7%,现代服务业增加值占服务业增加值的56.3%。战略性新兴产业发展壮大,形成新型显示、软件、新材料和新一代通信四个年产值超千亿元的新兴产业集群。信息化与工业化加快融合发展,优势传统产业改造提升步伐加快。珠三角综合竞争力进一步提升,粤东西北地区发展提速,粤东西北地区GDP占全省GDP的比重从2007年的20%上升至2011年的20.8%,区域发展的协调性增强。城镇化步伐加快,城镇化率从2007年的63.1%提高到2011年的66.5%。

(3) 社会发展成效明显。各项社会事业加快发展,基本公共服务均等化取得初步成效,覆盖城乡居民的社会保障体系初步形成。城镇全民医保成效突出,2011年基本医疗保险参保率达95.8%。加快推进教育强省建设,义务教育规范化学校、欠发达地区乡镇中心幼儿园规范化建设全面铺开。高中阶段教育全面普及。现代职业技术教育体系基本框架初步建立。高水平大学和重点学科建设步伐加快。文化事业和文化产业快速发展。公共卫生服务均等化项目全面实施。

(4) 生态文明建设有了良好基础。环境保护和生态建设扎实有效。全省环境质量保持稳定,集中式饮用水源地水质和地级以上市城市空气质量全部达标,主要江河及珠三角河网区干流水质进一步改善,地质灾害防治力度加大。林业生态工程有效推进,森林覆盖率从2007年的56.3%上升至2011年的57.2%。

（5）人民生活获得新改善。城镇就业持续扩大，居民收入较快增长，2007—2011年，城镇居民人均可支配收入和农民人均纯收入分别由17699元和5624元增加到26897元和9372元，年均分别增长11%和13.6%，8年来城乡收入比首次缩小到3倍以内。城乡居民消费结构加快升级，衣食住行用条件明显改善。

根据广东省统计局《2011年广东省全面建设小康社会统计监测报告》的测算结果，2011年广东全面建设小康社会综合实现程度为93.4%。从六大监测领域看，生活质量方面实现程度最高，达99.3%；其次是资源环境、经济发展和民主法制，实现程度分别为96.0%、95.7%和91.5%；社会和谐、文化教育的实现程度稍低，分别为87.1%和86.8%。可见，综合分析，广东完全有能力在2020年前率先完成全面建成小康社会的目标。

3. 广东实现"两个率先"的挑战

全面建成小康社会，更难做到的是"全面"，只有在领域、区域和人口上都做到了全覆盖，才算是全面建成了小康社会。一是覆盖的区域要全面，是城乡、发达和欠发达地区共同的小康。二是覆盖的人口要全面，是惠及全体人民的小康。全面建成小康社会突出的短板主要在民生领域。三是覆盖的领域要全面，是"五位一体"的全面进步。经济、政治、文化、社会、生态文明五个方面的建设，要齐头并进、协调推进，不能长的长、短的短。显然，广东全面建成小康社会的主要挑战，主要集中在三个方面：粤东西北地区、贫困人口和民生社会事业。

（1）粤东西北地区发展动力不足。目前，珠三角正在转型中加快发展，已形成自我发展、优化发展的态势。但粤东西北地区的发展基础比较薄弱，与珠三角地区的差距太大，12个地市全面建成小康社会压力较大。2011年，土地占全省70%、人口占全省50%的粤东西北地区12市的人均GDP均低于全国平均水平，梅州人均GDP不及全国平均水平的一半，有8个市人均GDP不到全国平均水平的70%。城乡差距有所缩小，但城乡居民收入比仍超过2.8。

（2）贫困人口稳定脱贫任务繁重。按当时广东省年人均2500元的脱贫标准计算，2011年在全省3407个贫困村、37万户贫困户共159.8万贫困人口中，还有约15%的贫困户和14%的贫困人口未达到脱贫标准，还有约4%的贫困村年集体经济收入低于3万元。随着贫困线标准的上调,贫困人口的规模可能进一步增加。

(3)民生社会事业发展短板明显。与兄弟省份和全面建成小康社会的目标相比,广东在科技、社会保障、文化教育等领域的短板比较突出。2011年,广东R&D经费支出占GDP的1.96%,全省规模以上工业企业中有R&D活动的企业4156家,仅占全省工业企业总数的10.9%;有R&D机构的企业3289个,仅占全省工业企业总数的8.6%。基本社会保险覆盖率为74.6%,低于全国平均水平3.4个百分点,其中养老保险覆盖率仅为57.7%,处于偏低水平。文化教育领域的实现程度仅为86.8%,居民文教娱乐服务支出占家庭消费的比重为10.71%,实现程度仅为66.9%,是目前广东小康社会监测指标中唯一低于70%的指标。

更进一步的,广东要率先基本实现社会主义现代化,将面临更加艰巨的挑战。现代化是一个动态的追赶过程,除了在生产力发展和国际竞争力上有一个大的跃升外,还需要在政治、文化、社会和生态文明建设上同步推进现代化建设。与现在已经实现了现代化并继续保持领先优势的发达国家和地区相比,广东在经济、政治、文化、社会和生态文明建设上均存在较大差距。

第三节
新常态与"四个坚持、三个支撑、两个走在前列"

2014年5月10日,习近平总书记在河南考察时首次明确提出新常态概念,此后又在不同场合阐述了新常态的基本特征,系统提出五大发展理念、供给侧结构性改革等重大理论观点,形成了一整套新理念、新思想、新战略。2017年4月4日,广东省第十二次党代会召开前夕,习近平总书记专门对广东工作作出批示,充分肯定党的十八大以来广东各项工作,希望广东坚持党的领导、坚持中国特色社会主义、坚持新发展理念、坚持改革开放,为全国推进供给侧结构性改革、实施创新驱动发展战略、构建开放型经济新体制提供支撑,努力在全面建成小康社会、加快建设社会主义现代化新征程上走在前列。习近平总书记对广东"四个坚持、三个支撑、两个走在前列"的批示要求是在新常态的大背景下提出的,是对"三个定位、两个率先"的继承与深化。

一、我国经济发展新常态的提出与内涵

2014年5月,习近平总书记在河南考察时指出:"我国发展仍处于重要战略机遇期,我们要增强信心,从当前我国经济发展的阶段性特征出发,适应新常态,保持战略上的平常心态。"7月29日,习近平总书记在中南海召开的党外人士座谈会上进一步重申了这一观点。11月9日,习近平总书记在北京召开的亚太经合组织工商领导人峰会开幕式的演讲中,集中阐述了我国经济发展新常态下速度变化、结构优化、动力转化的三大特点。在12月9日召开的中央经济工作会议上,习近平总书记详尽分析了中国经济新常态的趋势性变化,并强调:"我国经济发展进入新常态,是我国经济发展阶段性特征的必然反映,是不以人的意志为转移的。认识新常态、适应新常态、引领新常态,是当前和今后一个时期我国经济发展的大逻辑。"这一重要论断将新常态提升到国家战略层面。此后,他又在多个场合论述了新常态这个大逻辑。我国经济发展进入新常态,是党的十八大以来以习近平同志为核心的党中央在科学分析国内外经济发展形势、准确把握我国基本国情的基础上,针对我国经济发展的阶段性特征所作出的重大战略判断,是对我国迈向更高级发展阶段的明确宣示。

所谓"新常态",是不同以往的、相对稳定的状态,是一种趋势性、长期性、不可逆的发展状态,意味着中国经济已告别改革开放以来持续30多年的高速增长阶段,转而进入更高质量、更好效益、更可持续的中高速增长阶段,这个阶段不是短期的,可能是未来相当长一段时期中国必须面临的现实。中国经济进入新常态,其实质是经济发展方式的转变。改革开放以来,中国经济以年均10%以上的高速增长,在较短时间内实现了由低收入国家向中等收入国家的跨越。但是中国对发达国家的追赶,代价巨大,发展方式粗放,高投入、高污染、高耗能,对生态环境和群众生活质量产生了很大的负面影响。如果继续把发展简单化为生产总值的增长而

忽视可持续发展，忽视民众的诉求乃至生态环境的可承载性，这种增长不仅难以维持，还可能会失去民心。因此，中国经济转向新常态，是从追求增长速度转向追求发展的稳定性、持续性和全面性，是发展战略与思路的转变，本质上是发展方式的转变。从速度看，从过去10%左右的高速增长转为6%～7%的中高速增长，经济增长的质量和内涵发生质的变化；从结构看，经济结构发生全面、深刻的变化，产业结构、需求结构、区域结构、收入分配结构不断优化升级，第三产业逐步成为产业主体，消费需求逐步占据主导地位，城乡、区域差距逐步缩小，发展成果分配更为均衡；从动力看，经济发展从要素驱动、投资驱动转向创新驱动；从风险和挑战看，我国经济运行继续保持在合理区间，但楼市风险、地方债风险、金融风险等潜在风险渐渐显性化。这些风险因素相互关联，局部风险可能引起连锁反应，演变为系统性风险。

二、广东经济发展的阶段特征

改革开放以来，广东充分利用毗邻港澳的区位优势，通过整合低成本要素融入全球分工体系，快速实现了从低收入阶段向中等收入阶段的跨越，目前正处于向高收入阶段迈进的关键期。2015年，广东人均GDP按平均汇率折合约10838美元，按照世界银行的2017财年收入划分标准及数据，属于中等偏上收入水平（2015年人均国民收入位于4036～12475美元区间）。显然，广东将在"十三五"期间实现从中等收入经济体向高收入经济体的跨越。当然，广东与发达经济体相比仍有相当大的差距，即便实现了这种跨越，也仍然处于高收入经济体中的低收入阶段。中低收入阶段解决的是温饱问题，广东即将全面建成小康社会，由于发展阶段变化，经济社会发展的很多条件已经或即将发生根本性变化，必须对适应低收入或中等收入阶段的经济发展战略、思路和政策安排进行调整。广东经济发展的这种阶段性变化主要体现在供给结构及需求结构的变化上。

1. 供给结构发生变化

首先，过去表现为"无限"供给的低成本要素供给开始减少。传统低成本劳动力、资金、土地、能源、环境等要素供给逐渐成为历史。人口红利枯竭导致劳动力由"无限供给"变为"常态性短缺",劳动力成本加快上升,广东城镇单位就业人员平均货币工资由 2002 年的 13859 元/年增加到 2015 年的 65788 元/年,剔除价格因素,增长了 375%。劳动年龄人口占比开始下降,绝对量也开始下降,人口抚养比有上升趋势,2013 年广东 15~64 岁劳动年龄人口规模及占比均达到峰值,分别为 8216.1 万人和 77.2%,此后两者均开始下降;2013 年人口抚养比为 22.81%,为近年来最低水平,但此后开始上升。全社会用于养老、医疗等的支出大幅增加,储蓄率以及与之高度相关的投资率均逐步下降。大规模的粗放开发导致土地越来越稀缺,土地价格越来越高。传统能源的枯竭,导致能源价格不断攀升。环境承载能力已达极限,随着民众环保诉求的增加和对生活质量的追求,企业面临的环境和资源利用成本将越来越高。其次,产品供给结构失衡,制造业低端产能明显过剩。广东有 40% 以上的工业品销往国外,随着世界范围内需求结构的加快升级,低端产能过剩问题比较严重,不能满足国内外对高端制造品日益增长的需求。另外,广东公共品供给严重不足。随着新型城镇化的加快推进,城乡公共品供给严重不足,制约了城镇化水平和质量的提升(见图 13-2)。

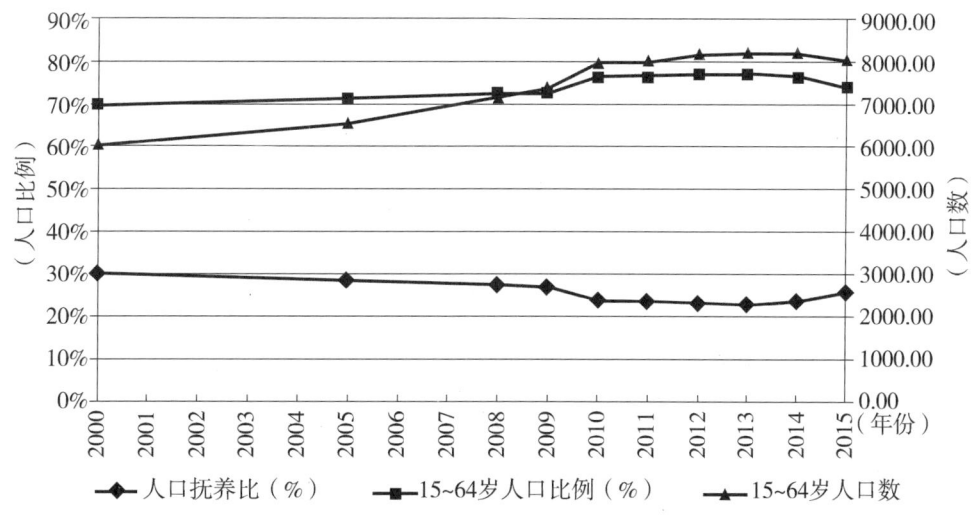

数据来源:2000—2015 年的《广东统计年鉴》。

图 13-2 广东 15~64 岁人口比例及人口抚养比变化趋势(2000—2015 年)

2. 需求结构发生变化

在经济发展转向高收入阶段的重要关口,广东的需求结构开始发生趋势性变化。一是国内外大环境的变化,导致过去依赖投资和出口拉动经济增长的发展模式难以为继。从投资看,基础设施、制造业和房地产投资是拉动广东投资增长的重要板块,随着基础设施的日益完善,未来投资空间将有所缩小;随着中央房地产调控政策的密集出台,未来房地产行业将逐步演变为"正常"行业,从中长期看房地产投资增速将下降。总的来看,投资高速增长态势难以持续。从出口看,近年来,世界经济增长乏力,国际贸易保护主义抬头,世界贸易增速连续多年低于世界经济增速,在这种情况下,广东能维持现有的世界市场份额就已相当不易,出口高速增长缺乏基础。二是消费结构加快升级,消费主导型社会初见端倪。据研究,人均GDP达到1万美元后,美国等发达国家的总体消费水平显著增加。1959—2000年,美国的个人消费开支年均增长3.6%,消费开支在国内总需求中的比重达到65%,同时居民消费结构不断升级,食品消费支出由1960年的24.4%下降到1998年的13.5%,而住房、汽车休闲娱乐、投资、旅行和教育等以发展、享乐为主的消费占据主导地位。改革开放以来,广东经历了至少三波消费浪潮,从20世纪80年代的彩电、冰箱和洗衣机"三大件"到90年代的空调、电脑和电话,再到21世纪以来的住宅、轿车和现代化通信设备。近年来,广东信息、旅游、教育、医疗卫生、健康、体育、娱乐等消费热点、新业态不断涌现,消费升级趋势日益明显。

供给和需求结构的变化,导致传统的增长方式以及与之相适应的发展战略、思路和政策举措不再那么有效,必须作出适应性调整。

三、广东率先进入经济发展新常态

1. 经济由高速增长转为中高速增长

1979—2007年,广东GDP年均增长13.8%,处于高速增长阶段。自2008年国际金融危机以来,国内外形势发生根本变化,广东率先受到冲击,经济增速回落态势明显,2009—2015年分别增长9.7%、12.4%、10%、8.2%、8.5%、7.8%和8%,特别是2012年以来,基本上是在8%左右徘徊。广东经济增速下滑既有结构性原因,也有周期性原因,与外部发展环境变化也有关系,本质上是长期积累的结构性矛盾和经济波动周期性因素的叠加反映。经济增长减速换挡,是广东进入经济发展新常态的重要标志之一（见图13-3）。

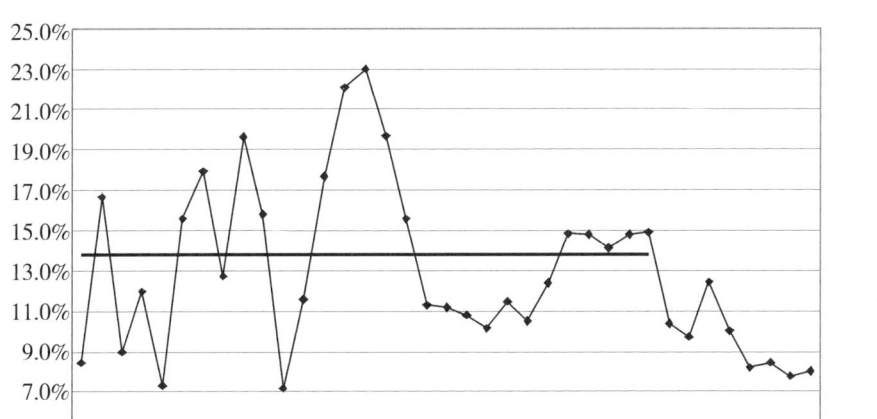

数据来源：1979—2015年的《广东统计年鉴》。

图13-3 改革开放以来广东GDP增速变化趋势（1979—2015年）

2. 经济结构发生深刻变化

2013年，第三产业增加值比重再次超过第二产业，这一结构变化预示着广东增长的动力来源、就业贡献来源、价值创造和收入分配方式等也将随之发生变化。从工业内部行业看，随着市场环境、技术进步、要素条件等情况的变化，我省工业发展出现了分化的趋势。2012—2015年，从规模以上工业增加值年均增速看，在制造业31个大类行业中，计算机、通信等9个大类行业呈高速增长态势，电气机械和器材制造业等14个大类行业保持中速增长态势，石油加工等8个大类行业呈低速增长态势，分别占全省规模以上工业增加值的38.3%、40.4%和10.9%。总体上呈现高技术制造业和战略新兴产业逐步发展壮大、传统行业趋于衰落的特征。特别是近两年来，工业机器人、智能手机等新产品、新业态增长迅猛，以创新发展为特征的行业加快增长，产业分化趋势更趋明显，新旧动能加快更替。

3. 发展动力加快向创新驱动转换

2014年以来，广东把创新驱动发展作为经济社会发展的核心战略和经济结构调整的总抓手，在全国率先出台《关于全面深化科技体制改革加快创新驱动发展的决定》，启动珠三角国家自主创新示范区和全面创新改革试验试点省建设，着力打造国家科技产业创新中心,发展动力加快向创新驱动转换。R&D 经费支出占 GDP 的比重从 2012 年的 2.17% 上升至 2016 年的 2.52%,远高于全国平均水平。国家级高新技术企业增至 19857 家,跃居全国首位。2012—2016 年,高技术制造业增加值和先进制造业增加值年均分别增长 10.7% 和 9.5%,占规模以上工业比重分别上升 3.5 个和 1.2 个百分点,成为经济增长的重要新动能。2015 年,科技进步对经济增长贡献率达 57%(见表 13-1)。

表 13-1 广东规模以上高技术制造业和先进制造业发展（2012—2016 年）

年份	高技术制造业增加值（亿元）	增速（%）	占规模以上工业比重（%）	先进制造业增加值（亿元）	增速（%）	占规模以上工业比重（%）
2012	5478.80	10.7	24.1	10923.69	8.3	48.1
2013	6654.38	9.8	25.1	12714.98	9.3	47.9
2014	7083.66	11.4	25.1	13419.81	9.2	47.6
2015	7529.02	9.8	25.6	14712.70	10.0	50.0
2016	8817.68	11.7	27.6	15739.78	9.5	49.3

数据来源：2013—2016 年的《广东统计年鉴》及 2016 年广东省国民经济和社会发展统计公报。

四、"四个坚持、三个支撑、两个走在前列"的内涵

习总书记对广东工作的重要批示,解决了在新常态下广东经济怎么干的问题,批示从战略和全局的高度为广东发展把脉定位,完全符合广东实际。党的十八大以来,广东认真贯彻落实"三个定位、两个率先"的总目标,部署实施创新驱动发展战略和粤东西北振兴发展战略、推进珠江西岸先进装备制造产业带建设、加快推动外经贸转型升级、实施质量强省战略等系列工作,为全国推进供给侧结构性改革、实施创新驱动发展战略、构建开放型经济新体制提供了很好的支撑,在全国发展大局中发挥了重要作用,广东的做法与习总书记的批示精神高度一致。从这个意义上讲,"四个坚持、三个支撑、两个走在前列"与"三个定位、两个率先"一脉相承,是对广东与时俱进的新的更高要求。

"四个坚持"是广东改革发展的旗帜、方向和原则。党的领导是做好一切工作

的根本保证，中国特色社会主义是必须牢牢把握的正确方向，新发展理念是经济发展新常态下必须始终遵循的战略指引，指明了"十三五"乃至更长时期我省的发展思路、发展方向和发展着力点，改革开放是决定广东事业兴衰的关键一招。"三个支撑"是广东的使命担当和发展路径。供给侧结构性改革作为当前和今后一个时期经济工作的主线，创新驱动发展战略作为经济社会发展的核心战略，构建开放型经济新体制作为统筹国内国际资源、拓展发展新空间的关键，关系改革发展全局，是广东把握、适应和引领经济发展新常态的必由之路。广东是中国经济大省、科技产业大省和外经贸大省，发挥"三个支撑"作用是广东义不容辞的使命和责任。广东要把供给侧结构性改革作为经济工作的主线，在振兴实体经济、推动制造业转型升级等方面作出表率、发挥支撑作用。要把创新驱动发展战略作为经济社会发展的核心战略，打造国家科技产业创新中心，加快形成以创新为主要引领和支撑的经济体系和发展模式。要服务国家外交战略，提高把握国际国内两个大局的自觉性和能力，加快构建开放型经济新体制，推动外经贸向更高层次跃升，当好代表国家参与国际竞争的主力军。"两个走在前列"是广东发展的奋斗目标，广东必须争取各方面工作都走在前列，不仅要在时间节点上体现率先，更要在发展质量和结构效益特别是结构调整上体现率先。

第十四章
全面深化改革

党的十八届三中全会以来,广东按照中央决策部署,结合自身实际,以重点领域改革牵引带动全面深化改革,更加注重落实中央的顶层设计,强化改革的系统性、整体性和协同性,经济领域重点改革、供给侧结构性改革、生态文明体制改革取得了明显进展,对重塑广东发展新优势起到了积极的推动作用。

第一节
经济领域重点改革进展及成效

党的十八届三中全会公报指出,经济体制改革是全面深化改革的重点,核心问题是处理好政府和市场的关系,使市场在资源配置中起决定性作用和更好地发挥政府作用。2012年以来,广东紧紧扭住经济体制改革这个核心,在商事制度改革、企业投资体制改革、行政审批制度改革、创新发展、国企国资改革等重点环节和关键领域持续发力,不少创新性做法引领全国。

一、商事制度改革

商事制度是社会主义市场经济体系的重要组成部分。我国的商事登记制度脱胎于计划经济体制,运行至今已难以适应新的形势要求和新业态、新商业模式发展的需要。党的十八届三中全会决定对商事登记制度进行改革,由注册资本实缴登记制改为注册资本认缴登记制,取消了原有对公司注册资本、出资方式、出资额、出资时间等硬性规定,取消了经营范围的登记和审批,从以往的"重审批轻监管"转变为"轻审批重监管"。2012年以来,广东先后出台了《广东省商事登记制度改革方案》《广东省商事登记条例》等地方性法规和规范性文件,在全国率先推行商事制度改革,进一步优化了营商环境,激发了市场活力。

广东主要采取了如下措施:一是放宽登记条件,降低准入门槛。全面推行注册资本登记改革,变"实缴"为"认缴",改革经营范围登记,简化住所登记手续,探索"一址多照""一照多址"等,支持试行住所申报制和电商集群注册托管。二是简化审批流程,促进简政放权。在全国率先开展"先照后证"改革,大幅压减前置审批事项。推动政府部门"法无授权不可为",市场主体"法无禁止即可为"。在全面实施工商营业执照、组织机构代码证、税务登记证"三证合一"登记制度改革的基础上,再整合社会保险登记证和统计登记证,实现"五证合一、一照一码",最大限度便利市场准入。探索实施统一社会信用代码,促进信息共享,促进市场监管现代化。三是优化窗口服务,提升行政效能。推行网上注册大厅,让企业"足不出户可办照"。开发全程电子化登记管理系统,对接全省各级网上办事大厅,扩大全程电子化登记试点范围。四是创新监管理念,转变监管方式。加强事中和事后监管,全面推广企业信息公示,实施市场主体经营异常名录制度,强化"黑名单"应用,完善企业信用约束机制。广东商事制度改革成效明显。截至2016年底,全省实有各类市场主体896.63万户,占全国市场主体总量的1/10,2012—2016年年均增长13%;企业351.31万户,2012—2016年年均增长20.5%,每千人拥有企业32户,已超过中等发达经济体最高水平。市场主体数、内资企业数、外资企业数、私营企业数和个体工商户数均稳居全国第一。2016年新设私营企业和个体工商户创造就业岗位超过743.5万个,商事制度改革服务"双创"作用日益明显。

二、行政审批制度改革

深化行政审批制度改革,是推动行政体制改革、转变政府职能、简政放权的重要抓手和突破口。2001年以来,中国实施了多轮行政审批制度改革,但由于未划定权力边界,这种自上而下的改革虽然也取得了一些进展,但总的来说没有达到预期的效果。党的十八届三中全会开启了新一轮行政审批制度改革的进程,明确提出要进一步简政放权，深化行政审批制度改革，最大限度减少中央政府对微观事务的管理，市场机制能有效调节的经济活动，一律取消审批，对保留的行政审批事项要规范管理、提高效率；直接面向基层、量大面广、由地方管理更方便有效的经济社会事项，一律下放地方和基层管理。

党的十八大特别是党的十八届三中全会以来，广东针对上一轮行政审批制度改革中存在的问题，大力开展先行先试，进一步规范行政审批事项，推进行政审批标准化，提升了政府公共服务能力。广东率先全面推进政府工作部门权责清单制度，2015年公布实施51个省级政府部门权责清单和职能调整目录，取消调整职能事项2580项，2016年开展省级部门权责清单动态调整工作，重新公布51个部门的权责事项5567项；地级以上市、县（市、区）政府部门权责清单基本公布，率先探索并完成省市县三级政府纵向权责清单编制试点工作，公布实施发展改革、经济和信息化、民政等9个部门、惠州等5个地区的2866项省市县权责事项，探索理顺层级之间的政府工作部门权责关系。同时，加快推进行政审批标准化，目前已完成省级1173项和市级10017项行政许可事项标准的编制工作，行政审批事项标准录入模块与省网上办事大厅事项目录管理系统的融合对接等信息化基础工作也基本完成。部署推进"一门式、一网式"政务服务模式改革，建设广东省网上办事大厅，形成全省一张网。截至目前，省级网上统一申办受理平台和统一身份认证系统已经建成，已有42个省直部门的610项事项（行政许可534项）进驻省统一申办受理平台，44个省直部门的1151项事项、21个地市分厅及顺德分厅的16282项事项、120个县级分厅的58977项事项分别完成与省统一身份认证平台对接，可支撑实现用户"一次登录、全网通办"以及部门"一网受理、分类审批"，全省行政审批事项网上全流程办理率达70%以上，21个地市初步开通企业专属网页或市民个人网页，"互联网+政务服务"走在全国前列。

三、投融资体制改革

上一轮投资体制改革，并没有完全解决企业投资主体地位、融资贵和融资难、政府投资效益低下、与投资权力下放相配套的制度建设滞后、投资管理法治化和规范化水平不高等突出问题。在新的背景下，特别是随着新型城镇化战略的加快实施和旧有投融资机制的潜力不断被耗尽，必须着眼于上述问题的解决，建立一套新的投融资体制机制，充分激发民间资本活力、调动社会资本投入到经济发展中。新一轮投融资体制改革首先意味着政府要加快转变职能，要从传统的管控过多的领域中把自身解放出来，更加注重机制设计和监管框架的规范，更加重视发展公私合作伙伴关系，更加注重运用社会力量来实现对经济的调控和治理。党的十八届三中全会提出深化投资体制改革，确立企业投资主体地位，强调要建立透明规范的城市建设投融资机制。党的十八大以来，广东大力推进投融资体制改革，在企业投资体制改革以及运用市场化办法提高财政资金使用效益和撬动社会资本方面，探索出了许多具有示范意义的经验做法。

1. 企业投资体制改革

党的十八届三中全会《中共中央关于全面深化改革若干重大问题的决定》指出，要深化投资体制改革，确立企业投资主体地位。企业自主决策投资是市场在资源配置中发挥决定性作用的必然要求和具体体现。为进一步提高投资管理效能，确立企业投资主体地位，广东在全国率先开展企业投资管理体制改革试点，2013年印发《广东省企业投资管理体制改革方案》《广东省企业投资项目管理分类改革目录（暂行）》等文件，取消省管权限内企业投资项目核准，规定除需报国家核准的项目外，对广东省核准权限内的28类项目进行分类改革，其中不涉及公共资源开发利用的项目一律取消核准，改为备案管理。2015年，在总结试点经验的基础上，发布《广东省企业投资项目实行清单管理的意见（试行）》，以及企业投资项目准入负面清单、行政审批清单、政府监管清单三份清单。

企业投资要经历立项、报建、施工、竣工验收等环节，涉及土地利用、环境保护、公共安全、重大布局、战略性资源开发等公共利益，牵涉的政府部门较多，部分审批事项还涉及不同层级的政府。长期以来，政府对企业投资活动监管的重点放在准入环节，企业投资项目审批时间长，主要是因为存在大量的前置审批和串联审批，这就导致政府事前干预较多、事中事后监管不到位的局面。广东此轮企业投资体制改革，重点围绕如下方面推进：一是实行投资项目备案制，压缩前置审批事项，规范审批流程和标准，配套建设便捷高效的网上备案和行政审批系统，推行网上备案和"并联"审批。2015年3月开始全面实行企业投资项目网上备案。二是实行企业投资项目负面清单管理，建立项目准入负面清单、行政审批清单、政府监管清单三份清单。项目准入负面清单就是按照"非禁止即可行"的原则，进一步放宽各类企业尤其是民营企业投资准入，负面清单以外的项目区分不同情况实行承诺准入备案和告知性备案，负面清单内的核准准入类项目，实行核准制管理。行政审批清单，就是规范政府审批权责和标准，优化企业投资审批流程。政府监管清单，就是按照"各司其职、依法监管"的原则，加强企业投资活动事中事后监管。企业投资项目准入负面清单管理改革直面政府自身存在的问题，在准入环节放权，在准入后强化监管，理顺了企业投资活动中市场作用和政府作用的关系。三是加强事中事后的协同监管。放宽准入限制和压减前置审批条件，并不意味着政府可以放手不管了，监管压力将从事前转移到事中和事后环节，对协同监管提出了很高的要求。广东同步推进行政审批制度改革、工商登记制度改革、市场监管体系和社会信用体系建设，依托全省统一的网上办事大厅建设行政审批在线监管平台，在一定程度上解决了监管协同问题。比如突出信用监管地位，建设覆盖全省的公共信用信息管理系统，归集了省级部门和地市的信用数据，初步搭建了企业、事业单位、社会组织和重点人群数据库。推动科技、民政、司法、国土、环保等部门在行政管理事项中使用信用记录和信用报告，对失信者进行联动惩戒，对守信者进行信用激励。

广东的企业投资管理体制改革成效明显，企业投资项目备案数量占全部企业投资项目数量的比例从2011年的60%提高至目前的90%以上，基本建立起以备案制为主的企业投资准入管理体制。企业投资审批事项较改革前压减30%左右。备案及行政审批效率的大幅提高，有力支撑了广东的投资增长，2012—2016年全省固定资产投资年均增长15.1%。

2. 政府投融资体制改革创新

2012年以来，广东加大政府投融资体制改革创新力度，具有典型意义的是：充分利用创投引导、股权投资等方式发挥财政资金杠杆作用，吸引保险资金、银行资金进入基础设施等领域，放大政府投资的带动效应。以2014年广东设立规模达

121亿元的"粤东西北振兴发展股权投资基金"为例，该基金为有限合伙制基金，由省财政（通过粤财控股）出资40亿元及基金管理人中银粤财跟投1亿元、中国人保出资60亿元、省建行出资20亿元构成。主要投资于省政府批准规划的粤东西北12市及肇庆市共13个地级市新区起步区及中心城区扩容提质中的一级土地开发及基础设施项目建设，采用直接投资地级市项目公司股权，或通过地级市设立子基金间接投资项目公司股权两种形式。121亿元股权基金对13个地级市平均分配，通过市场化手段控股地级市项目公司股权，基金与各地级市按51∶49的比例出资组建项目公司；基金以现金形式对每个地级市项目公司投资9.3亿元，各地级市则以土地作价入股，每个地级市项目公司可筹集资本金18.2亿元；按资本金与银行贷款1∶2的比例匡算，每个地级市理论上可筹集约55亿元发展基金，用于土地及基础设施项目的开发，并以开发好土地转让收益支付银行贷款利息、基金投资收益及偿还本金（康念福，2014）。按照10年左右的存续期，预计基金可周转2次左右，省财政资金杠杆效应预计可放大到30倍以上，总计撬动1200多亿元资金投资。"粤东西北振兴发展股权基金"建立了财政手段与金融手段结合的新模式，其创新之处在于：把带有财政补助性质的政府一次性无偿投入转变为循环使用、有偿使用、股权投资，实现了政府信用与市场信用的高度结合，充分发挥了财政资金的杠杆作用和增信作用，提高了财政资金的使用效率，对于传统的财政投入模式是一种革新。政府投融资模式的创新，带动保险资金加快入粤步伐，2016年投资广东的保险资金余额达5479亿元、新增投资额达1367亿元。

四、财税体制改革

党的十八届三中全会对新一轮财税体制改革作了部署，明确提出："财政是国家治理的基础和重要支柱，科学的财税体制是优化资源配置、维护市场统一、促进社会公平、实现国家长治久安的制度保障。必须完善立法、明确事权、改革税制、稳定税负、透明预算、提高效率，建立现代财政制度。"首次把财政由"政府的收支或政府的收支活动"提高到"国家治理的基础和重要支柱"的角度来认识和定位，提出了建设与现代治理体系相适应的现代财政制度的总体目标。广东认真贯彻落实中央全面深化改革的战略部署,2014年出台了《广东省深化财税体制改革率先基本建立现代财政制度总体方案》,明确了推进新一轮财税体制改革的路线图、时间表以及总体目标,提出以改进预算管理、明晰事权和支出责任、构建地方税收体系、公平配置政府公共资源为重点,推动率先基本建立现代财政制度。目前,各项改革进展顺利。

1. 预算管理制度改革

现代政府预算管理制度是现代财政制度的基础。预算编制科学完整、预算执行规范有效、预算监督公开透明,是现代预算管理制度的核心内容。广东以科学、规范、公开为手段,深入推进预算管理制度改革。2015年,印发实施《广东省人民政府关于深化预算管理制度改革的实施意见》,提出开展零基预算、项目库改革,建立跨年度预算平衡机制等。主要开展了如下工作:一是推进零基预算改革。传统的"基数+增长"预算编制方式存在既得利益部门化、预算执行进度慢、项目调整较频繁、结余结转规模大、资金效益不高等问题,影响了政府的统筹调控能力,难以适应新形势下的管理要求。广东从2015年起开展零基预算改革试点,逐步铺开,在编制2017年预算时覆盖全部省级一级预算单位,实现预算安排由"基数+增长"向"动态+标准"转变。二是推进项目库管理改革。除基本支出之外全部省级财政资金均纳入项目库管理范围,年初预算安排的项目支出从项目库中筛选,未列入项目库的,原则上不编列预算。预算管理模式实现由"以资金分配为主线"转变为"以项目管理为主线",由"先定预算,再定项目"转变为"先定项目,再定预算"。三是建立跨年度预算平衡机制。编制并实施2016—2018年、2017—2019年中期财政规划,实施项目全周期滚动管理,推动支出确定由"当年安排当年工作"向"当年研究下年工作"转变。四是规范专项资金管理。省财政专项资金数额大、分布范围广,如2012年省级财政专项资金总额就高达450亿元,但财政资金在设置分配、申报审批、监管等方面存在制度性漏洞。广东对省级财政专项资金管理办法进行了修订,加大了对专项资金的清理整合力度,实行"一个部门一个专项"和"预算一年一定",建立省级财政专项资金管理平台,实行专项资金管理办法、申报指南、申报情况、分配方式和分配程序、分配结果、绩效评价、监督检查和审计结果以及接受和处理申诉情况八个方面的信息向社会全面公开,建设专项资金实时在线联网监督系统,对专项资金支出全流程实时监控。五是完善转移支付制度。"压专项、扩一般",省级一般性转移支付占比从2013年的48.5%提高到2016年的63.9%,增强市县理财自主权。

2. 省以下财政事权和支出责任划分改革

财政事权是一级政府应承担的运用财政资金提供基本公共服务的任务和职责,支出责任是政府履行财政事权的支出义务和保障。财政事权和支出责任相匹配既是中央的要求,也是建立现代财政制度的必然选择。经过多年的改革,广东省级与市县财政事权和支出责任划分逐渐明确,初步形成了地方各级财政事权和支出责任划分的体系框架。但现行划分体系仍然存在不清晰、不合理、不规范等问题,突出表现为:政府基本公共服务供给存在"错位""缺位"等问题;政府层级之间的财政事权划分不清晰,存在事权重叠和交叉现象;新增财政事权划分依据不足;省级与市县间收入分配与事权不匹配,导致部分地区收支矛盾突出。在此背景下,广东开始了新一轮省以下财政事权和支出责任划分改革,从2014年开始开展专题调研,试编省以下财政事权和支出责任"两个清单",探索在部分领域进行省以下财政事权和支出责任置换调整等,并在2017年3月印发了《广东省省级与市县财政事权和支出责任划分改革实施方案》,明确了省级与市县财政事权和支出责任划分改革的目标任务及实施路径。

3. 税收体制改革

2012年以来,按照中央部署,广东主要围绕优化税制结构、完善地方税体系、改进税收征管体制等重点领域推进税收制度改革。一是全面推开"营改增"试点。营业税是地方政府的主体税种,税收收入全部归地方财政;增值税是中央和地方共享税,税收收入由中央财政和地方财政共享。"营改增"之前中央与地方分享比例为3∶1,"营改增"之后中央与地方分享比例改为1∶1。"营改增"将以往造成增值税链条断裂的环节完全纳入征收范围,形成完整的征收链,可有效避免偷税漏税;营业税是对营业额征税,一项劳务流转过程越多,重复缴纳的营业税就越多,"营改增"可减少重复征税;"营改增"还打通了第二产业和第三产业的增值税抵扣链条，有利于促进第二、第三产业融合发展。按照中央部署，广东从2012年11月启动实施交通运输业和部分现代服务业"营改增"试点，2013年7月扩大到广播影视业，2014年1月扩大到邮政和铁路运输业，2014年6月扩大到电信业。2016年5月，全面推开"营改增"试点，将建筑业、房地产业、金融业、生活服务业等最后一批试点行业纳入"营改增"范围。截至目前，广东增值税纳税人户数达到256万户，截至2016年底累计实现减税788.44亿元，各行业税负只减不增目标基本实现。二是探索建立符合实际的地方税收体系。开展健全地方税体系专题研究，向国家报送改革意见建议；2016年6月，印发《关于实施资源税改革的通知》，全面推开资源税改革，将28个矿产资源品目纳入资源税改革范围，其中铁矿、金矿等24个品目由从量计征改为从价计征，对黏土、砂石、矿泉水、地下热水4个品目继续实行从量计征；做好环境保护税开征准备工作。三是改进税收征管体制。2015年底，国家《深化国税、地税征管体制改革方案》出台，将广东列为重点试点省份之一，开展建设电子税务局、共建办税服务厅、深化拓展银税互动、开展税收风险管理、提升大企业税收管理层级、开展税务稽查改革和深度参与国际税收合作七项改革专项试点。目前已建成覆盖涉税查询、申报缴税和发票领用等8类共832项国地税业务的电子税务局。截至2017年5月底，共覆盖400万户税务登记纳税人和4200万名自然人纳税人，办理3200余万笔业务，大幅减少了纳税人的上门次数和纸质资料报送。以共建办税服务厅、互设办税窗口和共驻政务中心三种形式，推进联合办税服务厅建设，至5月底，全省共有1014个办税服务厅实现国地税联合办税，实现了各县区的全覆盖。创新纳税信用评价应用，将村镇银行、个体工商户等纳入"银税互动"，2016年全省"银税互动"累计发放贷款238亿元，受惠企业达1.4万户。推动税收征管从"属地管理、划片管户"向分级分类管理转变，对纳税人开展差别化风险管理，2016年共对47万户纳税人开展差别化风险管理，增加入库税款510亿元。配置省、市大企业管理专门机构，整合大企业管理资源，重构省市两级大企业管理岗责体系。开展税务稽查协作，2016年稽查累计查补入库税款227亿元，增长21%。

4. 财政投入和资源配置方式改革

2012年以来,广东突出经营性领域财政政策的杠杆性,通过实施股权投资、设立政策性引导基金等方式,提高财政资金使用效益。加快在公共服务领域推广运用PPP(即公共私营合作制)模式,截至2016年底,纳入省PPP项目库管理的项目合计147个,总投资额2293亿元;入选财政部示范项目由4个增加到22个,已签约落地17个,落地率达77%;省级经清理规范后整合设立政策性基金15项,投入375.3亿元,基金计划规模2748.3亿元,财政资金平均放大7倍。在国内首创巨灾指数保险模式,创造性地将指数保险模式纳入巨灾保险制度设计,实现赔付与灾害级别挂钩,在韶关、湛江、梅州等地开展巨灾保险试点。

五、科技体制改革

党的十八大提出实施创新驱动发展战略,强调科技创新是提高社会生产力和综合国力的战略支撑,必须摆在国家发展全局的核心位置。当今世界,新一轮科技革命和产业革命正蓄势待发,以智能、绿色、泛在为特征的群体性技术突破将引发国际产业分工重大调整,与此同时,我国经济发展进入新常态,传统发展动力不断减弱,急需依靠创新驱动培育新的发展动力,可以说创新驱动不仅是世界大势所驱,更是国家命运所系、发展形势所迫。近年来,面对日益严峻的经济下行压力,广东把自主创新提高到前所未有的高度予以强调,不断改革完善科技创新的体制机制,以创新驱动引领经济发展方式转变。2012年以来,广东大力实施创新驱动发展战略,修订了《广东省自主创新促进条例》,制定了《广东省促进科技成果转化条例》,先后出台了《关于全面深化科技体制改革加快创新驱动发展的决定》《关于加快科技创新的若干政策意见》《关于加快建设创新驱动发展先行省的意见》等文件,并大力推进珠三角国家自主创新示范区和全面创新改革试验省建设,出台了《珠三角国家自主创新示范区建设实施方案(2016—2020年)》《广东省系统推进全面创新改革试验行动计划》等,向科技体制改革要红利,许多创新性做法属国内首创,有力促进了广东的创新型经济建设。2012—2016年,全省研发经费支出占GDP的比重从2.2%提升到2.52%。2016年,专利申请受理量首次突破50万件,发明专利申请量突破 15 万件，国际专利申请量 2.36 万件，占全国总量的 56%，均居全国首位。技术自给率达 71%，科技进步贡献率超过 57%，基本达到创新型国家和地区水平。

1. 深化科技管理体制改革

2012 年以来，广东紧紧围绕科研项目和资金管理改革推进科技管理体制改革，加快实现由科技计划管理向科技创新治理转变。一是实施科技业务管理阳光再造行动。从 2013 年开始启动实施省级科技业务管理阳光再造行动，打造统一公开的科技管理"阳光政务平台"，初步建立了项目决策、执行、评价相对分离、相互监督的权力制衡机制和内外并举的"双重监督"机制，科技业务管理阳光政务平台上线运行，实现了科技业务管理全过程的"痕迹"管理和信息公开。2016 年，进一步升级改造阳光政务平台，拓展阳光政务平台服务功能，建设业务全流程监测平台，以信息化促进科技业务管理和信息公开更加规范。二是着力构建新型科技业务体系。推动创新链、资金链、产业链融合发展，归并原有 16 项财政专项资金，重新整合设立 5 大财政专项资金，重构确立"511"新型科技计划体系，设立基础与应用基础研究、公益研究与能力建设、前沿与关键技术创新、产业技术创新与科技金融结合、协同创新与平台环境建设 5 大科技计划，突出实施一批重大科技专项和一批科技专题计划，提高了财政资金与创新需求的协同增效作用。三是以新机制、新模式组织实施新一批重大科技专项。紧密结合广东转型升级的重大科技需求，重点解决制约传统产业转型升级和战略性新兴产业培育发展的关键核心技术瓶颈问题，按照"市场导向、三链融合、集群推进、协同创新"的实施原则，通过省市联动、部门协同等新机制、新模式，遴选确定并全面实施计算与通信集成芯片、移动互联关键技术与器件、云计算与大数据管理技术、新型印刷显示与材料、可见光通信技术及标准光组件、智能工业机器人、新能源汽车电池与动力系统、干细胞与组织工程、增材制造（3D 打印）9 个省重大科技专项，力争抢占科技和产业发展的制高点。截至 2016 年底，已取得 53 项国际"领跑"技术和 181 项国内领先技术，形成了一批自主核心技术和科技成果，产生了 109 件重点创新产品。

2. 建立科技创新的市场导向机制

广东积极借鉴国内外先进经验，发挥市场对技术研发方向、路线选择和各类创新资源配置的导向作用，强化普惠性政策支持，促进企业真正成为技术创新决策、研发投入、科研组织和成果转化的主体，初步建立起科技创新的市场导向机制。主要采取了如下措施：一是强化大型企业和高新技术企业的创新骨干作用。实施大型工业企业研发机构全覆盖行动，重点推动年产值5亿元以上的大型工业企业全部设立研发机构。大力培育发展高新技术企业，建立培育后备库，落实高新技术企业认定税收优惠、研发费加计扣除等优惠政策，2016年全省高新技术企业数量达到19857家，是2012年的近3倍。二是在国内率先探索实施企业研发准备金补助、科技创新券、创新产品与服务远期约定政府购买等普惠性政策措施，充分发挥市场在科技研发、技术服务等方面的决定性作用。运用财政补助激励企业建立研发准备金制度，引导企业有计划、持续地增加研发投入，实施此项政策的2015年当年，全省就有1583家企业申报研发准备金补助，最终1494家获得了财政补助，补助金额达12.11亿元。制定实施《广东省科学技术厅 广东省财政厅关于科技创新券后补助试行方案》，以创新券后补助的方式无偿资助企业开展创新活动，由企业自主选择合作的院所、服务机构，自主购买科技服务，自主开展科技创新活动，政府不干预科技创新的具体过程。截至2016年底，全省绝大多数地市启动了科技创新券后补助工作，省财政2015年和2016年共安排1.2亿元创新券后补助资金，带动各市投入超过2.5亿元，发放创新券3.67亿元，受惠中小企业及机构近5000家。制定实施《关于创新产品与服务远期约定政府购买试行办法》，政府委托第三方机构向社会发布现有市场未能满足的产品与服务购买需求，择优确定供应商并商定远期约定购买合同，当创新产品或服务满足约定的要求时，购买单位则按约定的规模和价格实施购买。这些普惠性政策有力地促进了科技型中小微企业的创新。三是构建科技企业孵化育成体系。制定全省新型研发机构发展规划，对新型研发机构初期建设、研发投入、研发仪器购置以及研发骨干团队引进等给予财政资金补助，大力发展新型研发机构，为破解科技创新与经济发展"两张皮"顽疾提供了重要方向，截至2016年底，广东建有华大基因、深圳光启高等理工研究院等新型研发机构共计180家。大力发展科技企业孵化器，建立完善扶持政策体系，在全国率先建立孵化器风险补偿机制，科技孵化器发展势头迅猛。截至2016年底，全省各类科技企业孵化器达634家，国家级孵化器达83家，孵化器总数跃居全国第一。在孵企业2.6万家，累计毕业企业超1.1万家；全省地级以上市基本实现科技企业孵化器全覆盖，珠三角多个地市70%的区（县）实现覆盖。以科技"四众"促进"双创"，大力发展创客空间、创业咖啡、创新工场等一批低成本、便利化、全要素、开放式的众创空间，鼓励大中型企业和投融资机构联合创办专业化、市场化众创空间。截至2016年底，全省纳入统计的众创空间达500家，其中178家纳入国家级孵化器管理体系，数量居全国第一。

3. 深化高校和科研院所体制改革

广东原始创新能力不足，特别是与北京、上海、江苏等兄弟省市相比短板更为明显。为进一步增强原始创新能力，广东加快推进高校和科研院所建设，不断改革科研体制机制。一是以深化改革为抓手，推进高水平大学和高水平理工科大学建设。2015年以来，先后出台《关于建设高水平大学的意见》《关于加强理工科大学和理工类学科建设服务创新发展的意见》等，部署推进理工科大学和理工类学科建设、高校科研机制体制改革工作。把中山大学、华南理工大学等7所高校纳入高水平大学整体建设高校范围，把广州中医药大学、广东外语外贸大学等7所高校的18个学科纳入高水平大学重点学科建设项目范围，从扩大和落实高校办学自主权、科研仪器采购、人事制度、科研体制等方面出台系列支持措施，破除高水平大学建设的体制机制障碍。实施高水平理工科大学建设计划，首批建设的高校有5所，包括华南理工大学、广东工业大学、南方科技大学、佛山科学技术学院、东莞理工学院。特别值得一提的是，广东大力推进高校人事制度和科研体制改革，向试点高校下放岗位设置权、公开招聘权、职称评审权、薪酬分配权和人员调配权，允许高校科研人员利用本人及其所在团队的科技成果，在岗创业、到科技创新型企业兼职或离岗创业。"双高"战略实施近两年来，广东新增投入近300亿元，各参建高校建设成效明显，服务地方创新驱动发展的能力不断增强。截至2016年底，参建高校新增426名国家级人才，较建设初期基本翻番。2016年，参建高校承担国家自然科学基金2024项、增长10%，8所参建高校立项数名列全国高校前100名，创历史最好成绩；5所高水平理工大学申请专利4747项，其中南方科技大学达到28.9%左右，为产业发展输送了大量科技成果。截至2017年5月底，"双高"参建高校共51个学科入围ESI（基本科学指标数据库）排名前1%，比2015年1月增加了16个；5个学科入围全球排名前1‰，跃居全国第三。二是推进科研院所体制改革。为解决广东创新特别是原始创新能力不足的问题，更好地应对全球新一轮科技和产业革命，广东以新机制、新思路整合全省优质科研创新资源，于2015年6月成立了新的广东省科学院，探索建立现代院所制度，致力于把省科学院打造成为高层次人才集聚高地、产学研合作与科研成果转化应用的组织载体、创新驱动发展的枢纽型高端平台。

4. 完善科技成果转化激励机制

广东的科技成果转化率比较低，大量科技成果被闲置或难以实现转化。2012年以来，广东注重从地方立法层面为科技成果转化提供保障，着力健全科技成果转化的激励机制。一是加快下放科技成果使用、处置和收益权。2016年12月出台的《广东省促进科技成果转化条例》，重点对科技成果使用权、处置权和收益权进行了细化规定，明确提出"高等学校、科学技术研究开发机构对其持有的科技成果享有自主处置权，可自主决定成果的实施、转让、对外投资和实施许可等事项，相关主管部门不再审批和备案"，以及"利用本省财政性资金设立的高等院校、科学技术研究开发机构实施科技成果转化所获收益，全部留归单位"等。二是提高科研人员成果转化收益比例。2016年3月修订的《广东省自主创新条例》以及新制定的《广东省促进科技成果转化条例》均明确规定，"将科技成果转让、许可给他人实施的，从该项科技成果转让净收入或者许可净收入中提取不低于60%的比例；将科技成果作价投资的，从该项科技成果形成的股份或者出资比例中提取不低于60%的比例；将科技成果自行实施或者与他人合作实施的，应当在实施转化成功投产后连续三至五年，每年从实施该项科技成果的营业利润中提取不低于5%的比例"。三是开展经营性领域技术入股改革试点。2015年7月，出台了《广东省经营性领域技术入股改革实施方案》，下放科技成果转化处置权和收益权，提高科技成果转化收益对科技人员的奖励比例。2015年,选取暨南大学、华南农业大学、广东药学院三所高校作为改革试点单位,目前已逐步推开,截至2016年底,共有61家省属科研院所和高校开展经营性领域技术入股改革试点。

5. 知识产权体制改革

创新驱动发展与知识产权制度之间存在着不可分割的内在联系,创新需要知识产权制度的激励和保护。道格拉斯·诺斯等人甚至认为,正是由于知识产权保护制度的出现和发展,才启动了欧美的工业革命并创造了现代经济增长的奇迹(诺斯、托马斯,1999)。2012年以来,广东实施最严格的知识产权保护制度,不断完善知识产权体制机制,推动广东知识产权保护水平不断提升。一是探索开展知识产权综合改革试点。2016年,广东成为全国首批引领型知识产权强省试点省,全面启动知识产权综合管理改革,《中国(广东)自由贸易试验区条例》也提出探索建立统一的知识产权管理和执法体制。2016年7月,国务院批复同意在中新广州知识城开展知识产权运用和保护综合改革试验,在全国率先开创知识产权支撑创新型经济发展新模式。积极建设知识产权强市群,广州、深圳积极探索开展知识产权区域布局试点,目前在建国家知识产权示范城市6个,国家知识产权试点城市13个,国家知识产权强县工程试点、示范县(区)18个。二是建立完善司法保护机制。深入推进知识产权审理审判机制改革,全面启动知识产权民事、刑事、行政案件"三合一"改革试点,2016年省内有一般知识产权案件管辖权的基层法院数量调整至32个。设立并积极推进广州知识产权法院建设,同时加大对知识产权侵权损害赔偿数额司法认定办法的研究,"探索完善司法证据制度破解知识产权侵权损害赔偿难"试点工作取得初步成效。三是健全知识产权维权援助体系和纠纷解决机制。截至2016年底,建设单一产业快速维权中心7家,形成集专利申请、维权援助、调解执法等于一体的一站式综合服务平台,全年快速授权专利5000多件,快速维权500多宗。四是建立完善知识产权运营机制。国家知识产权运营公共服务平台金融创新(横琴)试点平台正式挂牌成立,并推出全国首个"知识产权易保护"模式。广州汇桔网、高航网、精英网、七号网等一大批民营化、市场化、网络化知识产权运营机构加速发展,其中有15家运营机构获批为"国家专利运营试点企业"。

6. 建立完善人才激励机制

建设创新型经济，人才是关键。2015 年以来，广东围绕建设人才强省和实施创新驱动发展战略，出台了《广东省人民政府关于加快科技创新的若干政策意见》（俗称"粤十二条"）及《广东省人力资源和社会保障厅　广东省科学技术厅关于进一步改革科技人员职称评价的若干意见》等一系列政策，完善人才引进、培养、使用、评价、流动等体制机制。主要开展了以下工作：一是改革人才评价机制。完善科技人员职称评审政策，将专利创造、标准制定及成果转化作为职称评审的重要依据之一。提出打破职称评审上"唯论文"的评价体系等政策。制定出台了《高水平大学建设人事制度改革试点方案》，将岗位设置、公开招聘、职称评审、薪酬分配、人员调配 5 项人事管理权限下放试点高校。二是加大高层次人才引进培养力度。完善人才激励保障机制，实施"珠江人才计划""广东特支计划""扬帆计划"等重点人才工程。截至目前，省财政在"珠江人才计划"项目上的投入已超过 30 亿元，共引进五批 117 个创新创业团队和 89 名领军人才，直接带动 250 个团队、3 万名国际人才来粤创新创业。三是建立更加灵活、便利的高层次人才服务机制。改革外国人来华工作管理体制机制。将"外国人入境就业许可"和"外国专家来华工作许可"整合为"外国人来华工作许可"，建立"统一管理、互联共享、协同监管、公众参与、便捷高效"的外国人工作管理体系。制定出台支持广东自贸区建设及创新驱动发展 16 项出入境政策措施，为海外人才提供便捷、开放的出入境和停居留环境。开设高层次人才服务专区，为 12 大类高层次人才提供出入境、特殊医疗、物品进境、子女入学等 25 项"一站式"服务。

六、金融体制改革

党的十八届三中全会作出了"完善金融市场体系"的金融改革总体部署，加快推进利率和汇率形成机制市场化改革、民营金融机构试点、多层次资本市场建设、完善中央与地方金融监管体制等重大金融改革。2012 年以来，广东贯彻落实中央关于金融体制改革的决策部署，围绕实施创新驱动发展战略和粤东西北振兴发展战略、产业转型升级、开放发展等核心工作，加快推进金融改革创新，有力支撑了广东经济社会持续健康发展。2016年,全省金融业实现增加值6502亿元,比2012年增长了123%,占GDP的8.2%。截至2016年底,全省金融机构总资产达24.3万亿元,比2012年底增长了94%;本外币存款余额和贷款余额分别达18万亿元和11万亿元,分别比2012年底增长95%和88%;累计办理跨境人民币结算业务量突破10万亿元,直接融资额突破1万亿元,保险资金累计运用余额突破5000亿元,网贷成交量突破5000亿元。本外币存贷款余额、直接融资额、跨境人民币结算业务量等多项指标居全国第一。

1. 建立完善金融服务创新发展的体制机制

2012年以来,广东金融对自主创新的支持力度不断加大,特别是2016年,在全国率先出台金融服务创新驱动发展一揽子政策,从拓宽多元化融资渠道、建设金融平台和机构体系、完善金融保障机制三方面,提出具体的政策措施。在10个国家级高新区开展金融、科技、产业融合创新发展工作试点,探索设立科技金融综合性服务中心、科技保险、科技小贷、科技担保资金池、科技金融基金等新模式,取得积极成效。建设广州、深圳前海、佛山南海金融高新区三大区域股权交易中心,省部共建中国青创板,设立科技银行、开展知识产权质押融资,探索投贷联动的创新服务。大力发展创业投资,广州、深圳、佛山、东莞、中山、珠海、江门等珠三角城市创新创业引导基金整体总规模已达500亿元;加快发展风险投资,目前已有近5万家VC/PE机构集聚深圳,注册资本约3万亿元。强化资本市场对技术创新和科技企业的支持,截至2016年底,已有1200多家珠三角中小企业在新三板进行股权融资,258家珠三角高新技术企业在主板市场融资4022亿元,融资额比上年增长46%。

2. 建设珠三角金融改革创新综合试验区

2012年珠三角9市和梅州、湛江2市获批珠江三角洲金融改革创新综合试验区,2014年广州南沙获批开展深化粤港澳台金融合作改革创新,2015年4月广东自贸区挂牌,开展跨境金融等系列金融改革创新。江门、梅州分别获批全国小微企业信用体系建设试验区和全国农村信用体系建设试验区,汕头获批华侨经济文化合作试验区。广东充分运用国家赋予的各项先行先试政策,稳步推进金融改革创新。

创建全国首个"互联网"众创金融示范区，建设国内首条民间金融街，设立全国首家民营银行暨互联网银行。广州、深圳区域金融中心有效发挥辐射带动作用，自贸区金融创新政策加速落地，出台实施广州南沙"金改15条"和深圳前海深港现代服务业合作区金融创新政策，以及广州南沙、珠海横琴新区外汇管理改革试点实施细则，自贸区版资金池、双向发债及金融机构境外贷款等跨境人民币业务深入开展。推出粤港电子支票联合结算、金融IC卡跨境支付等金融服务创新。截至2016年底，广东自贸区入驻金融机构和创新型金融企业超过5万家，居全国各自贸区首位。广东金融高新区初步建成辐射亚太的现代金融产业后援基地。汕头华侨试验区成立广东华侨金融资产交易中心，广东金融高新区股权交易中心"华侨板"运营中心挂牌企业477家。江门、梅州信用体系建设经验获得复制推广。

3. 培育发展新型金融机构和金融组织

大力发展小额贷款公司、政策性融资担保和再担保机构。截至2016年底，广东拥有小额贷款公司440家，全省已设立或正在筹建的政策性融资担保和再担保机构共26家，投入资本金达80多亿元；筹建前海微众银行，获得全国首批民营银行牌照；筹建商业银行小微支行，设立小微企业专营中心；推动合资证券公司、消费金融公司、金融租赁公司等发展，多家有望获批；建设国内最大地方民营投资公司——广东民营企业投资股份有限公司，首批实缴资本金160亿元。截至2016年底，全省法人金融机构达309家。

4. 加快发展普惠金融

近年来，广东以解决中小微企业和农村地区融资难、融资贵为导向，积极探索创新有效服务中小微企业和农户的金融手段和措施。加强对中小微企业的金融支持和服务。筹建前海微众银行等民营银行，筹建商业银行小微支行，设立小微企业专营中心。组建广东省粤科科技金融集团，打造科技金融综合服务平台。在广州、佛山、珠海、东莞、中山等地发展创新创业金融街，建设广州、深圳前海、佛山南海金融高新区三大区域股权交易中心，三大区域性股权市场累计挂牌企业近2.2万家，累计融资金额超过2000亿元，占全国的20%。加强中小微企业征信体系建设，推动银企对接合作，建设"广东省中小微企业信用信息和融资对接平台"，自2016

年4月起上线运行,截至2016年底,采集入库4个省级政府部门1300多万条数据,广州、佛山、中山、江门、云浮、韶关等10个地市分平台初步建成并投入运营,累计实现融资对接1.8万笔共5080亿元。各地政府加强"对接平台"应用,设立风险补偿基金、企业助保金和融资专项资金,为符合产业扶持条件的中小微企业提供融资增信手段和资金支持。推动农村普惠金融发展,2014年发布《广东省开展农村普惠金融试点方案》,提出在粤东西北和惠州、江门、肇庆等15个市开展试点,大力推进以建设县级综合征信中心、信用村、乡村金融(保险)服务站、乡村助农取款点,推广农村产权抵押担保贷款、"政银保"合作农业贷款、妇女小额担保财政贴息贷款、金融扶贫贷款等"八项行动"为主要内容的农村普惠金融建设,打通农村金融服务的"最后一公里"。截至2016年底,广东共成立市级征信中心7个、县级综合征信中心52个;已建成农村金融服务站6704个、助农取款服务点2.4万多个,实现了全省34个试点县(市、区)全覆盖;各试点地区共创建信用村5514个,已建设信用村数量占行政村总数的83%,其中湛江、韶关、河源等6市共有11个试点县(市、区)实现信用村100%覆盖;实现农村产权抵押担保贷款26.73亿元、政银保合作农业贷款2.39亿元、妇女小额担保财政贴息贷款2.28亿元和金融扶贫贷款4.93亿元。2013年,广东还自主开发建设了"广东省农户信用信息系统",截至2016年底,共采集农户数据318万条,覆盖全省104个县(区),覆盖面达87.4%。

七、土地制度改革

我国实行的是社会主义公有制基础上的所有权与使用权相分离的土地权利制度,土地管理上以耕地保护为目标、以用途管制为核心,土地资源配置方式仍然是政府主导的,市场机制能够发挥一定的作用,建立了以集中统一管理为主的土地行政管理体制。但随着城镇化进程的加快推进,这套土地制度的弊端也日益明显:在产权安排上,存在城乡权利二元和农民权能残缺,两种所有制具有完全不同的土地权利,农民的权益无法得到有效保障;在市场形成上,土地市场分割严重,不同类型用地按不同方式出让,土地价格扭曲和资源配置低效;在土地增值收益分配上,农民得到农业用途倍数补偿，地方政府获得土地用途转换时的增值收益，土地占有者获得主要的土地未来增值收益，增值收益分配失衡和不公较为严重；在管理体制上，存在目标冲突和职能错位。由于规划体制的缺陷以及政府行政主导性太强，地方和中央博弈激烈，造成保耕地和保发展目标冲突，多重管制目标难以协调整合，并带来寻租与土地腐败（刘守英，2014）。推进新一轮土地制度改革，就势在必行了。

党的十八届三中全会《中共中央关于全面深化改革若干重大问题的决定》提出，在符合规划和用途管制的前提下，允许农村集体经营性建设用地出让、租赁、入股，实行与国有土地同等入市、同权同价；缩小征地范围，规范征地程序，完善对被征地农民合理、规范、多元保障机制；保障农户宅基地用益物权，改革完善农村宅基地制度。这些要求明确了农村土地制度改革的方向和任务。2012年以来，广东按照中央部署要求，重点围绕农村土地征收、集体经营性建设用地入市、土地确权、"三旧"改造等领域，推进新一轮土地制度改革，取得了积极成效。

1. 开展农村土地征收、集体经营性建设用地入市改革试点

2015年3月，佛山南海被列为全国33个农村土地制度改革试点之一，承担农村集体经营性建设用地入市改革试点任务。2016年10月，根据国家部署，同步推进农村土地征收制度和农村集体经营性建设用地入市改革。改革前，农村集体经营性用地流转缺乏上位法支持，集体土地手续不完善，许多土地难以报建，价值被严重抑制，抵押融资困难，为此，南海制订了《广东省佛山市南海区农村集体经营性建设用地入市试点实施方案》，在此框架下配套制定入市管理、资产交易、财务管理、抵押融资、综合整治、产业载体项目管理等11份政策文件，形成相对完整的政策体系。自2015年12月首宗地块入市至今，南海集体经营性用地共完成入市53宗，面积约1950亩，总成交金额达53亿元。实现抵押的集体经营性建设用地已有13宗，抵押面积约226亩，抵押金额达16亿元。南海还针对集体土地较分散的实际情况和集体经营性用地入市过程中出现的问题，探索建立集体土地整备制度、片区综合整治模式、产业载体开发利用制度、公共用地预留制度和入市全程监管体系。在区、镇两级成立土地整备中心，整合符合入市条件的集体经营性建设用地，

以备统一招商入市；积极探索片区综合整治，通过规划调整、地类变更等措施，对片区内土地重新划分宗地并确定产权归属；赋予产业载体项目用地及地上物业预售、分割登记、分拆销售权利，可让土地开发者加快资金回笼；探索建立公共用地预留制度和入市全程监管体系，加大政府规范管理力度。目前，南海改革需突破的相关法律条文也得到全国人大的授权，已初步建立起城乡统一的建设用地市场，逐步实现农村集体建设用地与国有建设用地"同权、同价"，集体土地权能得到进一步释放。

2. 土地确权颁证

农村土地确权是新时期加快农村改革发展的重要基础性工作，是深化农村产权制度改革、推动土地规范流转、促进土地适度规模经营、发展现代农业的重要途径。按照国家部署，2014年广东启动农村土地承包经营权确权工作，在全省18个县和6个镇开展确权试点。2015年在试点基础上全面铺开，2016年在全省范围推进土地确权工作。

农村土地承包经营权确权登记颁证，是以二轮土地承包台账、农村土地和户籍资料等为基础，通过收集资料、制作底图、外业调查、内业处理、张榜公示、签印确认、审核颁证等程序，由县（区、市）农村土地承包管理部门对家庭农户承包土地的地块、面积、空间位置等信息及其变动情况记载于登记簿，由省级农业主管部门统一印制农村土地承包经营权证书，加盖县级政府印章后颁发到农户。此轮土地承包经营权确权重点要解决的是承包地块面积不准、四至不清、空间位置不明、登记簿不健全等问题，实现承包地面积、承包合同、经营权登记簿、经营权证书"四相符"，承包地地块、四至边界、承包合同、承包经营权证书"四到户"。广东农村土地确权面临的问题较为复杂，主要有以下方面：实行土地股份合作制的地区，在确权确股不确地或确权确份额到户时，需要平衡各方利益，推进难度大；二轮延包后新出生人口、早期外出未参与二轮延包的返乡人员、"外嫁女""入赘男""代耕农"等特殊群体要地现象较为普遍，但多数农村已无地可分；还有一些是历史遗留问题，如在粤东地区普遍存在"两田制"、不定期"小调整"等问题以及土地"碎片化"问题，要在短期内完成土地确权任务，难度较大。目前全省确权颁证进度偏慢，截至2017年3月底，全省确权实测耕地面积2104.9万亩，占全省国土"二调"耕地面积的57.7%，颁发承包经营权证书仅46.99万份。只有26个县（市、区）确权实测率超过90%，56个县（市、区）确权实测率不到50%。仅有18个县（市、区）颁证率超过10%，110个县（市、区）颁证率不到10%。

3. 开展"三旧"改造制度创新

"三旧"改造是广东在全国率先探索出的节约用地的一套有效模式。广东新增建设用地资源日趋紧张，全省建设用地面积从1996年初的2102万亩，增加到2015年的2986.21万亩，年均增加约44.21万亩。按照广东省现行土地利用总体规划，国家下达广东至2020年建设用地总规模为3027万亩，目前已所剩不多。在土地开发强度比较高的珠三角地区，各类用地指标即将消耗殆尽。过分依赖新增建设用地的发展方式已不可持续，积极推动"三旧"改造，深度挖潜存量土地，对缓解广东土地供需矛盾、保障经济社会持续健康发展意义重大。

2012年以来，广东继续执行2009年出台的《关于推进"三旧"改造促进节约集约用地的若干意见》。2016年9月，针对"三旧"改造过程中出现的新情况、新问题，出台了《广东省人民政府关于提升"三旧"改造水平促进节约集约用地的通知》。该通知围绕加强规划管控引导、完善收益分配机制、改进报批方式、完善部门配套政策等方面，对原有政策进行了细化补充，特别是进一步细化"工改商"政策，要求自行改造"工改商"项目无偿提供项目用地总面积15%的土地作为公益用地，还完善了收益分配机制，明确了土地收益补偿对象，把现行的收益返还对象以国有企业和村集体为主扩展到无差别适用所有权利人，要求财政、税收、金融、住建等部门出台"三旧"改造配套支持性政策，此外还改进了报批方式，下放了部分审批权限，建立了批后监管机制。为调动各地推进"三旧"改造的积极性，广东将"三旧"改造与新增建设用地指标分配相挂钩，从2014年起开始施行，省政府每年按照地市完成改造面积的20%奖励用地计划指标，对未完成任务的地市适当扣减指标。目前，广东已经基本建立了"三旧"改造的政策框架和工作机制，广州、深圳等地还成立了城市更新局，着力提升城市建设发展水平。截至2017年3月底，全省累计实施改造项目9306个，面积57万亩，分别占全省"三旧"改造地块总面积、建设用地总面积的18.2%、1.9%；其中完成改造项目5420个，面积31.51万亩，分别占全省"三旧"改造地块总面积、建设用地总面积的10.1%和1.1%。

4. 耕地保护和补偿制度改革

广东探索创新基本农田保护模式，率先建立基本农田保护经济补偿机制，实施基本农田归并整合，促进了耕地保护，保障了粮食安全。2012年9月，在总结珠三角地区经验的基础上，广东在全国率先建立基本农田保护经济补偿机制。省财政按照30元/（亩·年）（小珠三角减半）的标准给予基本农田保护经济补助，每年金额为11.25亿元，加上市县补贴部分，每年全省基本农田保护补贴资金总计超过22亿元。以往土地收入分配主要集中用于土地整治、水利建设、高标准农田建设和基础设施建设等，没有直接补贴到户，实施基本农田保护经济补偿，对农民进行直接的经济补偿，并明确了相关的权利和义务，调动了基层保护耕地的积极性。为落实"占优补优、占水田补水田"的要求，结合精准扶贫、南粤古驿道保护开发、社会主义新农村建设等工作，研究提出由省财政投入资本金，通过提质改造已储备耕地、改造旱地和可调整园地或养殖水面以及复垦土地三种途径，以市、县政府为主体垦造水田的新思路。

八、国企国资改革[①]

上一轮国有企业改革，成立了国务院国有资产监管管理委员会，基本解决了国有企业多头管理的问题，国有企业经济布局、政企关系、经营机制和经营绩效均在逐步优化，国有企业改革已经取得了很大的进展，但改革并没有完全到位，还存在一些突出问题：股份制改革不到位，基本上是在国有企业集团的二级、三级企业进行股份制改革，很多大的国有集团公司股份制改革并未到位；垄断行业改革不彻底，非公资本准入门槛高，难以进入。国有企业在一般竞争性领域还广泛存在，中央三级以上企业在国民经济20门类中都有分布，在国民经济95个大类行业中占了

---

① 本部分较多参考、引用了李成（2017）的综述性成果。

86个行业。地方国有企业分布领域也很广；国有资产管理体制还有待完善。党的十六大明确提出建立管人、管事和管资产相结合的国有资产管理体制，这一体制有力提升了国有经济发展质量和运行效率，但政企不分、政资不分的问题依然存在，国有资产监管工作还存在越位、缺位、错位等问题。针对上述问题和新的形势要求，党的十八届三中全会对新一轮国有企业改革进行了部署，提出积极发展混合所有制经济，完善国有资产管理体制，以管资本为主加强国有资产监管，推动国有企业完善现代企业制度，不断增强国有经济活力、控制力和影响力。

2012年以来，特别是党的十八届三中全会以来，广东认真贯彻落实中央关于国资国企改革的决策部署，从分类管理、试点先行，到全方位"瘦身健体"，再到供给侧结构性改革中集中发力，深入推进国有资产重组和国有企业改革，理直气壮做强做优做大国有企业，取得明显成效。2016年，广东国资监管企业资产总额6.76万亿元，增长10.6%，位居全国第二。总体资产负债率64%，下降2个百分点；实现营业收入1.41万亿元，增长5.7%，位居全国第三；实现利润总额1503.53亿元，增长1.8%，位居全国第二；上缴税费1385.1亿元，约占广东财政总收入的13.3%。

广东国有企业改革的总体思路是"四个坚持"：坚持优胜劣汰，着力优化国有资本布局结构；坚持市场导向，有效激发国企核心竞争力；坚持平等竞合，务实稳妥推进混合所有制改革；坚持创新发展，不断促进国有经济提质增效。五年来，主要采取如下措施推进国有企业改革。

1. 开展国有企业改革试点

从20家省属企业集团的104家候选企业中，遴选出50家企业开展改革试点。通过引入战略投资者、建立国企重组发展基金、员工持股、创新分配激励机制、改革选人用人方式、整合政策资源扶持、项目培育等系列措施，不断优化试点企业体制机制，目前试点企业已成为省属国资系统创新引领和转型升级的主要载体。一是引入战略投资者，设立国企重组发展基金。恒健控股与建信信托按51∶49的股比出资组建总额200亿元的广东国有企业重组发展基金，采取"母基金+子基金"的形式运作。母基金首期规模15亿元，已设"华隧城市基础设施建设""粤电新能源产业并购""粤水电清洁能源产业并购"3个子基金。基金定向入股50家试点企业，每家增资入股比例不低于10%，已入股广新信息、国义招标、华隧公司、华金合金等12家试点企业。基金助推员工持股，试点企业员工持股采用增资扩股方式，持股比例不超过企业股权的20%；员工自有资金出资不低于出资总额的30%。基金通过增资扩股、股权置换、可转债等多种方式，引入实力强、信誉好、有行业资源优势的战略投资者和财务投资者，提升企业价值。二是打造行业单打冠军。一方面，着力提升试点企业本身的素质。50家试点企业中分处战略性新兴产业、关键基础产业、现代服务业、传统优势产业等各领域，在立足自身做优增量盘活存量，把企业发展的基础扎牢。另一方面，依托省属国有企业全部资源优势，以国企重组发展基金为纽带，整合撬动系统内资金、技术、人才等各类资源，向试点企业注入同类或产业链上下游资源；试点企业以市场机制整合省属企业同类资产，开展跨地域、跨所有制的并购重组，打造细分行业的"单打冠军"。三是推动试点企业资产证券化发展。鼓励具备条件的试点企业通过多种方式上市；利用省属企业上市平台，通过定向增发、资产置换等形式注资上市公司；通过发行多元债务融资工具进行直接融资，培育新的上市资源。至2017年3月底，已有16家企业完成基金入股和员工持股，3家企业登陆新三板。

2. 扎实推进国有企业供给侧结构性改革

国有企业改革是供给侧结构性改革的重要内容。广东结合供给侧结构性改革重点任务的落实，在国有企业系统内大力推进"去降补"工作，进一步优化国有资本布局，提升企业创新能力和竞争力。一是推动国有"僵尸企业"出清重组。出台《广东省人民政府关于全省国企出清重组"僵尸企业"促进国资结构优化的指导意见》《省属国企出清重组"僵尸企业"促进国资结构优化的实施方案》等系列文件，把国有"僵尸企业"划分为关停企业和特困企业两大类，分类施策。对关停企业，实行"兼并重组一批、关闭破产一批"；对特困企业，实行"兼并重组盘活一批、资本运营做实一批、创新发展提升一批、关闭破产退出一批"。截至2016年底，国有关停类"僵尸企业"实现市场出清2394户、国有特困企业实现脱困427户，妥善安置职工1.7万多人。其中省属企业完成国有关停企业出清重组406

户，实现国有特困企业脱困171户，妥善安置职工4000多人。二是启动去库存工作。组建省属国企专业化住房租赁平台，在肇庆、佛山、汕头、清远、东莞开展租赁试点，业务规模预计超70万平方米。三是推进降杠杆、降成本工作。在广晟公司、省交通集团、广州交通投资公司开展市场化债转股试点。各省属企业采取有效措施降成本，成本费用同比降幅超10%的企业有6户，其中广物控股集团成本费用降幅达45.7%。

3. 推进混合所有制改革

党的十八届三中全会后，混合所有制改革成为新一轮国企改革的重要内容。广东先后出台《中共广东省委省人民政府关于全面深化国有企业改革的意见》《关于深化省属国有企业改革的实施方案》等文件，均明确提出通过引入战略投资者、员工持股、股权投资基金入股、非国有资本进入公共项目等方式，推进混合所有制改革。2014年5月，广东出台《关于规范省属企业发展混合所有制经济的意见》，以成为公众公司为主要路径，以整合产业链为抓手，侧重增量，重点在二、三级企业，通过搭建与非国有资本对接平台、引导各类资本支持公共项目建设等多种形式，有序推进混合所有制改革。除了在50家试点企业开展混合所有制改革试点外，还分别于2014年2月和9月举办了两次省属企业与民间资本对接会，向社会发布省属企业234个招商项目，涉及基础性、传统竞争性、新兴金融创投、高端技术服务等17个行业。截至2016年底，全省（不含深圳）国家出资正常经营混合所有制企业4258户，比2013年增加了724户，增长了20.5%。

4. 创新体制机制推动国有企业加快创新发展

出台《广东省省属企业实施创新驱动战略加快转型升级的指导意见》，重点建立七个机制：一是综合排名和单项奖励机制，每年依据企业创新驱动和转型升级情况进行综合排名。对改善明显、综合排名靠前的企业进行考核单项加分，并分别设立创新驱动转型升级优秀奖、进步奖。二是项目跟投机制。省属企业具备跟投条件的创新项目，原则上项目负责人、骨干员工要出资参与项目投资。如恒健控股集团所属恒健创投公司明确跟投企业以创投公司作为投资主体直接参与的股权投资直投业务、基金管理及基金业务等市场化业务为跟随投资的业务范围，跟投企业、项目团队成员实行强制跟随投资。三是放宽对创新企业（项目）国有股东超股比担保的限制，支持创新企业融资，保障创新企业发展。如广新控股在对下属企业金辉高科高管所持股权和 15 项授权专利办理质押手续的前提下，为其下属企业 1.2 亿元银行授信提供全额连带责任担保。四是容错机制，严格落实"三个区分"原则，营造警示违纪者、惩治贪腐者，宽容失误者、鼓励探索者的良好氛围。五是集团对下属企业的清单管理机制，目前省属企业已全部制定对下属企业的权责清单。六是创新项目贴息机制，每年在省级国有资本经营预算中安排专项资金，对创新驱动和转型升级的重大项目和平台建设投入予以贴息支持。2016 年，省属企业国资预算安排 2000 万元，以贷款贴息方式助推省属企业加快研究成果产业化。七是超额研发投入后补助制度，每年在省级国有资本经营预算中安排专项资金，对省属企业研发费用的增长部分给予一次性奖励后再补助，鼓励企业加大创新投入。截至 2016 年底，省属企业拥有高新技术企业 58 家，拥有国家级实验室、技术中心等各类研发机构 193 个。

此外，为落实中央关于加强和改进党对国有企业领导的要求，出台了《关于在深化国有企业改革中坚持党的领导加强党的建设的若干意见》，明确提出省属国企应当配备 1 名专职抓党建工作的党委副书记。2016 年 4~7 月，集中选配了 23 名省属企业专职副书记。

第二节
供给侧结构性改革

从"三期叠加"到"新常态"，再到供给侧结构性改革，是一个不断探索、深化认识的过程。推进供给侧结构性改革，是中央综合研判世界经济形势和我国经济发展新常态作出的重大决策。2015 年 11 月，习近平总书记主持召开中央财经领导小组第十一次会议，首次提出"供给侧结构性改革"概念。在 2015 年的中央经济工作会议上,习近平总书记对供给侧结构性改革从顶层设计、政策措施和重点任务等方面作出了全链条部署。2016年5月,习近平总书记在主持召开中央财经领导小组第十三次会议时再次强调,供给侧结构性改革的根本目的是提高供给质量满足需要,使供给能力更好满足人民日益增长的物质文化需要;主攻方向是减少无效供给,扩大有效供给,提高供给结构对需求结构的适应性,当前重点是推进"三去一降一补"五大任务;本质属性是深化改革,推进国有企业改革,加快政府职能转变,深化价格、财税、金融、社保等领域基础性改革。这些论述为地方更好把握和贯彻落实中央有关供给侧结构性改革的部署指明了方向。从中央的阐述和部署看,供给侧结构性改革是基于新常态重大理论创新的新时期中国特色社会主义政治经济学的重要组成部分,与基于新自由主义的西方供给学派经济学有着巨大差异(刘元春,2016)。

广东近年来大力推进实施创新驱动发展战略、珠江西岸先进装备制造产业带建设、工业转型升级、"互联网+"行动计划等,实际上都是从供给侧入手抓经济发展,取得了良好的成效,也充分证明了中央关于供给侧结构性改革的战略部署是正确的、有效的。2016年2月,广东出台《广东省供给侧结构性改革总体方案(2016—2018年)》及五个行动计划,明确了供给侧结构性改革的总体思路、目标、任务及措施。广东在落实国家"三去一降一补"重点工作任务的基础上,还对深入推进供给侧结构性改革进行了部署安排,着力破解制约广东经济发展的深层次结构性问题。

一、总体思路与目标①

1. 总体思路

广东的供给侧结构性改革,主要围绕"去产能、去库存、去杠杆、降成本、补

---

① 从中央历次重要会议对供给侧结构性改革的重要部署及表述来看,当前供给侧结构性改革的主要任务是"三去一降一补",但这并非是供给侧结构性改革的全部。尽管"去降补"也涉及国企、政府职能转变、财税、金融、社保等领域的基础性改革,但仅仅依靠"去降补",尚难以解决长期困扰中国经济的深层次结构性问题,比如创新能力和关键核心技术不足、产业升级问题等。各地对供给侧结构性改革工作的部署和推进,主要还是围绕"去降补"展开。

短板"工作开展,着力优化存量、引导增量、主动减量,优化劳动力、资本、土地、技术、管理等要素配置,加快实现创新发展,提高投资有效性和精准性,进一步扩大有效供给,着力优化供给结构、提高供给体系的质量和效率,推动广东经济实现由低水平供需平衡向高水平供需平衡的跃升。

在推进供给侧结构性改革时,力求做到"五个坚持":一是坚持把统筹部署与精准施策相结合,在加强系统谋划和总体设计的基础上,通过精准识别影响要素资源配置效率的突出问题,进行精准施策。二是坚持供给侧改革与需求侧管理相结合,在适度扩大总需求的同时,从供给侧发力,破解供给与需求不匹配、不协调和不平衡的问题。三是坚持培育发展新动能与改造提升传统动能相结合,把创新驱动发展战略作为推进供给侧结构性改革的关键支撑,加快技术、产品、业态、商业模式等创新。进一步优化存量、主动减量,通过技术改造等手段激活存量资产,加快淘汰落后产能和化解过剩产能。四是坚持市场主导与政府引导相结合,充分运用市场机制实现优胜劣汰和市场出清,提高生产端资源配置效率和公平性。更好地发挥政府作用,强化政府组织引导和协调服务,制订行动计划,加强政策引导,完善配套政策。五是坚持重点改革攻坚与稳妥有序推进相结合,加大行政管理、投资、价格、国企、财税、金融、社保等重点领域和关键环节改革攻坚力度,加快形成有利于效率提升、可持续发展的长效机制,同时注重补短板兜底线,防范引发社会风险,稳妥有序推进各项工作。

2. 基本目标

当前,人民群众的需求加快升级,已经从温饱型需求转向享受型、发展型需求,但供给结构适应不了这种需求结构的变化,表现在宏观经济、产业经济和微观经济层面,就是经济增速下降、工业品价格下降、实体企业盈利下降、财政收入下降、经济风险发生概率上升。这些问题的主要矛盾是结构性的,解决的办法就是推进供给侧结构性改革。2016年的中央经济工作会议,强调供给侧结构性改革的最终目的是满足需求,就是要深入研究市场变化,理解现实需求和潜在需求,在解放和发展社会生产力中更好地满足人民日益增长的物质文化需要。经过30多年的改革发展,广东的需求结构发生深刻变化,但供给结构难以适应需求结构的变化,经济增长下行压力较大,新动能的成长难以弥补旧动能衰减所造成的空档;PPI(生产价格指数)自2012年5月至2016年7月同比均为负增长,长达51个月在负增长区间徘徊,这在1978年以来尚属首次;经济"脱实向虚"现象比较明显,房地产和金融产业畸形繁荣,互联网金融、农信社及商业银行、房地产等领域风险点增多,宏观经济运行的整体风险在上升。必须从供给侧入手,加快推进结构性改革,满足新的更高水平的需求,推动经济实现高水平供需平衡,这是广东未来供给侧结构性改革的最终目标。

广东制定的《广东省供给侧结构性改革总体方案(2016—2018年)》明确了短期的改革目标:经过三年努力,供给侧结构性改革攻坚取得重要进展,"去降补"工作取得明显成效,供给结构对需求变化的适应性和灵活性显著提高,形成多层次、高质量的供给体系,在更高的水平上实现新的供需平衡。去产能方面,到2018年底,基本实现"僵尸企业"市场出清。加快淘汰低端产能和化解过剩产能,控制钢铁、水泥熟料、平板玻璃和造船产能。去库存方面,到2018年底,在全部消化2016—2018年供应溢出约630万平方米商品房的基础上,力争再化解2000万平方米的商品房库存。去杠杆方面,到2018年底,确保金融机构杠杆率控制在合理水平,金融业务主要风险指标达到监管要求。降成本方面,到2016年底,为全省企业减负约4000亿元,企业综合成本比2014年下降5%~8%,到2018年企业负担进一步减轻。补短板方面,到2018年底,完成软硬基础设施投资1.15万亿元以上,基本建成布局科学、覆盖全面、功能完善、安全可靠的软硬基础设施支撑体系。

二、改革的重点领域、措施及成效

供给侧结构性改革的本质属性是改革,不少改革已经在全面深化改革的框架下有序推进了。此处主要从工作任务的角度阐述供给侧结构性改革的重点领域。

1. 去产能

广东重点从分类处置"僵尸企业"、淘汰落后产能和化解严重过剩产能等方面,扎实推进去产能工作。一是推进"僵尸企业"分类处置。全面摸查"僵尸企业"

情况,有针对性地采取兼并重组、资本运营、创新发展、关闭破产等不同方式进行精准处置,同时妥善解决好职工安置等问题。① 2016年,实现国有关停类"僵尸企业"市场出清2394户,国有特困企业脱困427户。非国有规模以上工业"僵尸企业"完成处置39家。二是加快淘汰落后产能。制订钢铁行业化解过剩产能实现脱困发展的实施方案,加快淘汰造纸等行业落后产能,进一步完善环保等准入标准,2016年压减钢铁落后和过剩产能307万吨、造纸落后产能9.66万吨,均超额完成年度任务。三是把珠三角地区部分产能转移到粤东西北地区。通过对口帮扶、产业共建等方式,推动珠三角地区部分产业有序转移到粤东西北地区,研究制订推动珠三角产业梯度转移和粤东西北地区产业园区提质增效的政策措施,积极推动招商对接。2016年,粤东西北地区承接珠三角地区转移项目534个,全省53个省产业转移工业园和30个产业集聚地实现规模以上工业增加值超2200亿元。

2. 去库存

广东认真落实国家房地产市场调控政策,完善土地供应方式,合理控制商品房供应规模,将全省21个地级以上市以及佛山市顺德区按照住宅用地供应量显著增加、增加、持平、适当减少、减少至暂停等标准,划分为"五类"城市进行分目标调控,在重点城市采取措施抑制房价过快上涨,努力保持房地产市场平稳运行。推动建立购租并举的住房制度,研究制订《省属国企专业化住房租赁平台组建方案》及试点方案,明确以广东建鑫投融资发展有限公司为基础,在全国率先组建省属国企专业化住房租赁平台,租赁平台首期运营资金规模50亿元。积极推进棚户区改造,采取提高货币化安置奖励标准、协助群众购买安置住房等措施,引导棚户区改造居民优先选择货币化安置,打通商品房与保障房通道。2016年,棚户区住房改造新开工8.1万多套(户),货币化安置率达19.8%。截至2016年底,全省商品房库存面积1.4亿平方米,化解库存2358万平方米,其中化解商品住房库存2333万平方米、化解非商品住房库存25万平方米。

3. 去杠杆

广东有效推进金融去杠杆,加强金融监管和监测预警,积极防范和稳妥处理各

---

① 此部分在国有企业改革部分已有涉及,此处不再赘述。

类金融风险，金融业平稳健康发展。截至2016年底，全省金融机构不良率为1.56%，低于全国平均水平。全省法人银行机构平均杠杆率为6.6%，达到银监会规定的4%的最低监管要求，证券期货机构、保险公司、小额贷款公司、融资担保公司的杠杆率均符合相关监管要求。一是推动金融机构和金融产品去杠杆。对杠杆率不达标机构、高风险机构、不良贷款率高于全省平均水平的地区、非法集资案件高发地区等开展排查，加大规范整顿力度。共排查出杠杆率不达标的银行机构16家、高风险农信社7家，引导各类金融机构将杠杆率控制在合理水平、主要风险指标达到监管要求。二是严厉打击非法集资。出台《广东省互联网金融风险专项整治工作实施方案》，成立领导小组，以P2P网络借贷、股权众筹等领域以及广州、深圳等地区作为重点，实施专项整治，排查互联网金融企业1722家，进驻127家重点机构开展检查。专门制定印发处置非法集资监测预警工作制度和举报奖励办法，破获深圳融资城案等一批非法集资大案要案。三是妥善处置金融风险。强化银行机构风险管理和保险公司资产配置审慎性监管，加快处置不良贷款，指导银行业金融机构清收处置不良资产615亿元，完成农村中小金融机构全面风险排查，入账71.84亿元隐性不良贷款。及时协调处置险资举牌、侨兴私募债兑付以及个别上市公司退市风险事件。

4. 降成本

广东以降低企业生产要素成本为重点，提高资源配置效率，打好降低企业制度性交易、人工、税负、社会保险、财务、生产要素、物流等成本"组合拳"，多措并举帮助企业降低成本，优化企业生产经营环境。2016年，采取七个方面降成本措施，帮助企业减负超2000亿元。一是降低制度性交易成本。进一步清理规范行政事业性收费，对已明确免征省级收入23项中央设立的涉企行政事业性收费分区域、分阶段免征省级以下收入，对省定涉企行政事业性收费分区域、分阶段实行"零收费"，从2016年10月起在全省所有市实施。清理规范行政审批中介服务，放开4项收费、取消21项收费。二是降低企业人工成本。合理调节最低工资标准增长，建立最低工资标准评估机制。加强公共就业服务，帮助企业提升劳动力技能水平，2016年组织开展劳动力技能晋升培训25.1万人次。贯彻落实失业保险支持企业稳定岗位政策，共为17.4万家企业发放稳岗补贴45.15亿元，惠及职工797万人。三是降低企业税负成本。推动"营改增"试点全面扩围，2016年试点行业全年减税规模达750亿元。落实国家降低制造业增值税税率政策以及小微企业、高新技术企业、企业研发费用税前加计扣除等国家税收优惠政策，2016年共减免税收726.8亿元。四是降低企业社会保险费成本。下调企业社会保险费率，把失业保险单位费率从1.5%下调至0.8%，工伤保险平均费率从0.63%下调至0.43%，生育保险平均费率下调至0.59%，降低住房公积金缴存比例等，共为企业减负约227亿元。五是降低财务成本。降低企业融资成本，截至2016年底，21个地级市、顺德区、20个县（区）设立中小微企业风险补偿资金。运用政策性产业基金减轻企业资金压力，运用地方政府置换债券减轻企业债务成本，2016年发行地方政府置换债券共2867.81亿元。六是降低电力等生产要素成本。加快推进电力市场改革和售电侧改革试点，两次降低我省工商业用电价格，2016年降价金额达71.06亿元。推进油气价格改革，建立购气成本与管道燃气销售价格联动机制，大幅降低管道天然气销售价格，2016年降价金额约22.37亿元。七是降低物流成本。推动取消普通公路车辆通行费年票制收费，预计每年减少群众负担约60亿元。落实鲜活农产品绿色通道免费通行政策，每年为企业减负约20亿元。

5. 补短板

经过改革开放30多年的发展，广东软硬基础设施建设取得巨大成就，高速公路通车总里程2014年跃居全国首位，2015年达到7018公里，实现县县通高速公路目标；高、快速铁路运营里程达1360公里，居全国前列；2015年省内电源装机容量达到1亿千瓦，非化石能源占能源消费比重达到20%，能源供应能力和结构均居于全国领先水平。但广东软硬基础设施仍然存在明显的薄弱环节，部分领域与全国平均水平仍有差距或没有明显优势，如2015年广东人均铁路营业里程仅为0.37公里/万人，不到全国平均水平（0.88公里/万人）的一半。特别是粤东西北地区的差距更为明显，1023个乡镇中仅13%的乡镇建有污水处理设施，城镇生活垃圾无害化处理率仅为85.5%，城镇居民天然气气化率低于全省平均水平，移动宽带用户普及率不到50%，均低于全国平均水平，教育体系和人才培训体系也与创新发展的要求不相适应。为此，广东在2016年启动了8项总投资2.25万亿元的补软硬基础设施短板重大工程，主要投向农村配电网、天然气管网、信息基础设施、新能源汽车充电设施、城市地下管网、交通互联互通、水利防洪减灾、环境污染治理、人才供给体系等领域，并将其纳入省重点项目调度，对在建线状工程实行清单化管理。2016年共争取国家安排广东专项建设基金413.19亿元支持补短板重大项目建设，全年完成投资2665亿元。

三、从更高层次上推进供给侧结构性改革

在完成"三去一降一补"重点工作任务的同时，广东着力从更高层次上推进供给侧结构性改革。2016年7月，中国共产党广东省第十一届委员会第七次全体会议在广州召开，要求把供给侧结构性改革作为经济社会发展的根本性战略进行研究部署，提出了加快形成以创新为主要引领和支撑的经济体系和发展模式、大力调整优化外经贸结构、巩固提升民营经济发展优势、大力推动珠三角与粤东西北产业共建、建设支撑新一轮发展的现代化基础设施5项重点工作任务，动员全省上下把经济工作的重心转到供给侧，推动广东在结构调整、转型升级上走在前列，实现更高水平发展。2017年5月，广东省第十二次党代会召开，省委书记胡春华作了《深入贯彻习近平总书记治国理政新理念新思想新战略　努力在全面建成小康社会加快建设社会主义现代化新征程上走在前列》的主题报告，报告对未来五年推进供给侧结构性改革作了专门论述。未来五年，广东将从以下几个方面深入推进供给侧结构性改革。

1. 加快形成以创新为主要引领和支撑的经济体系和发展模式

破解广东发展深层次结构性问题，最根本的是要转换发展动力，实现从要素驱动向创新驱动、从跟随式发展向引领型发展的转变，使新的动能占据主导地位，加快形成以创新为主要引领和支撑的经济体系和发展模式。广东将充分利用国家赋予的建设国家科技产业创新中心的总定位，发挥市场体系发达、科技成果转化能力强的优势，把各类创新平台和联盟、高新技术企业、科技企业孵化器、新型研发机构等打造成为科技创新和科技成果转化的载体，同时加强科技金融、知识产权运营和

服务平台等建设,推动科技与产业、市场、资本实现高效对接。广东将强化源头创新能力,持续推进高水平大学、高水平理工科大学和科研院所建设,争取国家实验室、综合性国家科学中心等高水平创新平台和重大科技基础设施落户,聚焦产业发展方向实施重大科技专项,加快在创新领域实施"走出去"和"引进来",解决源头创新供给不足的问题。未来,广东将构建以深圳、广州为龙头,珠三角各市分工互补的"1+1+7"创新发展格局,形成全国领先、带动力强的创新发展极。

2. 以振兴实体经济为本推动产业结构调整和转型升级

深化供给侧结构性改革,关键要在产业结构调整和转型升级上取得实质性突破①。广东将培育壮大能够提供新的和更高质量供给的企业主体,深化国资国企改革,进一步做强做优做大国有企业;巩固提升民营经济发展优势,培育一批根植性强的本土大型民营企业。支持"专精特新"型中小微企业发展,打造一批"百年老店";更好地发挥外资企业对实体经济发展的重要作用,瞄准欧美等发达国家及产业细分领域的"隐形冠军",引进高质量外资,改善供给结构和供给体系;改善人力资源供给和提升人力资本水平,实施制造业劳动力技能提升计划,培养一支具有现代工匠精神的产业工人队伍。坚持制造业立省不动摇,强化综合制造能力②优势,避免制造业过快向外转移,保持制造体系的完整性。广东将深入推进新一轮技术改造,改造提升传统产能;大力实施广东智能制造发展规划和"互联网+"行动计划,提升珠江东岸电子信息产业带,壮大珠江西岸先进装备制造产业带,积极培育发展新一代信息技术、高端装备制造、绿色低碳、生物医药、数字创意、新材料等战略性新兴产业,争取再形成若干个万亿级产业新支柱;将围绕先进制造业推

---

① 目前,学术界对供给侧结构性改革的阐释大多缺少产业转型升级的内容,不少研究和阐释都比较关注破除生产要素自由流动和优化配置的体制机制障碍,认为加快城乡、区域之间土地、资金、人员等要素的流动和优化配置是供给侧结构性改革的重点,这本身无可厚非,也很重要,但要看到这些改革不会自动引致产业结构的调整和转型升级。

② 所谓综合制造能力,指的是广东依托完整的产业体系和便捷的物流系统发展出来的强大规模化制造能力,能够快速地完成产品的采购、组装、加工、制造、配送等,目前已呈现出把大规模生产(the mass-production)和大规模定制(the mass-customization)优势充分结合起来的趋向,这种能力优势是劳动力成本优势明显的东南亚国家和技术更为先进,但生产成本居高不下的发达国家所不具备的。

进生产性服务业发展。同时，将大力推进农业供给侧结构性改革。

3. 推动珠三角与粤东西北产业共建

推动珠三角与粤东西北开展产业共建，把珠三角先进生产力引入粤东西北地区，推动粤东西北地区实现跨越式发展，是提高供给水平、促进供需在区域间实现平衡的重要手段，是供给侧结构性改革的重要内容。所谓产业共建，实质上是指在珠三角地区和粤东西北地区统筹布局同一产业链条的不同功能性环节或同一企业的不同业务板块，使珠三角地区和粤东西北地区在同一水平上实现发展。产业共建是广东在对口帮扶过程中形成的重要成功经验。传统产业发展的雁行模式以及产业梯度转移理论，是对国际产业转移一般规律的总结，由于全球产业分工体系不对称，在市场力量自发作用下很容易形成"中心—外围"的结构，中心国家或地区负责高端制造或研发活动，外围国家和地区主要负责低端的加工组装和配套生产。在一国或一个地区内部，不必放任市场力量自然发挥作用，可以充分发挥政府的统筹规划和组织引导作用以及市场的作用，推动发达地区先进生产力加快向落后地区配置，从一开始就提高落后地区的发展起点，避免形成"中心—外围"的结构秩序。广东将大力推进产业共建，高水平建设共建产业园，完善基础配套设施，推动优质产业和优秀企业加快向园区集聚。将强化政策协调，推动行政审批、企业资质、社会保险等全省通办、对接互认。同时，将把粤东西北地区打造成为成本洼地，推动珠三角先进生产力特别是龙头企业和重大产业项目优先布局到粤东西北地区。

4. 建设面向未来的现代化基础设施

基础设施是产业发展的先导。基础设施建设既能拉动当期的投资需求，又能在未来形成新的供给能力，是需求侧和供给侧两端发力的重要着力点。广东面向未来产业发展和人民群众生活水平提高的需要，谋划推进基础设施建设。一是提出建设现代化高快速交通运输体系。特别是发展大运量、高快速铁路系统，尽快实现市市通高铁目标；适应航空客运大众化、公交化需要，加快发展民用机场和通用航空，建设世界级机场群；以广州港、深圳港为龙头，优化全省港口资源配置，强化港口集疏运体系建设，打造两大世界级枢纽港区。二是加强电力、环保、水利、信息等基础设施，特别是要超前布局下一代互联网，加快建设新一代信息基础设施。三是加快构建适应无人驾驶、新能源汽车、量子通信等产业技术变革需要的新型基础设施，为未来产业发展创造条件。

第三节
生态文明体制改革

党的十八大把生态文明建设纳入"五位一体"总体布局和"四个全面"战略布局，推动生态环境保护从认识到实践发生历史性、转折性、全局性变化。广东作为先发展起来的省份，虽然也曾走过"先污染、后治理"的老路，但在此之前就认识到生态环境并非发展的负担，而是一种新的发展优势，特别是高端人才、优质资源越来越倾向于在环境良好的地区集聚。党的十八大以来，广东不断加大环境保护和生态文明体制改革力度，致力于把自然环境优势转化为发展优势，着力建设绿色和美丽广东。

一、探索建立生态保护红线制度

党的十八届三中全会决定提出划定生态保护红线，但从战略思路的提出到转化为政策实践经历了一个过程。2015年9月，中共中央、国务院印发《生态文明体制改革总体方案》，提出"将国土空间用途管制扩大到所有自然生态空间，划定并严守生态红线"。2017年2月，中共中央办公厅、国务院办公厅印发《关于划定并严守生态保护红线的若干意见》。2013年以来，广东把落实主体功能区规划与加强生态文明建设结合起来，划定并严守耕地红线和生态保护红线，有效促进了区域经济与环境协调发展。在全国率先建立实施生态严格控制区空间管制政策。在推进粤东西北地区振兴发展中，加强战略环评和规划环评，从严控制"两高一资"和产能过剩项目，守住生态环境安全底线；在珠三角地区实行最严格的环境准入制度，对火电、钢铁、造纸、制革等行业实施特别排放限值，倒逼转型升级。严格落实生态严格控制区内不得进行与环境保护和生态建设无关开发活动的要求,积极引导重点行业和重大产业合理布局,推动石化、钢铁、火电等项目向环境容量相对充足的东西沿海地区布局。严格执行主要污染物排放总量前置审核,对电力、钢铁、水泥、造纸、印染等行业实施主要污染物排放总量控制,在全国率先对火电行业实施大气主要污染物"倍量替代"制度。建立新建项目环评审批与淘汰落后产能挂钩机制,对超过总量控制指标的地区实行区域限批和行业限批,促进产业结构优化调整。2013年,在全国率先开展生态控制线和林业生态红线划定工作,2016年制定出台了《广东省生态控制线管理条例》(草案),目前省住房和城乡建设厅、林业厅、海洋与渔业厅分别组织划定了全省生态控制线、林业生态红线、海洋生态保护红线,并制定了相应的管控措施。但各部门划定生态红线的工作目标、技术方法等不同,各类生态红线之间存在划定范围重叠交叉、管控措施不一致等问题。《关于划定并严守生态保护红线的若干意见》明确不再单独划定森林、湿地、草原、海洋等领域生态红线,实现一条红线管控重要生态空间。目前,广东正按照国家要求,加快推进此项工作。

二、探索实行资源有偿使用制度和生态补偿制度

广东在全国率先开展碳交易试点。2013年12月,广东排污权有偿使用和交易试点在广州启动,选取电力、水泥、钢铁、石化四个行业约200家企业纳入首批碳排放管理和交易范围。2016年,再次将航空和造纸两大行业纳入排控范围,现有六大行业排控覆盖244家企业,占全省碳排放量的60%以上。截至2017年6月20日,第四个碳排放配额履约年度顺利结束,从2014年起履约率连续三年达100%。截至2016年底,广东碳排放权配额累计成交量4735万吨、成交金额12.61亿元,分别占全国的35%、37%,成为国内首个配额现货交易额突破10亿元大关的试点碳市场。广东碳交易启动以来,推动行业减排效果显著,大多数企业已专门成立碳资产管理部门,对碳排放实施精细化管理。70%以上的企业实现了碳强度下降。开展碳普惠试点,2017年4月正式将碳普惠制核证自愿减排量(PHCER)纳入碳排放权交易市场补充机制,省级PHCER可用于抵消纳入广东碳市场控排企业

的实际碳排放。目前，已成立广东省碳普惠创新发展中心，主导建设省级PHCER管理系统，碳普惠试点工作已在广州、东莞、中山、韶关、河源、惠州六个地市全面铺开。

广东较早探索开展生态补偿机制建设，2012年以来先后印发了《广东省生态保护补偿办法》，2014年又进行了修订，对生态保护补偿对象范围、补偿分配办法等作了明确规定。省财政从2012年起每年安排生态保护补偿转移支付资金，补偿和激励生态地区。2016年，出台《广东省人民政府办公厅关于健全生态保护补偿机制的实施意见》，拟在重点跨市域河流试行水质考核激励机制，鼓励受益地区与保护生态地区、流域下游和上游通过资金补偿、对口协作、产业转移、人才培训和共建园区等方式建立横向补偿关系，探索推进省内横向生态保护补偿机制。流域各市积极开展生态补偿制度建设，珠海首设地方生态保护补偿专项资金，由全市统筹，除了设置横向上各区（功能区）财政对补偿资金的分摊外，还对饮用水源等重点生态保护区实施激励性生态补偿；惠州将集水面积较广、径流量较大、跨县（区）行政区域的50条河涌纳入补偿考核范围，市财政每年拿出不少于1200万元，按照"达标改善奖励，超标恶化扣缴"的原则进行补偿、奖励或处罚。目前，已完成对2015年度、2016年度的补偿考核，两年来共计奖励补偿水质改善的县（区）近2000万元。在跨省流域生态补偿机制建设方面，2016年10月与江西、广西、福建分别签署跨境流域省际生态补偿协议。此外，出台实施《广东省水权交易管理试行办法》，开展东江流域上下游水权交易试点，研究建立水权交易信息化管理体系，推进水权交易平台建设和水权交易规则制定工作。

三、探索建立更加有效的环境保护管理机制

把生态文明建设纳入政绩考核范围，建立更加严格的责任追究机制，2016年出台《广东省党政领导干部生态环境损害责任追究实施细则》，对损害生态环境的党政领导干部实行终身追责。建立了环保、监察、公检法等部门联合的联动执法机制，目前近半地市设立"环保警察"，顺德区设立"环保巡回法庭"，"两法衔接"得到强化。连续多年对国家重点监控企业开展环保信用评级，每季度公布环境违法

企业"黑名单",推动企业自觉落实污染防治措施。大力推进环境污染第三方治理和环境监测社会化改革试点工作。惠州市在公共环保设施、定点产业园区、重点综合整治和生态修复项目等领域实行第三方治理,有效提升环境污染治理水平;东莞市积极开展环境监测社会化改革,将环境监测转为政府购买服务,大力推动监测产业发展。大力推进绿色金融发展。积极推进环境污染责任保险试点,投保企业数量居全国前列。

第十五章
高水平对外开放

党的十八大以来,广东充分发挥经济外向度高的优势,实施更加积极主动的开放战略,着力推动新一轮对外开放,倒逼深层次改革和结构调整,加快构建广东对外开放新格局,开放型经济发展水平不断提升。

第一节
新一轮对外开放的总体思路

对外开放是一项基本国策。党的十八大以来,国家作出了一系列关于新一轮对外开放的决策部署,特别是把自贸区和"一带一路"建设提高到前所未有的战略高度予以强调,推动中国的改革开放事业迈向新的征程。广东按照国家的部署要求,积极对接国家战略,结合自身实际,认真贯彻落实习近平总书记对广东"三个定位、两个率先"以及"四个坚持、三个支撑、两个走在前列"的重要指示和批示精神,紧盯发展目标,强化重点突破,推动新一轮对外开放取得新的成绩。

一、总体目标

党的十八大报告在深入分析国际国内形势的基础上,确立了新一轮对外开放的基点和方向,这也是广东推进新一轮对外开放要遵循的方向和追求的目标。前30多年的对外开放使中国以及广东迅速融入世界经济体系,但代价是接受发达国家制定的游戏规则、产业发展被锁定在国际产业分工体系的底端、内外需失衡等,新一轮对外开放的目的就是要解决这些问题。党的十八大报告提出:"适应经济全球化新形势，必须实行更加积极主动的开放战略，完善互利共赢、多元平衡、安全高效的开放型经济体系。"构建互利共赢、多元平衡、安全高效的开放型经济新体系，尽快提升广东在国际经济体系和国际经贸利益分配格局中的地位，这是广东推动新一轮对外开放要达到的总体目标。

所谓互利共赢，就是在对外开放中要坚持共同发展，在着眼于自身利益的同时，尊重和支持对方利益，最大限度地寻找利益交汇点。在开放型经济建设过程中，要更加自觉地把互利共赢理念落到实处，扩大广东的"朋友圈"，不断拓展广东的经济发展外部空间。多元平衡，就是在对外开放中要坚持统筹协调，注重良性互动，实现多元发展、平衡发展。比如在提升制造业开放层次的同时，也要重视扩大服务业和农业开放合作；在扩大出口和吸引外资的同时，也要重视增加进口和对外投资合作，特别是要走出去开展国际产能合作；在巩固发达国家传统市场的同时，也要重视开拓发展中国家和新兴国家市场；在做强一般贸易的同时，也要重视提升加工贸易附加值，等等。安全高效，就是在对外开放中要坚持转变对外经济发展方式，构筑以广东为龙头的国际产业分工体系，培育开放型经济发展新优势，提高开放型经济的综合效益，增强抵御外部冲击和国际风险的能力。加快改革涉外经济管理体制，建立统一高效的对外开放决策、协调、管理和评估机制，完善开放条件下的对外经贸促进体系和风险防范机制，增强风险管理和防控水平。

二、战略重点

广东按照国家部署，加大先行先试力度，以参与"一带一路"建设、自贸区建设、外经贸转型升级、涉外投资贸易管理体制机制创新等为重点，着力推动新一轮对外开放取得突破。

1. 参与"一带一路"建设

"一带一路"建设是以习近平同志为核心的党中央主动应对全球形势深刻变化、统筹国内国际两个大局作出的重大战略部署，对中国推进新一轮对外开放意义重大。广东在古代就是海上丝绸之路的重要起点，自近代以来，与沿线国家的联系也从未中断，在主动服务国家"一带一路"倡议方面，具有其他省份不可比拟的优势。广东把积极参与"一带一路"建设作为新一轮对外开放的重大举措予以推进，2015年6月在全国率先出台《广东省参与建设"一带一路"的实施方案》，提出充分发挥广东的区位、地缘、亲缘和人文优势，以南亚4国、东盟10国以及南太平洋岛国为重点，积极参与"一带一路"建设，强化与沿线国家的经济联系与全方位合作，努力打造"一带一路"的战略枢纽、经贸合作中心和重要引擎。

2. 自贸区建设

广东积极对接国家战略，把自由贸易试验区建设作为推进新一轮对外开放的重大举措予以推进，在申请设立自由贸易示范区方面做了大量的工作。2014年底，中央决定设立中国（广东）自由贸易试验区，要求自贸试验区以制度创新为核心，在构建开放型经济新体制、探索粤港澳经济合作新模式、建设法治化营商环境等方面率先开展探索。广东认真落实国务院印发的《中国（广东）自由贸易试验区总体方案》，扎实推进广州南沙、深圳前海和珠海横琴三个自贸试验片区建设，形成了多项可复制、可推广的制度创新经验，并在对接国际高标准经贸投资规则体系方面加大探索力度。

3. 推进外经贸转型升级

广东是外经贸大省，截至2012年，广东外贸进口连续26年居全国第一位，出口规模多年来占全国的1/4左右，但广东远非外经贸强省，外经贸持续发展面临着多重挑战。首先，外经贸粗放式高速增长的基础不复存在。2008年以来，广东采取了一系列"稳增长、调结构、促转型"措施推进外经贸发展，但由于国内外发展环境和条件的变化，外经贸高速增长的势头难以保持。一方面，由于劳动力成本等企业综合经营成本的上升，广东加工贸易企业逐步向外转移，引资成本上升，外资流入动能不足。另一方面，来自欧美发达经济体的需求萎缩，发达国家实施"再工业化"战略，吸引制造业回流本土，周边国家劳动密集型产业实力日益增强，国际贸易保护主义抬头，非关税壁垒增多，也压缩了广东外贸发展的市场空间。其次，广东外经贸发展低效益的状况没有得到根本改变。2012年广东高新技术产品出口2213.7亿美元，占全省出口的比重为38.6%，其中外商投资企业高新技术产品出口1549.46亿美元，占全省高新技术产品出口的70%，主要以加工贸易方式生产，出口产品中关键核心技术和设备主要依赖进口，企业自身缺乏自主品牌和创新研发能力，导致广东高新技术产品在国际市场竞争力不强。为解决上述问题，广东把推进外经贸转型升级作为新一轮对外开放的重点，特别是近两三年来，着力从供给侧端发力，积极参与"一带一路"建设，加强国际投资和贸易合作，推动一般贸易加快发展，培育发展新业态，着力提升自主研发能力和产品附加值。

4. 促进贸易和投资便利化

过去30多年，广东为分享国际产业分工红利，建立了与此相适应的涉外经济管理体制。在外贸管理上，比较重视出口创汇，不太注重进出口平衡发展。过于依赖"两头在外"的加工贸易和利用大量廉价生产要素进行加工制造，对自主创新和品牌建设不太重视。不利于引进和利用国际高端产业活动、高级生产要素，也不利于本土企业"走出去"整合外部资源；通关程序复杂、效率有待提高，监管部门协调联动能力有待提升；面对国际经贸投资规则变局和新型保护主义的兴起，应对贸易摩擦和对外谈判的能力与机制有待加强。在投资管理上，制造业开放程度高，但服务业开放程度偏低，外资投资审批管理程序复杂，与发达经济体普遍实行的"负面清单"管理理念与方式存在差异，营商环境还有较大改进空间；涉外投资审批程序复杂、效率不高，金融、法律、财务、投资咨询、风险预警、信息等服务体系建设滞后。为适应新形势的变化，解决上述问题，广东以自贸试验区建设和参与"一带一路"建设为契机，加快涉及经济管理体制改革，着力构建贸易和投资便利化新机制，为贸易和投资发展保驾护航。

第二节
积极参与"一带一路"建设

国家提出"一带一路"建设倡议后，广东积极对国家战略对接，在全国率先出台了《广东省参与建设"一带一路"的实施方案》，对广东参与"一带一路"建设进行总体谋划和部署，该方案实施近三年来，各项工作扎实推进，取得了显著成效。

一、广东在国家"一带一路"倡议中的地位

广东濒临南海，地处亚太海洋交通要冲，海岸线长，自汉代以来一直是中国海上对外经济文化交流的前沿和枢纽，即便是在特殊的历史时期，也发挥着不可替代的重要作用。可以说，广东在"一带一路"建设方面基础雄厚、优势明显、地位突出，特别是在大国博弈加剧、海权和陆权发展并进的大背景下，广东在国家"一带一路"发展大局、沟通"一路"和"一带"中的作用还将进一步提升。

1. 广东是古代海上丝绸之路的发祥地

虽然"丝绸之路"概念在近代才出现，但自秦末汉初以来，广东就在东西方文化交流中发挥着重要作用。秦末汉初，从番禺等地前往东南亚乃至印度洋的海上航路开通，波斯帝国（公元前550年至公元前330年）银盒等物品就进入了广州境内。在汉代，徐闻、合浦港凭借优越的地理位置和便利条件，成为重要的海上贸易和人文交流中心。当时的人们从徐闻和合浦出发，经北部湾和中南半岛，最终抵达印度东岸。① 在唐代，海上丝绸之路已具雏形，建立了最长的远洋航线广州通海夷道，由广州经南海、印度洋到达东非，途经90多个国家和地区，全程约1.4万公里。714年在广州设立市舶使，专事来华船只及关税管理，广东几乎包揽全部南海贸易，出口商品包括丝织品、陶瓷、铁、麝香、沉香、肉桂等，进口商品有象牙、犀角、香料等。元代时，广州作为中国第一大港的地位被泉州替代，但仍然是中国第二大港，与广州有贸易往来的国家和地区达140多个，从广州出发的航线可到达东南亚、南亚、东非、北非及地中海北岸。明清两朝均实施"片帆不许入海"的海禁政策，仅留广州"一口通商"，广州成为唯一合法的贸易特区。在长达2000多

---

① 《汉书·地理志》记载："自日南障塞徐闻、合浦船行可五月，有都元国；又船行可四月，有邑卢没国；又船行可二十余日，有谌离国；步行可十余日，有夫甘都卢国。自夫甘都卢国船行可二月余，有黄支国，民俗略与珠崖相类。其州广大，户口多，多异物，自武帝以来皆献见。……自黄支船行可八月，到皮宗；船行可二（八）月，到日南、象林界云。黄支之南，有已程不国，汉之译使自此还矣。"

年的海上丝绸之路史中,广东始终扮演着重要的甚至是关键性的枢纽作用,有力推动了东西方文化的交流、碰撞,也形成了开放包容、独具特色的岭南文化。

2. 地缘优势突出

广东位于中国大陆最南端,拥有全国最长的海岸线,境内有大小河流1343条,流入南海形成大大小小的港口219处,从东到西均匀分布于全省海岸线上。2012年,在全国19个货物吞吐量超亿吨的港口中,广东拥有3个,分别是广州港、深圳港和湛江港,货物吞吐量分别达4.35亿吨、2.28亿吨和1.71亿吨。广东地处华南,纵深和腹地广阔,与西南、中南地区广阔的市场、人才、要素等互动频繁,拥有西南和中南地区最便捷的出海通道。同时,毗邻港澳、濒临南海,与东南亚国家隔海相望。抵达东盟国家、南亚次大陆国家、南太平洋国家、印度洋西岸、非洲国家等地的航路均较短,有到达西亚和欧洲、实现海上丝绸之路与陆上丝绸之路的海上对接的最便捷通道。优越的地理条件和区位,为广东在新时期"内联外引"、更好地参与21世纪海上丝绸之路建设提供了天然的资源。

3. 与沿线国家合作基础扎实

广东是经济大省、人口大省和外经贸大省,与沿线国家特别是东南亚国家的经济互补性很强,近年来与沿线国家保持着良好的合作关系。从合作平台看,广东拥有广交会、中新(广州)知识城、中国(广东)自由贸易试验区等重大合作平台载体;截至2013年底,与海上丝绸之路沿线重点14国[①]建立友好省州关系3对、友城关系9对;除缅甸和文莱外,东盟国家在广州均设有总领馆。从互联互通情况看,广东拥有广州白云国际机场、深圳宝安机场等航空枢纽,广州白云国际机场2012年旅客吞吐量达4830万人次,开通到东南亚各国的空中航线超过100条。广州港货物吞吐量居全球前十名,开通挂靠东盟国家的港口航线达30多条。从经贸合作看,自2002年中国—东盟自贸区框架协议签署以来,广东与东盟各国在农业、能源、制造业等领域的经贸合作日益密切,截至2013年底,东盟已成为广东第三

---

① 海上丝绸之路沿线重点14国包括:东盟10国(新加坡、马来西亚、印度尼西亚、缅甸、泰国、老挝、柬埔寨、越南、文莱和菲律宾)和南亚4国(印度、孟加拉国、巴基斯坦和斯里兰卡)。

大贸易伙伴、第三大外资来源地和第二大投资市场。广东与东盟贸易额从2007年的559.6亿美元增加至2013年的1022.2亿美元,年均增长10.6%,比全省进出口平均增速高1.1个百分点。2013年,广东与东盟贸易额占中国与东盟双边贸易额的23%;广东省实际吸收东盟投资额从2007年的5.6亿美元增至2013年的11.5亿美元,年均增长12.9%。广东对东盟实际投资额从2007年的0.2亿美元增至2013年的2.9亿美元,年均增长57.1%。此外,广东与沿线国家特别是东盟国家在文化、旅游、医疗卫生、教育等领域的交流非常频繁,双方合作基础深厚。

4. 广东与沿线国家人脉相通、人文相亲

在东南亚的广东籍华侨华人约2000万人,改革开放30多年来,海外侨胞、港澳同胞累计在广东直接投资1200多亿美元,创办企业近4万家,占广东全省实际吸收外资总量的近70%,成为广东与华侨所在国开展经贸合作和人文交流的桥梁和纽带。海上丝绸之路不仅是一条商贸往来之路,还是一条璀璨的文明交流和文化融合之路。中华传统文化通过海上丝绸之路传播至沿线国家,今天在东南亚不少国家还有着与中国相似的风俗、节令和道德观等。在东南亚的广东籍华侨华人也很好地保持着这种文化传统和习俗,广东与东南亚各国在文化上有着天然的亲近感。

综上所述,广东在海上丝绸之路建设中有历史、区位、现实、人文等方面的独特优势,是沿海其他省份所无法比拟的,这种优势决定了广东必然在21世纪海上丝绸之路建设中扮演龙头和引擎的角色。《广东省参与建设"一带一路"的实施方案》对广东的功能定位是打造"一带一路"的战略枢纽、经贸合作中心和重要引擎。这个定位是精准的,既是对广东在海上丝绸之路史中历史地位的深刻总结,更是为广东设定的面向未来的战略目标。中国的"一带一路"建设面临前所未有的机遇,在海权和陆权并进的大背景下,作为全球制造业重要基地的广东在丝绸之路经济带建设中也有积极发挥作用的空间,未来广东在国家"一带一路"倡议中的地位还将进一步提升。

二、战略举措及成效

广东认真落实国家政策沟通、设施联通、贸易畅通、资金融通、民心相通的部署要求，以基础设施的互联互通、经贸投资合作等为重点，务实推进与"一带一路"沿线国家合作，取得显著成效。

1. 加强基础设施的互联互通

基础设施的互联互通是基础。广东充分发挥区位优势，面向沿线国家，构筑联通内外、便捷高效的海陆空综合运输大通道。一是加强港口建设，推进与沿线国家港口间的互联互通。加强广州港、深圳港、珠海港、湛江港、汕头港等港口建设，建立完善的集疏运体系，开通面向沿线国家的航线，加密与沿线国家的班轮航线密度。积极参与沿线国家港口建设和投资运营，与沿线国家港口建立合作机制。截至2016年底，广东省港口开通国际集装箱班轮航线291条，其中挂靠"一带一路"国家的航线234条；广东省内港口与国际港口缔结友好港64对，其中与"一带一路"国家结对16对；广州国际航运中心加快建设，广州已开通87条国际集装箱班轮航线、105条内贸航线。2016年6月，全球最大干散货运输企业中远海运散货运输有限公司在广州正式挂牌成立。马士基、达飞、地中海等全球前21名班轮巨头均在广州港开展业务。2016年，广州港完成货物吞吐量5.44亿吨，居国内沿海港口第4位、全球港口第6位；完成集装箱吞吐量1886万标准箱，居国内沿海港口第4位、全球港口第7位。二是加强空中通道建设。着力加强广州国际航空枢纽建设，提升深圳机场国际化水平，增加至沿线国家的国际航线和航班。截至2016年底，广州通过白云机场与世界200多个城市或地区建立了航线直通网络，其中国际及地区航点达85个。2016年，白云机场国际航班起降10.1万架次，国际及地区旅客吞吐量1358万人次。截至2016年底，南航在"一带一路"沿线38个国家和地区开通了172条航线，每周投入2200多个航班，承运乘客1500多万人次，比2014年底增加了9个通航城市、11条航线、每周432个航班，每周多承运旅客420多万人次。三是加强陆路互联互通。加快广州大田、东莞石龙铁路集装箱中心站建设，畅通与沿线国家的陆路大通道。东莞石龙开通"粤满俄""粤新欧"国际班列及"中韩快线"班列，每周常态化开行1班次"粤满俄"、3班次"粤新欧"国际班列和3对往返"中韩快线"固定班列。2016年，石龙始发国际出口班列135班次，铁路集装箱货运量7230标准箱，同比分别增长70.8%、33.1%；货运金额达3.16

亿美元,占广东国际铁路联运货物发运量的89%。广州和深圳还开通了中欧班列,广州去年底开通的南亚班列打通了广州与西藏的内陆通道,成为国内首条贯穿沿海内陆且直达尼泊尔、印度等国家的南亚通道。

2. 加强经贸投资合作

一是提高经贸合作水平。进一步巩固与沿线国家的良好经贸合作基础,扩大与沿线国家的贸易规模,优化贸易结构。通过产业园区建设带动国际产能合作,稳步推进中俄贸易产业园、广东—马六甲皇京港及临海工业园、沙特(吉赞)—中国产业集聚区、伊朗格什姆自贸区、埃塞俄比亚—广东工业园、中白工业园广东光电科技产业园等重点产业合作园区建设。走出去开展外经贸工作,在沿线国家筹建经贸代表处,设立商会。筹办21世纪海上丝绸之路国际论坛暨国际博览会,充分发挥广交会、高交会等平台在推进与沿线国家经贸合作中的作用。截至2016年底,广东在海外设立的境外经贸代表处达23个,驻外机构基本覆盖欧美主要发达国家、东南亚和太平洋岛国;成立海外广东国际商会12个、双边企业家理事会18个,分别比2012年增加了43.3%和38.5%,基本覆盖世界主要目标市场和新兴市场国家。从2014年起,在全国首创并连续三年成功举办广东21世纪丝绸之路国际博览会,三届博览会共达成签约项目1831个,签约金额5833亿元。2013—2016年,广东与沿线国家签订经贸合作项目1599个,协议金额886.1亿美元;对沿线国家进出口总额为6310.6亿美元,年均增长6.4%。

二是扩大双向投资规模。支持广东企业赴沿线国家投资,在现代农业、先进制造业、现代服务业和跨国经营等方面开展深度合作。华为、中兴、美的等企业在沿线国家初步完成战略布局和品牌输出;中广核、粤电、广晟等参与沿线国家基础设施建设和资源开发取得初步成效。截至2016年底,广东企业在"一带一路"沿线国家协议设立884家企业,协议投资146.6亿美元,占全省的16.2%;实际投资39.1亿美元,占全省的5.7%。

3. 加强重大合作平台建设

广东加快推进三个自贸片区、中新(广州)知识城、佛山中德工业服务区、汕头华侨经济文化合作试验区等建设,着力打造"一带一路"重大合作平台。加快推进广州南沙、深圳前海和珠海横琴三个自贸片区建设,借助港澳紧密联系国际市场的优势,打造与欧美发达国家、葡语系国家对接的高端合作平台,致力于将自贸试验区打造成为高水平的对外开放门户枢纽。加快推进中新(广州)知识城建设,8平方公里起步区建设进度过半。截至2017年3月底,知识城累计注册企业376家,累计注册资本611亿元,其中规模以上工业企业和商贸企业分别达24家和5家。知识城还在新加坡设立海外招商代表处,面向国际进行联合招商,2016年联合累计引进58个中外项目,投资额达10.57亿美元。佛山中德工业服务区建设成效显著,吸引欧司朗、库卡机器人等一批德国优质企业入驻,还依托中德工业城市联盟开展经贸对接活动,2016年组织超60家企业参加汉诺威工业博览会,推动举办"中德对话论坛2016年会议"等系列活动,为缺乏渠道的优秀中小企业对接德国(欧洲)优质资源牵线搭桥。加快推进汕头华侨经济文化合作试验区建设,开展以侨引资引智活动,在东海岸新城规划建设金融服务和科技创新区的基础上,引进和启动总投资达200亿元的泰盛科技园和明园科创金融城两大高端产业项目落地建设。在珠港新城打造总部经济园区,目前已有雅士利、联泰、潮商中心大厦、广东航宇科技等9个总部项目落地,总投资超300亿元。

4. 加强金融领域合作

广东着力促进与沿线国家的资金融通,为项目合作提供资金支持。设立首期规模200亿元的广东丝路基金及其他专项资金,支持企业到重点国别开展产业园区、重大基础设施、农渔业等领域项目合作。省内金融机构积极支持企业走出去。中国银行广东省分行建立"一带一路"重点项目库,截至2017年3月末,共实现15个项目投放,累计投放金额82.5亿元。广东辖内国家开发银行、进出口银行、中国银行联合支持广东省农垦集团在泰国、马来西亚、印尼、新加坡、柬埔寨等国建立了20多个橡胶种植、加工及贸易企业。截至2017年3月末,广东银行业(不含深圳)支持"一带一路"项目172个,授信2862.6亿元。随着企业加快走出去,广东与"一带一路"沿线国家跨境人民币结算业务需求不断增长。2016年,广东与"一带一路"国家跨境人民币结算规模达3736.8亿元,增长24.2%,其中直接投资业务结算规模为233亿元人民币,增长191.8%。2016年4月,广东开展自贸试验区政策创新，允许南沙、横琴地区的银行机构向"一带一路"以及其他境外国家和地区发放人民币贷款。

5. 加强人文领域合作

广东与沿线国家进一步拓展合作领域，推进旅游、教育、科技等人文领域合作，不断深化互信。一是强化旅游领域合作。在沿线国家设立旅游推广中心，举办广东国际旅游产业博览会，加大对沿线国家旅游线路及产品的推广力度，加入"中国海上丝绸之路旅游宣传推广联盟"，通过联盟向海上丝绸之路沿线国家发布丝绸之路跨境国际旅游线路。二是强化教育领域合作。中山大学、华南理工大学等高校有数量众多的沿线国家留学生，广东外语外贸大学开设的语言专业覆盖东南亚所有语种。2017年1月发布的《广东省教育发展"十三五"规划（2016—2020年）》明确提出实施"丝绸之路"留学推进计划，设立"一带一路"留学生奖学金专项，每年向沿线国家提供1000个奖学金名额。三是加强文化和艺术领域交流合作。开展"送戏下海"活动，发展文化产业，扩大文化产品进出口规模。2016年，广东文化产品出口超400亿美元，覆盖100多个国家和地区。奥飞娱乐出品的《超级飞侠》在"一带一路"沿线国家掀起了"飞侠"旋风。此外，与沿线国家在科研、医疗卫生等领域的合作也取得了积极进展。

第三节
推进外经贸转型升级

广东经济开放度高，外经贸可持续发展对广东至关重要。党的十八大以来，广东坚持稳份额、调结构、增效益，大力推进外经贸转型升级，在国际大环境趋紧的情形下，基本保住了市场份额。2016年，进出口总额达6.3万亿元，占全国1/4强。

一、优化外贸结构

广东大力调整优化外贸结构,加快壮大一般贸易和服务贸易,支持民营企业开拓国际市场,推动外贸格局加快从以外资企业和加工贸易为主向以一般贸易和民营企业为主转变,着力增强开放型经济的根植性。一是大力发展一般贸易。加强外贸转型升级示范基地、科技兴贸创新基地、机电和高新技术产品出口基地建设,不断扩大一般贸易规模,一般贸易进出口额占进出口总额的比重从2012年的33.5%上升至2016年的43.4%,加工贸易进出口额占比从2012年的53.8%下降至2016年的38.8%。二是支持民营企业开拓国际市场。设立专项资金,支持民营企业积极应用电子商务开拓国际市场和开展国际贸易活动。2016年,民营企业进出口额为2.74万亿元,增长10.5%,占进出口总额的比重达43.5%,比2012年提高了11个百分点;外资企业进出口额为3.1万亿元,占进出口总额的比重为49.2%,比2012年降低了8.9个百分点。三是大力发展服务贸易。推进广州、深圳服务贸易创新发展试点,支持企业扩大技术、文化、中医药、运输等领域服务进出口,规范建设服务贸易示范园区和特色服务出口基地,深入推进粤港澳服务贸易自由化,大力发展服务外包。2016年,广东服务贸易进出口额约为1万亿元,占全省外贸总额的比重为13.8%,比2012年提高了4个百分点。四是巩固传统市场、开拓新兴市场,外贸市场结构趋于多元化。对香港传统外贸市场渠道的依赖有所减弱,2016年对香港进出口额占进出口总额的19.5%,比2012年下降了3.6个百分点;进一步巩固欧盟、美国等传统市场份额,2016年对欧盟、美国的进出口额占比分别为10.9%、12.4%,分别比2012年提高1.2个和1.3个百分点;加大对东盟等新兴市场的开拓力度,2016年对东盟进出口额的占比为12.1%,比2012年提高了2.7个百分点。

二、增进外贸效益

贸易交换的是商品,背后体现的是生产力水平。广东着力从供给侧入手增进外贸效益,支持出口生产企业加大研发投入、发展自主品牌,形成以技术、品牌、质量、服务为核心的综合竞争新优势。一是扩大一般贸易中高端产品出口。抓好科技兴贸创新基地等建设,培育新型出口主导产业,提高一般贸易项下高技术含量、高附加值和自主品牌、自主经营产品的出口比重。二是深入推动加工贸易转型升级。制订加工贸易转型升级三年行动计划和《广东省促进加工贸易创新发展实施方案》,支持引导加工贸易企业加强技术改造、研发创新和自主品牌培育,延长加工贸易产业链和价值链,2016年加工贸易"委托设计+自主品牌"方式出口占比达71%,比2012年提高了16.3个百分点。

三、培育发展外贸新业态

广东大力培育发展跨境电子商务、外贸综合服务、市场采购贸易等新业态,新的贸易增长点不断涌现。一是加快发展跨境电子商务。全面推广跨境电子商务出口业务,推进中国(广州)、中国(深圳)跨境电子商务综合试验区建设。支持跨境电子商务产销对接及采购平台、跨境电子商务公共海外仓服务平台和跨境电子商务通关、物流、供应链管理等支撑服务平台,以及跨境电子商务金融服务体系建设。建立完善跨境电子商务监管措施,推进通关便利化。2016年,广东跨境电子商务进出口额为228亿元、增长53.8%,规模居全国首位。中国跨境电商70%的邮政包裹来自广东。二是推动外贸综合服务企业和市场采购贸易发展。先后认定46家广东省外贸综合服务试点企业,对试点企业给予通关、出口退税、检验检疫、融资服务等便利化措施,支持试点企业完善线上服务平台、创新商业模式和整合供应链,为广大中小微企业开拓市场提供集成服务。2016年,46家外贸综合服务企业合计进出口额为2330.2亿元,增长4.5%。支持和指导广州、深圳、佛山、珠海、中山等地以旅游购物的方式先行先试开展市场采购贸易,2016年全省旅游购物出口额为2746.4亿元,增长87.5%。

四、提高外资利用和对外投资水平

一是提高外资利用水平。广东坚定不移推进外商投资管理体制改革,建设市场化、法治化、国际化营商环境,着力稳定利用外资规模,提高利用外资质量。特别是近年来，瞄准欧美等发达国家、世界500强企业以及细分行业的冠军企业，以先进装备制造业为主，通过"走出去"在目标国举办经贸洽谈会、设立境外驻华商务机构和我国驻外商务机构、建立重大合作载体等开展产业招商和精准对接，不断扩大引进高端产业、优质项目和先进技术，扩大外资利用规模，优化利用外资结构。2016年，广东实际利用外资233.5亿美元，下降13.1%，吸收欧美发达国家实际投资增长14.1%。2013—2016年，广东实际利用外资1019.8亿美元。

二是提高对外投资水平。广东积极参与"一带一路"建设，同时着力加强与欧美发达国家的直接经济联系，支持企业"走出去"到欧美等发达国家设立研发中心、开展并购、建立生产基地等，提高企业整合全球资源的能力。华为、美的、格力、中兴、TCL、农垦、广晟、粤电等一批有实力的企业开始走向全球，实现跨国经营。截至2015年底，我省共设立境外企业6492家，遍及全球129个国家和地区，境外投资存量601.2亿美元。2016年，新增对外协议投资282.8亿美元，对外实际投资206.8亿美元，增长94.3%。

第四节
促进贸易和投资便利化

贸易投资便利化是对国际贸易投资制度、程序和规范的简化与协调。通过简化贸易程序、提高政策管理和手续办理的透明度、基础设施的标准化建设，协调相关标准与规定等，为国际贸易投资活动创造良好的环境（张建平、樊子嫣，2016）。广东对标国际高标准投资贸易规则体系，重点围绕推进通关便利化和涉外投资管理体制改革，降低贸易投资成本，提高贸易投资便利化水平。

一、提高贸易便利化水平

广东是外经贸大省，在实施贸易便利化措施方面走在全国前列，特别是在自由贸易试验区内开展了"先行先试",不少贸易便利化措施在全省甚至是全国范围内推广实施。

1. 在自由贸易试验区内实施的贸易便利化措施

2015年4月发布的《中国(广东)自由贸易试验区管理试行办法》和2016年6月发布的《中国(广东)自由贸易试验区条例》,均辟专章要求自贸区实施贸易便利化措施。目前,广东自贸区已发布两批可复制改革创新经验,首批27项,第二批39项,大部分涉及贸易便利化。南沙片区率先推动实施海关登记备案"一照一码"改革,实现海关、工商、质检等多个部门之间"一口受理、并联审批、信息共享、结果互认";率先制定保税监管领域"负面清单、权力清单、责任清单",进一步实现简政放权;取消区内报关企业跨关区从事报关服务的限制,允许区内报关企业"一地注册、全国报关",率先启动"互联网+易通关"改革,实现企业报关"零耗时""零跑动""零成本",大幅压缩了通关时间。前海蛇口片区推进深港陆路跨境快速通关,通过采用跨境快速通关和"先入区、后报关"模式以及叠加"安全智能锁"和"智能化卡口"措施,实现货物在海关特殊监管区域与陆路口岸间快速通关,企业进境入区通关时间可节约3~4小时。横琴片区推进"三互"大通关建设,积极开展口岸查验机制创新和口岸综合部门联合执法试点。在旅检现场进境渠道实施"一机一台、合作查验、分别处置"作业模式,旅客通关环节减少、通关效率大幅提升。三个片区海关均加大AEO①互认、企业协调员实施力度,引导企业用好国际贸易便利规则。目前,国际贸易"单一窗口"2.0版在三个片区均上线运行,实现了口岸多部门业务"一点接入、一次申报、一次办结";"三互"机制进一步完善,特别是南沙片区"互联网+易通关"、检验检疫"智检口岸"、全球质量溯源体系、"智慧海事"系统、政府购买查验服务等系列改革均取得实效,有效缩短了通关时间,提高了通关效率;除部分因政策要求或企业自主选择外,报

---

① AEO 即 Authorized Economic Operator(经认证的经营者),由世界海关组织所倡导,旨在通过构建海关与商界伙伴合作关系,实现全球供应链贸易安全与便利目标。AEO制度在促进贸易安全与便利、提升海关现代化水平、促进经济增长和企业竞争力方面发挥了重要作用,开展AEO互认已成为国际海关合作的一项重要内容。

关单、出入境货物通关单基本全部实现无纸化。

2. 在全省范围实施的贸易便利化措施

广东主要是通过促进口岸通关便利化来实现贸易的便利化，这也是国际通行做法。广东主要做了如下工作[①]：一是加快通关模式改革。2013年全面启动关检合作"一次申报、一次查验、一次放行"（即"三个一"）通关模式试点，2014年加快将"三个一"推广到全省所有符合条件的口岸。2015年在"三个一"基础上启动"信息互换、监管互认、执法互助"（即"三互"）大通关建设[②]工作。试点并推广国际贸易"单一窗口"，目前在广州"单一窗口"模式和数据标准的基础上调整建立了全省统一的模式和标准，正在佛山试点推广。二是推进广东电子口岸建设。2013年全面启动广东电子口岸建设，推进落实一期工程硬件设备部署和配套软件开发，依托省级电子政务云平台资源搭建广东电子口岸平台基础环境，组建广东电子口岸管理有限公司开展业务运作。三是在全国率先推进实施口岸开放审批制度和验收工作改革。制定实施《广东省已开放港口口岸范围内新建外贸作业区或涉外码头对外开放启用审批管理操作办法》，对由国家组织验收的口岸开放项目减少省组织预验收环节，提高审批验收协调办事效率约30个工作日。四是加强重点口岸开放建设。2015—2016年共推进完成23个港口口岸新建、扩建项目通过验收投入使用。协调推进广州白云机场T2航站楼口岸配套建设，支持湛江、惠州港口岸获得国家质检总局批准设立进境水果指定口岸。五是深化粤港澳口岸合作。加快推进港珠澳大桥、粤澳新通道、深圳莲塘等跨界重点工程项目口岸及配套设施建设，推进粤港、粤澳间口岸实施车辆"一站式"、人员"自助式"、货物"三个一"和"一地两检""合作查验、一次放行"通关模式。六是开展口岸查验配套服务费改革试点。制定《广东省开展口岸查验配套服务费改革试点实施方案》，在全国率先开展免除查验没有问题的外贸企业吊装移位仓储费用试点，截至2016年底，全省累计免除费用约1.3亿元。

---

① 参见2013—2016年各年广东商务发展工作报告。
② "三互"通关模式叠加了关检合作"三个一"、海关无纸化通关、区域通关、检验检疫通关单无纸化、无纸化报检等改革成果，通过跨部门、跨地区通关协作，打破以往关检合作"三个一"的区域局限，旨在实现海关和检验检疫、辖区各口岸之间的信息互换、监管互认和执法互助。

二、促进投资便利化

广东以建立负面清单制度为核心,探索建立与国际投资规则接轨的体制机制,着力打造营商环境高地。

1. 在自由贸易试验区内实施的投资便利化措施

广东三个自贸片区均实施投资准入负面清单管理制度。此外,还在审批制度改革、提高办事效率等方面下功夫,大幅降低了企业投资成本。如南沙自贸区对内外资企业统一实施负面清单管理模式,从2015年4月挂牌至2017年4月底共有485家外资企业投资备案。率先实施"一照一码"、企业设立"一口受理"等商事登记改革,可实现一个工作日内"十三证三章"联办,市场准入联办证件数量和速度全国领先。启动"证照分离"改革,区本级事权的60项改革事项已落地实施。开启商事服务"香港通",首次将内地商事服务延伸至香港地区;前海蛇口自贸区以"降门槛、提效率、便企业"为目标,积极推行商事登记制度改革、创新外资准入管理模式、推出多元化缴税方式等,在全国最早启动e站通政务服务改革,建立了"一口受理、一门审批、一网服务、一枚印章"的"一门式"行政审批服务机制。2016年底在全国率先实现"六证合一",节约企业25万个工作日以上,节省企业直接成本超7600万元。

2. 在全省范围实施的投资便利化措施

广东在全省范围内积极推广自贸区改革创新经验,推进涉外投资管理体制改革,投资便利化建设取得积极成效。一是全面推行外商投资审批制度改革,制定备案操作指引,对不涉及国家规定实施准入特别管理措施的外商投资企业设立及变更,由审批改为备案管理,并委托由地级市商务主管部门实施。推进市场准入负面清单试点改革。截至目前,广东90%以上的新设外资企业通过备案设立,办理时限由原来的20个工作日缩减为3个工作日。二是建立完善外商投资事中事后监管机制。探索推动对外商投资实施监督检查、经营信息报告、经营者集中申报等事中事后监管措施。在东莞开展外商投资综合服务试点改革。三是改革境外投资管理体制。出台广东省境外投资管理实施细则，改境外投资核准制为备案制，将1亿美元以下的境外投资备案事项下放到地级市商务主管部门。

第五节
建设自由贸易试验区

广东一直把自贸试验区建设视为是改革开放的头号工程予以重点推进建设，自2015年4月挂牌以来，基础设施建设和制度创新等各方面均取得较大进展，创造了不少先行示范经验。

一、总体战略部署

2014年12月，国务院批复同意设立中国（广东）自由贸易试验区，并于2015年4月印发《中国（广东）自由贸易试验区总体方案》。该方案对广东自由贸易试验区建设作出了总体部署，明确了广东自由贸易试验区的实施范围、功能定位、建设目标和主要任务。

1. 实施范围与功能定位

自贸试验区的实施范围为116.2平方公里，涵盖三个片区：广州南沙新区片区60平方公里（含广州南沙保税港区7.06平方公里），深圳前海蛇口片区28.2平方公里（含深圳前海湾保税港区3.71平方公里），珠海横琴新区片区28平方公里。

广州南沙新区片区重点发展航运物流、特色金融、国际商贸、高端制造等产业，建设以生产性服务业为主导的现代产业新高地和具有世界先进水平的综合服务枢纽。深圳前海蛇口片区重点发展金融、现代物流、信息服务、科技服务等战略性新兴服务业，建设我国金融业对外开放试验示范窗口、世界服务贸易重要基地和国际性枢纽港。珠海横琴新区片区重点发展旅游休闲健康、商务金融服务、文化科教和高新技术等产业，建设文化教育开放先导区和国际商务服务休闲旅游基地，打造促进澳门经济适度多元发展新载体。按海关监管方式划分，广州南沙新区片区和深圳前海蛇口片区内的非海关特殊监管区域，重点探索体制机制创新，积极发展现代服务业和高端制造业；广州南沙保税港区和深圳前海湾保税港区等海关特殊监管区域，试点以货物贸易便利化为主要内容的制度创新，主要开展国际贸易和保税服务等业务；珠海横琴新区片区试点有关货物贸易便利化和现代服务业发展的制度创新。

2. 总体要求和主要任务

三个自贸试验片区的战略定位均是：依托港澳、服务内地、面向世界，打造粤港澳深度合作示范区、21世纪海上丝绸之路重要枢纽和全国新一轮改革开放先行地。《中国（广东）自由贸易试验区总体方案》也明确了广东自贸试验区的发展目标，即经过3~5年的改革试验，力争建成符合国际高标准的法制环境规范、投资贸易便利、辐射带动功能突出、监管安全高效的自由贸易园区。

《中国（广东）自由贸易试验区总体方案》提出了广东自贸试验区建设的五项主要任务：一是建设国际化、市场化、法治化营商环境。着力改善法治环境，改革行政管理体制，建立完善市场准入和监管制度等。二是深入推进粤港澳服务贸易自由化。要求进一步扩大对港澳服务业开放，着力促进服务要素便捷流动。三是强化国际贸易功能集成。加快推进贸易发展方式转变，增强国际航运服务功能。四是深化金融领域开放创新。推动跨境人民币业务创新发展，开展适应粤港澳服务贸易自由化的金融创新，推动投融资便利化，建立健全自贸试验区金融风险防控体系。五是增强自贸试验区辐射带动功能。自贸试验区要推动珠三角地区加工贸易转型升级，打造泛珠三角区域发展综合服务区，建设内地企业和个人"走出去"重要窗口。

二、政策创新及其绩效

开展制度创新是设立自由贸易试验区的初衷。自挂牌以来，广东自贸试验区在国际化市场化法治化营商环境、粤港澳合作、金融创新等重点领域进行了多项政策创新和改革探索，先后推出2批共66项改革创新经验在全省复制推广，跨境电商、智能化监管2项制度创新案例入选全国最佳实践案例，在商务部提出的21项可复制改革试验经验中,有一半来自广东。

1. 建设国际化市场化法治化营商环境

对标世界银行营商环境评价体系和营商环境先进地区,在法治建设、贸易和投资便利化、市场准入和监管等方面加快推进制度创新,不断提高营商环境国际化市场化法治化水平。

(1) 加强法治建设。南沙自贸片区在辖区法院重点建设商事审判庭、知识产权审判庭和商事调解中心,获批成立自贸试验区检察院,在全国率先推行港澳籍人民陪审员参审案件,建立涉港澳案件行业协会先行调解机制,完善司法保障体系。前海蛇口自贸片区对标香港法治环境加强立法、开展法治改革创新试点、加强国际法治合作,全面打造社会主义法治示范区。2017年3月,举办深圳前海蛇口片区法治创新成果发布会,系统发布4大类37个法治创新成果。截至2017年4月底,广东自贸试验区内10家粤港合伙联营律师事务所有7家落户前海蛇口。深圳国际仲裁院以调解中心为平台,联合粤港澳地区13家主要商事调解机构,发起设立"粤港澳商事调解联盟"。建立域外法律查明平台,已成功查明巴西、阿根廷、美国、开曼群岛、瑞士等国家的法律。4月11日,印发实施全国自贸区、各类新区中首部关于法治建设顶层设计的规划文件《前海中国特色社会主义法治建设示范区规划纲要(2017—2020)》。武汉大学的评估报告认为,前海法律查明机制、域外法律适用、涉外涉港澳台案件送达机制和港籍陪审员制度四项创新措施在全国范围内领先。珠海横琴自贸片区以国际公信力为重点加强司法行政体系建设。实施类似案件类似判决制度,将其纳入庭审辩论程序,规范法官自由裁量权行使,提升裁判结果的预见性。深化法官评鉴制度,引入国际高标准法官评价体系,开展自律型的法官综合评鉴和特定案(事)件评鉴,提高司法公信度。在全国率先推出"知识产权易保护"合作模式,成立国际知识产权保护联盟,设立国家知识产权局专利检索咨询中心七弦琴国家平台代办处,健全知识产权司法保护与行政执法、海关保护之间的协作衔接机制,推进知识产权运营公共服务平台建设,大幅提升知识产权创造、运用、保护和管理能力。全国首家内地与港澳合伙联营律师事务所正式开业,来自内地、澳门、香港三地的20多名律师为三地的商事主体提供跨境法律服务。

（2）构建现代化治理机制。南沙自贸片区推进明珠湾管理局和产业园区管理局两个法定机构建设。2017年4月，在南沙区市场和质量监督管理局挂牌成立综合行政执法局，将南沙自贸片区商务、知识产权、环境保护、水务、劳动监察、城市管理等14个领域法律、法规、规章规定的行政处罚权及相关监督检查、行政强制职权从广州市及南沙相关职能部门剥离，交由自贸区南沙片区综合行政执法机构承担，探索实行"一支综合执法队伍管全部"。前海蛇口自贸片区以"精简化、高效化、现代化"为核心，探索市场化政府运营模式。前海管理局与招商局集团共同组建合资公司，建立起以法定机构为主导的"政府职能＋前海法定机构＋蛇口企业机构＋咨委会社会机构"的市场化政府治理新格局。成立前海蛇口自贸片区综合行政执法局，整合城市管理、土地监察、环境水务、劳动监察等执法资源，构建与国际化新城区建设相适应的综合执法体制。

（3）促进投资和贸易便利化。实施以负面清单为核心的投资管理体制改革，对外商投资实施"准入前国民待遇加负面清单"管理模式，目前90%以上的外商投资项目已实现备案管理。"一照一码"改革拓展至海关、商务等8个部门，深入推进商事登记窗口与银行网点一体化改革试点，进一步拓展商事主体电子证照卡功能，推出全国首个具有单位结算卡功能的"电子证照银行卡"；试行"一颗印章管审批"，实现企业注册与公安、税务、海关、检验检疫等部门的相关证照"一门式"审批，在全国率先实现一个工作日内"十三证三章"联办。以"智慧口岸"为突破口促进贸易便利化。国际贸易"单一窗口"2.0版上线运行，实现口岸多部门业务"一点接入、一次申报、一次办结"。"三互"机制进一步完善，在全国率先推出"互联网＋易通关"、检验检疫"智检口岸"、全球质量溯源体系、"智慧海事"系统、政府购买查验服务等改革，有效缩短了通关时间，降低了企业成本。

（4）加强事中事后监管。三个自贸片区均充分利用大数据、云计算等先进信息技术，搭建统一的市场监管和信用监管平台，建立违法失信惩戒机制，着力加强事中事后监管。南沙自贸片区建设了统一的市场监管和企业信用信息平台，截至2017年3月底，共归集工商、质监、食药监等各类监管信用信息110余万条，连通区内36个部门和9个镇街，把违法失信信息纳入平台，并向社会公开。前海蛇口自贸片区利用大数据构建社会信用体系、建设私募监管信息平台、开发建设前海廉情预警平台等，构建事中事后监管体系。截至2017年3月底，对片区10多万家企业完成信用查询和"企业画像"，并将企业"信用画像"应用于"双随机"抽查，完成对近4万家企业的信用初步排查。实施金融风险监管"火眼"项目，对入驻前海的3000家P2P企业进行测评，随机选定80家企业进行试点，对存在风险隐患的P2P网贷平台开展数据归集，梳理重点关注企业43家。前海廉情预警平台共纳入工程项目66个，总投资约226.9亿元，产生的有效预警共74个。横琴自贸片区大力推进商事主体诚信建设，推行商务信用信息公开、商品出入境监管、索证索票、横琴诚信店、先行赔付、建设工程实名制等制度，建立行政管理信息共享、市场化综合信用评价和企业失信联合惩戒等"三大机制"，全面构建以信用监管为核心的新型市场监管体系。建立了建设工程诚信评价和黑名单制度，对存在行贿受贿行为、项目转包、违法分包等问题的承建单位及其工作人员，视情节采取列入黑名单、诚信扣分、限制参与建设工程项目投标等措施。

2. 深入推进粤港澳合作

广东自贸试验区在CEPA框架下，加快体制机制创新，推动粤港澳在现代服务业开放发展、服务要素流通等领域深化合作，进一步提升了粤港澳合作层次和水平。

（1）进一步扩大对港澳服务业开放。广东自贸试验区在CEPA框架下探索对港澳更深度的开放，进一步取消或放宽对港澳投资者的资质要求、股比限制、经营范围等准入限制，允许港澳服务提供者在自贸区内开展金融、交通航运、商贸、科技等服务。粤港澳科技创新、青年创新创业等平台建设加快推进，现代服务业集聚发展态势日趋明显。南沙自贸片区着力推动粤港澳科技联合创新和港澳重大科技成果在南沙产业化，建设香港科技大学霍英东研究院和粤港澳（国际）青年创新工场以及粤港澳联合创新基地，强化南沙综合服务枢纽功能，吸引港澳企业入驻。2016年在南沙自贸片区落户的港澳投资企业共有952家，总投资额约148.24亿美元，其中香港投资企业占绝大多数，投资领域主要涉及航运物流、金融、科技创新等。前海蛇口片区研究制定《前海推进粤港澳服务贸易自由化实施方案》，探索深港服务业深度合作实现路径，推进粤港澳服务贸易自由化省级示范基地建设。全面拓展政策空间，实施"万千百十"工程，坚持前海 1/3 空间面向港企出让，2013 年以来累计向港企出让土地 33.47 万平方米，占比 48.5%。建成前海深港创新中心并投入使用，加快建设前海深港基金小镇。打造香港现代产业城，降低港企进入内地金融市场的准入门槛，成立港资控股的内地首家证券公司和公募基金管理公司，与香港交易所发起设立前海联合交易中心，推动深港青年梦工场建设。在前海蛇口片区，香港金融和现代服务业企业占所有港资企业总量的一半以上。截至 2016 年底，港资背景企业累计达到 4233 家，89.9% 分布在金融、现代物流、信息服务、科技及其他服务业。横琴片区推进粤澳合作产业园等一批重大项目建设，吸引港澳企业入驻，推动澳门青年创业谷项目发展，目前在横琴片区注册的港澳企业数量 1259 家，其中澳门企业 766 家、香港企业 493 家。

（2）促进服务要素便捷流动。广东自贸试验片区着力在国际人才港建设、通关便利化等方面加强体制机制创新，消除粤港澳要素流动障碍，进一步促进粤港澳深度融合。一是打造群英荟萃、文化多元、和谐包容、政策开放的国际人才港。南沙自贸片区出台港澳和外籍高层次人才认定办法，分类制定急需引进的高层次人才评价标准。制定完善高层次人才签证及居留政策。落实公安部支持广东自贸试验区建设及创新驱动发展 16 项出入境政策措施，实行更加便捷的签证政策和更加开放的居留政策。优化高层次人才创新创业激励政策，实施境外高端人才个税补贴，创立规模 5 亿元的创业投资引导基金，奖励贡献突出的高层次人才，支持港澳台及外籍高层次人才申报科技项目。推进粤港澳行业规则对接和从业人员资质互认，港澳地区建筑、会计、医疗、法律、金融等服务机构和执业人员经备案或许可后可在区内开展业务，1 家粤港合伙联营律师事务所获批成立。建设高层次人才综合服务体系，完善高层次人才社会保障体系，妥善解决其住房、就医、子女入学、跨境通关等问题，首创高层次人才网上"一站式"服务平台，为自贸试验区院士、领军人才、创新科研团队、国家"千人计划"入选者等 12 大类高层次人才提供子女入学、配偶就业、医疗、出入境等 25 项线上线下服务。挂牌两年多以来，累计吸引广东省创新创业领军团队 2 个、港澳青年创业团队 30 个、132 家企业进驻商业孵化中心，每年吸引1000人次港澳青年学生来南沙实习。前海蛇口片区推进深港人才特区建设，对包括港籍高端人才在内的国内外人才仅按15%的税率征收个人所得税，在目前已认定的境外人才中，港人占比超过五成。深港人才合作、深港职业资格准入制度创新、深港国际海员管理与服务为国内首创。积极拓展人才空间，打通高端人才双向流动通道，推动注册税务师、注册会计师等10多类香港专业人士在前海直接执业，构建前海人才工作联盟。充分发挥深港青年梦工场作为港澳青年内地发展"第一站"的作用，截至2017年4月底，累计孵化香港创业团队87个、澳门项目1家；2016年为香港大学生提供666个工作实习岗位，接待8000名香港学生前来交流学习。横琴自贸片区加快建设国家级人才管理改革示范区，实施《珠海经济特区横琴新区特殊人才奖励办法》，全面落实港澳居民个税差额补贴政策，推进横琴新区精英人才评审，为符合条件的精英人才提供优质居留环境或给予住房补贴，实施精英人才安居工程，高级人才公寓一期已建成。在全国率先研究制定人力资本出资管理办法，出资人可以用研发技能、管理才能等人力资本出资入股。探索促进人才通关便利化措施，打造海外高端人才"出入境、停居留"便利环境，推行横琴人才绿卡。设立政府创业投资引导基金，支持创业企业在境内上市，最高可获330万元奖励资金，为青年"创客"在横琴创业提供全方位扶持。二是促进粤港澳口岸通关便利化。创新粤港澳口岸通关模式，加快推进一体化监管方式，推进建设统一高效、与港澳联动的口岸监管机制。深化港珠澳大桥跨界通行政策车辆规管及通关便利化政策研究。横琴口岸实现了与澳门24小时通关，推动粤港澳游艇"自由行"和澳门机动车便利出入横琴政策落地。横琴片区对出口供澳建材实施"一次申报、分批出境"监管模式，单批次货物通关时间从20多分钟缩短到3~5分钟，企业成本降低了75%；简化CEPA、ECFA（海峡两岸经济合作框架协议）项下货物原产地证明提交标准和直接运输认定，对经横琴口岸进口的澳门中转ECFA货物以"转运申报单"替代"澳门海关确认书"，促进内澳贸易便利化；建立珠澳陆路口岸小客车检查结果参考互认机制，节约通关时间40%。前海蛇口自贸片区推进深港陆路跨境快速通关，入区货物通关时间缩减70%以上。发行深港两地"互通行"（前海）卡，促进深港交通高效率衔接。

3. 加强金融改革创新

广东自贸试验区挂牌两年多以来,主要围绕金融业对外开放、跨境人民币业务、外汇管理改革、跨境投融资便利化、培育发展新业态等领域,大力推进金融领域开放创新,有力支撑了自贸区及区域实体经济发展。广州南沙金融创新"15条"获批实施,重点发展航运金融、离岸金融等特色金融业;深圳前海争取到40条先行先试金融政策,推进人民币离岸业务在岸结算中心等建设;珠海横琴引进澳资银行、跨境支付结算、跨境融资等取得突破。挂牌两年来,广东自贸区入驻金融机构和创新型金融企业超过5万家,居全国各自贸区首位。

(1) 扩大金融业对外开放。前海作为我国"金融业对外开放试验示范窗口",在金融业对外开放上走在前列。2016年1月,首家台资法人银行玉山银行正式开业。在CEPA框架下,多家突破性的金融机构落户前海片区。2015年3月,前海首家消费金融公司——招联消费金融有限公司开业;2016年6月,获批成立全国首家外资控股基金管理公司——恒生前海基金管理有限公司。

(2) 推进跨境人民币业务创新。广东自贸试验区着力推进跨境人民币业务创新,探索境外个人投资者投资境内金融市场的有效方式,深化外汇管理体制改革,增强跨境金融服务能力,逐步提升境外投资者参与区内要素平台交易的便利化水平。一是推动人民币作为自贸试验区与港澳地区及国外跨境大额贸易和投资计价、结算的主要货币。扩大人民币使用范围,人民币结算地位不断提高,逐渐成为广东自贸区跨境资金往来的主要货币。从自贸区挂牌至2017年3月底,南沙自贸区和横琴自贸片区共办理跨境人民币收支4237.2亿元,占区内本外币跨境收支的八成以上。二是开展跨境人民币贷款业务。自贸区建设项目可从境内和境外获得更低成本的资金,跨国公司还可利用自贸区平台提升财务运作效率。前海蛇口片区率先开展跨境人民币贷款试点,2015年7月扩展至广州南沙片区和珠海横琴新区。2016年6月,首笔NRA(境内银行为境外机构开设的境内外汇账户)跨境人民币贷款——招商银行对香港瑞嘉投资实业有限公司2亿元用于债务置换的跨境人民币贷款顺利发放,前海跨境人民币业务实现双向打通。大批企业通过跨境人民币贷款获得融资,且有效降低了资金成本。截至2017年3月底,三大自贸片区共有229家企业办理跨境人民币贷款业务，汇入贷款金额415.4亿元。降低开展跨境双向人民币资金池业务的准入门槛，如周生生集团通过在广东设立跨境双向人民币资金池，将广东作为亚太乃至全球的资金运作中心，实现余缺资金调剂，大幅降低了集团整体财务成本。截至2017年3月底，南沙、横琴片区已备案24个人民币资金池，累计收付285.6亿元。

（3）促进跨境投融资便利化。一是推进外汇管理改革，进一步简化外汇资金池管理，支持中小型跨国公司对境内外成员企业资金进行集中运营管理，拓宽融资渠道。截至2017年3月底，南沙、横琴片区已有4家跨国公司的15家成员企业开展外汇资金池业务，共集中外债额度6.7亿美元，集中对外放款额度3.3亿美元。二是开展全口径跨境融资宏观审慎管理，有效打通境内、境外两个融资市场。全口径跨境融资宏观审慎管理首次对内外资一视同仁，根据净资产的一定倍数合理开展跨境融资，境内企业可在跨境融资余额上限内自主开展本外币跨境融资，可自由选择境内、境外两个融资市场，融资效率大大提高。截至2016年底，共有21家前海企业办理外债10.6亿美元，平均降低企业融资成本1~2个百分点。截至2017年3月底，南沙、横琴片区企业通过全口径跨境融资宏观审慎管理政策向境外借款11笔，金额累计3.2亿美元。三是试行资本项目限额内可兑换，符合条件的区内机构在限额内自主开展直接投资、并购、债务工具、金融类投资等交易。构建跨境投资权益保护制度，严格落实投资者适当性管理。在前海片区开展了试点，截至2016年底，已有41家企业获得QDIE（合格境内投资者境外投资）试点资格，累计备案41家境外投资主体；管理QFLP（外商投资股权投资）企业106家、基金20家，规模达36.1亿美元。

（4）培育发展新业态。支持符合条件的内地和港澳地区机构在自贸试验区设立金融租赁公司、融资租赁公司，开展飞机、船舶和海洋工程设备等融资租赁业务。支持商业保理等新产业新业态发展。南沙片区致力于打造全国融资租赁第三极，大力开展单船单机、跨境租赁等创新业务，率先落实自贸区内资融资租赁试点改革，推进自贸区内外资融资租赁统一管理改革试点，从挂牌到2017年4月底，融资租赁企业从30余家增加到279家，合同额从2014年底的90亿元增长到2016年底的

1000亿元以上，增长超过10倍，通过SPV（特殊目的载体）方式累计引入并交付使用15架飞机，融资租赁企业数量和业务规模超过全市八成，成为国内重要的飞机租赁集聚中心。前海片区大力推动融资租赁产业发展，出台国内首个融资租赁行业规范，截至2016年底，前海融资租赁企业总数达1820多家，注册资本超4000亿元。深圳98%以上的租赁企业都集中在前海，前海深港跨境融资租赁产业发展生态圈已具雏形。截至2016年底，前海商业保理企业累计注册量为4013家，集聚了深圳90%以上的商业保理企业。前海片区商业保理、融资租赁业务规模分列全国自贸区第一、第三位。

4. 加快发展高端产业

加快体制机制改革，发展高端产业特别是现代生产性服务业，是广东自贸区避免成为投机和套利重灾区，实现可持续发展、建设高水平对外开放门户枢纽的重要基础。广东自贸区挂牌两年多以来，坚持高端引领，以服务实体经济发展为导向，加快发展先进制造业及贸易、航运、物流、金融等现代制造业和生产性服务业，取得积极成效。

南沙片区吸引国内外优势产业、新兴产能入驻，挂牌两年来在南沙投资的世界500强企业项目达74个，总部型企业达103个。如加速集聚高端航运要素，挂牌两年来落户航运物流企业3090家，中远海运散货总部落户南沙，全球排名前21位的班轮公司均在南沙开辟国际航线。建立了航运指数、船舶交易、航运结算三个平台。工程塑料、粮食、钢铁等大宗商品物流、交易中心建设稳步推进，成为亚太地区最大的进口工程塑料集散地之一；跨境电商、平行进口汽车、融资租赁等新业态加速发展，2016年南沙保税港区进出区货值达800亿美元，汽车整车进口同比增长3.9倍。建立了跨境电商"南沙模式"，跨境电商备案企业1130家，网购保税进口业务交易额年均增长超过100%，全国首创市场采购出口商品监管新模式，推动旅游购物出口额达174.27亿美元。汽车平行进口业务迅猛增长，2016年到港进口整车累计1.47万台，年均增长超过100%，进口货值累计约6亿美元；以创新为引领，加强载体建设，建成国家物联网标识管理公共服务平台、国家锂离子动力电池工艺装备技术基础服务平台、广州超算中心南沙分中心、华南首个开放式数据交易平台等重要平台，亚信数据全球总部落户，带动大数据、云计算、物联网等新业态初步集聚。

前海蛇口片区大力发展金融业和总部经济，致力于打造现代服务业示范区和世界服务贸易重要基地。加大金融业对外开放力度，深入推进深港金融合作，开展跨境金融创新和改革试点，金融业集聚发展态势明显。截至2016年底，累计注册金融类企业5.12万家，其中持牌金融机构195家，商业保理、融资租赁业务规模分列全国第一、第三位，成为全国最大的新金融、类金融机构集聚地。大力发展总部企业。出台《深圳市前海深港现代服务业合作区总部企业认定及产业扶持资金申报指南》等4个规范性文件，完成2批次34家总部企业认定，累计发放扶持资金1.47亿元；推动落实"十大总部招商计划"，成功吸引一批世界500强企业、大型央企、知名港企及其他龙头民营企业总部落户。目前，片区已形成以金融为核心、产业结构优化、高端要素集聚、经济活跃度高的现代服务业体系。

横琴自贸片区推动旅游休闲健康、商务金融服务、文化科教和高新技术等高端重点产业快速发展，加快构建链条功能完善的现代服务业生态圈。一是发展总部经济。保利集团海外总部、海航基础总部、中信集团华南总部、光大控股华南总部、固生堂中医集团总部等落地片区，截至2017年4月底，全区拥有各类总部超900家。二是壮大休闲旅游产业。珠海长隆国际海洋度假区累计吸引游客超3500万人次，投资500亿元的长隆第二主题公园工程正加速推进。研究制订"国际休闲旅游岛"规划方案，大力推进横琴全域旅游建设。三是发展商务金融产业。截至2017年4月底，横琴金融企业有3503家，注册资本为4876亿元，各类财富管理机构资产管理规模超2.5万亿元。珠海产权交易中心累计交易量突破158亿元。四是建设华南理工大学国际创新中心、国家食品安全（横琴）创新工程、国家中医药产业联盟、国家网信办互联网创新创业基地等重点平台，推进高新技术产业发展。

5. 积极参与"一带一路"建设

广东把贯彻国家自贸试验区战略与"一带一路"倡议充分结合起来，着力加强与沿线国家的互联互通建设，优化"走出去"和"引进来"的体制机制，大力推进国际产能合作，参与"一带一路"建设取得新突破。截至2017年3月底，广东自贸试验区累计在境外投资项目450个，中方协议投资额219亿元。

南沙自贸片区以港口建设和互联互通为突破口,大力加强与沿线国家的经贸联系。大力推进国际枢纽港建设,截至 2017 年 4 月底,累计开通国际班轮航线 74 条、内贸航线 28 条及"无水港"28 个,开通 3 条国际邮轮航线,建成香港机场—南沙快船海运通道,海铁联运、"穿梭巴士""无水港"等多式联运集疏运体系辐射到整个泛珠地区。同时,推动建立沿线城市港口联盟,深化与汉堡、不莱梅等欧洲枢纽型港口城市的合作关系,与马来西亚巴生港自贸区、韩国仁川港湾公社签订合作框架协议,与世界自由区组织、迪拜机场自贸区等建立了直接联系。与国家发改委共同设立国际产能和技术合作中心,打造"一带一路"沿线国家国际产能合作新平台。

前海自贸片区建立重大合作平台,加快在沿线国家进行产业布局。推动国家国际产能合作论坛暨中国对外投资合作洽谈会永久落户前海。与印尼、白俄罗斯、阿联酋、印度等多个沿线国家签订合作协议,支持招商局集团、中集集团等企业加快在沿线国家布局发展。推动招商局集团建成太子湾国际邮轮母港,支持其在全球 18 个国家、35 个港口布局港口网络。截至 2016 年底,23 个沿线国家在片区投资设立 218 家企业,注册资本累计 49.63 亿元。前海企业累计在沿线国家设立企业 35 家,中方协议投资额为 12.13 亿美元。

横琴自贸片区联合澳门参与"一带一路"建设,加快打造中拉国家经贸合作平台,构建对外开放新格局。制定促进中拉经贸合作 12 条政策措施,配合澳门建设中国与葡语系国家商贸合作服务平台。建设横琴中拉经贸合作园,重点发展智能硬件、虚拟现实、3D 打印、云计算等产业,打造中国首个"科创+"国际科创示范平台和融合岭南文化、拉美文化的科创 W.E. 社区,全方位构建中拉合作中拉商品国际交易平台、中拉跨境电商合作平台、中拉金融合作服务平台"三大平台"和中拉休闲旅游文化交流中心、中拉企业法律服务中心、中拉政策研究与创新中心"三大中心",为中拉双方的文化交流、旅游交流、跨境电商、经贸服务、现代商服等提供载体与平台。在墨西哥、西班牙、中国香港成功设立了经贸代表处。清华企业家协会天使基金硅谷办公室"横琴自贸片区驻硅谷经贸代表处"正式挂牌成立。

参考文献

[1] 蔡兵. 改革开放先行区. 广州：广东人民出版社，2016.

[2] 李扬. 中国经济前景分析：2013年春季报告. 北京：社会科学文献出版社，2013.

[3] 诺思，托马斯. 西方世界的兴起. 厉以平，蔡磊，译. 北京：华夏出版社，1999.

[4] 邓小平. 邓小平文选：第二卷. 北京：人民出版社，1994.

[5] 邓小平. 邓小平文选：第三卷. 北京：人民出版社，1994.

[6] 陈岸明. 广东法制史. 北京：法律出版社，2017.

[7] 傅高义. 先行一步——改革中的广东. 广州：广东人民出版社，2008.

[8] 傅高义. 邓小平时代. 上海：生活·读书·新知三联书店，2013.

[9] 《广东省农业合作史》编辑委员会. 广东省农业合作史——伟大·曲折·光明的历程. 北京：中国农业出版社，1994.

[10] 黄挺. 改革思行录. 北京：红旗出版社，2008.

[11] 易振求，周林生. 亲历广东改革. 广州：广东人民出版社，2015.

[12] 科斯，王宁. 变革中国：市场经济的中国之路. 徐尧，李哲民，译. 北京：中信出版社，2013.

[13] 林德荣. 可怕的顺德：一个县域的中国价值. 北京：机械工业出版社，2009.

[14] 郑年胜. 迈向行政管理现代化——顺德行政体制改革实践. 广州：广东人民出版社，2002.

[15] 舒元. 广东发展模式——广东经济发展30年. 广州：广东人民出版社，2008.

[16] 赵祥. 产业集聚、扩散与区域经济协调发展. 广州：广东人民出版社，2013.

［17］张军. 不为公众所知的改革：一位经济学家的改革记述. 北京：中信出版社，2010.

［18］广东省依法治省工作领导小组办公室. 广东法治建设30年. 广州：广东人民出版社，2008.

［19］《习仲勋主政广东》编委会. 习仲勋主政广东. 北京：中共党史出版社，2007.

［20］中共中央文献研究室. 邓小平年谱（1975—1997）. 北京：中央文献出版社，2004.

［21］中共中央文献研究室. 三中全会以来重要文献选编：上. 北京：人民出版社，1982.

［22］王积业，朱元珍. 经济体制改革手册. 北京：经济日报出版社，1987.

［23］广东实验法治"GDP". 中国新闻周刊，2014（37）.

［24］广东：实施三大战略 确保经济增长. 领导决策信息，1998（24）.

［25］康念福. 粤东西北振兴发展股权基金运作实现四大创新. 广东经济，2014（12）.

［26］刘筱，阎小培. 九十年代广东省不同经济地域差异分析. 热带地理，2000（3）.

［27］刘炜. 农村集体经济产权的股份制改革及其优化. 华南农业大学学报（社会科学版），2006（3）.

［28］李成. 对表中央精神 突出广东特色 稳步推进国有企业改革发展［J］. 广东经济，2017（3）.

［29］李龙. 广东乡镇企业发展的几个特色及其理论思考. 中山大学学报（社会科学版），1993（1）.

［30］刘世锦，余斌，陈昌盛. 金融危机后世界经济格局调整与变化趋势. 中国发展观察，2014（2）.

［31］刘守英. 中国城乡二元土地制度的特征、问题与改革. 国际经济评论，2014（3）.

［32］广东省1992年改革情况和1993年改革重点——刘维明副省长在全省经济工作会议上讲话部分内容. 商业改革，1993（2）.

［33］罗木生，王琢，李美清. 广东改革开放"先走一步"的由来与初期探索. 广

东经济, 1988 (04).

[34] 马经. 广东金融发展: 历程回顾与横向比较. 南方金融, 2007 (1).

[35] 沈宝祥. 胡耀邦发动和推进真理标准问题讨论纪实（下）. 同舟共进, 2008 (5).

[36] 沈宝祥. 真理标准问题讨论的深远影响和宝贵经验. 北京党史, 2008 (3).

[37] 师春苗. 从"放权让利"到"两权分离"——浅谈广东改革开放初期的企业改革（1978—1992 年）. 红广角, 2015 (6).

[38] 王卫平. 广东社会保险制度改革回顾与展望. 开放时代, 1996 (1).

[39] 王业兴. 广东非公有制经济发展的历史变迁及其影响. 华南理工大学学报（社会科学版）, 2009 (5).

[40] 吴南生. 经济特区的创立. 广东党史, 1998 (6).

[41] 谢涛. 20 世纪 90 年代广东经济发展战略抉择及总体评价. 红广角, 2017 (2).

[42] 于光远. 谈谈对深圳经济特区的几个问题的认识. 经济研究, 1983 (2).

[43] 岳芳敏, 李芝兰. 法律与行政管理体制改革: 制度变迁的辩证分析. 马克思主义与现实, 2013 (1).

[44] 张建平, 樊子嫣. "一带一路"国家贸易投资便利化状况及相关措施需求. 国家行政学院学报, 2016 (1).

[45] 郑晶, 李艳. 广东省外向型经济发展特征分析. 企业经济, 2006 (3).

[46] 朱森林. 增创新优势 加速现代化——在建立广东发展新优势研讨会上的讲话. 广东经济, 1994 (5).

[47] 周光复. 广东社会养老保险模式探讨. 南方人口, 1996 (1).

[48] 周溪舞. 深圳经济特区初期的经济体制改革回顾. 特区实践与理论, 2006 (4).

[49] 朱玉. 对外开放的第一块"试验田"蛇口工业区的创建. 中共党史研究, 2009 (1).

[50] 约翰逊. 中国农业生产责任制: 广东的一些例子. 太平洋事务, 1982.

[51] 陈锡添. 东方风来满眼春. 深圳特区报, 2012 - 02 - 02.

[52] 戴春晨, 甘韵矶. 预算改革广州样本 首创地方人大预算委. 21 世纪经济报道, 2015 - 07 - 14.

[53] 董柳. 采访宋儒亮：全面提升社会治理法治化水平. 羊城晚报，2017-05-23.

[54] 刘元春. 论供给侧结构性改革的理论基础. 人民日报，2016-02-25.

[55] 33年前习仲勋视察清远 力撑"清远经验". 清远日报，2013-10-15.

[56] 石仲泉. "三个代表"重要思想的提出. 光明日报，2001-06-20.

[57] 辛均庆. 依法治省的广东实践. 南方日报，2014-10-18.

[58] 依法治省"广东模式"亮点纷呈 诸多做法全国首创. 法制日报，2009-01-20.

[59] 曾春花. 杜润生曾南下广东佛山 肯定南海土地股份制改革. 南方都市报，2015-10-13.

[60] 陈永红. 广东改革开放30年的光辉历程及伟大成就报告. (2012-02-26). https://wenku.baidu.com/view/17818c05bed5b9f3f90f1ca5.html.

[61] 梁煜璋. 十年前为什么提出"三个代表"重要思想. (2010-02-03). http://cpc.people.com.cn/BIG5/64093/64103/10917876.html.

[62] 横琴自贸片区管委会. 珠海横琴自贸片区挂牌两周年. (2017-02-17). http://gdftz.southcn.com/g/2017-02/17/content_169297946.htm.

[63] 南沙自贸片区管委会. 广州南沙自贸片区挂牌两周年. (2017-04-20). http://gdftz.southcn.com/g/2017-04/20/content_169292996.htm.

[64] 前海管理局. 深圳前海蛇口自贸片区挂牌两周年. (2017-04-20). http://gdftz.southcn.com/g/2017-04/20/content_169294977.htm.

[65] 中共广东省委作出《关于进一步加强依法治省工作的决定》. (2008-11-17). http://stock.southcn.com/dkt/content/2008-11/17/content_4710784.htm.